W0089562

Aus dem Programm
Huber: Psychologie Sachbuch

Wissenschaftlicher Beirat:
Prof. Dr. Dieter Frey, Kiel
Prof. Dr. Kurt Pawlik, Hamburg
Prof. Dr. Meinrad Perrez, Freiburg (Schweiz)
Prof. Dr. Hans Spada, Freiburg i. Br.

Reneau Z. Peurifoy

Angst, Panik und Phobien

Ein Selbsthilfe-Programm

Aus dem Englischen übersetzt von
Irmela Erckenbrecht

Verlag Hans Huber
Bern · Göttingen · Toronto · Seattle

Die amerikanische Originalausgabe dieses Buches ist 1992 in zweiter Auflage unter dem Titel *Anxiety, phobias & panic: taking charge and conquering fear* bei LifeSkill Publications erschienen.
Copyright © 1992 by Reneau Z. Peurifoy, M.A., M.F.C.C.

Umschlagfoto: © Peter Köhli, Bolligen (Schweiz)

Die Deutsche Bibliothek − CIP-Einheitsaufnahme

Peurifoy, Reneau Z.:
Angst, Panik und Phobien : ein Selbsthilfe-Programm / Reneau Z. Peurifoy. Aus dem Engl. übers. von Irmela Erckenbrecht. − 1. Aufl. − Bern ; Göttingen ; Toronto ; Seattle : Huber, 1993
(Huber-Psychologie-Sachbuch)
ISBN 3-456-82291-X

1. Auflage 1993
© Verlag Hans Huber, Bern 1993
Druck: Allgäuer Zeitungsverlag GmbH − AZ Druckhaus − Kempten/Allgäu
Printed in Germany

VORBEMERKUNG

Die in diesem Buch vorgestellten Methoden und Verfahren sind nicht als Ersatz für eine ärztliche oder psychotherapeutische Behandlung gedacht. Wenden Sie sich in allen gesundheitlichen Fragen auf jeden Fall an Ihren Arzt – insbesondere dann, wenn körperliche Symptome vorliegen, die der Diagnose und medizinischen Betreuung bedürfen. Wenn Sie unter starken psychischen Symptomen leiden, ist die Konsultation eines erfahrenen Psychotherapeuten unbedingt empfehlenswert.

DANKSAGUNG

Zur Entstehung dieses Buches haben viele Menschen beigetragen. An erster Stelle möchte ich den vielen Klienten danken, die mit mir zusammengearbeitet haben. Ihr Bemühen, mit der eigenen Angst zurechtzukommen, trug wesentlich dazu bei, das vorliegende Selbsthilfeprogramm zu verbessern und zu vervollständigen. Außerdem gilt mein Dank Kris Baxter, Carole Sabo, Joyce Herman, Dorothy Lambert und Jann McCord, die verschiedene Entwürfe zum Manuskript der ersten Ausgabe durchsahen und viele hilfreiche Hinweise zu Form und Inhalt gaben.

Wertvolle Anregungen zu formalen und stilistischen Fragen gaben Alissyn Link, Lucille De Rose, Jane Fry, Mary Ann Kinyon, Linda Kenney und meine Mutter, Clara Peurifoy. Kim und Kevin Thompson übernahmen die Herstellung der ersten Auflage. Alissyn Link, Kaaren Smith, Dr. Frank Capobianco und Jane Fry halfen mir bei der Überarbeitung für die zweite Auflage. Weiterhin danke ich Shirley Green, der Gründerin der ABIL (Agoraphobics Building Independent Lives), einer großen Selbsthilfe-Organisation in Richmond, Virginia, die meine Arbeit nach Kräften unterstützte.

Mein tiefempfundener Dank gilt meiner Frau Michiyo. Ohne ihre Liebe und Freundschaft hätte dieses Buch nicht entstehen können. Ihr soll es gewidmet sein.

INHALTSVERZEICHNIS

Einleitung _____ IX

LEKTION 1   Was, wie und warum _____ 1

LEKTION 2   Angstsymptome wirksam mindern _____ 33

LEKTION 3   Stress verstehen und bewältigen _____ 55

LEKTION 4   Ursachen der Angst erkennen und bekämpfen __ 71

LEKTION 5   Negative Denkmuster überwinden _____ 91

LEKTION 6   Die eigene Unzulänglichkeit akzeptieren _____119

LEKTION 7   Einen positiven Realismus entwickeln _____137

LEKTION 8   Wünsche nach Anerkennung überwinden _____153

LEKTION 9   Destruktive Verhaltensweisen überwinden _____165

LEKTION 10   Sich selbst verändern _____193

LEKTION 11   Das eigene Selbstwertgefühl stärken _____207

LEKTION 12   Die eigene Wut zum Verbündeten machen _____225

LEKTION 13   Für sich selbst einstehen _____249

LEKTION 14   Nicht vom eigenen Kurs abbringen lassen _____269

LEKTION 15   Das Erreichte fortführen _____289

ANHANG   Entspannungsübungen _____303

DER WEG ZUR FREIHEIT

von Reneau Z. Peurifoy

Mit jedem neuen Tag
lerne ich, mich selbst sein zu lassen und zu lieben,
    alles an mir,
    und auch die Menschen um mich herum zu lieben und zu akzeptieren;
lerne ich, mich selbst besser zu verstehen,
    meinen Gefühlen zu vertrauen
    und ihnen einen größeren Freiraum zu geben;
lerne ich, realistischer zu denken,
    das Leben als eine Reihe freier Entscheidungen zu sehen
    und rechtzeitig innezuhalten, um meine Entscheidungen bewußt zu treffen;
lerne ich, mit mir selbst geduldiger zu sein,
    mich selbst nicht an einem Zustand der Vollkommenheit zu messen
    und über meine Fehler und Unzulänglichkeiten zu lachen;
lerne ich, mir mehr Zeit zu lassen,
    der Zukunft mutig entgegenzuschauen,
    denn ich weiß, mit jedem neuen Tag
    unternehme ich einen weiteren Schritt auf dem Weg zur Freiheit.

EINLEITUNG

Dieses Buch beschreibt ein Selbsthilfe-Programm, das bereits von vielen Menschen erfolgreich angewandt wurde. In der Einleitung erfahren Sie, wie Sie es mit größtmöglichem Erfolg einsetzen können.

Lesen Sie das Buch nicht wie einen Roman von Anfang bis Ende durch, sondern nehmen Sie sich für jede Lektion mindestens eine Woche Zeit. Die einzelnen Lektionen bauen aufeinander auf, daher sollten Sie keine Lektion überspringen und sich genau an die vorgegebene Reihenfolge halten. Einen ersten Überblick über das Programm können Sie gewinnen, indem Sie sich das Inhaltsverzeichnis anschauen.

Wenn Sie mit einer neuen Lektion beginnen, sollten Sie zuerst die Überschriften lesen, um sich einen Überblick über den Stoff zu verschaffen. Dann lesen Sie das Kapitel in Ihrer üblichen Lesegeschwindigkeit Wort für Wort sorgfältig durch. Lesen Sie jede Lektion mindestens dreimal, bei Bedarf auch häufiger. Beim zweiten und dritten Lesen wird Ihnen manches, was Sie vielleicht nicht gleich verstanden haben, deutlicher, und Ihre Kenntnisse werden auf diese Weise langsam vertieft.

Um Ihre Ängste zu überwinden, ist natürlich mehr erforderlich als ein allgemeines Verständnis des vorgestellten Stoffes. Ihr Ziel wird darin bestehen, die in den einzelnen Lektionen dargestellten Informationen und Fertigkeiten so zu verinnerlichen, daß Sie sie ganz natürlich in Ihr Verhalten einfließen lassen können. Dabei kommt den empfohlenen Übungen eine Schlüsselrolle zu. Je mehr Zeit und Energie Sie auf diese Übungen verwenden, desto größer auch Ihr Erfolg.

Es kann vorkommen, daß Sie mehrere Wochen lang bei ein und derselben Lektion „hängenbleiben". Eine gründliche Auseinandersetzung mit dem Stoff ist natürlich wichtig, aber Sie müssen auch darauf achten, daß Sie nicht den Schwung verlieren. Verwenden Sie nicht mehr als zwei Wochen auf die einzelnen Lektionen und führen Sie die empfohlenen Übungen so oft wie möglich durch. Nachdem Sie das Programm einmal vollständig durchgearbeitet haben, können Sie auf die Bereiche, in denen Sie sich noch nicht ganz so sicher fühlen, noch einmal eingehen.

Das alles hört sich nach viel Arbeit an – und es ist auch viel Arbeit. Denken Sie daran, daß es Ihr ganzes Leben gedauert hat, bis Sie die Verhaltens- und Denkmuster entwickelt haben, die zu Ihrer jetzigen Situation geführt haben. Sie zu ändern, kostet Kraft und Zeit, es müssen neue Wege im Denken und Handeln beschritten werden. Wenn Sie das vorliegende Programm in der soeben beschriebenen Weise durcharbeiten, stehen die Chancen jedoch sehr gut, daß Sie ebenso erfolgreich sein werden wie all die anderen Menschen, die mit Hilfe dieses Programms ihre Ängste überwunden haben.

LEKTION

1

WAS, WIE UND WARUM

Herzlichen Glückwunsch! Sie haben sich für eine Reise auf dem Weg zur Freiheit entschieden. Auf dieser Reise werden Ihnen viele Menschen begegnen, die sich in einer ähnlichen Situation befinden wie Sie. Und wie so viele, die vor Ihnen diesen Weg gegangen sind, werden Sie vermutlich fragen: „Was ist mit mir los?" „Warum muß das ausgerechnet mir passieren?" und „Wie kann ich diese Ängste bloß endlich überwinden?" In diesem Kapitel wollen wir die ersten beiden Fragen beantworten und Sie auf den Weg bringen, der zur Befreiung von Ihren Angstproblemen führt.

Angst und Furcht

Angst und *Furcht* sind natürliche Reaktionen auf eine wahrgenommene Bedrohung. In diesem Buch wollen wir Angst und Furcht als entgegengesetzte Pole in einem breiten Spektrum möglicher Reaktionen ansehen. Dabei gehen wir davon aus, daß die Angst durch eine vage oder unklare Bedrohung ausgelöst wird, während die Furcht auf eine klare, konkrete Bedrohung zurückgeht, z. B. das Schleudern eines Fahrzeugs auf nasser Fahrbahn. Die Beziehung zwischen Angst und Furcht läßt sich wie folgt darstellen:

Angst ——————————— Furcht
vage oder unklare Bedrohung   klare, konkrete Bedrohung

Angst und Furcht lösen gleichermaßen unangenehme psychische Symptome aus: Hilflosigkeit, Verwirrtheit, Unruhe und negative Gedanken. Sie werden aber auch von körperlichen Symptomen begleitet, die von der einfachen Muskelanspannung bis zu starkem Herzklopfen reichen. Bei der Beschreibung der Panik wollen wir ausführlicher auf die ganze Bandbreite möglicher Symptome eingehen.

Panikattacken

Die Panikattacke ist ein intensiver Angstzustand, der ohne ersichtlichen Grund auftritt und von mindestens vier der folgenden Symptome begleitet wird:
- Kurzatmigkeit, Atemnot oder Erstickungsgefühle
- Schwindel, Gleichgewichtsstörungen oder Ohnmachtsgefühle
- Herzklopfen, Herzjagen oder beschleunigter Puls
- Zittern
- Taubheit oder Kribbeln in Fingern, Zehen oder Lippen
- Hitzewallungen oder Frösteln
- Schmerzen in der Brust
- Angst vor schwerer Krankheit oder Tod
- Angst, verrückt zu werden oder die Selbstbeherrschung zu verlieren
- Starkes Schwitzen
- Würgen oder Schluckbeschwerden
- Übelkeit oder Bauchschmerzen
- Probleme mit der Realität (Selbstentfremdung oder Realitätsverlust).

Treten weniger als vier Symptome auf, sprechen wir von einer Panikattacke mit begrenzter Symptomatik. Panikattacken können sich über einen Zeitraum von einigen Minuten oder Stunden entwickeln oder sehr plötzlich auftreten. Sie können wenige Minuten oder auch mehrere Tage dauern, halten aber in den meisten Fällen nicht länger als eine halbe Stunde an. Treten Angst oder Panik unabhängig von der jeweiligen Situation auf, spricht man von *spontaner Angst bzw. Panik.* Sind sie an bestimmte Situationen gebunden, wird der Begriff *situative oder phobische Angst bzw. Panik* gebraucht. Löst allein schon der Gedanke an eine bestimmte Situation die beschriebenen Symptome aus, spricht man von *antizipatorischer* („vorwegnehmender") *Angst bzw. Panik.*

Körperliche Ursachen von Angstsymptomen

Der erste Schritt bei der Überwindung der eigenen Angstprobleme besteht darin, mögliche körperliche Ursachen auszuschließen. Dies geschieht am besten durch eine gründliche ärztliche Untersuchung. Es gibt eine ganze Reihe von Erkrankungen (Herz- und Gefäßerkrankungen, Asthma, Anfallsleiden, Diabetes, Funktionsstörungen der Schilddrüse usw.), deren Symptome den Angstsymptomen gleichen. Auch bestimmte Medikamente (anregende Mittel [Stimulantia], Schilddrüsenhormone, bestimmte Erkältungsmittel, Beruhigungsmittel, Schlaftabletten, manche Blutdruckmittel, aber auch Medikamente gegen Depressionen) können zu Angstgefühlen führen. Umgekehrt können Angstsymptome in manchen Fällen auch auf die unkontrollierte oder mangelhafte Einnahme von Medikamenten zurückgeführt werden. Und schließlich können auch allgemein verbreitete legale oder illegale „Genuß"-Mittel wie Koffein, Alkohol oder Marihuana für die Angstsymptome verantwortlich sein.

Verschiedene Arten von Angstproblemen

Menschen, die unter Ängsten leiden, glauben oft, nur sie hätten mit diesen Problemen zu kämpfen. Die Wahrheit sieht allerdings ganz anders aus. So stuft das amerikanische *National Institute of Mental Health* Angstzustände als die häufigste psychische Erkrankung in den Vereinigten Staaten ein. Während eines Zeitraums von sechs Monaten litten ca. 9% der Bevölkerung, also 16 Millionen Menschen, in den USA unter Angstsymptomen.[1] 14,6%, also 26 Millionen Menschen, hatten im Laufe ihres Lebens mindestens einmal Angstzustände. Zwei wissenschaftliche Untersuchungen[2] ergaben, daß ein Drittel der Befragten im zurückliegenden Jahr mindestens eine Panikattacke erlitten hatte. Obgleich nicht bei allen Befragten alle oben genannten Symptome auftraten, wird durch diese Zahlen deutlich, daß Angstprobleme stark verbreitet sind. Im folgenden wollen wir sieben verschiedene Arten von Angstproblemen unterscheiden.

Allgemeine Angststörung

Allgemeine Angststörungen sind durch irreale oder übertriebene Angstzustände gekennzeichnet, die sich über einen Zeitraum von etwa einem halben Jahr erstrecken und sich meist auf bestimmte Lebenssituationen beziehen. Dies könnte z. B. die übertriebene Sorge über eine mögliche Erkrankung eines völlig gesunden Kindes oder die unbegrün-

---

1   Office of Scientific Information, National Institute of Mental Health, März 1990. Die Daten beziehen sich auf das Jahr 1987.
2   G.R. Norton et al., *Behavior Therapy*, 17, S. 239–252 und *Journal of Abnormal Psychology*, 94, S. 216–221.

dete Angst vor dem Verlust der eigenen Arbeitsstelle sein. Bei allgemeinen Angststörungen treten in den meisten Fällen mindestens sechs der folgenden Symptome auf, die allerdings nicht auf körperliche Ursachen wie Schilddrüsenerkrankungen oder zu starken Kaffeekonsum zurückzuführen sein dürfen:

Motorische Anspannung:

- Zittern, unwillkürliches Zucken, sich „wacklig auf den Beinen" fühlen
- Verspannte, schmerzende Muskeln
- Ruhelosigkeit
- Erschöpfung

Autonome Hyperaktivität:

- Atemnot oder Erstickungsgefühle
- Starkes Herzklopfen oder beschleunigter Puls
- Schwitzende oder feucht-kalte Hände
- Trockener Mund
- Schwindel oder Benommenheit
- Übelkeit, Durchfall oder Bauchschmerzen
- Hitzewallungen oder Frösteln
- Häufiges Wasserlassen
- Schluckbeschwerden oder ein „Kloß im Hals"

Innere Erregtheit:

- Übertrieben schreckhafte Reaktionen
- Konzentrationsschwierigkeiten oder Blackouts
- Schlafstörungen
- Reizbarkeit

Panikstörung

Wichtigstes Merkmal einer Panikstörung ist das Auftreten unerwarteter Panikattacken ohne ersichtlichen Grund. Es liegt also *weder eine realistische äußere Bedrohung noch eine körperliche Ursache* für die intensiven Angstgefühle vor. Wer unter einer allgemeinen Panikstörung leidet, meidet nicht unbedingt bestimmte angstbesetzte Orte oder Situationen. In vielen Fällen kommt es nie zu einem Vermeidungsverhalten. Werden bestimmte Aktivitäten oder Situationen mit den Panikattacken in Verbindung gebracht und diese künftig gemieden, sprechen wir von einer *Panikstörung mit Phobie.*

Panikstörung mit Phobie

Menschen, die unter Panikstörungen leiden, entwickeln häufig phobische Tendenzen, d. h., sie meiden Situationen, aus denen zu fliehen schwierig oder peinlich wäre oder in denen es im Fall einer Panikattacke keine Hilfe gäbe. Die Orte und Situationen, die gemieden werden, sind von Person zu Person sehr unterschiedlich, normalerweise ist jedoch ein eindeutiges Muster erkennbar. Helfer können die betroffenen Menschen in angstbesetzten Situationen begleiten und durch ihre Anwesenheit zugleich sicherstellen, daß im Notfall Hilfe geleistet werden kann.

Das jeweilige Vermeidungsverhalten kann sehr unterschiedlich ausgeprägt sein: Bei manchen ist es nur schwach, bei anderen sehr stark vorhanden. Die phobische Tendenz kann nach einer Weile auch wieder verschwinden. Situationen, die häufig vermieden werden, sind: Allein die eigene Wohnung verlassen, sich von zu Hause entfernen (also einen als „sicher" empfundenen Umkreis verlassen), sich in einer größeren Menschenmenge aufhalten, auf einer Brücke stehen, einen Fahrstuhl benutzen, mit öffentlichen Verkehrsmitteln fahren, in ein Theater oder Restaurant gehen, mit dem Auto auf der Autobahn fahren oder links abbiegen.

Soziale Phobie

Wichtigstes Merkmal einer sozialen Phobie ist die Angst, sich in geselligen Situationen zu blamieren. Folglich werden Situationen gemieden, in denen man „sich darstellen" muß und den musternden Blicken anderer Menschen ausgesetzt ist. Bei manchen löst allein der Gedanke an die gefürchtete Situation starke Angstgefühle oder Panikattacken aus.

Leichte Formen der sozialen Phobie sind weit verbreitet. Die Furcht vor öffentlichen Reden oder Auftritten, das sogenannte Lampenfieber, von dem selbst Profis wie Schauspieler und Musiker berichten, ist wohl die häufigste soziale Phobie. Andere Menschen fürchten sich davor, öffentliche Toiletten zu benutzen, haben Angst, in Gegenwart anderer etwas zu schreiben oder auch nur zu unterschreiben, mögen in der Öffentlichkeit nicht essen oder trinken oder fürchten sich davor, in peinlichen Situationen rot zu werden.

Zwanghafte Störung

Ideen, Gedanken, Bilder oder Impulse, die das Denken und Handeln eines Menschen gegen seinen bewußten Willen beherrschen, werden Zwangsvorstellungen genannt.

Aber nicht nur Gedanken, sondern auch Handlungen können sich in ritualisierter Form zwanghaft wiederholen. Dahinter mag *subjektiv* die Absicht stecken, bestimmte Situationen oder Ereignisse herbeizuführen oder zu vermeiden; *objektiv* ist die betreffende Handlung für diese Situationen oder Ereignisse meist ohne Belang. Es kann sich aber auch um normale, rationale Handlungen handeln, die maßlos übertrieben werden. Zwangs*handlungen* folgen meist aus einer Zwangs*vorstellung*. So führt z. B. eine übertriebene Angst vor Ansteckung zu ritualisiertem oder übertriebenem Händewaschen. Zu den häufigsten Zwangshandlungen gehören Händewaschen, Nachzählen, Überprüfen und Berühren. In leichter Form sind Zwangsvorstellungen und -handlungen weit verbreitet. Erst wenn sie normale Aktivitäten beeinträchtigen oder zu psychischen Störungen führen, werden sie als Problem erachtet.

Neuere Forschungsarbeiten legen nahe, daß zwanghafte Störungen möglicherweise biologische Ursachen haben, gehen sie doch mit verschiedenen Erkrankungen der Basalganglien wie Epilepsie, Sydenhamscher Chorea, toxischen und vaskulären Läsionen der Basalganglien sowie der postenzephalitischen Parkinsonschen Krankheit einher. Der Teil des Gehirns, in dem sich die Basalganglien befinden, spielt bei starren Verhaltensmustern in der Tierwelt eine große Rolle.

Spezifische Phobie

Spezifische Phobien beziehen sich auf konkrete Objekte oder Situationen (Hunde, Spinnen, geschlossene Räume, Dunkelheit, Fahrstühle, Brücken usw.). Anders als bei der phobischen Angststörung treten die Panikgefühle nur dann auf, wenn die Betroffenen tatsächlich mit dem angstbesetzten Objekt oder der gefürchteten Situation konfrontiert werden. Spezifische Phobien sind weit verbreitet und stellen für das alltägliche Leben normalerweise kein großes Problem dar, sofern die jeweiligen Objekte oder Situationen vermieden werden können. Erst wenn ein solches Vermeidungsverhalten nicht möglich ist, weil das gefürchtete Objekt z. B. im beruflichen oder persönlichen Umfeld eine wichtige Rolle spielt, kann es zu Problemen kommen.

Posttraumatische Störung

Posttraumatische Störungen treten stets in Reaktion auf ein bestimmtes, als traumatisch empfundenes Ereignis auf. Dabei kann es sich um eine Vergewaltigung, eine schwere Operation, eine Kriegserfahrung, einen Unfall oder eine andere schwerwiegende Erfahrung handeln, die die Betroffenen selbst erlitten oder beobachtet haben. Das schreckliche Ereignis bleibt womöglich in immer wiederkehrenden Bildern und Alpträumen lebendig, und es bleibt die Angst zurück, daß es sich in der Gegenwart oder in der Zukunft wiederholen könnte. Objekte und Situationen, die an das Ereignis erinnern, werden mit starken Ängsten besetzt. Daraus folgt ein striktes Vermeidungsverhalten, das in manchen Fällen so weit geht, daß auch Gedanken oder Gefühle, die mit dem Trauma in Verbindung stehen, vermieden und geleugnet werden, wodurch es zu einer Entfremdung von anderen Menschen kommen kann. Posttraumatische Störungen werden von mindestens zwei der folgenden körperlichen Symptome begleitet:

- Ein- oder Durchschlafschwierigkeiten
- Reizbarkeit
- Konzentrationsschwierigkeiten
- Übertriebene Vorsicht
- Übermäßige körperliche Reaktion auf Situationen, die an einen Aspekt der traumatischen Erfahrung erinnern. Z.B. haben Menschen, die in einen Auffahrunfall verwickelt waren, meist auch einige Zeit danach noch große Angst, wenn sich ihnen von hinten ein Fahrzeug nähert.

Die „ängstliche Persönlichkeit"

Bei Menschen mit Angstproblemen finden sich häufig ähnliche Persönlichkeitsmerkmale. Ein Mensch, auf den mehrere dieser Merkmale zutreffen, wird als „ängstliche Persönlichkeit" bezeichnet. Wenn Sie die folgende Liste von Merkmalen lesen, werden Sie vielleicht feststellen, daß einige davon auf Sie nicht zutreffen oder für andere Menschen aus Ihrem Bekanntenkreis typisch sind, die nicht unter Angstsymptomen leiden. Im großen und ganzen hat sich jedoch gezeigt, daß die folgenden Eigenschaften für Menschen mit Angstproblemen charakteristisch sind. Überprüfen Sie selbst, welche dieser Eigenschaften auf Sie zutreffen:

Kreativität

Menschen, die unter Angstzuständen leiden, sind meist besonders kreativ. Leider ist ihre Keativität jedoch für zwei problematische Tendenzen verantwortlich: Erstens für die negative Antizipation – eine Art „was wenn?"-Haltung mit der Tendenz, gedanklich all die angsterregenden Dinge durchzuspielen, die in einer bestimmten Situation passieren könnten. Und zweitens für die Fähigkeit, sich all diese angsterregenden Möglichkeiten in den schillerndsten Farben auszumalen.

Rigide Denkstrukturen

Mit dem Begriff „rigide Denkstrukturen" bezeichnen wir die Tendenz, das Leben als eine Reihe von Entweder/Oder-Entscheidungen wahrzunehmen: Bestimmte Begebenheiten werden als entweder richtig oder falsch, fair oder unfair empfunden. Ein weiteres Merkmal dieses Schwarzweißdenkens sind starre Regeln: Alles muß auf eine ganz bestimmte Art und Weise getan werden. Wird etwas nicht korrekt erledigt, wird dies als beunruhigend empfunden. Es herrschen meist ganz genaue Vorstellungen darüber, welche Dinge von einem selbst oder von anderen getan werden *sollen, müssen* oder *unter keinen Umständen getan werden dürfen.*

Übermäßiges Bedürfnis nach Bestätigung

Ein übermäßiges Bedürfnis nach Bestätigung beruht häufig auf geringer Selbstachtung oder geringer Selbstakzeptanz: Das Selbstwertgefühl wird von dem Urteil anderer abhängig gemacht. Daraus entsteht die ständige Angst, zurückgewiesen zu werden; man reagiert sehr empfindlich auf Kritik und hat Schwierigkeiten, auch einmal *nein* zu sagen, wenn man um etwas gebeten wird. Ein übermäßiges Bedürfnis nach Bestätigung kann auch dazu führen, daß man sich für die Gefühle anderer verantwortlich fühlt und auf die Bedürfnisse anderer übersensibel reagiert. Wer ständig die Bestätigung anderer braucht, fühlt sich häufig für das Glück seiner Freunde und Verwandten verantwortlich.

Hoher Selbstanspruch

Man stellt an sich selbst den Anspruch, mehr zu leisten, als man dies je von anderen erwarten würde.

Perfektionismus

Der Perfektionismus entsteht aus der Kombination folgender drei Faktoren: dem oben erwähnten hohen Anspruch an sich selbst, der Tendenz, eigene Leistungen nach dem Motto „Alles-oder-Nichts" einzustufen, und der Neigung, kleine Irrtümer oder Fehler aufzubauschen, anstatt vorwärts zu sehen und den Gesamterfolg im Auge zu behalten. Perfektionisten sehen alles, was ihnen nicht perfekt gelungen ist, als Fehlschlag an und haben das Gefühl, an der gesetzten Aufgabe gescheitert zu sein oder gar versagt zu haben. Viele Perfektionisten kann man an den berühmten „Ja, aber"-Sätzen erkennen. Sie beginnen häufig mit Aussagen wie: „Ja, die Sache ist ganz gut gelungen, aber ...", und holen dann zu einer ausführlichen Erklärung darüber aus, was ihrer Meinung nach alles schiefgelaufen ist.

Die „Macher"

Die Kombination aller oben aufgeführten Punkte führt zu einer Persönlichkeit, die nicht nur kompetent, fähig und zuverlässig ist, sondern sich darüber hinaus in vielen Situationen als „Macher" erweist, Aufgaben bereitwillig übernimmt und erfolgreich erledigt.

Übermäßiges Bedürfnis nach Selbstbeherrschung

Menschen mit dieser Eigenschaft legen großen Wert darauf, stets ruhig und beherrscht aufzutreten. Am liebsten wissen sie stets im voraus, was auf sie zukommt. Spontane Veränderungen oder Ungewißheiten bereiten ihnen Unbehagen. Darüber hinaus besteht die Tendenz, auch die Gefühle und Verhaltensweisen anderer Menschen kontrollieren zu wollen. Dahinter steht nicht die Absicht, andere zu verletzen oder zu drangsalieren, sondern die Furcht vor dem Kontrollverlust.

Ein Mensch mit einem sehr starken Bedürfnis nach Selbstbeherrschung kann unter starken Angstsymptomen leiden, ohne daß dies einem flüchtigen Beobachter auffallen würde. Da er seiner Umwelt selbst bei starken Selbstzweifeln und innerer Orientierungslosigkeit eine glatte Fassade bietet, kommt es häufig vor, daß er selbst von Freunden und Verwandten irrtümlicherweise als starke Persönlichkeit eingeschätzt wird.

Unterdrückung negativer Gefühle

Negative Gefühle werden unterdrückt, weil sie zu einem Kontrollverlust oder zu einer Mißbilligung durch andere führen könnten. Stolz und Wut sind zwei typische Beispiele für diese „bedrohlichen" Gefühle.

Ignorieren körperlicher Bedürfnisse

Der hohe Selbstanspruch und die unterschwellige Tendenz, körperliche Empfindungen als zweitrangig einzustufen, führen zum Ignorieren körperlicher Bedürfnisse. Signale des Körpers, die auf Müdigkeit, Schmerz oder das Bedürfnis nach Ruhe und Schonung hinweisen, werden verdrängt oder als bedeutungslos abgetan. Oft wird die Müdigkeit erst dann wahrgenommen, wenn erste Anzeichen von Erschöpfung aufgetreten sind.

Natürlich sind die oben beschriebenen Eigenschaften nicht grundsätzlich negativ. Im Gegenteil, positiv eingesetzt, ist die Kreativität die wichtigste Quelle der Problemlösung. Das Bedürfnis nach Bestätigung ist allen Menschen gemeinsam und steht am Anfang aller befriedigenden zwischenmenschlichen Beziehungen. Ein gewisser Grad an Perfektionismus, hohem Selbstanspruch und Zuverlässigkeit kennzeichnet wertvolle Mitglieder der menschlichen Gesellschaft aus, und die Fähigkeit, seine Gefühle unter Kontrolle zu halten, kann in Notfällen und Chaossituationen lebensrettend sein. Menschliche Eigenschaften sind individuell recht unterschiedlich ausgeprägt. Das „gesunde Mittelmaß" deckt dabei eine ganze Bandbreite von Ausprägungen ab. Bei Menschen, die unter Angstzuständen leiden, sind die oben beschriebenen Eigenschaften eher stark ausgeprägt. Problematisch wird es meist erst dann, wenn die Bandbreite des „gesunden Mittelmaßes" überschritten ist.

Der Schlüssel zum Erfolg bei der Bekämpfung der eigenen Angstprobleme liegt in der Fähigkeit, die beschriebenen Eigenschaften zu mäßigen und nur noch gezielt auf sie zurückzugreifen, wenn es tatsächlich angemessen erscheint. Wir wollen lernen, die positiven Seiten der beschriebenen Eigenschaften zu nutzen und ihre negativen Seiten zurückzudrängen. Auf diese Weise werden diese Eigenschaften zu wertvollen Hilfsinstrumenten, die wir bewußt einsetzen können: Wir werden ihnen nicht mehr hilflos ausgeliefert sein.

Wurzeln der ängstlichen Persönlichkeit

An der Entwicklung Ihrer Persönlichkeit waren sieben Faktoren maßgeblich beteiligt:
1. Werte und Normen Ihrer Herkunftsfamilie;
2. Erziehungsstil und Methoden der Bestrafung;
3. Rollenmodelle (erwachsene Vorbilder in Ihrer Kindheit);
4. Ihr Platz innerhalb der Familienkonstellation (Ihr Platz in der Geschwisterfolge, das Geschlecht Ihrer Geschwister, gestorbene oder behinderte Geschwister, Adoptiv- und Stiefgeschwister usw.);
5. Soziale und kulturelle Einflüsse während Ihrer Kindheit;
6. Ihr biologisches Erbe;
7. Die Bedeutung, die Sie allen diesen Faktoren beigemessen haben.

Die genannten sieben Faktoren können auf sehr unterschiedliche Weise zusammenspielen, um eine „ängstliche Persönlichkeit" entstehen zu lassen. Wir wollen daher einige Erfahrungen auflisten, die für die Kindheit ängstlicher Menschen charakteristisch sind. Schon einige wenige dieser Erfahrungen reichen aus, um zu einer Neigung zu Angstzuständen zu führen. Prüfen Sie selbst, welche Erfahrungen auf Sie zutreffen:

Alkoholismus in der Familie

In letzter Zeit wurde viel über die Kinder von Alkoholikern geschrieben. Viele der Persönlichkeitsmerkmale, die Kindern von Alkoholikern zugeschrieben werden, ähneln den von uns beschriebenen Eigenschaften. Das bedeutet *nicht*, daß alle Kinder von Alkoholikern später Ängste entwickeln oder umgekehrt alle Menschen mit starken Ängsten Kinder von Alkoholikern sind. Die im vorhergehenden Abschnitt beschriebenen Eigenschaften können auf sehr unterschiedliche Weise entstehen. Alkoholismus in der Familie (bei den Eltern oder auch bei älteren Geschwistern) kann dabei eine Rolle spielen.

Kindesmißhandlung

Wir unterscheiden sechs Arten von Kindesmißhandlung:
- *Körperliche Mißhandlung*: Jede nicht durch Unfall entstandene Verletzung des Kindes (z. B. durch schlagen, stoßen, peitschen, prügeln usw.).
- *Sexueller Mißbrauch*: Jede Art von sexuellem Kontakt zwischen Erwachsenen und Kindern.

- *Vernachlässigung*: Mangelhafte Grundversorgung (Kleidung, Schutz, medizinische Versorgung, Aufsicht).
- *Grausame und unangemessene Bestrafung*: Eine Bestrafung, die vom Kind als traumatisch empfunden wird oder seinem Alter nicht angemessen ist. Beispiele sind körperliche Strafen, aber auch das Einschließen eines Kindes in die Toilette, stundenlanges „in der Ecke stehen" oder der Versuch, ein sechs Monate altes Kind zur Sauberkeit zu erziehen.
- *Emotionale Vernachlässigung*: Elterliches Desinteresse, fehlende Beschäftigung mit dem Kind, kein oder nur ein sehr geringer Austausch von Zärtlichkeiten.
- *Psychische Mißhandlung*: Alle Kommunikationsmuster, die bei dem Kind großes und unnötiges Leid hervorrufen, z. B. Beschimpfung, Herabsetzung oder Drohung, das Kind zu verlassen.

Erwachsene, die als Kind mißhandelt wurden, tragen eine schwere Hypothek durchs Leben. Wie die Kinder von Alkoholikern weisen sie viele der Eigenschaften auf, die ängstlichen Persönlichkeiten zugeschrieben werden. Falls Sie als Kind mißhandelt wurden, sollten Sie erwägen, an einer Selbsthilfegruppe teilzunehmen.

Vorbild eines ängstlichen Elternteils

Leidet ein Elternteil unter Angstzuständen oder weist viele Eigenschaften einer ängstlichen Persönlichkeit auf, kann das Kind aufgrund der Vorbildwirkung ähnliche Persönlichkeitszüge entwickeln.

Angst vor einem perfektionistischen Elternteil

Perfektionistische Eltern haben oft unrealistische Erwartungen an ihre Kinder. Sie kritisieren ständig an ihren Kindern herum und fördern so ein Gefühl der eigenen Unzulänglichkeit. Auch ein älterer Bruder oder eine ältere Schwester kann auf diese Weise Angst erzeugen.

Rigide Familienregeln

Das Aufwachsen in einem durch starre Regeln charakterisierten familiären Umfeld fördert ein Schwarzweißdenken, das dann später auch im Erwachsenenalter beibehalten wird. Normalerweise werden diese starren Regeln von Eltern, älteren Geschwistern oder anderen Familienmitgliedern festgelegt. In Familien, in denen aufgrund von Krankheit, Alkoholismus, Mißhandlung o. ä. „Chaos" herrscht, entwickeln Kinder häufig selbst rigide Regeln, um ein gewisses Gefühl der Sicherheit zu erreichen oder schlicht und einfach zu überleben.

Rigides Wertesystem

Eltern von Menschen, die unter schweren Angstzuständen leiden, weisen sich häufig durch auffällig rigide Werte und Normen aus. Diese sind häufig auf den kulturellen Hintergrund oder die religiöse Bindung der eigenen Eltern oder Großeltern zurückzuführen und äußern sich in einem starren Schwarzweißdenken, das an die Kinder weitergegeben wird.

Betonung von Äußerlichkeiten

Ein rigides Wertesystem fördert ein perfektionistisches Bild vom „korrekten" Verhalten. Vom Kind wird verlangt, stets richtig zu handeln. Gleichzeitig wird ihm das Gefühl vermittelt, seine Familie sei besser oder sollte zumindest besser sein als andere Familien. Meint das Kind, den starren Anforderungen der Familie nicht gerecht werden zu können, stellen sich rasch Gefühle der eigenen Unzulänglichkeit und Wertlosigkeit ein.

Übertriebene Fürsorge

Eltern, die ihre Kinder um jeden Preis vor allen Widrigkeiten des Lebens schützen und behüten wollen, handeln oft in der fälschlichen Annahme, ihr Kind sei nicht in der Lage, diesen Widrigkeiten standzuhalten. Übertriebene Fürsorge kann aber auch aus dem Bedürfnis entstehen, das Kind in einer gewissen Abhängigkeit zu halten. Doch selbst wenn ihr die besten Absichten zugrundeliegen, fördert übertriebene Fürsorge die Angst vor dem Risiko und erzieht geradezu zum Vermeidungsverhalten. Darüber hinaus hält sie das Kind davon ab, den Umgang mit widrigen Situationen und Risiken zu erlernen und in ihnen natürliche Bestandteile des Lebens zu erkennen.

Verleugnung von Gefühlen

Man kann ein Kind ganz *direkt* dazu erziehen, seine Gefühle zu unterdrücken, indem man ihm immer wieder sagt: „Heul nicht." „So etwas sagt oder denkt man nicht." „Sei nicht böse zu mir." *Indirekt* lernt das

Kind, seine Gefühle zu unterdrücken, indem es seine Eltern dabei beobachtet, wie sie selbst ihre Gefühle leugnen. Auch die Geringschätzung von Gefühlen kann zu dieser Entwicklung beitragen. So können z. B. die vom Kind zum Ausdruck gebrachten Gefühle ignoriert, heruntergespielt oder ganz und gar in Abrede gestellt werden. („Du bist ja gar nicht böse.") Führen die vom Kind geäußerten Gefühle zu Bestrafung oder gar Mißhandlung durch ein Elternteil, wird das Kind in Zukunft seine Gefühle unterdrücken.

Mangelnde Informationen über körperliche und psychische Vorgänge

Viele Kinder wachsen in Familien auf, in denen wenig über die Zusammenhänge von Gedanken, Gefühlen und körperlichen Reaktionen gesprochen wird. Diese Tatsache spielt bei der Entwicklung unrealistischer Erwartungen an sich selbst und andere eine große Rolle.

Leistungsbezogene Zuwendung

Manche Kinder erfahren nur dann Zuwendung von ihren Eltern, wenn sie etwas geleistet, z. B. bestimmte Aufgaben im Haushalt erledigt, gute Zensuren in der Schule bekommen oder ein besonderes Talent entwickelt haben. Unterscheiden die Eltern nicht zwischem dem Handeln des Kindes und seinem grundsätzlichen Wert als Menschen, entsteht so rasch ein recht rigides Leistungsdenken. Manche Verhaltensweisen werden als „gut", andere als „schlecht" eingestuft.

Die leistungsbezogene Zuwendung fördert den Irrglauben, jemand sei nur dann etwas wert, wenn er etwas Wertvolles leistet. Die negative Wirkung dieser Erfahrung kann sich verstärken, wenn die Eltern gleichzeitig perfektionistisch sind, ihr eigenes Selbstwertgefühl von den Leistungen des Kindes abhängig machen oder unrealistische Erwartungen hegen.

Verlust- und Trennungsangst

Ist ein Kind längere Zeit von seinen Eltern oder einem Elternteil getrennt, zeigt es meist Angstreaktionen. Dies trifft vor allem dann zu, wenn das Kind die Gründe für die Trennung nicht versteht. Solche Situationen treten auf, wenn ein Elternteil außerhalb des Wohnortes arbeitet, ein längerer Krankenhausaufenthalt erforderlich ist, sich die Eltern scheiden lassen oder sterben. Aber auch ein physisch anwesender

Elternteil, der sein Kind ignoriert, kann Trennungsangst und ein Gefühl des Verlassenseins hervorrufen.

Rollenumkehrung

Ist ein Elternteil krank, sehr beschäftigt oder abwesend, übernimmt manchmal das Kind Teile der Rolle dieses Elternteils. Dies kann sich darin äußern, daß das Kind den Haushalt führt, den anderen Elternteil tröstet oder beschützt und für „Ruhe" sorgt, damit er nicht traurig oder ärgerlich ist. Ein Kind, das gezwungen ist, die Verantwortung eines Erwachsenen zu übernehmen, für die es noch gar nicht reif ist, entwickelt meist ein starres Regelsystem, um sich daran „festzuhalten". Diese starre Haltung wird dann oft auch im Erwachsenenalter beibehalten, ergänzt durch Schwarzweißdenken, Verleugnung von Gefühlen, dem starken Bedürfnis nach Selbstkontrolle und überhöhten Ansprüchen an sich selbst.

Familiengeheimnisse

Manchmal wird ein Großteil der Energie in einer Familie darauf verwandt, ein Familiengeheimnis zu bewahren. Ganz gleich, ob es sich um eine voreheliche Schwangerschaft, Alkoholismus eines Familienmitglieds, eine Straftat oder den Aufenthalt eines Familienmitglieds in einer psychiatrischen Einrichtung handelt – dieses Verhalten führt zu dem Irrglauben, daß gewisse Gefühle schlecht sind und vor anderen nicht gezeigt werden dürfen. Darüber hinaus können Familiengeheimnisse zu einem übertriebenen Bedürfnis nach Bestätigung beitragen.

Ehe wir weiter fortfahren, sollten Sie sich noch einmal die im vorigen Abschnitt vorgestellten Eigenschaften und die in diesem Abschnitt aufgelisteten Kindheitserfahrungen anschauen. Sie werden feststellen, daß Sie in Ihrer Kindheit bestimmte Eigenschaften entwickeln mußten, um zu überleben. Diese Eigenschaften stehen Ihnen nun im Erwachsenenalter zum Teil im Wege.

Aber wir Menschen sind grundsätzlich lernfähig und können uns neuen Situationen anpassen. Auch Sie können lernen, Ihre Eigenschaften aktiv zu verändern und positiv einzusetzen. Den ersten Schritt in diese Richtung haben Sie bereits getan, indem Sie Einblick in das Wesen dieser Eigenschaften und ihre Entstehung gewonnen haben.

Die „Kampf oder Flucht"-Reaktion

Das menschliche Nervensystem unterteilt sich in das animale (willkürliche) und das autonome oder vegetative (unwillkürliche) Nervensystem. Das *animale Nervensystem* kontrolliert Handlungen, die bewußtes Denken voraussetzen, z. B. das Heben eines Arms. Das *autonome Nervensystem* kontrolliert alle Aktivitäten, die dem bewußten Willen entzogen sind, z. B. die Atmung. Das autonome Nervensystem wiederum gliedert sich in den *sympathischen* und den *parasympathischen Teil.* Die folgende Übersicht macht den Unterschied deutlich:

Sympathischer Teil: reguliert „Kampf oder Flucht"-Reaktionen

AUTONOMES NERVENSYSTEM

Parasympathischer Teil: reguliert die „übrigen" Funktionen des Körpers wie Wachstum, Verdauung, entspanntes Atmen usw.

Wird der sympathische Teil des autonomen Nervensystems aktiviert, stellt er alle nicht lebensnotwendigen Aktivitäten im Körper ein und erhöht die Aktivitäten in allen Systemen, die für die Reaktion auf eine äußere Bedrohung („Kampf oder Flucht") notwendig sind. Zahlreiche komplexe körperliche Vorgänge sind an diesem Prozeß beteiligt. Am stärksten zu spüren sind folgende Veränderungen:

– *Beschleunigter Pulsschlag:* Um für Kampf oder Flucht gewappnet zu sein, wird mehr Blut in die Muskeln gepumpt.
– *Tiefere und schnellere Atmung*: Der Körper wird verstärkt mit Sauerstoff versorgt.
– *Erhöhte Muskelspannung*: Die Muskeln werden auf die bevorstehende Aufgaben vorbereitet.
– *„Kalter Schweiß"*: Vorbereitung auf das eigentliche Schwitzen bei der zu erwartenden Muskelaktivität.
– *Verengung der peripheren Blutgefäße an der Körperoberfläche*: Der Blutdruck wird erhöht. Dabei wird das Gesicht meist blaß – man ist „bleich vor Angst".
– *Zittern und Sträuben der Haare:* Die Körperwärme wird erhalten; der Körper wird vor der erhöhten Bedrohung durch Kälte geschützt, die durch die Verengung der peripheren Blutgefäße entsteht.
– *Erweiterung der Pupillen:* Bessere Sicht auf drohende Gefahren.
– *Aussetzen der Verdauungstätigkeit:* Ermöglicht eine zusätzliche Blutversorgung der motorischen Muskeln.
– *Trockener Mund:* Eine Folge der verringerten Magensaftproduktion,

die wiederum auf das Aussetzen der Verdauungstätigkeit zurückzuführen ist.

– *Drang zur Entleerung von Blase und Darm:* Befreit den Körper vor der zu erwartenden anstrengenden Aktivität von unnötigem Ballast.

Ist die „Kampf oder Flucht"-Reaktion ausgelöst, werden im Blut vermehrt Adrenalin und ähnliche chemische Stoffe freigesetzt. Diese Reaktion sorgt für zusätzliche Kraft, Ausdauer und erhöhte Reaktionsschnelle. Soldaten hilft sie, im Kampf zu überleben, Sportler sind durch sie zu besseren Leistungen fähig. Glücklicherweise geht es in unserer modernen, hochtechnisierten Welt immer weniger darum, körperliche Gefahren abzuwehren. Für unsere Vorfahren jedoch hatte die „Flucht oder Kampf"-Reaktion oft eine unmittelbar lebensrettende Bedeutung.

Die Bedrohungen, mit denen wir heute zu tun haben, sind eher psychischer Natur: Wir fürchten den Verlust von Liebe, Anerkennung, Prestige und Zugehörigkeitsgefühl. Obgleich diese Bedrohungen keine sofortige körperliche Reaktion erfordern, reagiert unser Körper auch in diesen Situationen so, als müßten wir die drohende Gefahr durch eine körperliche Aktivität abwehren. Ist z. B. jemand verlegen und fühlt sich von den vermeintlich negativen Gedanken anderer Menschen bedroht, löst sein Körper die „Kampf oder Flucht"-Reaktion aus und beginnt, die körperlichen Voraussetzungen für eine entsprechende Handlung zu schaffen. Die dabei beobachteten körperlichen Veränderungen entsprechen genau den Symptomen einer Panikattacke.

Eine Panikattacke ist also nichts anderes als eine übersteigerte „Kampf oder Flucht"-Reaktion. Wie es zu dieser übersteigerten Reaktion kommen kann, wollen wir im nächsten Abschnitt betrachten.

Wie Panikstörungen entstehen

Zur Entstehung von Panikstörungen gibt es verschiedene Theorien. Wir wollen hier ein Modell vorstellen, das die derzeit bekannten Forschungsergebnisse unserer Meinung nach am besten zusammenfaßt. In diesem Modell gelten Panikstörungen als Ergebnisse mehrerer Entwicklungsschritte. Diese Schritte wollen wir an einem konkreten Fallbeispiel, der Geschichte von Brian, nachvollziehen.

Am Anfang der Entwicklung stehen unangenehme körperliche Empfindungen, die als angsterregend empfunden werden und für die es keinen ersichtlichen Grund gibt. Dabei handelt es sich meist um eine Kombination einiger bei der Beschreibung von Panikattacken aufgeführten

Symptome. Brian erlebte dies zum ersten Mal, als er gerade bei der Arbeit war. Er spürte plötzlich seinen Pulsschlag und konnte nicht mehr ruhig atmen. Das Gefühl hielt nur etwa zehn Minuten an, doch fühlte sich Brian danach angeschlagen und ängstlich. Wie die meisten Menschen in einer solchen Situation führte Brian die Symptome auf eine körperliche Erkrankung zurück und verließ seinen Arbeitsplatz, um sich ärztlich untersuchen zu lassen.

Der nächste Schritt besteht in dem Fehlen einer akzeptablen Erklärung für die mysteriösen Symptome. Der Arzt sagte Brian, er sei völlig gesund, habe sich jedoch vielleicht in letzter Zeit nicht genug Ruhe gegönnt und solle versuchen, ein wenig kürzer zu treten. Viele Menschen lassen sich in diesem Stadium von ihrem Arzt beruhigen und hören auf, darüber nachzudenken, wie es zu den Symptomen gekommen ist. Wie die meisten ängstlichen Persönlichkeiten hatte Brian jedoch das Bedürfnis, auf seine Mitmenschen völlig beherrscht und normal zu wirken und alles zu vermeiden, was ihm deren Mißbilligung hätte einbringen können. Brian machte sich Sorgen, daß die mysteriösen Symptome wiederkehren könnten und er die Selbstkontrolle verlieren könnte.

Diese Angst führte dazu, daß Brian nun peinlich genau auf seine körperlichen Empfindungen achtete. Er zählte häufig seinen Puls und beobachtete den eigenen Atemrhythmus. Diese erhöhte Körpersensibilität nennt man *Internalisierung* oder *Körperbeobachtung*. Gleichzeitig begann Brian, sich auszumalen, was alles passieren könnte, falls die gefürchteten Symptome in den verschiedensten Situationen wiederkämen. Diese Befürchtungen nennt man *negative Antizipation*. Die Kombination von mangelnder körperlicher Erklärung, Internalisierung und negativer Antizipation ist der Ursprung eines Teufelskreises, der allen Panikstörungen zugrundeliegt:

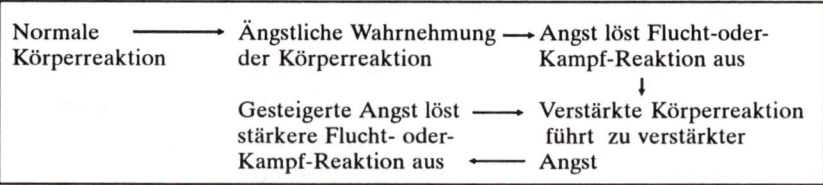

Dieser Teufelskreis ist die Schlüsselkomponente aller Panikstörungen. Wie er funktioniert, können wir an Brians Beispiel anschaulich nachvollziehen: Als Brian wenige Tage nach dem ersten Auftreten der angsterregenden körperlichen Symptome eine Treppe hinaufsteigen mußte, nahm er aufgrund der verstärkten Körperbeobachtung seinen beschleunigten Puls und Atemrhythmus wahr. Anstatt diese nun als normale körperliche Reaktion auf die Anstrengung des Treppensteigens zu werten, dachte er: „O Gott, es geht schon wieder los!" Dieser angstvolle Gedanke löste die „Kampf oder Flucht"-Reaktion aus, die körperlichen Symptome verstärkten sich. Seine Angst wurde noch größer, die „Kampf oder Flucht"-Reaktion noch intensiver. Innerhalb weniger Sekunden hatte Brian sich in eine *selbstverursachte Panikattacke* hineingesteigert.

Diese selbstverursachten Panikattacken traten bei Brian von nun an regelmäßig auf. Nach einer Weile assoziierte er immer mehr Situationen mit den Panikattacken, die er ängstlich zu vermeiden suchte. Je enger dabei sein eigener Lebensspielraum wurde, desto stärker kamen bestimmte Eigenschaften wie rigide Denkstrukturen, Kontrollbedürfnis und Bedürfnis nach Bestätigung zum Vorschein. Er war in einem Teufelskreis gefangen.

Der beschriebene Prozeß läßt sich schematisch wie folgt darstellen:

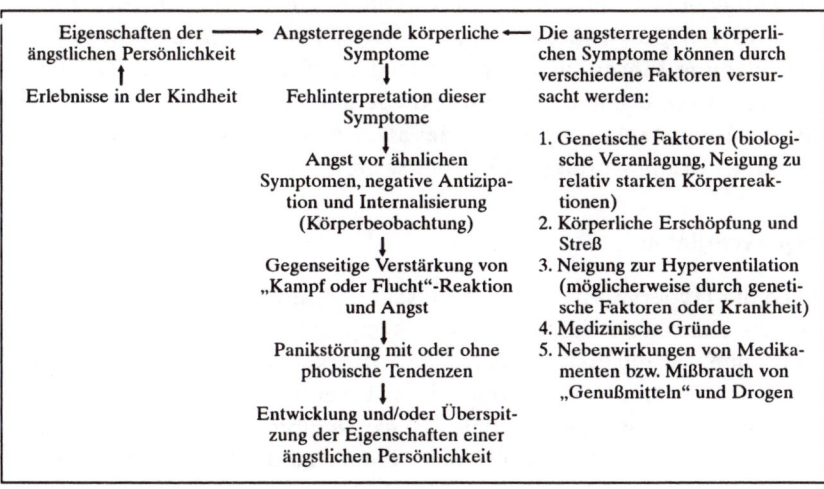

Biologische Veranlagung

Für Menschen wie Brian beginnt die Rückkehr zu einem normalen Leben mit dem Verständnis der *Ursache* der aufgetretenen Symptome. Bei vielen Menschen entstehen die Anfangssymptome durch eine Wechselwirkung zwischen den Eigenschaften der ängstlichen Persönlichkeit und einer angeborenen Veranlagung. Das Wesen dieser Veranlagung ist derzeit noch wenig erforscht. Doch scheint es Menschen zu geben, deren Körper stärker reagiert, als dies durchschnittlich der Fall ist. Manchmal zeigen sich besonders heftige Reaktionen auf bestimmte Umwelteinflüsse wie Lärm, Gerüche, die Einnahme von Medikamenten oder Temperaturschwankungen.

Um sich die Wirkung der biologischen Veranlagung in diesem Prozeß deutlich zu machen, kann man sich ein Haus mit schadhaften elektrischen Leitungen vorstellen. Solange die Leitungen nicht überlastet sind, arbeiten sie zufriedenstellend. Werden zu viele elektrische Geräte gleichzeitig eingeschaltet, kann es zu Kurzschlüssen kommen. Ähnlich führt die biologische Veranlagung zu einer übertriebenen „Flucht oder Kampf"-Reaktion, wenn der betroffene Mensch durch geistigen, körperlichen oder emotionalen Streß „überlastet" ist.

Wird jemand, der diese biologische Veranlagung und darüber hinaus mehrere Eigenschaften der ängstlichen Persönlichkeit besitzt, mit einem streßreichen Ereignis konfrontiert (z. B. Tod eines Familienangehörigen, Geburt eines Kindes, Krankheit, Eheprobleme, neue Arbeitsstelle oder Umzug), verstärkt sich der Streß, und der Körper reagiert mit Erschöpfung oder Überreizung. Hinzu kommt das Ignorieren körperlicher Bedürfnisse. Geschwächter Körper, psychischer Streß und biologische Veranlagung führen zu einer übertriebenen Streßreaktion. Bei Brian fungierten seine kurze Zeit zurückliegende Versetzung bei der Arbeit und die Geburt seines ersten Kindes als Auslöser. Durch die nachfolgende Panikstörung wurde sein Körper weiter geschwächt.

Hyperventilation

Auch die Hyperventilation, also zu schnelles und zu tiefes Atmen, kann zu den charakteristischen Anfangssymptomen beitragen. Bei vielen Menschen war die erste größere Panikattacke eigentlich nur eine starke Hyperventilation. Bei anderen, wie z. B. auch bei Brian, bildet die Hyperventilation ein unangenehmes Begleitsymptom. Es ist denkbar, daß die Neigung zur Hyperventilation ebenfalls zu der biologischen Veranlagung ängstlicher Menschen gehört. In Lektion 2 wollen wir noch ausführlicher auf die Hyperventilation eingehen.

Medizinische Gründe, Nebenwirkungen von Medikamenten und Drogenkonsum

Ein dritter möglicher Auslöser für die Anfangssymptome einer Panikstörung sind unerkannte oder falsch eingeschätzte körperliche Erkrankungen sowie eine ungünstige Reaktion auf Medikamente und Drogen. Wie bereits erwähnt, gibt es eine ganze Reihe von körperlichen Erkrankungen, die panikähnliche Symptome auslösen können. Als gutes Beispiel hierfür kann Andreas Geschichte dienen. Andrea litt an einem sogenannten Mitralklappenvorfall, einer Herzerkrankung, deren Symptome der Panikreaktion sehr ähnlich sind. In milder Form liegt ein solcher Mitralklappenvorfall bei 5 bis 14% der Bevölkerung vor; normalerweise ist keine Behandlung erforderlich, bei 50% der Betroffenen zeigen sich keine Symptome. Bei den anderen 50% treten entweder vorzeitige Herzkontraktionen oder ein beschleunigter Pulsschlag auf. Andere Symptome sind Atemnot und leichte Bauchschmerzen. Andrea nahm gelegentlich einen raschen Puls und ein Unwohlsein im Magen wahr. Sie begann, ihren Puls und ihre Atmung zu beobachten und erschrak, wenn irgend etwas scheinbar nicht in Ordnung war. Die Furcht vor diesen harmlosen Symptomen, die sie aus Unkenntnis nicht auf die körperliche Erkrankung zurückführen konnte, hatte die Entwicklung einer ernsten Panikstörung zur Folge.

Doch nicht nur harmlose, auch lebensbedrohliche oder äußerst unangenehme Erkrankungen können zu Panikstörungen beitragen. Eine Quelle berichtet, daß etwa 14% aller Herzpatienten unter Panikstörungen leiden. Auch in diesen Fällen spielen Körperbeobachtung und negative Antizipation eine zentrale Rolle.

Wie bereits oben erläutert, können auch bestimmte Medikamente zu den charakteristischen Symptomen einer Panikattacke führen. Kumars Geschichte veranschaulicht dies deutlich. Kumars Schilddrüse hatte eine Unterfunktion, d. h., sie produzierte nicht genügend Schilddrüsenhormone. Als Ersatz für die fehlenden körpereigenen Hormone nahm er synthetisches Thyrosin ein, doch war ihm anfangs eine zu hohe Dosis verschrieben worden, was zu Symptomen führte, die mit der Panikreaktion vergleichbar waren. Kumar, ein Perfektionist mit stark ausgeprägtem Schwarzweißdenken, empfand dies als sehr beunruhigend. Die durch das Medikament ausgelösten Symptome führten zu Körperbeobachtung und negativer Antizipation, und es entwickelte sich eine Panikstörung.

Wir sehen also: Körperliche Erkrankungen und Medikamente, die zu panikähnlichen Symptomen führen, können bei ängstlichen Persönlichkeiten zu Panikstörungen führen. Die Wahrscheinlichkeit, daß es zu dem oben beschriebenen Teufelskreis kommt, erhöht sich, wenn eine biologisch bedingte Neigung zu starken Körperreaktionen und Hyperventilation vorliegt. Der Zeitrahmen, in dem sich die Störungen entwickeln, scheint von dem ursprünglichen Auslöser, der Intensität der Symptome, der Anzahl der „ängstlichen Eigenschaften" und der unterschiedlich starken Ausprägung dieser Eigenschaften abhängig zu sein.

Wie die meisten Menschen können sich Brian, Andrea und Kumar noch genau an ihre erste Panikattacke erinnern. Kurze Zeit danach entwikkelte sich ihre Panikstörung. Bei anderen kann es Monate oder gar Jahre dauern, bis es zu massiven Störungen kommt, manchmal wird der Prozeß auch längere Zeit unterbrochen.

Ein weiteres Fallbeispiel kann uns die graduelle Entwicklung einer Panikstörung illustrieren: Marvis war eine erfolgreiche Geschäftsfrau mit der biologischen Veranlagung zu starken Körperreaktionen. Während einer intensiven Streßphase an ihrem Arbeitsplatz traten bei ihr erstmalig Angstsymptome auf. Sie schränkte ihre Aktivitäten für eine Weile ein und gönnte sich eine Ruhepause. Ihr Körper hatte keinen Grund überzureagieren, die störenden Symptome verschwanden. Marvis, die diesen Zusammenhang nicht erkannte, glaubte, sich ausreichend erholt zu haben, und kehrte zu ihren normalen Aktivitäten zurück. Das Ergebnis war, daß die körperlichen Symptome in der nächsten Streßphase noch stärker ausfielen als beim ersten Mal. Marvis bekam Angst, überhaupt noch zur Arbeit zu gehen und entwickelte eine Panikstörung.

Die wahre Ursache

Viele Menschen erleben die oben beschriebenen Anfangssymptome, doch längst nicht alle entwickeln Panikstörungen. Ängstliche Persönlichkeiten neigen dazu, die Anfangssymptome überzubewerten. Sie beginnen, ihren Körper aufmerksam zu beobachten, über die Bedeutung der Symptome nachzudenken und sich auszumalen, was geschehen könnte, wenn sie diese Symptome eines Tages nicht mehr unter Kontrolle bekommen sollten. Die Angst wird zu einer Art Schatten, der ihnen überallhin folgt, und künftig fliehen sie vor jedem Anzeichen darauf, daß dieser Schatten sich wieder ausbreiten könnte. Die meisten der Symptome, vor denen sie fliehen, sind jedoch völlig normal. Sie wissen es bloß nicht.

Nicht die Neigung zu starken Körperreaktionen oder Hyperventilation führt also zur Entwicklung von Angst- und Panikzuständen. Der Schlüssel liegt vielmehr darin, wie wir unsere Erlebnisse *interpretieren*, also in unserem Denken und in unseren Überzeugungen.

Praktischer Teil zu Lektion 1

Hinweise für den Umgang mit den Übungen

Am Ende jeder Lektion empfehlen wir Ihnen eine Reihe von Übungen. Zahlreiche Menschen haben diese Übungen bereits ausprobiert und sie bei der Überwindung ihrer Angstprobleme als hilfreich empfunden. Vielleicht werden Sie feststellen, daß einige der vorgeschlagenen Aktivitäten schon jetzt Teil Ihres normalen Verhaltens sind und Ihnen ganz natürlich erscheinen. Das ist ganz normal, denn unser Programm ist auf die Bedürfnisse vieler Menschen zugeschnitten und versucht, möglichst alle Eventualitäten abzudecken. Verwenden Sie weniger Zeit auf die Übungen, die Ihnen leichtfallen, und mehr Zeit auf diejenigen, die Ihnen schwierig erscheinen.

Die von Ihnen als leicht empfundenen Übungen betreffen vermutlich Lebensbereiche, die Ihnen keine Schwierigkeiten bereiten. Als schwierig empfundene Übungen weisen auf wichtige Defizite hin. Falls einmal eine Übung sie übermäßig angstrengen oder ängstigen sollte, heißt das, daß Sie für diese Übung noch nicht bereit sind. Überspringen Sie diese Übung einfach und wenden Sie sich ihr ein paar Wochen später noch einmal zu.

Natürlich brauchen Sie nicht jede Idee, die wir in diesem Buch vorstellen, auch anzuwenden oder mit jeder Übung sofort zu beginnen. Ziel dieses Programmes ist, Ihnen dabei zu helfen, Ihr Leben so angenehm und erfreulich wie möglich zu gestalten und Ihren eigenen Lebensrhythmus zu finden.

Allerdings sollten Sie, wenn Sie eine Verbesserung verspüren, nicht mit den Übungen aufhören. Arbeiten Sie das Programm so lange weiter durch, bis Sie das Gefühl haben, alle angesprochenen Bereiche zu beherrschen. So können Sie der erneuten Entwicklung von Panikstörungen wirksam vorbeugen.

Niemand kann genau sagen, wie lange es dauern wird, bis Sie Ihre Angstprobleme überwunden haben. Es kommt ganz darauf an, wie ernst Ihre Probleme sind, wie lange sie schon bestehen und wie intensiv Sie dieses Programm durcharbeiten. Wenn Sie sich entschlossen haben, unser Programm zu nutzen, lesen Sie die Lektionen aufmerksam durch und wenden Sie die empfohlenen Übungen so oft wie möglich im Alltag an, auch wenn Ihnen manche davon albern erscheinen oder Sie nicht verstehen, warum wir sie empfohlen haben. Wenn Sie sich an diese Grundregel halten, werden Sie sicherlich bald einen ersten Erfolg verspüren.

Körperliche Ursachen ausschließen

Der erste Schritt zur Überwindung Ihrer Angstprobleme besteht darin, mögliche organische Ursachen auszuschließen. Falls Sie noch nie mit einem Arzt über Ihre Symptome gesprochen und sich in letzter Zeit auch keiner gründlichen ärztlichen Untersuchung unterzogen haben, lassen Sie sich noch in dieser Woche einen Termin für eine Untersuchung geben. Erzählen Sie dem Arzt Ihre gesamten medizinischen Vorgeschichte und sprechen Sie mit ihm auch über Ihre Ernährung und alle Medikamente, die Sie zur Zeit einnehmen. Wenn es Ihnen schwerfällt, mit einem Arzt zu sprechen, schreiben Sie alle Informationen und Fragen auf, die Sie für wichtig halten. Diese Aufzeichnungen können Sie dem Arzt vor dem Untersuchungstermin per Post zuschicken oder zu Beginn des Gespräches persönlich überreichen.

Eine zusammenfassende Erklärung schreiben

Wenn Sie dieses Kapitel mehrmals durchgelesen haben, sollten Sie versuchen, in wenigen Sätzen zusammenzufassen, wie es zu Ihren Ängsten kam. Schreiben Sie diese vereinfachte Erklärung auf eine Karte und lesen Sie sie einmal am Tag durch, bis Sie sich den Text eingeprägt haben.

Im folgenden finden Sie einige Beispiele für solche Erklärungskarten:

Brians Karte (Allgemeine Panikstörung)

> Mein Körper reagiert sehr empfindlich auf Streß. Ich hatte viel Streß bei der Arbeit und zu Hause. Plötzlich bekam ich Herzklopfen. Weil ich nicht verstand, was da auf einmal mit mir geschah, hatte ich Angst. Danach habe ich angefangen, mich ständig selbst zu beobachten. Zum Schluß hatte ich nur noch Angst vor der Angst.

Normas Karte (Zwanghaftes Verhalten)

> Meine Zwangsgedanken beruhen auf einer biologischen Veranlagung. Mein Gehirn ist eben manchmal ein bißchen eigenwillig und hakt sich an einer Sache fest. Weil ich das früher nicht verstand, habe ich alle möglichen Theorien über mich selbst erfunden und Denkmuster entwickelt, die meine Angst noch verstärken.

Falls Sie unter einer spezifischen Phobie, einer posttraumatischen Störung oder einer sozialen Phobie leiden, sollten Sie zunächst Lektion 2 durchlesen, ehe Sie Ihre persönliche Erklärung aufschreiben. Im folgenden jedoch schon einmal die Erklärungen für die in Lektion 2 beschriebenen Fallbeispiele:

Gordons Karte (Spezifische Phobie)

Als Kind hatte ich einige angsteinflößende Erlebnisse mit Hunden. Später bekam ich jedesmal Angst, wenn ich einen Hund sah oder auch nur an einen Hund dachte. Ich hielt an meiner Angst fest, indem ich immer wieder meine Kindheitserlebnisse anführte und die Gefahr übertrieb.

Julienes Karte (Posttraumatische Störung infolge eines Unfalls)

Vor einiger Zeit wurde ich in einen schrecklichen Autounfall verwickelt. Die ganze Situation hat sich mit allen Einzelheiten tief in mein Gedächtnis eingegraben. Ich bekam Angst, sobald ich mich einer Kreuzung näherte oder ein Auto in meine Richtung kommen sah. Ich verstärkte diese Angst, indem ich immer wieder meinen Unfall anführte und die Gefahr übertrieb. Gleichzeitig hielt ich mich für „nicht ganz normal" und machte mir schwere Vorwürfe, wenn ich bei mir Anzeichen für Angstsymptome feststellte. Inzwischen weiß ich, daß diese Symptome normal sind und mit der Zeit verschwinden werden.

Martins Karte (Soziale Phobie)

Weil ich als Kind sehr scheu war, habe ich nicht, wie die meisten Menschen, schon in der Kindheit soziale Fertigkeiten erworben. Ich hatte ein sehr negatives Selbstbild und setzte mich selbst und meine Fähigkeiten häufig herab. Die Kombination aus negativem Selbstbild, erlernter Reaktionsangst und fehlenden sozialen Fertigkeiten löste, wenn ich unter Menschen war, große Ängste aus.

Sich entspannen lernen

Es gibt verschiedene Entspannungstechniken, die für Menschen mit Angstproblemen äußerst hilfreich sind, führen sie doch zu einer tiefen Muskelentspannung und wirken so der mit vielen Angstzuständen einhergehenden körperlichen Aufregung entgegen. In dieser Woche sollten Sie mindestens einmal pro Tag eine geeignete Entspannungsübung machen. Falls Sie bereits eine bestimmte Entspannungstechik – autogenes Training, Meditation, Biofeedback o. ä. – beherrschen, empfiehlt es sich, bei dieser bewährten Methode zu bleiben. Falls Sie jedoch noch keine dieser Techniken kennen, finden Sie im Anhang einige grundlegende Anweisungen. Man muß meist mehrere Wochen lang üben, bis sich der gewünschte Entspannungseffekt tatsächlich einstellt. Haben Sie also Gelduld. Die Mühe lohnt sich auf jeden Fall.

Eine Psychotherapie erwägen

Viele Menschen haben ihre Angstprobleme mit Hilfe des vorliegenden Programms überwinden können – also auch ohne die Hilfe eines persönlichen Therapeuten. Andere haben dieses Buch mit Unterstützung eines Psychotherapeuten durchgearbeitet. Wenn Sie große Schwierigkeiten haben, mit dem täglichen Leben zurechtzukommen, empfehlen wir Ihnen, sich einen Psychotherapeuten zu suchen, der mit der Behandlung von Angstproblemen Erfahrung hat.

Nachsichtig mit sich selbst sein und unnötigen Streß vermeiden

In den kommenden Wochen werden Sie lernen, sich auch in angstbesetzten Situationen zu entspannen und zu beruhigen. Auch den effektiveren Umgang mit anderen Menschen und Situationen werden wir üben. Um sich den Kopf für diese Lernprozesse freizuhalten, sollten Sie zwar Ihre Arbeit und alle wirklich notwendigen Aktivitäten wie gewohnt fortsetzen, zusätzliche Aufregungungen und unnötigen Streß jedoch vermeiden.

Anhaltende Angstzustände sind für Körper und Psyche ebenso anstrengend wie eine körperliche Erkrankung, z. B. eine ernste Grippe. Deshalb ist es sinnvoll, Ihrem Körper in den nächsten Wochen möglichst viel Ruhe zu gönnen, damit er neue Kraft schöpfen und sich regenerieren kann. Erst später werden wir daran gehen, an bestimmten problematischen Verhaltensweisen zu arbeiten, die Sie infolge Ihrer Angstzustände entwickelt haben, z. B. Vermeidungsmuster oder bestimmte Rituale. Jetzt beginnen wir erst einmal ganz in Ruhe mit der gedanklichen Arbeit. Schenken Sie Ihrem Körper die Zeit, die er braucht, um zu gesunden, während Sie sich mit den ersten Lektionen dieses Buches beschäftigen.

Einen Mitstreiter suchen

Bitten Sie eine Person Ihres Vertrauens, dieses Buch gemeinsam mit Ihnen zu lesen und durchzuarbeiten. Diese Person braucht nicht selbst unter Angstproblemen zu leiden, viel wichtiger ist, daß Sie sich gut verstehen und einander vertrauen. Indem Sie die einzelnen Lektionen mit einem anderen Menschen durchsprechen, vertiefen Sie Ihr eigenes Verständnis des dargestellten Stoffes. Ihr Mitstreiter kann Sie auch an diesen Stoff erinnern, falls Sie einmal vergessen, die neu erlernten Fertigkeiten einzusetzen.

Die Teilnahme an einer Selbsthilfegruppe erwägen

Viele Menschen empfinden die Teilnahme an einer Selbsthilfegruppe als sehr hilfreich. Dies gilt für Menschen, die mit einem Therapeuten arbeiten, ebenso wie für diejenigen, die dieses Buch allein durchgehen. Wenden Sie sich an eine örtliche Beratungsstelle, um die Kontaktadresse einer solchen Selbsthilfegruppe in Ihrer Nähe zu erfragen.

Den Einschätzungs-Fragebogen ausfüllen

Mit Hilfe des Fragebogens zur persönlichen Voreinschätzung können Sie festhalten, wie es Ihnen jetzt, zu Beginn des Programmes, geht. Füllen Sie ihn so bald wie möglich aus. Wenn Sie alle 15 Lektionen dieses Programmes durchgearbeitet haben, können Sie anhand dieser Eintragungen Ihren Fortschritt messen.

Die in dieser Lektion empfohlenen Übungen sind eine gute Vorbereitung für die Arbeit der folgenden Lektionen. Es ist wichtig, daß Sie sie vollständig ausführen, ehe Sie zur nächsten Lektion übergehen.

Persönliche Voreinschätzung

Schreiben Sie alle Medikamente auf, die Sie zur Zeit einnehmen:

Medikament: Tägliche Dosierung:

Geben Sie mit Hilfe der folgenden Skala an, wie stark Sie sich selbst unter Kontrolle zu haben glauben (kreuzen Sie eine Zahl an):

(Keine Kontrolle)   1   2   3   4   5̶   6   7   8   9   10   (Völlige Kontrolle)

Lesen Sie die folgenden Liste von Symptomen aufmerksam durch und wählen Sie aus jeder der drei Kategorien eine Zahl aus, mit der Sie angeben, wie häufig dieses Problem in den letzten Monaten bei Ihnen aufgetreten ist (Häuf.), wie intensiv es war (Intens.) und wie sehr es Ihr Leben beeinträchtigt hat (Beeintr.). Falls eines der angegebenen Symptome bei Ihnen in den letzten Monaten gar nicht aufgetreten ist, kreuzen Sie die Antwort „n.a." („nicht aufgetreten") an.

Häufigkeit (Häuf.)	Intensität (Intens.)	Beeinträchtigung (Beeintr.)
1 – nie	1 – kaum spürbar	1 – keine Beeinträchtigung
2 – selten (höchstens einmal im Monat)	2 – wenig intensiv	2 – leichte Beeinträchtigung
3 – manchmal (etwa einmal pro Woche)	3 – deutlich spürbar	3 – mittlere Beeinträchtigung
4 – häufig (mehrmals pro Woche, aber nicht täglich)	4 – sehr intensiv	4 – starke Beeinträchtigung
5 – ständig (einmal oder mehrmals täglich)	5 – Panik auslösend	5 – extreme Beeinträchtigung

A. Körperliche Symptome

Körperliche Symptome	N.a.	Häuf.	Beeintr.	Intens.
Kurzatmigkeit, Atemnot oder Erstickungsgefühle		4	4	4
Würgen oder Schluckbeschwerden	✗			
Herzklopfen, Herzjagen oder beschleunigter Puls		4	3	3
Schmerzen in der Brust	✗			
Schwitzen, Schweißausbrüche	✗			

Schwindel, Gleichgewichsstörungen oder Ohnmachtsgefühle		3	3	4
Übelkeit oder Bauchschmerzen		4	4	4
Taubheit oder Kribbeln in Fingern, Zehen oder Lippen		2	1	2
Hitzewallungen oder Frösteln		3	1	2
Weitere				

B. Ängste

Benutzen Sie nun die gleiche Skala, um die auf Sie zutreffenden Ängste einzuschätzen. In den ersten drei Zeilen der Tabelle sind bereits einige Beispiele aufgeführt. Verwenden Sie die freien Zeilen, um Ihre persönlichen Ängste und Befürchtungen aufzuführen.

Ängste	N.a.	Häuf.	Beeintr.	Intens.
Angst vor schwerer Krankheit oder Tod		3	2	4
Angst, verrückt zu werden		3	4	4
Angst, die Selbstbeherrschung zu verlieren		4	4	4
Weitere				
Weitere				

C. Panikattacken

Panikattacken sind intensive Angstzustände, die sich meist durch vier oder mehr der unter A und B aufgelisteten Symptome oder Ängste ausdrücken (z. B. Kurzatmigkeit, beschleunigter Puls, Schwindelgefühl und die Angst zu sterben). Falls Sie in den letzten Monaten Panikattacken erlebt haben, benutzen Sie die obige Skala, um deren Häufigkeit, den Grad der Unannehmlichkeit und der Beeinträchtigung anzugeben.

N. a. _____ Häufigkeit ___4___ Intensität ___5___ Beeinträchtigung __5__

D. Starke Angstzustände

Starke Angstzustände unterscheiden sich von Panikattacken dadurch, daß bei ihnen nur drei oder weniger der unter A und B angegebenen Symptome und Ängste auftreten. Benutzen Sie auch hier die obige Skala zur Einschätzung.

N.a _____ Häufigkeit ___4___ Intensität ___4___ Beeinträchtigung ___4___

E. Angstauslösende Situationen

Listen Sie alle Ereignisse oder Situationen auf, die während der letzten Monate bei Ihnen Angstzustände ausgelöst haben. Danach benutzen Sie die obige Skala, um für jede Situation Häufigkeit, Intensität und Grad der Beeinträchtigung anzugeben. Falls Sie es sich zur Angewohnheit gemacht haben, einige Situationen möglichst zu vermeiden, geben Sie bitte an, wie oft Sie sie vermieden haben. Benutzen Sie dazu die folgende Vermeidungs-Skala (Verm.).

1 – nie vermieden
2.– selten (in bis zu 25% aller Fälle)

3 – manchmal (in bis zu 50% aller Fälle)
4 – häufig (in bis zu 75% aller Fälle)

5 – immer (in bis zu 100% aller Fälle)

Falls Sie bestimmte Situationen während der letzten Monate ständig vermieden haben, schätzen Sie deren Intensität ein, indem Sie sich vorstellen, der Situation ausgesetzt zu sein. Den Grad der Beeinträchtigung bemessen Sie bitte danach, wie stark das Vermeiden der Situation Ihr Leben beeinträchtigt hat.

Situation	Verm.	Häuf.	Beeintr.	Intens.
allein zu sein	5	5	4	4
auf ein fremdes Kind aufpassen			4	4
mit dem Train. zu beginnen		5	4	4
Philipp vom Kiga abholen	4	3	3	4
einkaufen zu gehen	4	3	3	4
Straßenbahn zu fahren	5		5	5
Zug zufahren	5		5	5
im Auto mit zu fahren	1	5	3	3
ins Kino gehen	5		4	4

F. Zwänge

Menschen mit Angstproblemen neigen manchmal zu Zwangshandlungen. Diese werden in der Absicht, eine befürchtete Situation zu neutralisieren oder ihr vorzubeugen, in ritualisierter Form ständig wiederholt. Das zwanghafte Verhalten steht jedoch mit der Situation, die neutralisiert oder vermieden werden soll, in keinem realen Zusammenhang, sondern wirkt eindeutig übertrieben. Ständiges Händewaschen als Reaktion auf die Angst, sich selbst oder andere anzustecken, ist ein Beispiel für eine besonders weitverbreitete Zwangshandlung. Andere häufig vorkommende Zwänge äußern sich durch Zählen, Kontrollieren und ständiges Berühren. Tragen Sie in der folgenden Liste Ihre Zwänge ein und geben Sie bitte an, wie häufig Sie die zwanghafte Handlung in der vergangenen Woche *täglich* vorgenommen haben. Schätzen Sie bitte auch ein, wie stark die jeweiligen Zwänge Ihr Leben beeinträchtigen. Falls Sie bei sich selbst keine zwanghaften Handlungen feststellen können, lassen Sie diese Liste offen.

Zwänge	Häuf. (pro Tag)	Beeintr.

LEKTION 2

ANGSTSYMPTOME WIRKSAM MINDERN

In dieser Lektion werden vier Techniken beschrieben, die Sie beherrschen müssen, um Ihre Angstsymptome wirksam mindern zu können. Diese Techniken zu entwickeln, wird einige Zeit dauern. Stecken Sie Ihre Ziele also anfangs nicht zu hoch. Wenn Sie diese Techniken jedoch erst einmal erlernt haben, verfügen Sie über ein starkes Mittel, Ihren Streß und damit auch Ihre Angst in den Griff zu bekommen.

Übliche Stolperfallen

Vielleicht haben Sie einige der in dieser Lektion vorgestellten Techniken bereits schon einmal ausprobiert, ohne daß sie besonders gut funktioniert hätten. Das liegt daran, daß es mehrere Stolperfallen gibt, die ihrem effektiven Einsatz im Wege stehen. Um sie gleich von vornherein umgehen zu können, ist es wichtig, das Wesen dieser Stolperfallen zu kennen.

Falsche Anwendung

Angstreduzierende Techniken werden häufig nicht richtig eingesetzt und bleiben daher wirkungslos. Diese Schwierigkeit können Sie überwinden, indem Sie die in dieser Lektion aufgeführten Erklärungen sorgfältig lesen und sich genau an unsere Anweisungen halten.

Beschränkung auf ein oder zwei Techniken

Wenn Sie nur über ein oder zwei Techniken zur Verringerung Ihrer Streß- und Angstsymptome verfügen, erreichen Sie unweigerlich einen Punkt, an dem diese Techniken nicht mehr ausreichen. Es muß uns also auch darum gehen, alle vier Techniken sinnvoll miteinander zu kombinieren.

Zu späte Anwendung

Je schneller Sie eine Wunde behandeln, desto besser heilt sie auch. Versorgen Sie die Wunde nicht gleich, sondern warten, bis sie sich entzündet hat, ergeben sich sehr viel größere Schwierigkeiten, eine intensivere Behandlung wird erforderlich. Das gleiche Prinzip gilt auch für die in diesem Kapitel beschriebenen Techniken zur Streßreduzierung. Sie wirken am besten, wenn sie gleich beim ersten Anzeichen von Streß und Angst eingesetzt werden. Wenn Sie Ihren Körper, Ihr Verhalten und Ihre Gedanken solange ignorieren, bis Streß und Angst übermächtig sind, werden Ihnen auch die erlernten Techniken wenig nutzen. Es gilt also zu lernen, diese Techniken sofort einzusetzen, wenn Sie erste Anzeichen von Streß und Angst verspüren.

Alleinige Ausrichtung auf die Reduzierung von Angstsymptomen

Es reicht nicht aus, nur auf eine Abschwächung der Angstsymptome hinzuarbeiten. Sie müssen auch lernen, die eingefahren Denkmuster abzulegen, die zur Entstehung Ihrer Angst geführt haben. Die in diesem Teil des Programms vorgestellten Techniken stellen in gewisser Hinsicht eine Art Verband dar, der die Wunde schützt, das Blut stillt und Ihnen hilft, sich wohler zu fühlen. Doch der Verband allein reicht nicht aus: Auch die Verletzung selbst muß behandelt werden, und Sie müssen lernen, in Zukunft Verletzungen zu vermeiden. Sie sollten aber nicht in den umgekehrten Fehler verfallen, die in dieser Lektion vermittelten Techniken zu gering einzuschätzen. Sie sind für die Überwindung Ihrer Angst unerläßlich und werden, wenn wir uns in späteren Lektionen den Ursprüngen Ihrer Angst zuwenden, immer wichtiger.

Grundlegende Techniken zur Verminderung von Angstsymptomen

Nehmen Sie sich ausreichend Zeit, um sich die hier vorgestellten vier Techniken anzueignen. Stellen Sie sich darauf ein, noch mehrmals zu dieser Lektion zurückkehren zu müssen, ehe Sie diese Techniken wirklich beherrschen.

Signalgeprägte Entspannung

Um die Jahrhundertwende veranstaltete der russische Wissenschaftler Iwan Pawlow sein klassisches Experiment: Er setzte hungrige Hunde vor dem Füttern stets einem neutralen Reiz (dem Klingeln einer Glocke) aus. Der Anblick der Nahrung führte bei den Hunden zu einem vermehrten Speichelfluß. Nach einiger Zeit wurde diese Reaktion allein durch das Klingeln der Glocke ausgelöst. Die Hunde hatten gelernt, dieses Signal mit dem Futter zu assoziieren; durch diese Assoziation führte allein das Signal zu einer meßbaren körperlichen Reaktion, die man in diesem Zusammenhang als *konditionierte Reaktion* bezeichnet.

Viele menschlichen Verhaltensweisen beruhen auf konditionierten Reaktionen. Denken wir z. B. an die Aussage: „Zu Hause schmeckt's am besten". Schon im Kindesalter werden bestimmte familientypische Ernährungsgewohnheiten konditioniert, und meist führen wir diese Traditionen auch weiter. Von unbekannten oder gar fremdländischen Gerichten behaupten wir dann, sie schmeckten „komisch". Das gleiche trifft auf die Mode zu. Schauen wir uns Fotos an, die vor zehn Jahren geschossen wurden, schmunzeln wir über die damalige Mode. Das kommt daher, daß wir uns in einem schrittweisen Prozeß an die heutige Mode gewöhnt haben.

Bei Menschen, die unter Angstzuständen leiden, werden die verschiedensten Empfindungen und Ereignisse, die rund um die angstbesetzten Situation auftreten, rasch zu Auslösern konditionierter Reaktionen. Als typisches Beispiel kann eine Person gelten, die beim Autofahren Panikattacken bekommt. In solchen Fällen kann schon das Besteigen eines Autos zu Angstgefühlen führen. Durch Konditionierung entstandene Ängste spielen eine unterschwellige, aber sehr bedeutende Rolle für die Hartnäckigkeit von Panikstörungen. Auch wenn der Betroffene die Dynamik, die die Angstsymptome auslöst, versteht und fest davon überzeugt ist, daß keinerlei Gefahr besteht, stellen sich aufgrund der Konditionierung weiterhin Angstgefühle ein. Die Konditionierung kann durch eine „Desensibilisierung" (auf diesen Begriff werden wir später noch ausführlicher eingehen) oder durch die signalgeprägte Entspannung zurückgebildet werden.

Bei der signalgeprägten Entspannung wird die Entspannungsreaktion durch ein bestimmtes Signal ausgelöst. Als Signal könnte z. B. das Wort „Entspannung" dienen, aber auch eine bestimmte Szene, die man sich bildlich vorstellt, oder ein körperliche Signal, z. B. das Zusammenlegen von Daumen, Mittel- und Zeigefinger beider Hände.

Bei der Entwicklung der signalgeprägten Entspannung liegt der erste

Schritt im Erlernen einer Methode, die es möglich macht, eine Entspannungsreaktion herbeizuführen (siehe Anhang). Der zweite Schritt liegt in der Auswahl eines Signals und der Assoziation dieses Signal mit der Entspannungsreaktion. So können Sie z. B. während Ihrer Entspannungsübungen Daumen, Mittel- und Zeigefinger beider Hände zusammenlegen. Im Laufe der Zeit wird dies zum Auslöser für die Entspannungsreaktion.

Zum Anfang wird die durch eine konditionierte Reaktion ausgelöste Angst sehr viel stärker sein als die Beruhigung, die durch die signalgeprägte Entspannung entsteht. Das ist vor allem dann zu erwarten, wenn die konditionierte Angstreaktion über lange Zeit unbewußt verstärkt wurde. Auch nach längerer Übung wird die signalgeprägte Entspannung Ihre Angst aller Wahrscheinlichkeit nach nicht völlig auslöschen können. In Verbindung mit den anderen in dieser Lektion vorgestellten Techniken kann sie jedoch sehr wirksam sein. Auf diese Weise können Sie sich selbst im Laufe der Zeit desensibilisieren und die konditionierte Angstreaktion allmählich zum Verschwinden bringen.

Zwerchfellatmung

Von „Hyperventilation" sprechen wir, wenn ein Mensch schneller und/oder tiefer atmet, als es für die Versorgung des Körpers mit Sauerstoff und den Abbau von Kohlendioxyd nötig ist. Sie führt dazu, daß der Anteil an Kohlendioxyd im Blut stark zurückgeht. Bei einer starken Hyperventilation kann der Anteil des Kohlendioxyds in weniger als 30 Sekunden um 50% sinken. Viele meinen irrtümlicherweise, das sei nicht weiter schlimm, weil sie in der Schule gelernt haben, beim Kohlendioxyd handele es sich ohnehin um ein „Abfallprodukt". Kohlendioxyd ist jedoch äußerst wichtig, um den PH-Wert im Blut zu erhalten und die Atmung zu regulieren.

Hyperventilation erhöht den PH-Wert in den Nervenzellen, sie werden erregbarer, und die „Kampf oder Flucht"-Reaktion kann schneller ausgelöst werden. Dies wiederum führt zu einer Kettenreaktion von Aktivitäten im Körper, die in die folgenden Symptome münden kann:

- Herzklopfen, Herzrasen, Herz- oder Bauchschmerzen.
- Taubheitsgefühl oder Kribbeln in den Händen, Füßen oder Lippen.
- Schwindel, Mattigkeit, Benommenheit, geringe Konzentrationsfähigkeit, verschwommene Wahrnehmung, das Gefühl, „neben sich zu stehen" (Depersonalisierung).
- Kurzatmigkeit oder Atemnot.

– Schluckbeschwerden, „Kloß im Hals", Bauchschmerzen oder Übelkeit.
– Verspannungen, Muskelschmerzen, Zittern oder unwillkürliches Zucken.
– Schwitzen, Erschöpfung, Schwäche, Schlafschwierigkeiten oder Alpträume.

Bei starker Hyperventilation treten die Symptome nach weniger als einer Minute auf. Sie sind zwar unangenehm, verursachen aber keine anhaltenden Schäden. Die meisten Menschen merken gar nicht, daß sie hyperventilieren, sondern beschreiben nur mehr oder weniger genau die oben aufgeführten Symptome. Zur Hyperventilation kann es kommen,
– wenn Sie nicht mit dem Zwerchfell atmen,
– wenn Sie aus Gewohnheit oder infolge einer Erkrankung durch den Mund atmen,
– wenn Sie häufig seufzen oder gähnen müssen, weil Sie den Atem angehalten haben.

Gehen wir die einzelnen Gründe nacheinander durch:

Wir können grundsätzlich zwei Arten von Atmung unterscheiden. Bei der *Brustatmung* hebt und senkt sich die Brust, die Atmung ist leichter und schneller. Bei der *Zwerchfellatmung* wird tiefer und langsamer geatmet. Wenn sich die Lungen mit Luft füllen, drücken sie das Zwerchfell nach unten; es scheint, als würde sich der Bauch mit jedem Atemzug erweitern und wieder zusammenziehen.

Beide Formen der Atmung erfüllen ihren Zweck und haben eine eigene Funktion im Alltagsleben. Bei großer Anstrengung wählt der Körper automatisch die Brustatmung, um sich rascher mit großen Mengen an Sauerstoff versorgen zu können. Der entspannten Haltung und geringen körperlichen Aktivität ist die Zwerchfellatmung angemessen, da nur relativ wenig Sauerstoff benötigt wird. Ein gesundes Atmungsverhalten ist also durch den abwechselnden Einsatz von Brust- und Zwerchfellatmung charakterisiert.

Viele Menschen mit Angstproblemen setzen jedoch in erster Linie die Brustatmung ein oder verlegen die Atmung, sobald sie Angst bekommen, in den Brustbereich. In körperlich bedrohlichen Situationen ist die Brustatmung durchaus sinnvoll und gehört zur Vorbereitung der „Kampf oder Flucht"-Reaktion. Bei Menschen, die sich häufig von alltäglichen Situationen bedroht fühlen, kann das Vorherrschen der Brustatmung daher durch die Aktivierung der „Kampf oder Flucht"-Reaktion erklärt werden.

Eine weitere Erklärung liefert das herrschende Schönheitsideal. Während der Pubertät, in der der äußeren Erscheinung großer Wert beigemessen wird, entwickeln viele Jugendliche unbewußt die Angewohnheit, ihre Bauchmuskulatur anzuspannen. Da die Zwerchfellatmung bei angespannter Bauchmuskulatur unmöglich ist, gewöhnt sich der Körper an die Brustatmung. Auch das Tragen von allzu enger Kleidung kann die Bewegungsfähigkeit des Zwerchfells einschränken und zur Brustatmung beitragen.

Oft ist Hyperventilation aber auch auf die Mundatmung zurückzuführen. Menschen, die unter Allergien, Asthma oder Atemwegserkrankungen leiden, sind häufig gezwungen, durch den Mund zu atmen. Bei Aufregung, Streß oder Anstrengung kann die Mundatmung schnell zu einer leichten Hyperventilation führen.

Eine weitere verbreitete Art der Hyperventilation steht mit dem Anhalten des Atems im Zusammenhang. Menschen, die dazu neigen, in Angstsituationen ihren Atem anzuhalten, stellen fest, daß sie häufiger gähnen oder seufzen müssen. Jedes tiefe Gähnen oder Seufzen läßt jedoch den Kohlendioxydgehalt im Blut deutlich sinken und kann zu einer leichten Hyperventilation beitragen. Trifft diese Angewohnheit mit der Neigung zusammen, hauptsächlich die Brustatmung einzusetzen, können ernsthafte Hyperventilationsprobleme entstehen. Dies ist insbesondere dann der Fall, wenn die anfänglich noch leichten Symptome bewußt wahrgenommen werden und bereits Angst auslösen – ein weiterer Grund dafür, warum der Tendenz zur Körperbeobachtung bei vielen Angststörungen so große Bedeutung beigemessen wird.

Die drei oben beschriebenen Formen von Hyperventilation bieten eine einfache Erklärung für die Tatsache, daß Panik- oder Angstattacken scheinbar so oft „aus heiterem Himmel" kommen. Schon geringe Anzeichen von Hyperventilation können zu einer erhöhten Herzschlagfrequenz, einer Verengung der Blutbahnen und einem Anstieg des PH-Wertes im Blut führen. Die Symptome dieser Reaktionen werden von der ängstlichen Persönlichkeit wahrgenommen und lösen jenen Mechanismus aus, der in eine „unerklärliche" Panikattacke mündet.

Viele unangenehme Begleitsymptome starker Angstzustände lassen sich auf Hyperventilationsprobleme zurückführen. In den Fällen einer körperlichen Erkrankung, z.B. bei Herzklappenvorfall, fungieren der unregelmäßige Herzschlag oder ein anderes Symptom, das mit Hyperventilation nichts zu tun hat, als Auslöser für die Panikattacke. Mit Hilfe der folgenden drei Versuche können Sie prüfen, ob die Hyperventilation für Sie ein Problem darstellt:

Als erstes müssen Sie sich über Ihr übliches Atmungsverhalten klarwerden. Legen Sie eine Hand auf den Brustkorb und eine Hand auf Ihren Bauch. Atmen Sie etwas tiefer ein als sonst und beobachten Sie, welche Hand stärker bewegt wird. Wenn es die Hand auf dem Brustkorb ist, neigen Sie zur Brustatmung, und die Wahrscheinlichkeit, daß die Hyperventilation bei Ihren Symptomen eine bedeutende Rolle spielt, ist ziemlich groß. Ist es die Hand, die auf dem Bauch liegt, neigen Sie eher zur Zwerchfellatmung – was natürlich nicht ausschließt, daß auch bei Ihren Angstsymptomen eine Form der Hyperventilation eine Rolle spielt.

Als zweites zählen Sie Ihre Atemzüge. Sie können dies selbst tun oder jemand anderen darum bitten. Der normale Atemrhytmus im Ruhezustand liegt bei 8 bis 16 Atemzügen pro Minute. Eine Studie über Menschen mit Panikstörungen ergab im Ruhezustand durchschnittlich 28 Atemzüge pro Minute.

Als drittes sollten Sie absichtlich hyperventilieren, um die Reaktion Ihres Körpers einzuschätzen. Atmen Sie drei Minuten lang etwa 60 Mal in der Minute (pro Sekunde ein Atemzug). Wer dies versucht, wird einen trockenen Mund und Rachen bekommen, eine gewisse Benommenheit, leichte Seh- oder Wahrnehmungsstörungen sowie Taubheitsgefühle und ein deutliches Kribbeln in Händen und Füßen verspüren. Falls Sie Empfindungen haben, die Sie mit Angst- oder Panikzuständen in Verbindung bringen, ist es wahrscheinlich, daß die Hyperventilation bei Ihren Angstsymptomen eine Rolle spielt. Falls das bewußte Hyperventilieren bei Ihnen große Angst oder Panik auslöst, sollten Sie den Versuch sofort abbrechen. Bei den allermeisten Menschen bestehen gegen ein dreiminütiges absichtliches Hyperventilieren keine medizinischen Bedenken, es gibt jedoch bestimmte Erkrankungen wie Angina pectoris und Anfallsleiden wie Epilepsie, die durch Hyperventilation verschlimmert werden können. Falls Sie Zweifel haben, ob dieser Versuch für Sie ratsam ist, sollten Sie vorher Ihren Arzt befragen.

Die empfohlenen Übungen am Ende dieser Lektion beinhalten eine Übung zur Zwerchfellatmung. Viele Menschen empfinden den Einsatz der Zwerchfellatmung als eines der effektivsten Mittel bei der Kontrolle schwerer Angstsymptome.

Positive Gedanken

Die verschiedenen Situationen, in denen Sie sich täglich wiederfinden, ähneln meist in mehrerer Hinsicht früheren Erfahrungen. Die Gefühle und Gedanken, die in einer bestimmten Situation ausgelöst werden, beruhen auf einer sowohl bewußten als auch unbewußten Interpretation dieser Situation. Der Interpretationsprozeß fußt meist auf automatisch ablaufenden, gewohnten Denkmustern, die im Prinzip aus einer Reihe von kurzen Einzelsätzen bestehen: Wir führen eine Art inneres Selbstgespräch. Wenn es uns gelingt, diesen inneren Dialog bewußt zu beeinflussen, können wir auch unsere Gefühle zumindest teilweise unter Kontrolle bringen. Es geht also darum, sich in angsterregenden Momenten durch beruhigende Aussagen selbst dazu zu bringen, die Situation neu zu interpretieren.

Denken Sie an eine Situation, die vor kurzem bei Ihnen starke Angst erzeugt hat, und versuchen Sie, sich an Ihren inneren Dialog zu erinnern. Wahrscheinlich werden Sie feststellen, daß dieser innere Dialog Ihren Gedankengängen in anderen angstbesetzten Situationen ziemlich ähnlich war. Vermutlich gibt es sogar bestimmte Aussagen, die Ihre Angst noch verstärken. Es ist, als würde in Ihrem Kopf immer wieder die gleiche Kassette mit negativen Aussagen ablaufen. Hier einige typische Beispiele für solche Aussagen:

- „Jetzt geht das schon wieder los!"
- „Ich bekomme keine Luft mehr."
- „Ich muß sterben."
- „Ich werde noch verrückt."
- „Ich bekomme das nicht in den Griff."
- „Warum muß das immer mir passieren?"
- „Mit mir stimmt irgend etwas nicht."
- „Ich halte das nicht mehr aus."
- „Es ist zu dumm. Warum bekomme ich selbst eine so einfache Sache nicht in den Griff?"
- „Ich mache irgend etwas falsch."
- „Es wird nie wieder besser werden."
- „Ich schaffe das nicht."

Alle diese Aussagen sind entweder falsch oder drücken eine irrationale Befürchtung aus. Erinnern Sie sich: Ursprünglich traten Ihre Ängste auf, weil Sie körperliche Symptome bemerkten, über deren Bedeutung Sie sich nicht im klaren waren. Sie wurden aufrechterhalten und verstärkt durch eine Kombination aus konditionierter Reaktion, übertriebener Körperbeobachtung, negativer Erwartungshaltung und fälschlicher Interpretation der körperlichen Symptome.

Eine Möglichkeit, Ihre Angsssymptome zu vermindern, liegt nun darin, die Anzahl und Intensitität dieser negativen Gedanken zu reduzieren. Dies erreichen Sie, indem Sie beim allerersten Anzeichen von

Streß oder Angst bewußt positive Gedanken dagegensetzen. Zuerst wird die Wirkung ziemlich gering sein, doch mit der Zeit können Sie eine feste Sammlung positiver Aussagen zusammenstellen, die die alte, negative „Kassette" ersetzen wird. Indem Sie diese Aussagen häufig wiederholen, gewinnen Sie immer mehr Zutrauen in sie. Setzen Sie bewußt positive Gedanken ein, um Ihre Befürchtungen herauszufordern. Sie werden Ihnen helfen, sich auf Ihre jeweilige Aufgabe zu konzentrieren, sich daran zu erinnern, angstvermindernde Techniken einzusetzen und sich auf die Lösung des Problems zu konzentrieren, anstatt die eigenen Symptome oder Unzulänglichkeiten in den Vordergrund zu stellen.

- „Angst ist nicht gefährlich – nur unangenehm! Ich habe so etwas und noch viel Schlimmeres früher auch schon ausgehalten."
- „Ich kann Angst haben und trotzdem effektiv sein. Ich konzentriere mich ganz auf meine Aufgabe."
- „Ich löse meine Entspannungsreaktion aus. Ich nehme drei oder vier entspannte Zwerchfell-Atemzüge und versuche, mich abzulenken."
- „Ich weiß, daß all die schrecklichen Dinge, die ich mir über meine Symptome ausgemalt habe, in Wirklichkeit gar nicht wahr sind. Meine Angst ist eine lästige Angewohnheit, nicht mehr."
- „Ich brauche nicht gegen meine Gefühle anzukämpfen. Auch wenn sie noch so unangenehm sind, im Grunde handelt es sich um einen simplen Adrenalinschub, und der wird bald vorübergehen."
- „Ich überprüfe meine Atmung. Dann konzentriere ich mich auf das, was um mich herum vorgeht. Ich wende mich nach außen und lenke mich ab."
- „Meine gegenwärtigen Symptome sind im Grunde doch nur eine konditionierte Reaktion. Sie werden zurückgehen, sobald ich mich ausreichend desensibilisiert habe."
- „Diese Gefühle sind nur dazu da, mich daran zu erinnern, meine angstvermindernden Techniken einzusetzen."
- „Diese Symptome treten auf, weil ich mich verhalte wie der Pawlowsche Hund: Bestimmte Signale führen bei mir zu einer körperlichen Reaktion. Diese konditionierte Reaktion ist ganz normal und wird mit der Zeit verschwinden."
- „Was ich fühle, ist nur ein unangenehmes Körpergefühl. Es ist nicht gefährlich. Ich brauche mich davon nicht abhängig zu machen. Ich kann normal funktionieren, auch wenn das Gefühl noch so unangenehm ist."

- „Diese Angstgefühle sind Gewohnheitsmuster. Sie haben sich über viele Jahre hinweg eingeschliffen, da ist es kein Wunder, daß sie noch gelegentlich wiederkehren. Irgendwann werden sie ganz verschwunden sein."
- „Jetzt habe ich eine gute Gelegenheit, meine neuen Techniken zu üben."
- „Ich schaffe das schon. Ich schaffe es jetzt."
- „Ja, ich habe Angst, aber es wird trotzdem alles gut gehen."
- „Ich brauche das nicht perfekt machen. Ich entspanne mich und erlaube mir, Mensch zu sein."
- „Mein Körper reagiert ziemlich heftig, aber das macht nichts. Es ist eine alte Angewohnheit, die mit der Zeit verschwinden wird."
- „Dies ist keine Notsituation, und ich stehe auch nicht auf dem Prüfstand. Ich gehe langsam, Schritt für Schritt vorwärts. Ich brauche nicht alles auf einmal zu schaffen."
- „Diese unangenehmen Gefühle werden bald vorüber sein. Ich konzentriere mich auf das Naheliegende und wende mich nach außen. Was gibt es zu tun?"
- „Ich habe die freie Wahl. Ich kann mich so entscheiden, wie es mir richtig erscheint."
- „Ich führe keine negativen Selbstgespräche. Ich konzentriere mich auf positive, rationale und realistische Gedanken. Ich nehme ein paar entspannte Zwerchfell-Atemzüge und fahre mit meiner Aufgabe fort."
- „Dieses unangenehme Gefühl wird nur kurze Zeit dauern. Es ist bald vorüber. Hinterher werde ich mit mir selbst sehr zufrieden sein."
- „Es ist egal, was andere denken. Ich konzentriere mich auf das, was ich zu tun habe."
- „Ich entspanne mich und gehe die Sache langsam an. Es gibt keinen Grund zur Hetze."

Weil sich beim Einsetzen der Angst die negativen Gedanken ganz automatisch abspulen, ist es in der Situation meist schwierig, sich positive Aussagen auszudenken. Dieses Problem können Sie am besten lösen, indem Sie sich vorher schon einige Aussagen ausdenken und auf einer Karte oder einem Zettel notieren. Wenn Sie möchten, können Sie einige der obigen Aussagen übernehmen. Falls die Beispiele auf Ihre Person oder Ihre Lebenssituation nicht zutreffen, verändern Sie den Wortlaut oder denken Sie sich neue Formulierungen aus. Es ist wichtig, daß Ihre Erklärungen für Sie persönlich überzeugend klingen.

Wenn Sie Ihre Liste fertiggestellt haben, wiederholen Sie die Aussagen solange, bis Sie sich mühelos an die einzelnen Sätze erinnern können. Wenn Sie dann später in eine angstbesetzte Situationen geraten, brauchen Sie nur einen kleinen Teil Ihrer Energie darauf zu verwenden, sich an die Aussagen zu erinnern, und können sich im wesentlichen auf das konzentrieren, was Sie gerade zu tun haben. Es ist sinnvoll, die Aussagen von Zeit zu Zeit neu zu formulieren, damit sie sich nicht abnutzen. Vielleicht fallen Ihnen ja auch spontan neue positive Aussagen ein.

Ablenken

Beim Ablenken verlagern Sie Ihre Aufmerksamkeit von der übertriebenen Körperbeobachtung oder den negativen Gedankengängen auf etwas Neutrales oder Positives. Wichtig ist, daß Sie Ihrer Aufmerksamkeit tatsächlich eine Alternative bieten; die Gedanken nur vom Negativen wegleiten zu wollen, ist sehr viel schwieriger. Aussagen sagen wie: „Hab keine Angst", oder „Ich brauche keine Angst zu haben", haben nur selten eine positive Wirkung – im Gegenteil, wenn Sie sich selbst sozusagen befehlen, nicht ängstlich zu sein, richten Sie Ihre Aufmerksamkeit und Energie erst recht auf die Angst, und diese kann sich noch verstärken. Im folgenden wollen wir Ihnen fünf Ablenkungstechniken vorstellen, die zur Verminderung von Angstsymptomen beitragen können.

Ein wichtiges Merkmal der Ablenkung ist die „Externalisierung". Externalisieren („nach außen verlegen") heißt, daß Sie Ihre Aufmerksamkeit auf die Vorgänge außerhalb Ihres Körpers richten. (Das Gegenteil ist die Internalisierung, also die übertriebene Körperbeobachtung.) Durch die Verlagerung der Aufmerksamkeit nach außen wird die erste Alarmreaktion, die den Teufelskreis von Angst und Panik auslöst, deutlich gedämpft oder gar verhindert. Aber auch, wenn dieser Kreislauf bereits begonnen hat, hilft Ihnen die Ablenkung, sich zu beruhigen und negative Gedankengänge zu unterbrechen.

Die eher einfachen Ablenkungstechniken, die wir zuerst vorstellen wollen, sind relativ leicht zu erlernen und anzuwenden, haben dafür bei schweren Angstzuständen aber auch nur eine mäßige Wirkung. Am effektivsten sind sie in angstbesetzten Situationen, die sich nur über einen kurzen Zeitraum erstrecken, z. B. beim Überqueren einer Brücke, beim Warten in einer Schlange oder beim Fahrstuhlfahren. Die komplizierteren Ablenkungstechniken zu erlernen, dauert in den meisten Fällen etwas länger; sie sind aber auch wirkungsvoller, weil der Ablenkungseffekt bei interessanten und anspruchsvollen Aufgaben größer ist.

Einfache Externalisierung

Bei der einfachen Externalisierung setzen Sie einen oder mehrere Sinne ein, um sich auf etwas zu konzentrieren, was außerhalb Ihres Körpers geschieht. Im folgenden beschreiben wir Ihnen fünf typische Beispiele. Die beste Wirkung erzielen Sie, wenn sie systematisch vorgehen. Falls Sie z. B. das Muster einer Tapete zur Ablenkung benutzen, sollten Sie nicht nur das Muster selbst studieren, sondern überlegen, wie oft sich das Muster wiederholt und welche anderen Besonderheiten es aufweist.

– *Genaues Beobachten:* Lesen Sie Tafeln und Schilder; studieren Sie das Muster einer Tapete, eines Stoffes oder eines Teppichs; beobachten Sie die Menschen in Ihrer Nähe; betrachten Sie die Landschaft.

– *Aufmerksames Hören:* Achten Sie auf Gesprächsfetzen oder Hintergrundgeräusche, z. B. das Ticken einer Uhr, ein vorbeifliegendes Flugzeug usw.

– *Schmecken und riechen:* Schmecken und riechen Sie z. B. Kaugummi oder Bonbons, die Sie bei sich haben; achten Sie auf die Gerüche, die Sie umgeben.

– *Berühren:* Fühlen Sie, wie sich z. B. ein Kleidungsstück, ein Stück Papier oder das Lenkrad Ihres Wagens anfühlt.

– *Wiederholungen:* Zählen Sie Fußbodenfließen, Lampen oder Ornamente; klopfen Sie mit den Fingern einen bestimmten Rhythmus; falten Sie ein Blatt Papier in eine bestimmte Form.

– *Ortswechsel:* Falls Sie sich im Haus aufhalten, gehen Sie hinaus; falls Sie sitzen, stehen Sie auf und gehen Sie im Zimmer umher; falls Sie im Wohnzimmer sind, gehen Sie in die Küche.

Einfache Denkaufgaben

Stellen Sie sich einfache gedankliche Aufgaben, die Ihre Aufmerksamkeit erfordern. Versuchen Sie z. B., sich an den Text eines bestimmten Liedes zu erinnern, die Kosten für einen Großeinkauf zu berechnen, einen Kochplan für die nächsten Tage zu erstellen, einen Besuch bei Freunden zu planen oder an ein Ereignis zurückzudenken, das mit angenehmen Erinnerungen verbunden ist. Am Anfang wird es Ihnen sicher schwerfallen, sich in angstbesetzten Situationen auf diese Aufgaben zu konzentrieren, aber mit ein wenig Übung können sie zu einer wirksamen Ablenkungstechnik werden.

Gespräche

Gespräche sind ein wirkungsvolles Ablenkungsmittel, das sich fast immer einsetzen läßt. Telefongespräche können ebenso sinnvoll sein wie ein persönliches Gespräch. Dabei spielt es keine Rolle, ob sie mit einem Fremden sprechen oder mit einer Person, die Ihnen nahesteht. Als Ablenkungsmittel sind Gespräche am nützlichsten, wenn Sie den aktiven Part übernehmen, anstatt einfach nur zuzuhören. Das Gesprächsthema sollte allerdings weder mit Ihren Angstsymptomen noch mit der angstauslösenden Situation zusammenhängen.

Arbeit

Für viele Menschen ist – bewußt oder unbewußt – die Arbeit ein ideales Mittel zur Ablenkung. Dabei ist es völlig unerheblich, ob es sich um geistige oder körperliche Arbeit handelt – Hauptsache ist, sie ist interessant, macht Spaß oder weckt Ihren Ehrgeiz. Routinearbeiten, die Sie mehr oder weniger automatisch verrichten, sind weniger geeignet – es sei denn, es sind gewisse Veränderungen möglich, indem Sie z. B. die Reihenfolge der erforderlichen Handgriffe variieren.

Spiel

Dazu gehört alles, was interessant ist und gleichzeitig Spaß macht, ganz egal, ob es sich nun um Kreuzworträtsel, Video-Spiele, Tanzen oder die Beschäftigung mit Ihrem Hobby handelt. Spiele, die auch körperliche Aktivitäten erfordern, haben meist einen größeren Ablenkungseffekt.

Oft lassen sich auch mehrere Ablenkungstechniken sinnvoll verbinden. So können Sie z. B. aus einer einfachen Externalisierung ein Spiel machen, indem Sie versuchen, die Punkte auf einem Tapeten- oder Stoffmuster zu Figuren zu verbinden oder über die Menschen in Ihrer Nähe Geschichten zu erfinden. Am Anfang mag es Ihnen noch schwierig erscheinen, sich in angsterregenden Situationen mit solchen Gedankenspielen zu beschäftigen. Mit der nötigen Übung wird es Ihnen allmählich leichter fallen, und am Ende haben Sie vielleicht sogar Spaß daran.

Angstminderung durch Medikamente

Es gibt drei Gruppen von Medikamenten, die zur Behandlung von Angstproblemen eingesetzt werden können:
– Trizyklische Antidepressiva wie Imipramin, Desipramin, Nortriptylin und Amitriptylin.

- Monoaminoxidasehemmer (MAO-Hemmer) wie Phenelzin, Isocarboxazid und Tranylcypromin.
- Benzodiazepine wie Alprazolam, Clonazepam, Lorazepam und Diazepam (Valium).

Andere Medikamentengruppen, die manchmal eingesetzt werden, sind Betablocker wie Propanolol und Beruhigungsmittel, die nicht zur Gruppe der Benzodiazepine gehören, wie z. B. Buspiron.

Obwohl alle diese Medikamente Panikattacken nicht verhindern können, reduzieren sie die Häufigkeit und die Intensität der Angsterfahrung. Besonders in den Fällen, in denen die Angstzustände mit Depressionen verbunden sind, kann der Einsatz von Antidepressiva sinnvoll sein. Andererseits muß man häufig einige Zeit herumexperimentieren, bis man das richtige Mittel und die richtige Dosierung gefunden hat. Außerdem gibt es manchmal Probleme mit unerwünschten Nebenwirkungen, und beim Absetzen des Medikaments kann es zu Entzugserscheinungen kommen. Darüber hinaus sind die Rückfallquoten bei Menschen, die ausschließlich medikamentös behandelt wurden, äußerst hoch.

Von Vorteil ist der Einsatz von Medikamenten bei Menschen, die unter einer sogenannten endogenen Depression leiden, die auf bisher noch wenig erforschte Stoffwechselstörungen zurückgeführt wird. Medikamente wie Fluoxetin und Clorimipramin können angezeigt sein, wenn es um zwanghaftes Verhalten geht, weil sie den Neurotransmitter Seritonin verstärken.

Medikamenten kommt also bei der Behandlung von Angstproblemen durchaus eine sinnvolle Rolle zu. Allerdings sind sie nicht in jedem Fall geeignet. Das wichtigste Ziel dieses Buches besteht darin, Ihnen Fähigkeiten und Methoden zu vermitteln, mit deren Hilfe Sie Ihre bisherigen Gedankengänge und Handlungsgewohnheiten so verändern können, daß Sie Ihre Angstprobleme überwinden und ein normales Leben führen können – und das alles ohne den Einsatz von Medikamenten. Manche Menschen meinen, daß ihnen Medikamente in der ersten Phase dieses Programmes helfen können, andere wollen lieber ganz auf die Einnahme von Medikamenten verzichten. Falls Sie gegenwärtig Medikamente nehmen, um Ihre Angstsymptome zu lindern, besteht die große Chance, daß Sie die Medikamente eines Tages als überflüssig erachten. So ist es jedenfalls vielen Menschen ergangen, die dieses Programm erfolgreich durchgearbeitet haben.

Falls Sie gegenwärtig Medikamente einnehmen oder einnehmen wollen, sollten Sie folgende Grundsätze beachten:

- Stellen Sie sicher, daß das Medikament von einem Arzt verschrieben wurde, der mit Angstproblemen Erfahrung und Ihre individuelle Situation eingehend untersucht hat.

– Bei manchen Medikamenten dauert es eine Weile, bis sich die erwünschte Wirkung einstellt. Sprechen Sie mit Ihrem Arzt darüber.

– Medikamente haben oft unerwünschte Nebenwirkungen. Sprechen Sie auch hierüber mit Ihrem Arzt.

– Stellen Sie sicher, daß der Arzt, der Ihnen das Medikament verschreibt, in regelmäßigen Nachuntersuchungen die Dosierung und Wirkung überwacht.

– Sollte das Medikament Nebenwirkungen haben, die schlimmer sind als die Angstsymptome, die es eigentlich lindern soll, setzen Sie sich sofort mit Ihrem Arzt in Verbindung.

Abschließend soll darauf hingewiesen werden, daß auch beim Absetzen eines Medikaments Vorsicht geboten ist. Es kann unerwünschte oder gar gefährliche Folgen haben, wenn Sie ein Medikament, das Sie bis dahin täglich eingenommen haben, plötzlich absetzen. Sprechen Sie mit dem Arzt, der Ihnen das Medikament verschrieben und seine Wirkung überwacht hat. In vielen Fällen können Entzugserscheinungen vermieden werden, indem man das Medikament stufenweise absetzt. Sollte es trotzdem zu Entzugserscheinungen kommen, machen Sie sich klar, daß es sich nur um vorübergehende Symptome handelt, die mit dem Absetzen des Medikaments zusammenhängen und nach einer kurzen Übergangszeit wieder verschwinden werden.

Ursachen für verschiedene Arten von Angstproblemen

Einfache Phobien sind oft das Ergebnis konditionierter Reaktionen, die durch negative Selbstgespräche, übertriebene Körperbeobachtung und negative Erwartungshaltung aufrechterhalten werden. Gordon, dessen Karte wir in Lektion 1 vorgestellt haben, ist ein gutes Beispiel für dieses Phänomen. Als Kind war Gordon ausgesprochen schüchtern und erschrak sich sehr, als ein großer, aber ungefährlicher Hund, der eigentlich nur mit ihm spielen wollte, ihn ansprang. Als Gordon das nächste Mal einen Hund sah, löste das vorherige negative Erlebnis bei ihm Angstgefühle aus. Nach einer Weile kam Gordon zu der Überzeugung, daß er Hunde nicht ertragen könne. Immer, wenn er einen Hund sah, sagte er sich: „Ich kann Hunde nicht ertragen. Sie erschrecken mich." Die konditionierte Reaktion wiederholte sich ebenso wie das negative Selbstgespräch. Seine Angst verstärkte sich so, daß Gordon allein bei dem Gedanken an Hunde in Panik geriet.

Auch bei posttraumatischen Störungen spielt die konditionierte Reaktion eine große Rolle. Bei einem schweren Autounfall wurde Juliene an einer Kreuzung seitlich gerammt und erlitt schwere Verletzungen. In der ersten Zeit nach dem Unfall traten bei Juliene häufig sogenannte Rückblenden auf, d. h., Bilder vom Unfallgeschehen überfluteten plötzlich ohne jegliche Vorwarnung ihre Gedanken. Diese Rückblenden sind nach traumatischen Erlebnissen typisch. Es scheint, als könnte das Gehirn nicht alle traumatischen Ereignisse auf einmal aufnehmen und müsse sie daher solange in einzelne Bilder unterteilen, bis sie schließlich vollständig verarbeitet sind.

Als Juliene kurz nach ihrer Genesung wieder Auto fuhr, erlebte sie eine dieser Rückblenden – begleitet von einer konditionierten Reaktion – ausgerechnet in dem Moment, als sie sich einer Kreuzung näherte und dort ein von links kommendes Auto warten sah. Da sie diese an sich völlig normale Reaktion nicht als solche erkannte, redete sie sich ein, mit ihr könnte irgend etwas nicht stimmen. Dieser Gedanke löste verständlicherweise große Angst aus. Juliene fürchtete sich vor der nächsten Kreuzung. Die Angst vor der Angst verstärkte die konditionierte Reaktion und mündete in den bekannten Teufelskreis, der bald auch in zahlreichen anderen Verkehrssituationen ausgelöst wurde.

Eine ähnliche Rolle kann die konditionierte Reaktion auch bei sozialen Phobien spielen. Martin war als Kind sehr zurückhaltend. Diese Eigenschaft wurde von seiner Familie, die ihn als „schüchtern" abstempelte und ihm daher wenig zutraute, noch verstärkt. Hinzu kam, daß ihn sein älterer Bruder häufig hänselte und zum Opfer demütigender Streiche machte. So schüttete er Martin z. B. Wasser über die Hose und erzählte dann allen seinen Freuden, Martin hätte in die Hose gemacht. In dieser Situation kamen mehrere Faktoren zusammen: Martin war sehr verlegen, er traute sich nicht, den Sachverhalt richtigzustellen, und er besaß ohnehin eine geringe Selbstachtung, was dazu führte, daß er ähnliche Situationen künftig vermied. Damit machte er sich allerdings nur noch mehr zum Opfer der Hänseleien, wie sie unter Kindern nun einmal üblich sind. Da sich Martin immer mehr zurückzog und sich an den normalen kindlichen Aktivitäten nicht beteiligte, blieb er im Umgang mit anderen Menschen unbeholfen. Schließlich entwickelte er eine konditionierte Reaktion, die sich auf alle geselligen Situationen bezog. Seine negativen Gedankengänge und seine geringe Selbstachtung verstärkten diese Angst.

Alle drei haben es geschafft, ihre Angstprobleme zu überwinden. Gordon stellte fest, daß es für ihn hauptsächlich darauf ankam, seine Angstsymptome mit Hilfe der in dieser Lektion vorgestellten Techniken in den Griff zu bekommen; danach ging er zu dem in Lektion 9 beschriebenen Desensibilisierungsprozeß über. Juliene fand heraus, daß für sie die Lektionen 4, 5 und 6 zentrale Bedeutung hatten, und begann erst dann mit der in Lektion 9 beschriebenen Desensibilisierung. Da es sich bei der sozialen Phobie um ein komplexeres Problem handelt, das mit sehr unterschiedlichen Faktoren verbunden ist, war es für Martin wichtig, das gesamte Programm Schritt für Schritt durchzuarbeiten.

Praktischer Teil zu Lektion 2

Die signalgeprägte Entspannung erlernen

Führen Sie mindestens einmal täglich eine Entspannungsübung durch. Wenn irgend möglich, sollten Sie mehrmals pro Tag üben. Entscheiden Sie sich für eine der im Anhang dargestellten Entspannungstechniken und bereiten Sie die erforderlichen Tonbänder bzw. -kassetten vor.

Entscheiden Sie sich für ein bestimmtes Signal, das Sie während der Entspannungsübungen einsetzen wollen. Im folgenden finden Sie einige Beispiele aufgeführt. Es ist egal, für welche Art von Signal Sie sich entscheiden. Wichtig ist nur, daß es *stets dasselbe Signal* ist.

– *Worte:* Geeignet ist jedes Wort, das mit angenehmen Gefühlen verbunden ist und das Sie während der Entspannungsübung ständig wiederholen können, z. B. „Entspannung", „Frieden", „ruhig", „warm".

– *Vorstellungen:* Stellen Sie sich eine Szene oder einen Ort vor, mit dem Sie besonders angenehme Gedanken verbinden, z. B. eine Bergwiese, einen Strand oder einen Wald.

– *Körpersignale:* Körperhaltungen funktionieren als Signale am besten, wenn sie eher ungewöhnlich sind, also als Ausnahme wahrgenommen werden können. Andererseits sollten sie so unauffällig sein, daß man sie auch in der Öffentlichkeit einsetzen kann. Häufig verwendet werden die Berührung von Daumen, Zeige- und Mittelfinger, die Berührung des Ellenbogens und die Berührung des Handgelenks.

Es kann mehrere Wochen dauern, bis Sie mit Hilfe der gewählten Methode einen tiefen Entspannungszustand erreichen. Bis sich die Verbindung zwischen dem von Ihnen gewählten Signal und der Entspannung gefestigt hat, werden weitere Wochen vergehen. Wenn Sie jedoch erst einmal gelernt haben, mit Hilfe eines einfachen Signals eine nachhaltige Entspannungsreaktion auszulösen, werden Sie feststellen: Die Mühe hat sich gelohnt.

Die Zwerchfellatmung üben

In dieser Lektion haben wir ausführlich dargestellt, wie wichtig das Erlernen der entspannten Zwerchfellatmung gerade für Menschen mit Angstproblemen ist. Manchen gelingt es, die Zwerchfellatmung in wenigen Tagen zu erlernen, bei anderen dauert es mehrere Wochen. Wenn Sie bisher hauptsächlich zur Brustatmung neigten, setzen Sie die Atemübungen so lange fort, bis die Zwerchfellatmung zu Ihrer normalen Atemtechnik geworden ist. Wer meint, mit der Zwerchfellatmung keine Probleme zu haben, sollte die beschriebene Übung trotzdem mindestens eine Woche lang durchführen.

Übung

Führen Sie die folgende Übung zweimal täglich durch, am besten abends vor dem Einschlafen und morgens direkt nach dem Erwachen.

Strecken Sie sich entspannt aus und legen Sie eine Hand auf Ihren Bauch oberhalb des Nabels. Atmen Sie so, daß sich die Hand auf entspannte Weise auf- und abbewegt. Auch Ihr Brustkorb darf sich dabei ein wenig heben und senken, die hauptsächliche Bewegung sollte jedoch in der Bauchregion stattfinden. Wenn Sie sich nicht ganz sicher sind, ob auch Ihr Brustkorb sich bewegt, legen Sie die andere Hand auf die Brust; so können Sie besser fühlen, ob die Bewegung unterschiedlich ist.

Den meisten Menschen fällt es nicht schwer, in dieser Stellung mit dem Zwerchfell zu atmen. Falls Sie wider Erwarten doch Probleme haben, versuchen Sie, die Bauchregion beim Ausatmen einzuziehen. Danach entspannen Sie sich und lassen beim Einatmen einfach locker. Die Bauchregion wird sich dann ganz von selbst ausdehnen.

Die Übung dauert nur ungefähr eine Minute, gerade lang genug für vier bis fünf entspannte Atemzüge. Machen Sie keine Anstrengung daraus und achten Sie darauf, nicht zu tief oder zu schnell zu atmen, da es sonst zu Benommenheit oder einem anderen für die Hyperventilation typischen Symptom kommen könnte. Atmen Sie ruhig und langsam und ohne jeden Streß.

Ziel dieser Übung ist es, daß Sie nach einer Weile ganz von allein spüren, ob Sie mit dem Zwerchfell atmen oder nicht. Außerdem lernen Sie, wie sich die entspannte Zwerchfellatmung anfühlt, so daß Sie später jederzeit ohne große Anstrengung leicht und entspannt mit dem Zwerchfell atmen können.

Wenn Sie die Zwerchfellatmung im Liegen beherrschen, sollten Sie sie zwei- bis dreimal täglich im Stehen üben. Um das Üben nicht zu vergessen, können Sie sich z. B. angewöhnen, vor jeder Mahlzeit kurz drei- bis viermal entspannt durchzuatmen. Erst wenn Sie die Zwerchfellatmung ohne Mühe im Stehen beherrschen, sollten Sie mit dem Üben im Sitzen beginnen. Für Menschen, die bisher die Brustatmung bevorzugt haben, ist die Zwerchfellatmung im Sitzen am schwierigsten. Das gleiche gilt für füllige Menschen. Wichtig ist, daß Ihre Kleidung nicht zu eng ist. Mit ein wenig Übung werden Sie jedoch die Zwerchfellatmung auch im Sitzen bald erlernt haben.

Überprüfen Sie ab jetzt immer Ihre Atmung, wenn Sie Anzeichen von Angst und Panik verspüren. Drei oder vier langsame, entspannte Atemzüge mit dem Zwerchfell helfen, die „Kampf oder Flucht"-Reaktion abzuschwächen.

Menschen, die leicht hyperventilieren, wird oft empfohlen, eine Papiertüte bei sich zu tragen und in die Tüte zu atmen, wenn sich bei Ihnen die Symptome einer schwerer Hyperventilation bemerkbar machen. Dieser Trick basiert auf der Tatsache, daß die Atmung durch den Gehalt von Kohlendioxyd im Blut gesteuert wird. Da der Sauerstoff in der Papiertüte rasch aufgebraucht ist und durch Kohlendioxyd ersetzt wird, atmen Sie mehr Kohlendioxyd ein, und Ihre Atmung verlangsamt sich.

Der Papiertütentrick funktioniert tatsächlich. Allerdings ist es den meisten Menschen eher peinlich, sich in aller Öffentlichkeit eine Papiertüte übers Gesicht zu stülpen. Andere meinen, daß die Angstsymptome in dem Moment, in dem sie zur Papiertüte greifen, schon sehr stark sind. Außerdem bekämpfen sie mit der Papiertüte nur die Symptome, nicht aber die eigentliche Ursache, nämlich ihre Neigung zur Hyperventilation.

Die entspannte Zwerchfellatmung ermöglicht es, die Symptome der Hyperventilation abzubauen, ehe sie stärker werden können. Durch ein paar entspannte Atemzüge in angsterregenden Situationen lassen sich die Symptome in vielen Fällen von Anfang an vermeiden. Dies trifft vor allem auf die Menschen zu, die bisher die Brustatmung bevorzugten oder dazu neigen, den Atem anzuhalten, wenn sie ängstlich sind.

Positive Aussagen schriftlich festhalten

Schauen Sie sich noch einmal die in dieser Lektion genannten Beispiele für positive Aussagen an und schreiben Sie die Sätze, die Sie ausgewählt oder sich selbst ausgedacht haben, auf eine Karte. Um Ihnen eine Vorstellung davon zu geben, wie eine solche Karte aussehen könnte, hier die Karten von Brian, Andrea, Mavis und Gordon:

Brians Karte

1. Angst ist nicht gefährlich – nur unangenehm.
2. Ich kann ängstlich sein und trotzdem normal weiterarbeiten.
3. Ich löse meine Entspannungsreaktion aus, nehme drei oder vier entspannte Atemzüge und lenke mich ab.
4. Ich weiß, daß all die schrecklichen Dinge, die ich mir über meine Symptome ausgemalt habe, in Wirklichkeit gar nicht wahr sind.
5. Ich reagiere wie der Pawlowsche Hund: Ein bestimmtes Signal löst bei mir eine bestimmte körperliche Reaktion aus. Mit der Zeit wird die konditionierte Reaktion verschwinden

Andreas Karte

1. Mit meinem Herzen ist alles in Ordnung. Die Symtome beruhen auf einer *ungefährlichen* Veränderung
2. Ich löse meine Entspannungsreaktion aus und nehme drei bis vier entspannte Atemzüge.
3. In wenigen Augenblicken wird es mir besser gehen. Ich nehme es ganz gelassen und beschäftige mich mit etwas anderem, um mich abzulenken.

Mavis' Karte

1. Angst ist nicht gefährlich – nur unangenehm.
2. Meine Symptome wurden ursprünglich durch eine zu hohe Dosierung meiner Medikamente ausgelöst. Ich habe die Bedeutung dieser Symptome falsch interpretiert. Die Symptome sind wiedergekommen, weil ich begonnen habe, meinen Körper ständig zu beobachten, und an meiner falschen Interpretation festgehalten habe.
3. Meine derzeitigen Symptome sind eine Art konditionierte Reaktion. Sie werden zurückgehen, wenn ich mich ausreichend desensibilisiert habe.
4. Ich nehme ein paar entspannte Atemzüge und lenke mich ab.

Gordons Karte

1. Angst ist nicht gefährlich – nur unangenehm.
2. Meine Angst ist nur eine konditionierte Reaktion, eine angelernte Gewohnheit. Sie wird zurückgehen, wenn ich mich ausreichend desensibilisiert habe.
3. Ich nehme ein paar entspannte Atemzüge und lenke mich ab.

Checkliste für Notsituationen

In angstbesetzten Situationen vergißt man leicht, die erlernten Techniken auch einzusetzen. Dem können Sie vorbeugen, indem Sie sich auf einer Karteikarte eine Checkliste notieren. Vielleicht können Sie auch eine Person Ihres Vertrauens bitten, Sie daran zu erinnern, auf Ihre Karte zu schauen und die entsprechenden Techniken anzuwenden. Hier ein Beispiel für eine solche Karte:

1. Entspannungssignal einsetzen.
2. Drei- bis viermal *entspannt* durchatmen.
3. Positive Aussagen ins Gedächtnis rufen.
4. Ablenkung durch einfache Externalisation, Gespräch, Gedankenspiele oder Arbeit.

Alle diese Techniken wirken am effektivsten, wenn sie *gleich bei den allerersten Anzeichen* von Angst oder Streß eingesetzt werden.

Kein Koffein zu sich nehmen

Menschen, die unter Angstproblemen leiden, reagieren häufig sehr empfindlich auf bestimmte Reizstoffe. Koffein, ein beliebtes Anregungsmittel und weltweit die am häufigsten verwendete stimmungsverändernde Droge, kann an hartnäckigen Angstproblemen durchaus beteiligt sein. Meist reichen z. B. vier Tassen Kaffee aus, um bei Menschen, die ohnehin zu Panikzuständen neigen, starke Angstgefühle auszulösen. Auch Menschen, die normalerweise nicht so sensibel sind, stellen fest, daß sie in Streßsituationen empfindlicher auf Koffein reagieren.

Wenn Sie unter Angstproblemen leiden, ist es wenig sinnvoll, Stoffe zu sich zu nehmen, die Ihre Angst erhöhen könnten. Solange Sie dieses Programm durcharbeiten, sollten Sie ganz auf Kaffee und Cola verzichten und sich an koffeinfreien Kaffee, Kräutertee oder Saft halten. Lesen

Sie außerdem sorgfältig die Beipackzettel nicht-verschreibungspflichtiger Medikamente durch und achten Sie darauf, daß sie kein Koffein enthalten.

Nach der erfolgreichen Überwindung ihre Angstprobleme können die meisten Menschen wieder in Maßen koffeinhaltige Getränke zu sich nehmen, ohne irgendwelche negativen Begleiterscheinungen zu verspüren. Andere entscheiden sich dafür, in Zukunft ganz auf Koffein zu verzichten. Wenn es soweit ist, werden Sie selbst am besten wissen, was für Sie richtig ist.

Auch weiterhin unnötigen Streß vermeiden

Menschen mit Angstproblemen verwenden oft einen großen Teil ihrer Energie auf destruktive Verhaltensweisen wie negative innere Dialoge. Durch die erhöhte Körperanspannung geht weitere Energie verloren. Für den alltäglichen Streß ist daher nur noch wenig Energie vorhanden. So kommt es, daß alltägliche Probleme, die früher leicht zu bewältigen waren, jetzt plötzlich sehr viel schwieriger erscheinen.

Seien Sie deshalb mit sich selbst nachsichtig und versuchen Sie, unnötigen Streß wenn irgend möglich zu vermeiden. Ihr Körper braucht Zeit, um sich zu erholen und neue Energie zu tanken. Das bedeutet nicht, daß Sie sich völlig zurückziehen sollen. Versuchen Sie jedoch, Ihren Körper als Maschine zu betrachten, die nur über einen begrenzten Energievorrat verfügt. Nehmen Sie sich in den nächsten Wochen vor allem Zeit für sich selbst und die Übungen, die Ihnen in diesem Buch empfohlen werden.

Falls Sie bisher noch nicht mit den empfohlenen Übungen begonnen haben, fangen Sie jetzt damit an. Lesen Sie den Text der Lektion noch einmal sorgfältig durch und gehen Sie erst weiter, wenn Sie auch wirklich alles verstanden haben.

LEKTION 3

STRESS VERSTEHEN UND BEWÄLTIGEN

Wer unter Ängsten leidet, hat meist Probleme im Umgang mit Streß. Die in dieser Lektion vermittelten Kenntnisse über Streß und Streßbewältigung bilden eine gute Grundlage für den Stoff der nächsten Lektionen.

Was ist Streß?

Unter Streß verstehen wir alles, was die „Kampf oder Flucht"-Reaktion auszulösen vermag. Die Auswirkungen von Streß können positiv oder negativ sein. Als positiver Streß kann z. B. die Aufregung eines erfahrenen Musikers vor einem Konzert gelten, denn in diesem Fall trägt die „Kampf oder Flucht"-Reaktion zur Verbesserung seiner Darbietung bei. Ein weiteres positives Beispiel ist der aufregende Zustand des Verliebtseins.

Negativer Streß kann kurzfristig auftreten (z. B. wenn plötzlich direkt vor Ihnen ein Auto in Ihre Spur einschert) oder über längere Zeit andauern (z. B. bei ständigen Leistungsdruck bei der Arbeit). Tritt über einen längeren Zeitraum zuviel Streß auf, kostet das sehr viel Energie, belastet den Körper, macht für Krankheit anfällig und läßt vorzeitig altern. Fotos von Staatsoberhäuptern vor und nach ihrer Amtszeit können dies anschaulich belegen.

Es gibt zwei Arten von Streß: *psychischen* und *körperlichen Streß.* Körperlicher Streß entsteht, wenn der Körper z. B. durch Unfälle, Krankheiten, Umweltgifte, ein anstrengendes Arbeitspensum oder lang anhaltenden psychischen Streß belastet wird. Psychischer Streß entsteht durch zu hohe geistige oder emotionale Anforderungen, kann aber auch aus körperlichem Streß resultieren.

In dieser Lektion wollen wir uns auf den psychischen Streß konzentrieren. Dabei sind vier verschiedene Begleitumstände zu unterscheiden:

- *Leistungsdruck:* Die selbst empfundene oder von außen gesetzte Notwendigkeit, eine bestimmte Aufgabe innerhalb einer bestimmten Zeit oder auf eine ganz bestimmte Weise zu erledigen.
- *Frustration:* Die Unmöglichkeit, eigene Wünsche oder Bedürfnisse zu realisieren.
- *Konflikt:* Die Notwendigkeit, sich zwischen mindestens zwei Alternativen entscheiden zu müssen.
- *Angst:* Eine der beiden möglichen Reaktionen auf eine wahrgenommene Bedrohung (die zweite mögliche Reaktion ist die Wut).

Um Streßsituationen besser bewältigen zu können, ist es wichtig, sich drei grundsätzliche Dinge klarzumachen:

1. In Streßsituationen wird die „Kampf oder Flucht"-Reaktion ausgelöst und damit eine Energie freigesetzt, die für die Bewältigung der konkreten Situation nicht nötig wäre. Wie wir in Lektion 1 gesehen haben, steht diese Reaktion am Anfang vieler Angstsymptome.
2. Der Körper reagiert auf alle Gedanken so, als bezögen sie sich stets auf die unmittelbare Gegenwart. Auch wenn Sie sich an etwas erinnern oder an ein zukünftiges Ereignis denken, unterstellt Ihr Körper einen aktuellen Bezug. Aus diesem Grund kann auch die Erinnerung an eine negative Erfahrung oder der Gedanke an ein zukünftiges Problem die „Kampf oder Flucht"-Reaktion auslösen.
3. Menschen, die häufig unter Angstzuständen leiden, hegen meist Überzeugungen, Einstellungen und gewohnte Denkmuster, die den Streß aufrechterhalten. Mit dieser wichtigen Tatsache werden wir uns später noch genauer befassen.

Der Schlüssel zur Verringerung von Streßsymptomen liegt in der *Streßbewältigung.* Unser Ziel kann nicht darin bestehen, Streßsituationen völlig zu vermeiden, was in einem normalen, gesunden Leben ohnehin nicht möglich wäre. Vielmehr geht es darum, den Streß so effektiv zu bewältigen, daß er Sie nicht daran hindert, Ihr Leben nach Ihren eigenen Vorstellungen frei zu gestalten.

Grundlegende Prinzipien der Streßbewältigung

Viele Menschen, die unter Angstproblemen leiden, haben keinerlei Schwierigkeiten damit, die hier vorgestellten Prinzipien der Streßbewältigung zu verstehen – sie versäumen es bloß, sie im Alltag auch anzuwenden. Wenn Sie sich diese Prinzipien wirklich zu eigen machen und im täglichen Leben beherzigen, haben Sie ein weiteres Instrument zur Überwindung Ihrer Angst gewonnen.

Der Körper als eine Maschine mit begrenztem Energievorrat

Der erste Schritt zur erfolgreichen Streßbewältigung liegt darin, Ihren Körper als Maschine zu sehen, die der regelmäßigen Pflege, Erhaltung und Ruhe bedarf, um zufriedenstellend funktionieren zu können. An jedem Morgen steht Ihnen beim Aufwachen ein begrenzter *Energievorrat* zur Verfügung: Der Tank ist aufgefüllt, die Batterie geladen. Die Größe dieses Vorrats ist individuell sehr unterschiedlich und kann darüber hinaus von Tag zu Tag schwanken. Ist die Energie aufgebraucht, müssen Sie sich Zeit zum Ausruhen und Auftanken nehmen. Wenn Sie dies versäumen, schwächen Sie Ihren Körper solange, bis er Ihnen eines Tages den Dienst versagt.

Obgleich die meisten Menschen den Vergleich zwischen Körper und Maschine theoretisch durchaus verstehen, wird er nur von den wenigsten praktisch berücksichtigt. Eine häufige Ursache hierfür ist ein gewisses Desinteresse am eigenen Körper. Vielen Menschen wird schon in der Kindheit das Gefühl vermittelt, ihr Körper sei eher unwichtig. Andere mögliche Ursachen sind ein starkes Bedürfnis nach Anerkennung, starre Denkmuster, übersteigerte Erwartungen an sich selbst und die Tendenz, negative Gefühle zu unterdrücken.

Lernen Sie, allererste Anzeichen von Streß und ihre Bedeutung zu erkennen

Um Ihrem Körper die notwendigen Ruhephasen verschaffen zu können, müssen Sie wissen, ab welchem Punkt der Streß für Sie negative Auswirkungen hat. Wenn Sie allererste Warnzeichen erkennen und beherzigen, können Sie die notwendigen Schritte einleiten, die wir Ihnen im nächsten Abschnitt vorstellen werden. Hier nun erst einmal eine Liste von Streß-Symptomen, die Ihnen das Erkennen erster Warnzeichen erleichtern soll. Kreuzen Sie die für Sie wichtigen Symptome an, ehe Sie im Text weitergehen.

Die wichtigsten Streß-Symptome

Denken Sie an verschiedene Situationen, in denen Sie unter starkem Streß gestanden haben, und kreuzen Sie alle Symptome an, die in diesen Situationen bei Ihnen aufgetreten sind.

Körperliche Symptome

- Appetitmangel
- Erkältung/Grippe
- Verdauungsstörungen
- Erschöpfung
- Nervöse Bewegungen (Finger trommeln u. ä.)
- Häufiges Seufzen oder Gähnen
- Kopfschmerzen

- Neigung zu Unfällen und Mißgeschicken
- Erhöhter Alkohol-, Medikamenten- oder Tabakkonsum
- Schlafschwierigkeiten
- Unregelmäßige Atmung, Hyperventilation
- Muskelschmerzen
- Herzklopfen

- Hautausschlag
- Rastlosigkeit
- Zähneknirschen
- Muskelverspannung
- Veränderungen beim Körpergewicht
- Weitere:

Geistige Symptome:

- Langeweile
- Verwirrtheit
- Schwierigkeiten, klar zu denken
- Beeinträchtigte Sinneswahrnehmung
- Vergeßlichkeit

- Lethargie
- Geringe Antriebskraft
- Negative Einstellung
- Schlechtes Gedächtnis
- Schlechtes Konzentrationsvermögen

- Häufige Gedankensprünge
- „Gedankenkarussell"
- Weitere:

Emotionale Symptome:

- Angst
- Alpträume
- Weinkrämpfe
- Depressionen
- Entmutigung
- Frustration

- Zynismus und Sarkasmus
- Größere Gefühlsbetontheit
- Reizbarkeit
- Wenig Lebensfreude
- Stimmungsschwankungen

- Nervöses Lachen
- Aufbrausende Jähzornigkeit
- Niedergeschlagenheit
- Weitere:

Stimmungssymptome:

- Apathie
- Zynismus
- Zweifel
- Innere Leere
- Unfähig zu verzeihen
- Richtungslosigkeit

- Vertrauensverlust
- „Sinnkrise"
- Selbstmitleid
- Bedürfnis, sich zu beweisen
- „Um mich schert sich sowieso niemand"
- Pessimismus

- Gefühl der Hilflosigkeit
- Gefühl der Hoffnungslosigkeit
- Weitere:

Beziehungssymptome:

- Sich von Menschen fernhalten
- Anderen die Schuld geben
- Mißtrauen
- Weniger Kontakt mit Freunden

- Mehr Streitereien
- Intoleranz
- Mangel an Intimität
- „Um sich schlagen"
- Liebes und Vertrauensverlust

- Geringeres sexuelles Interesse
- Nörgeln
- Innerer Groll
- Weitere:

Wahrscheinlich haben Sie festgestellt, daß viele der aufgelisteten Symptome auch schon bei Ihnen aufgetreten sind. (Dies trifft übrigens auch auf Menschen zu, die nicht unter Angstproblemen leiden.) Wenn Sie die Liste noch einmal durchgehen, werden Sie sehen, daß einige Warnzeichen für Sie besonders wichtig sind. Wählen Sie drei bis sechs Symptome aus, die Ihrer Meinung nach am besten erkennen lassen, wann sich bei Ihnen der Streß negativ auszuwirken beginnt. Natürlich können sich die persönlichen Streß-Symptome von Zeit zu Zeit auch verändern. Die Ursache der jeweiligen Streßsituation und Ihre gegenwärtige körperliche Konstitution sind für deren Ausprägung ausschlaggebend. So unterscheiden sich z. B. die Streßsymptome, die durch schwere Arbeitsbelastung entstehen, von denen, die einen Ehekonflikt begleiten.

Eines Ihrer wichtigsten Lernziele besteht nun darin, die körperlichen Symptome der Angst neu zu interpretieren. Diese Symptome drücken nämlich im Grunde nur aus, daß Sie sich selbst in irgendeinem Lebensbereich zu wenig Beachtung schenken. Auf diesen außergewöhnlichen Streß reagiert Ihr Körper mit Angstsymptomen.

Um diesen Prozeß vereiteln zu können, müssen Sie eine Methode entwickeln, die Sie einerseits die ersten Anzeichen von Streß sicher erkennen läßt und Sie andererseits zu angemessem Handeln befähigt. Auf diese Weise können Sie vermeiden, daß Ihr Körper Streß-Symptome entwickelt, die bei Ihnen zu den bekannten Angstzuständen führen.

Menschen, die unter Angstproblemen leiden, fragen sich oft, weshalb der Streß bei ihnen Angst auslöst, während andere Menschen nicht mit Angstgefühlen reagieren. Die Antwort auf diese Frage ist ziemlich einfach. Jeder Körper reagiert unterschiedlich. Bei Menschen mit Angstproblemen ist das körperliche Reaktionsvermögen meist sehr intensiv. Bei vielen läßt sich dies mit genetischen Faktoren erklären. Bei anderen zeigt der Körper auf diese Weise an, daß er nach einer langen Belastung dringend eine Ruhephase braucht.

Einen sensiblen Körper behalten Sie Ihr Leben lang. Das heißt aber *nicht*, daß Sie dazu verurteilt wären, für den Rest Ihres Lebens unter Angstzuständen leiden zu müssen. Sie müssen aber lernen, sich darauf einzustellen, daß Ihr Körper unter großem Streß stärker reagiert, als dies bei anderen Menschen der Fall ist.

Der erste Schritt in diesem Lernprozeß besteht darin, sich klarzumachen, daß Angstsymptome wichtige Botschaften Ihres Körpers sind, mit denen er Ihnen sagen will, daß Sie wichtige Bedürfnisse nicht beachtet haben. Diese Bedürfnisse können körperlicher, geistiger, emotionaler oder geistiger Natur sein. Wie Sie herausfinden, um welche Bedürfnisse es sich handeln könnte, werden wir in den nächsten Lektionen noch ausführlich besprechen.

Steigern Sie Ihre Streßtoleranz durch eine ausgewogene Ernährung und sportliche Aktivitäten

Ein starker, gesunder Körper kann Streßsituationen sehr viel leichter verkraften als ein geschwächter Körper. Wenn Sie Ihren Körper durch eine ausgewogene Ernährung und regelmäßige sportliche Übungen stärken, haben Sie schon eine wichtige Voraussetzung für eine bessere Streßbewältigung geschaffen.

Eine ausgewogene Ernährung kann die Streßtoleranz in vielerlei Hinsicht günstig beeinflussen: Ihre körperliche Widerstandskraft wird erhöht, Ihre Abwehrkräfte gegenüber Krankheiten steigen, und auch emotional werden Sie stabiler. Leider wird gerade in Streßphasen die Ernährung vernachlässigt. Für die Essenszubereitung bleibt meist nicht viel Zeit. Außerdem wird durch die „Kampf oder Flucht"-Reaktion das Verdauungssystem beeinträchtigt. Dazu kommt, daß häufig minderwertige Nahrungsmittel mit geringem Nährwert – vor allem Schokolade und Süßigkeiten – als „Seelentröster" dienen. Die einseitige Ernährung schwächt den Körper und steigert damit Auswirkungen von Streß und Angst. Ein starker Zuckerkonsum kann darüber hinaus zu Stimmungsschwankungen führen.

Um diesen negativen Auswirkungen vorzubeugen, muß man nicht gleich zum Ernährungsfanatiker werden. Mit einer Ernährungsumstellung können Sie Ihren Streß und Ihre Angst ohnehin nicht zum Verschwinden bringen. Dennoch ist die Ernährung für Ihre Gesundheit und für Ihre Stimmung äußerst wichtig. Erinnern Sie sich an den Vergleich zwischen Körper und Motor: Am besten arbeitet der Motor mit gutem, sauberen Benzin. Wenn Sie mehr über die Prinzipien einer ausgewogenen Ernährung wissen wollen, gehen Sie in Ihre örtliche Bibliothek oder in den nächsten Buchladen. Dort wird eine Fülle guter Bücher zu diesem Thema angeboten.

Auch im Rahmen eines vernünftigen Ernährungsplans sind „Seelentröster" in Maßen durchaus erlaubt. In Streßphasen kann Ihr Körper Nahrungsmittel mit geringem Nährwert jedoch weniger gut tolerieren. Achten Sie deshalb gerade in diesen Phasen auf Ihre Ernährung.

Regelmäßige sportliche Aktivitäten stärken ebenfalls Ihre Streßtoleranz, fördern sie doch die körperliche Ausdauer und bauen Spannungen ab. Auch Ihr Selbstbild kann sich durch regelmäßige sportliche Übungen positiv verändern. Dabei ist es völlig egal, ob Sie Kraftsport betreiben, zur Gymnastik gehen oder regelmäßig größere Wanderungen unternehmen. Falls Sie sich bisher nicht regelmäßig körperlich betätigt haben, aber vorhaben, sportlich aktiv zu werden, sollten Sie sich vorher mit Ihrem Arzt besprechen.

Verhaltensmaßregeln für längere Streßphasen

Jeder Mensch ist von Zeit zu Zeit großem Streß ausgesetzt. Manchmal sind ungewöhnliche Ereignisse wie z. B. die schwere Erkrankung eines geliebten Menschen oder der Verlust des Arbeitsplatzes dafür verantwortlich, in anderen Fällen treffen einfach viele kleine Streßfaktoren zusammen. Brian, dessen Geschichte wir bereits in Lektion 1 zitiert haben, erlitt seine erste Panikattacke kurz nachdem er in eine andere Stadt umgezogen war und eine neue Arbeit gefunden hatte. Außerdem war er gerade Vater geworden. Für sich gesehen, sind dies alles ganz normale Lebensereignisse. Zusammengenommen führt der Verlust der gewohnten Umgebung, die höheren Anforderungen am neuen Arbeitsplatz und die neue Vaterrolle zu einer Streßreaktion, die er nicht als solche verstand.

Die folgenden Verhaltensmaßregeln basieren auf den oben erläuterten grundsätzlichen Prinzipien der Streßbewältigung. Mit Hilfe dieser Maßregeln läßt sich der Streß wirksam vermindern, was vor allem dann besonders wichtig ist, wenn Ihr Körper sehr sensibel auf Streßsignale reagiert.

Setzen Sie Prioritäten und verringern Sie Ihre Gesamtaktivität

Wenn Sie mehr Streß verspüren als üblich, sollten Sie Ihre Gesamtaktivität verringern. Es ist nicht die richtige Zeit, um neue Rekorde aufzustellen oder sich Sonderaufgaben aufzuhalsen. Statt dessen sollten Sie Prioritäten setzen, sich kurzfristige Ziele setzen und Verantwortung an andere delegieren. Das bedeutet nicht, daß Sie sich ganz zurückziehen sollen. Vielmehr geht es darum, die begrenzte Energie gezielt und sinnvoll einzusetzen. Da Streß Ihre Energie bindet, steht Ihnen in Streßphasen weniger Energie zur Verfügung. Sie müssen mit dieser Energie haushalten lernen.

In Streßsituationen Prioritäten zu setzen, fällt vielen Menschen schwer, weil der Streß ihr Denken beeinflußt. Kleinigkeiten, die in normalen Zeiten kaum von Bedeutung sind, gewinnen durch den Streß oft eine übertriebene Bedeutung. Um diesen Effekt zu vermeiden, sollten Sie in regelmäßigen Abständen innehalten und sich fragen: „Was muß wirklich unbedingt jetzt erledigt werden? Was kann noch ein bißchen warten?"

Nehmen Sie sich Zeit für Entscheidungen

Es kann nicht oft genug betont werden: Streß beeinträchtigt Ihr Denkvermögen. Je größer der Streß ist, desto größer ist auch die Wahrscheinlichkeit, daß Sie eher schlechte Entscheidungen treffen. Wenn irgend möglich, sollten Sie daher vermeiden, wichtige Entscheidungen in Streßphasen zu treffen. Sollte dennoch einmal eine Entscheidung erforderlich sein, nehmen Sie sich möglichst viel Zeit dafür. Außerdem sollten Sie Menschen um Hilfe bitten, denen Sie vertrauen und die in der fraglichen Sache möglichst objektiv sind. Vielleicht sehen sie Probleme oder Alternativen, auf die Ihnen der Streß den Blick verwehrt.

Planen Sie Ihre Handlungen im voraus

Häufig wissen Sie sicherlich schon im voraus, wann eine streßreiche Phase auf Sie zukommt, weil Sie z. B. ein Familientreffen ausrichten müssen, in Ihrem Beruf sehr viel Arbeit anfällt oder bei einem nahen Angehörigen ein Krankenhausaufenthalt ansteht. Planen Sie in solchen Fällen weit im voraus, und verlegen Sie Entscheidungen und wichtige Erledigungen in die Zeit, in der Sie nicht so stark belastet sind. Wenn sich z. B. abzeichnet, daß in Ihrem Beruf eine wichtige Aufgabe auf Sie zukommt, erledigen Sie Routinearbeiten schon vorher; auf dieser Weise können Sie sich in der Streßphase auf das Wesentliche konzentrieren.

Viele Menschen werden erst aktiv oder treffen erst dann Entscheidungen, wenn sie in die Ecke gedrängt werden oder sich unter Druck gesetzt fühlen. Hinterher wundern sie sich dann, warum sie eine so schlechte Entscheidung getroffen oder so unzulänglich reagiert haben. Gewöhnen Sie sich an, im voraus zu planen und wichtige Entscheidungen in relativ streßfreie Zeiten zu verlegen, und Sie werden sehen, daß Sie nicht nur bessere Entscheidungen treffen, sondern auch besser mit dem Streß fertigwerden.

Den eigenen Lebensstil an den Prinzipien der Streßbewältigung ausrichten

An früherer Stelle haben wir bereits dargelegt, daß Angstsymptome als Signale des Körpers zu werten sind, die darauf hinweisen, daß ein wichtiges Bedürfnis nicht befriedigt wird. Leider ist es in unserer schnellebigen Zeit äußerst schwierig, einen Lebensstil zu entwickeln, der körperliche, emotionale und geistige Bedürfnisse gleichermaßen berücksichtigt – im Gegenteil, wir neigen leider dazu, wichtige Bedürfnisse zu ignorieren. Menschen, die unter Angstproblemen leiden, haben in der Regel einen unausgewogenen Lebensstil.

Die in diesem Abschnitt angesprochenen Bereiche beschreiben Aktivitäten und Gewohnheiten, die bei Menschen mit Angstproblemen meist kaum zu finden sind. Vielleicht sind Sie beim Lesen zunächst einmal überwältigt von all den verschiedenen Aspekten, die Sie plötzlich in Ihr Leben integrieren sollen. Dieses Gefühl ist ganz normal. Es wird Wochen oder gar Monate dauern, bis Sie alle Aspekte berücksichtigt haben. Wählen Sie jetzt erst einmal zwei bis drei Bereiche aus, bei denen Sie das Gefühl haben, daß Sie in Ihrem Leben möglicherweise zu kurz kommen. Konzentrieren Sie sich dann ganz auf diese ausgewählten Bereiche. Sie werden später noch Gelegenheit haben, zu dieser Lektion zurückzukehren und andere Aspekte aufzugreifen.

Entspannung

Sich für Entspannung Zeit zu nehmen, ist für die körperliche und die seelische Gesundheit unerläßlich. Gewöhnen Sie sich daher an, regelmäßige Entspannungsphasen einzuplanen. Führen Sie sich immer wieder vor Augen, daß Ihrem Körper nur ein begrenzter Vorrat an Energie zur Verfügung steht. Regelmäßige Entspannungsphasen sind für Ihren Körper ebenso wichtig wie regelmäßige Inspektionen für einen Motor.

Es gibt viele unterschiedliche Möglichkeiten der passiven oder aktiven Entspannung. Für welche dieser Möglichkeiten Sie sich entscheiden, ist völlig unerheblich. Wichtig ist, daß Sie sich hinterher wohl und erfrischt fühlen. Um Ihnen die Planung etwas zu erleichtern, haben wir einige Beispiele aufgeführt:

Passive Entspannung:

- Biofeedback
- Atemübungen
- Baden, Sonnen, Saunabaden
- Massage
- Meditation und Gebet
- Kino und Theater
- Musik hören
- Lesen
- Entspannungsübungen
- Autogenes Training
- Schlaf
- Fernsehen
- Yoga

Aktive Entspannung:

- Volkshochschulkurse z. B. über Fotografieren oder Kochen
- Tanzen
- Hobbies oder Handarbeiten
- Gartenarbeit oder Angeln
- Sportarten wie Tennis oder Golf
- Besuche bei guten Freunden
- Joggen, schwimmen oder Fahrrad fahren
- Ausflüge und Spaziergänge
- Einkaufsbummel
- Mannschaftssportarten wie Fußball oder Volleyball

Natürlich sind nicht alle diese Vorschläge auch für Sie geeignet. Was dem einen Spaß macht, läßt den anderen kalt, und was auf manche Menschen entspannend wirkt, löst bei anderen womöglich Angst oder Streß aus. Es ist daher wichtig, daß Sie die Aktivitäten auswählen, die zu Ihrer Persönlichkeit und Ihren gegenwärtigen Möglichkeiten passen. Versuchen Sie, diese Aktivitäten in Ihre tägliche und wöchentliche Planung einzubauen.

Ausgleichsrituale

Menschen, die unter Ängsten leiden, neigen häufig dazu, sich von einer Anstregung in die nächste zu stürzen. Sie gönnen sich nicht genug Zeit, um sich zwischendurch körperlich und seelisch zu erholen. Um dieser Neigung entgegenzuwirken, sollten Sie bewußt bestimmte Ausgleichsrituale einplanen.

Ausgleichsrituale werden im Anschluß an ein streßreiches Ereignis oder einen anstrengenden Tag zur Entspannung eingesetzt. Manche bleiben in solchen Situationen am liebsten allein, sie lesen, beschäftigen sich mit einem Hobby oder legen einfach die Beine hoch. Andere unternehmen lieber etwas mit ihren Kindern, Partnern oder Freunden. Viele der oben genannten Aktivitäten können als Ausgleichsrituale eingesetzt werden.

Vermeiden Sie es jedoch tunlichst, sich mit Hilfe von Alkohol, Marihuana oder Medikamenten zu entspannen. Der Einsatz solcher Suchtmittel wird rasch zur Gewohnheit und führt in vielen Fällen geradewegs in die Abhängigkeit.

Spiel

Spielerische Aktivitäten sind für die seelische und körperliche Gesundheit eines jeden Menschen unerläßlich. Dennoch werden sie von vielen als „kindisch" abgetan. Die Fähigkeit zu spielen und sich zu entspannen steht jedoch mit der eigenen Produktivität und Streßbewältigung in direktem Zusammenhang. Darüber hinaus bauen Sie durch spielerische Aktivitäten Spannungen ab, erhöhen Ihre Streßtoleranz und pflegen Ihren Humor.

Spielerische Aktivitäten können die verschiedensten Formen annehmen. Das Herumtollen mit Kindern, eine fröhliche Gesprächsrunde, gemeinsames Kartenspiel, ein entspannter Einkaufsbummel, ein Kino- oder Theaterbesuch – viele Situationen lassen sich spielerisch angehen. Spielerische Aktivitäten wirken, auch wenn sie zunächst anstregend sind, geistig und körperlich entlastend und daher entspannend. Wichtig ist, daß Sie Spaß dabei haben und der spielerische Aspekt im Vordergrund steht.

Humor

Eine gute Portion Humor gehört zu Ihren wertvollsten Verbündeten im Kampf gegen Streß und Angstsymptome. Menschen mit Angstproblemen neigen dazu, sich selbst und andere viel zu ernst zu nehmen und kleine, an sich unbedeutende Ereignisse maßlos aufzubauschen. Humor kann dazu beitragen, die Dinge von Zeit zu Zeit mit einer gewissen Distanz zu sehen und die eigenen Grenzen als Ausdruck der allgemein menschlichen, nicht der persönlichen Unvollkommenheit zu sehen.

Immer wenn Sie den Eindruck haben, daß Sie sich selbst, Ihre Fähigkeiten, Ihre Fortschritte, Ihre Grenzen und Ihre Fehler zu ernst nehmen, sollten Sie sich etwas suchen, worüber Sie lachen können. Das heißt nicht, daß Sie sich selbst lächerlich machen oder geringschätzen sollen. Vielmehr geht es darum, auch die komischen Seiten des Lebens zu sehen und mit einem befreienden Lachen zu quittieren.

Emotionale Unterstützung

Menschen sind soziale Wesen. Sie brauchen die emotionale Unterstützung anderer Menschen, um ihre geistige und körperliche Gesundheit zu erhalten. Einsamkeit und Isolation gehören zu den schlimmsten Formen von Streß. Menschen, die unter Angstsymptomen leiden, haben oft ein gesteigertes Anerkennungsbedürfnis. Dennoch sind sie meist eifrig darum bemüht, anderen zu helfen, und versäumen es, sich selbst von anderen helfen zu lassen. Ihr Bedürfnis nach emotionaler Unterstützung macht ihnen gelegentlich sogar ein schlechtes Gewissen. Von anderen zu nehmen, ist jedoch ebenso wichtig wie anderen zu geben – ja, eigentlich kann man erst wirklich geben, wenn man auch zu nehmen weiß.

Emotionale Unterstützung können Sie bei Familienmitgliedern, Freunden, Kollegen, aber auch in Glaubensgemeinschaften, Vereinen, Selbsthilfegruppen, Therapeuten oder gar bei Haustieren finden.

Emotionale Unterstützung kann an bestimmte Bedingungen geknüpft sein oder bedingungslos gegeben werden. So ist die Unterstützung von Freunden oder Kollegen häufig an gewisse Bedingungen geknüpft, d. h., sie wird nur dann gewährt, wenn Sie bestimmte Verhaltensrichtlinien befolgen. Auch für die Unterstützung von Angehörigen kann das in bestimmten Fällen zutreffen. Die an Bedingungegen geknüpfte Unterstützung ist nicht grundsätzlich negativ zu sehen. Dennoch ist es von Vorteil, zumindest eine Quelle der bedingungslosen Unterstützung zu haben. Für Menschen, die allein leben, bieten Haustiere eine gute Möglichkeite, bedingungslose Zuneigung und Unterstützung zu erfahren, weshalb sie von ihren Besitzern auch so sehr geschätzt werden. Auch in Vereinen oder Organisationen kann man manchmal bedingungslose Unterstützung finden.

Wenn Sie niemanden haben, der Sie emotional unterstützt, können Sie sich an einen guten Therapeuten wenden. Ein erfahrener Therapeut kann Ihnen vielfältige Hilfe anbieten. Einer der wichtigsten Aspekte einer Therapie besteht jedoch in der bedingungslosen emotionalen Unterstützung. Viele Menschen meinen, daß sie nur in einer Therapie zu sich selbst finden können und ihnen nur dort jemand wirklich zuhört. Die heilende Kraft, die der bedingungslosen Unterstützung innewohnt, ist oft ebenso wertvoll wie das jeweils eingesetzte therapeutische Verfahren.

Lebensphilosophie

Unter einer Lebensphilosophie verstehen wir einen gedanklichen Rahmen, der Ihnen hilft, die Welt, in der Sie leben, besser zu verstehen. Sie ermöglicht es Ihnen, die täglichen Ereignisse in einem übergeordneten Zusammenhang zu sehen und ihnen daher eine positive Bedeutung beizumessen. Sie hilft Ihnen auch dabei, die mit dem menschlichen Leben unweigerlich verbundenen Ungewißheiten zu ertragen und mit der eigenen Unzulänglichkeit Frieden zu schließen.

In unserem hektischen Alltagsleben werden philosophische und spirituelle Aspekte oft sträflich vernachlässigt. Den einfachsten Zugang zu diesen Aspekten bieten sicherlich die traditionellen Religionen. Viele Menschen schöpfen aus ihrem Glauben eine ungeheure Kraft. Aber auch die gedankliche Beschäftigung mit philosophischen Themen, die Meditation, das Gespräch mit lebenserfahrenen Menschen oder das Lesen anregender Bücher können wichtige Anstöße geben. Nutzen Sie die Quellen, die Ihnen zur Verfügung stehen, knüpfen Sie an frühere Kontakte an, profitieren Sie von der Lebenserfahrung und Lebensweisheit anderer Menschen und versuchen Sie, dadurch innere Stärke und Klarheit zu gewinnen.

Regelmäßige Tagesabläufe

Es nützt nicht viel, die in dieser Lektion vorgestellten Ansätze gelegentlich auszuprobieren und ansonsten so weiterzuleben wie bisher. Sie müssen sich diese positiven Aktivitäten *zur Gewohnheit machen*. Das schaffen Sie am besten, indem Sie Ihrem Leben eine regelmäßige Struktur geben.

Nehmen Sie sich in dieser Woche besonders viel Zeit für die Planung von Aktivitäten, die Ihnen Spaß machen und Ihre Lebensfreude stärken. Planen Sie einmal wöchentlich eine Unternehmung mit Ihrem Partner oder einer anderen Person, die Ihnen nahesteht, z. B. ein besonderes Essen, einen Besuch bei guten Freuden oder einen Kinobesuch. Falls Sie Kinder haben, verbringen Sie täglich, mindestens aber einmal pro Woche ein wenig Zeit allein mit jedem Kind. Führen Sie Ihre Entspannungsübungen zu festen Tageszeiten durch und planen Sie täglich nach der Arbeit ein Ausgleichsritual.

Wenn Ihnen positive Aktivitäten und Entspannungsübungen zur Gewohnheit werden, haben Sie nicht nur eine wichtige Voraussetzung für die Überwindung Ihrer Angstprobleme geschaffen – Sie haben auch der Rückkehr dieser Probleme in der Zukunft vorgebeugt.

Praktischer Teil zu Lektion 3

Die signalgeprägte Entspannung weiterentwickeln

Führen Sie auch weiterhin mindestens einmal pro Tag Ihre Entspannungsübungen fort. Achten Sie darauf, daß Sie stets dasselbe Signal einsetzen. Falls Sie damit noch nicht begonnen haben, lesen Sie die Beschreibungen verschiedener Entspannungstechniken im Anhang durch, probieren Sie sie der Reihe nach aus und entscheiden Sie sich für die Technik, die Ihnen am meisten zusagt. Ihr Ziel besteht darin, mindestens eine dieser Techniken zu beherrschen. In Lektion 2 wird beschrieben, wie Sie die Entspannungsübungen mit einem bestimmten Signal kombinieren, um eine signalgeprägte Entspannungsreaktion herbeiführen zu können.

Weiterhin die Zwerchfellatmung üben

Üben Sie die Zwerchfellatmung so lange weiter, bis Sie die folgenden Ziele erreicht haben:
- Sie können, ohne die Hand auf den Bauch legen zu müssen, bestimmen, ob Sie die Brust- oder Zwerchfellatmung benutzen.
- Sie können mühelos jederzeit zur *entspannten* Zwerchfellatmung übergehen.
- Im entspannten Zustand herrscht bei Ihnen die Zwerchfellatmung vor.
- Sie setzen in angstbesetzten Situationen bewußt die Zwerchfellatmung ein.

Einige von Ihnen werden diese Ziele sehr schnell erreichen, während es bei anderen drei oder vier Wochen oder noch länger dauern wird. Die jeweilige Übungszeit hängt von Ihrem früheren Atmungsverhalten und Ihrer Konsequenz beim Üben ab.

Das Üben der Zwerchfellatmung sollte jedoch ganz locker und ohne jeden Streß geschehen. Versteifen Sie sich auch in angstbesetzten Situationen nicht zu sehr auf Ihre Atmung. Wenn Sie die eigene Atmung ständig beobachen, können der natürliche Prozeß gestört und Ihre Angst noch größer werden. Nehmen Sie daher bei den ersten Anzeichen von Streß oder Angst nur drei oder vier entspannte Atemzüge, und wenden Sie sich den positiven Aussagen und der Ablenkung zu. Ihre Atmung reguliert sich dann ganz von allein.

Die eigene Ernährung kritisch überprüfen

In dieser Lektion wurde auf die Wichtigkeit einer ausgewogenen Ernährung hingewiesen. Schreiben Sie auf, was Sie in der zurückliegenden Woche gegessen haben. Falls Sie sich über die Grundlagen einer ausgewogenen Ernährung nicht im klaren sind, kann Ihnen sicherlich ein Buch zu diesem Thema weiterhelfen. Vielleicht kann Ihnen auch Ihr Arzt ein geeignetes Buch empfehlen. Falls Sie gesundheitliche Probleme haben, sollten Sie ohnehin Ihren Arzt befragen, ehe Sie Ihren Ernährungsplan umstellen.

Hüten Sie sich jedoch vor irgendwelchen radikalen Ernährungsplänen oder „Wunderdiäten". Ihr Ziel sollte eine ausgewogene, vitamin- und ballaststoffreiche Kost sein, wie sie z. B. von der Vollwerternährung geboten wird.

Sportliche Aktivitäten erwägen

Falls Sie sich bisher nicht regelmäßig sportlich betätigt haben, sollten Sie sich vornehmen, den Sport in Zukunft zu einem festen Bestandteil Ihres Wochenplans zu machen. Schon dreimal wöchentlich 20 Minuten Gymnastik reichen aus, um Ihre Streßtoleranz zu fördern und die Angstsymptome zu verringern. Sie brauchen nicht gleich Sportfanatiker zu werden und sich auch keine teure Ausrüstung zu kaufen. Ob Sie nun Mitglied in einem Fitneß-Zentrum werden, bei einem örtlichen Sportverein oder bei der Volkshochschule Gymnastikkurse belegen, ausgedehnte Wanderungen unternehmen oder joggen – wichtig ist nur, daß Sie sich regelmäßig bewegen und daß es Ihnen Spaß macht.

Falls Sie gesundheitliche Probleme haben, sollten Sie sich mit Ihrem Arzt absprechen, ehe Sie mit neuen sportlichen Aktivitäten beginnen.

Die grundlegenden Prinzipien der Streßbewältigung praktisch anwenden

Überlegen Sie, wann und wie Sie die in dieser Lektion beschriebenen Prinzipien der Streßbewältigung praktisch anwenden können. Denken Sie daran, von Zeit zu Zeit zu dieser Lektion zurückzukehren, um zu sehen, ob es noch weitere Möglichkeiten gibt, diese Prinzipien in Ihr Leben zu integrieren.

Anderen helfen

Bei Menschen, die viel Bestätigung brauchen, ist das Bedürfnis, anderen Menschen bei ihren persönlichen Problemen zu helfen, oft sehr groß. Falls dies auch auf Sie zutrifft, sollten Sie sich, solange Sie an diesem Programm arbeiten, bewußt zurückziehen. Im Moment haben Sie weder Zeit noch Energie dafür. Verwenden Sie Ihre Kraft lieber auf die mit diesem Programm verbundenen Lernprozesse. Wenn Sie Ihre Angstprobleme erst einmal überwunden haben, werden Sie auch wieder genügend Zeit und Energie für andere haben – ja, Ihre neu gewonnenen Einsichten und Fähigkeiten werden auch anderen Menschen zugute kommen.

Verweilen Sie mindestens eine Woche lang bei dieser Lektion. Neue Ideen zu verarbeiten und Sie auf das eigene Leben anzuwenden, dauert nun einmal seine Zeit. Diese Zeit sollten Sie sich nehmen.

LEKTION 4

URSACHEN DER ANGST ERKENNEN UND BEKÄMPFEN

Der größte Teil Ihrer Angst entsteht nicht durch konkrete Ereignisse, sondern durch die Bedeutung, die Sie diesen Ereignissen beimessen. Da Ihre Gedankengänge grundsätzlich *erlernten* Mustern und Gewohnheiten folgen, ist es möglich, sie auch wieder zu *ver*lernen und dadurch unter Kontrolle zu bekommen. In dieser Lektion wollen wir uns auf die Frage konzentrieren, wie Gefühle entstehen. Außerdem lernen Sie eine wichtige Methode zur Bekämpfung der Hauptursache vieler Angstzustände – des „Soll/Muß"-Denkens – kennen.

Bedürfnisse und Überzeugungen

Jeder Mensch hat vielfältige psychische Bedürfnisse. Dazu gehören: das Bedürfnis, Liebe zu geben und zu empfangen, das Bedürfnis, sich zugehörig zu fühlen und akzeptiert zu werden, das Bedürfnis nach Sicherheit, das Bedürfnis, Neues zu entdecken und zu lernen, und das Bedürfnis, etwas Neues zu schaffen. Als Kind haben Sie gelernt, diese Bedürfnisse zu befriedigen, indem Sie die Verhaltensweisen der Erwachsenen nachahmten und durch Versuch und Irrtum zu bestimmten Schlußfolgerungen kamen. Auch der jeweilige Erziehungsstil Ihrer Eltern und sonstigen Bezugspersonen spielte in diesem Prozeß eine wichtige Rolle.

Im Laufe dieses Lernprozesses hat sich bei Ihnen ein gewisser Grundstock an Grundüberzeugungen oder Ansichten herausgebildet. Sie lassen sich in drei Bereiche unterteilen:

– *Ansichten über sich selbst:* Zu diesen Überzeugungen, die man manchmal mit den Begriffen „Selbstkonzept" oder „Selbstbild" zusammenfaßt, gehören Ansichten über den eigenen Wert, die eigenen Stärken und Schwächen und den gebührenden Platz in der Welt.

– *Ansichten über andere:* Dazu gehören alle Überzeugungen über menschliche Beziehungen – wie man mit ihnen umgeht, welche Bedeutung man ihnen beimißt, was man von anderen erwarten kann, wie sich Beziehungen zwischen Männern und Frauen gestalten usw.

– *Ansichten über die Welt:* Hier geht es um die Einschätzung täglicher Ereignisse ebenso wie um abstrakte Konzepte wie Religion, Patriotismus oder Moral.

Die wichtigsten Elemente dieser Grundüberzeugungen sind bereits im Alter von sieben Jahren angelegt. Da kleine Kinder noch nicht logisch denken können, wenig Lebenserfahrung besitzen und ohnehin dazu neigen, die Aussagen der Erwachsenen einfach zu übernehmen, sind viele dieser Überzeugungen irrational und unrealistisch. Zwar hat man als erwachsener Mensch die Möglichkeit, seine Grundüberzeugungen zu überprüfen und irrationale Vorstellungen durch rationale zu ersetzen, doch wird diese Möglichkeit von den wenigsten wahrgenommen. Entweder verstehen sie die zentrale Bedeutung dieser Gedanken nicht, oder sie sind so sehr mit anderen Dingen beschäftigt, daß sie nicht dazu kommen. Das führt leider dazu, daß viele Menschen den in der Kindheit erworbenen Grundstock von Überzeugungen durch ihr ganzes Leben schleppen und ihr gesamtes Handeln daran ausrichten. Unter diesem Gesichtspunkt wird leichter verständlich, warum es so viel Schmerz und Leid auf der Welt gibt – und woher die meisten Ängste rühren.

Wie Gefühle entstehen

Ihre Gefühle spiegeln wider, wie Sie Ereignisse, die um Sie herum geschehen, interpretieren. (Die wenigen Ausnahme bilden Empfindungen, die auf körperliche Ursachen – Verletzung, Krankheit, Medikamente, Ernährung – zurückzuführen sind.) Dieser Prozeß läßt sich wie folgt darstellen:

$$\text{Ereignis} \longrightarrow \text{Interpretation} \longrightarrow \text{Emotion} \longrightarrow \text{Handlung}$$

Normalerweise merken Sie nicht, welche Rolle die Interpretation bei der Entstehung von Gefühlen spielt, weil der dargestellte Prozeß enorm schnell und außerdem unbewußt abläuft. Im Prinzip ist das auch gut so. Sie könnten niemals effektiv handeln, wenn Sie erst alles, was um Sie herum vorgeht, langsam und bedächtig einschätzen und bewerten müßten.

Ein Beispiel für die Fähigkeit, Ereignisse automatisch zu interpretieren und ihnen eine bestimmte Bedeutung beizumessen, ist die scheinbar so einfache Tätigkeit des Autofahrens. Es handelt sich dabei nämlich um einen äußerst komplexen Prozeß: Sie müssen Entfernungen einschätzen, das Verhalten von Fußgängern und anderen Verkehrsteilnehmern interpretieren ... In jeder Sekunde werden Ihnen andere Interpretationen abverlangt. All dies läuft so schnell ab, daß Ihnen die einzelnen Phasen des Prozesses gar nicht bewußt werden. Mehr noch: Sie hören gleichzeitig Radiomusik, unterhalten sich mit Ihrem Beifahrer oder denken darüber nach, was Sie bei Ihrem nächsten Einkauf nicht vergessen dürfen.

Die menschliche Fähigkeit, äußere Ereignisse innerhalb kürzester Zeit wahrzunehmen und zu interpretieren, hat zu dem weitverbreiteten Irrtum geführt, Gefühle würden von bestimmten Ereignissen hervorgerufen. Den meisten Menschen ist nicht klar, daß ihre Gefühle in Wirklichkeit erst durch die Bedeutung entstehen, die sie diesen Ereignissen beimessen. Aussagen wie „Der Anblick von Kindern macht mich glücklich", „Ein Gewitter macht mir Angst" oder „Sein Verhalten macht mich wütend" lassen den Irrtum erkennen und verstärken ihn sogar.

Denn wäre es kein Irrtum, müßte ein bestimmtes Ereignis bei allen Menschen die gleichen Gefühle auslösen. Denken wir nur daran, wie verschieden Menschen auf einen Regenschauer reagieren: Manche macht das trübe Wetter depressiv oder ärgerlich, weil sie an die Unannehmlichkeiten denken, die mit dem Regen verbunden sind. Andere sind glücklich, weil sie gerade noch rechtzeitig nach Hause gekommen sind, es genießen, gemütlich im trockenen Wohnzimmer zu sitzen oder daran denken, daß der langersehnte Regen ihre Salatpflanzen im Garten erst richtig sprießen läßt. Obgleich all diese Menschen dasselbe Ereignis erleben, sind ihre Gefühle also höchst unterschiedlich, weil jeder von ihnen das Ereignis anders *interpretiert*.

Wozu haben wir Gefühle?

Wie der biologische Mechanismus, der die Gefühle steuert, funktioniert, konnte wissenschaftlich noch nicht befriedigend erklärt werden. Klar ist nur, daß unsere Gefühle Teil des komplizierten, vererbten biologischen Materials sind, das uns beim Überleben hilft.

Obgleich Gefühle durch Lern- und innere Reifungsprozesse durchaus veränderbar sind, zeigen sie innerhalb der gesamten Spezies eine bemerkenswerte Konsistenz. So besitzen z. B. Menschen, die von Geburt an blind sind, das gleiche Gefühlsrepertoire wie Sehende. Auch bei den unterschiedlichsten Kulturen und Rassen stößt man auf ähnliche emotionale Muster. Und auch der Gefühlsausdruck von Kindern und Erwachsenen ist sich sehr ähnlich; dies gilt selbst für Kleinkinder, bei denen er noch nicht erlernt sein kann.

Im Tierreich erfüllen Emotionen zwei wesentliche Funktionen: Erstens bereiten sie das Tier auf eine Handlung vor, und zweitens dienen sie als Mittel der Kommunikation. So bereitet die Furcht z. B. auf eine sofortige Handlung vor, dient aber auch dazu, andere Tiere vor einer möglichen Gefahr zu warnen, was bei ihnen wiederum zu ähnlichen Reaktionen führt.

Auch beim Menschen dienen die Gefühle diesen beiden Funktionen. Da Kleinkinder noch nicht sprachlich kommunizieren können, spielt der Ausdruck von Gefühlen eine zentrale Rolle bei der Verständigung. Und auch bei Erwachsenen stellt der emotionale Ausdruck eine sehr viel stärkere Form der Kommunikation dar als die Sprache.

Trotz aller Parallelen gibt es einen bedeutenden Unterschied zwischen Mensch und Tier: Beim Tier werden Emotionen durch den Instinkt oder eine Kombination von Instinkt und einfachen Lernformen kontrolliert. Menschen haben keine wirklichen Instinkte. Zwar ist bei Kleinkindern eine gewisse Schreckreaktion angeboren, und es gibt bestimmte Ängste, die in ganz bestimmten Entwicklungsphasen bei allen Kindern auftreten (z. B. die „Trennungsangst" mit vier Monaten oder das sogenannte „Fremdeln" mit sieben bis neun Monaten). Ist das Kind jedoch herangewachsen, wird das gesamte Gefühlsrepertoire durch einen komplexen Apparat an Überzeugungen und erlernten Reaktionsmustern kontrolliert. Er ähnelt dem biologischen Mechanismus, der die bewußten Muskelbewegungen steuert; auch er wird letztendlich durch Gedanken und erlernte Reaktionsmuster kontrolliert.

Vereinfacht ausgedrückt, läßt sich der emotionale Prozeß wie folgt beschreiben: Ein Teil Ihres Gehirns bewertet fortwährend die laufenden Ereignisse und vergleicht Sie mit Ihren Wünschen und Bedürfnissen. Dieser Prozeß läuft normalerweise automatisch und unbewußt ab. Können Ihre Wünsche und Bedürfnisse befriedigt werden, empfinden Sie verschiedene positive Gefühle wie Freude, Erregung oder Genugtuung; bei einem Verlust verspüren Sie Niedergeschlagenheit, Trauer oder Depression. Liegt eine Bedrohung vor, empfinden Sie Wut oder Furcht. Nicht immer ist der Zusammenhang aber so eindeutig, denn die Ereignisse um Sie herum können äußerst vielschichtig sein. So kann es z. B. vorkommen, daß ein bestimmtes Ereignis einige Ihrer Bedürfnisse befriedigt und andere frustiert. Aus diesem Grund sprechen wir häufig von

„gemischten Gefühlen". Der Prozeß der Interpretation von Wünschen und Bedürfnisses kann wie folgt dargestellt werden:

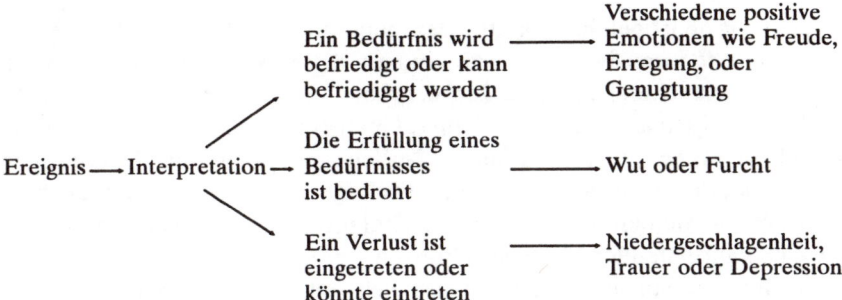

Wenn bestimmte Gefühle Sie dazu motivieren, aktiv zu werden und effektiv auf Chancen, Verluste und Gefahren zu reagieren, können wir sie als *konstruktive Emotionen* bezeichnen. Leider trifft dies jedoch nicht auf alle Gefühle zu. Manchmal erleben wir auch *destruktive Emotionen*, die sich auf die effektive Bewältigung unserer Lebensaufgaben störend auswirken. Diese Destruktivität macht sich vor allem dann bemerkbar, wenn die jeweiligen Emotionen ohne ersichtlichen Grund auftreten, übersteigert sind oder über einen unangemessen langen Zeitraum fortdauern: Wir bekommen Angst, obwohl keine Bedrohung vorliegt, wir reagieren auf einen nichtigen Anlaß mit großer Wut, oder wir verfallen wegen eines kleinen Verlusts in eine tagelange Depression.

An diesem Punkt tut sich also ein gewisser Widerspruch auf. Einerseits sind Emotionen dazu da, uns bei der Befriedigung unserer Bedürfnisse zu unterstützen, andererseits können sie sich destruktiv auswirken. Dieser Widerspruch läßt sich leicht erklären. Jeder Mensch hegt irrationale und unrealistische Überzeugungen und Denkmuster. Im Zuge des unbewußten Bewertungsprozesses werden bestimmte Ereignisse daher auf irrationale oder unrealistische Weise interpretiert, und es werden destruktive Emotionen ausgelöst.

Unser Gehirn ist in dieser Hinsicht mit einem Computer vergleichbar. Es kann riesige Mengen von Informationen, die durch die Sinne aufgenommen werden, überprüfen und in Sekundenbruchteilen entscheiden, ob ein Ereignis Ihre Bedürfnisse und Wünsche befriedigt oder bedroht. Werden jedoch falsche Codes eingespeist, fällt auch die entsprechende Bewertung fehlerhaft aus.

Eingefahrene Denkmuster

Zu den großartigen Fähigkeiten des menschlichen Gehirns gehört, einen Vorgang so intensiv erlernen zu können, daß er schließlich automatisch abläuft. Manchmal dauert es Jahre, bis der Vorgang erlernt wurde – z. B. das Ankleiden am Morgen –, dann tut man es automatisch, ohne darüber nachzudenken. Doch nicht nur äußerliche Vorgänge oder Handlungen können erlernt werden und automatisch ablaufen. Wie Sie denken, welche Worte Sie benutzen, an welche Ereignisse Sie sich erinnern und auf welche aktuellen Reize Sie sich konzentrieren – all dies wird von einmal angelernten Mustern gesteuert, die sich seit Ihrer Kindheit nur wenig verändert haben. Leider haben Sie jedoch gleichzeitig mit Ihren irrationalen Überzeugungen auch irrationale Denkmuster entwickelt, die im Laufe der Zeit zu einem festen Bestandteil dieses automatischen Gedankenprozesses geworden sind.

In Ihnen spielt sich ein ständiger innerer Dialog ab – meist in der Form von Sätzen, die ständig wiederholt werden. Sie werden ebenso von automatischen Denkprozessen gesteuert wie die Erinnerung an bestimmte Ereignisse und die Konzentration auf bestimmte aktuelle Vorgänge.

Aus dem unerschöpflichen Reservoir von Erinnerungen, das Ihnen zur Verfügung steht, wählen Sie meist diejenigen Erinnerungen aus, die Ihren gegenwärtigen Zustand verstärken: Wenn Sie traurig sind, erinnern Sie sich an traurige Erlebnisse, wenn Sie fröhlich sind, herrschen die erfreulichen Erinnerungen vor. Darüber hinaus verfügen Sie über einen gewissen Grundstock von erinnerten Geschichten und Erklärungen, die zu bestimmten Anlässen von Ihrem Gedächtnis aktiviert werden. Werden Sie z. B. gebeten, etwas über sich selbst, Ihre Arbeit oder Ihre Kindheit zu erzählen, geben Sie wahrscheinlich jedesmal eine ähnliche Reihe von Geschichten und Erklärungen wieder. Auf die gleiche Weise ist auch die Wahrnehmung der aktuellen Umgebung auf bestimmte Aspekte beschränkt. Manchmal bemerken wir nur Mängel und Fehler, manchmal nehmen wir eher Chancen und Vorteile wahr.

Innerer Dialog, selektives Erinnern, festgefügte Geschichten und Erklärungen sowie die selektive Wahrnehmung der Wirklichkeit haben Anteil an der Entstehung *eingefahrener Denkmuster*. Der Prozeß der Interpretation, der schließlich Ihre Gefühle entstehen läßt, stützt sich auf eine Kombination eingefahrener Denkmuster und innerer Überzeugungen. Indem Sie Ihre Denkmuster und Ihre Überzeugungen verändern, können Sie also auch Ihre persönliche Interpretation aktueller Ereignisse verändern und damit Ihrer Lebenserfahrung eine positive Wendung geben.

Der kognitive Ansatz

Die in dieser Lektion vorgestellten Begriffe entstammen einem psychologischen Ansatz, den man *kognitive Therapie* nennt. Das Wort „Kognition" ist ein Sammelname für alle Vorgänge oder Strukturen, die mit dem Denkprozeß zusammenhängen. Bei der kognitiven Therapie geht es darum, das Fühlen und Handeln zu verändern, indem man auf das Denken Einfluß nimmt. Diesen Veränderungsprozeß nennt man *kognitive Restrukturierung*.

Wichtigster Ansatzpunkt der kognitiven Therapie ist der *rationale innere Dialog*. Mit Hilfe dieser Technik können Sie lernen, 1. Ihr Fühlen und Handeln positiv zu beeinflussen, indem Sie Ihre Interpretation aktueller Ereignisse verändern, 2. Ihre Umwelt rationaler und realistischer einzuschätzen, 3. Ihr Selbstwertgefühl zu stärken und 4. viele Chancen zu nutzen, die Sie in der Vergangenheit möglicherweise gar nicht wahrgenommen haben. Der rationale innere Dialog kann verschiedene Formen annehmen, die im folgenden aufgelistet sind:

— *Ego-Verstärker:* Ermutigende Aussagen über die eigenen Fähigkeiten und Stärken.

— *Ersatzformulierungen*: Austausch irrationaler Phrasen durch rationale Aussagen.

— *Fragen:* Sie lenken Ihre Aufmerksamkeit auf Schlüsselaspekte und heben den irrationalen Charakter destruktiver Denkstrukturen hervor; meist als Überleitung zu einer der folgenden Formen eingesetzt.

— *Rationale Herausforderung:* Einsatz positiver Aussagen oder rationaler Argumente zur Korrektur falscher Behauptungen, die durch irrationales Denken oder destruktive Verhaltensweisen entstehen.

— *Objektive Auswertung:* Nüchterne Analyse der gegenwärtigen Situation, Gedanken oder Verhaltensweisen. Fördert das bewußte Unterscheiden und logische Denken.

— *Kosten/Nutzen-Analyse:* Gegeneinander abwägen von Vor- und Nachteilen einer bestimmten Überzeugung oder Verhaltensweise. Dient der Korrektur irrationaler Denkmuster und trägt zu einer realistischeren Weltsicht bei.

— *Überleitungen:* Aussagen, die Ihre Aufmerksamkeit und Energie auf rationalere und produktivere Verhaltensweisen lenken. Sie stehen häufig am Schluß des rationalen inneren Dialogs.

Diese Begriffe werden von nun an in diesem Buch immer wieder verwendet. Wer eine starke analytische Neigung besitzt, mag es nützlich finden, gelegentlich zu diesem Abschnitt zurückzublättern und sich die Begriffe einzuprägen, um die verschiedenen Formen des rationalen inneren Dialogs zu unterscheiden. Wen diese Begriffe eher verwirren, der darf diesen Abschnitt getrost ignorieren.

„Ich soll!" „Ich muß!"

Zu den destruktivsten Denkmustern gehören Sätze, die mit „Ich soll..." oder „Ich muß..." beginnen. Dabei werden *persönliche* Entscheidungen, Wünsche oder Neigungen in *universelle* Regeln verwandelt. Für dieses Denkmuster sind drei Dinge typisch: Erstens konzentriert man sich auf die negativen Aspekte eines Problems, anstatt nach möglichen Lösungen zu suchen. Zweitens verschwendet man viel Zeit und Energie auf die Kritik der Person oder des Gegenstandes, den man für die Regelverletzung verantwortlich macht. Und drittens verliert man ein Stück weit den Kontakt zur Realität und tritt in eine Phantasiewelt ein, in der die Dinge auf eine ganz bestimmte Art und Weise geregelt sein „sollen" oder „müssen".

Donnas Geschichte ist typisch für alle drei Aspekte dieses destruktiven Denkmusters. Sie war am Abend bei Freunden zum Essen eingeladen. Auf der Fahrt dorthin geriet sie in einen Stau. Donna hatte die Regel verinnerlicht: „Ich muß immer pünktlich sein." Sie erlebte folgenden inneren Dialog: „Hilfe! Bis acht Uhr schaffe ich das nie und nimmer. Aber ich darf nicht zu spät kommen. Ich muß pünktlich sein." Donnas Denkmuster führte zu der irrigen Überzeugung, daß es in der gegebenen Situation nur eine Möglichkeit gab: Sie mußte pünktlich sein. Alles andere erschien ihr völlig inakzeptabel. Ihre Gedanken konzentrierten sich auf den negativen Aspekt eines Ereignisses, daß Sie weder vorhersagen noch beeinflussen konnte. Sie war nicht in der Lage, *problemlösend* zu denken und praktische Handlungsmöglichkeiten abzuwägen.

Nach kurzer Zeit richtete Donna ihre Frustration gegen die Person, die an der Regelverletzung schuld war – sie selbst. „Du hast mal wieder alles vermasselt. Du schaffst es noch nicht mal, zu einer simplen Einladung pünktlich zu kommen. Du hättest es besser wissen und früher aus dem Haus gehen müssen." Auch die Menschen und Ereignisse, die zu dem Problem beitrugen, verdammte sie: „Diese blöden Autofahrer. Warum können die Leute nicht vernünftig fahren? Und warum ist die Baustelle immer noch nicht fertig?" Weil die meisten „Ich soll"- oder

„Ich muß"-Regeln aus unserer Kindheit stammen, sprach Donna mit sich selbst wie ein überkritischer Elternteil.

Wenn man etwas behauptet, was nicht mit der Wirklichkeit übereinstimmt, verliert man ein Stück weit den Kontakt zur Realität und tritt in eine Phantasiewelt ein. In Donnas Phantasiewelt gab es keine Abweichung von dem Prinzip der Pünktlichkeit. In der realen Welt hingegen kommt es durchaus hin und wieder vor, daß man zu spät kommt, weil man durch Ereignisse, auf die man selbst keinen Einfluß hat, aufgehalten wird. Der Realitätsverlust veranlaßte Donna, das Prinzip der Pünktlichkeit über alles andere zu stellen. Sie begann, leichtsinnig zu fahren, riskierte also sogar ihr eigenes Leben und das Leben anderer Verkehrsteilnehmer.

Universelle Regeln sind natürlich nicht unter allen Umständen negativ. Unter widrigen Umständen kann es für das tägliche Überleben sogar sehr nützlich sein. So muß man z. B. in einer totalitären Gesellschaft, in der ein „falscher" Gedanke oder Satz zu drastischen Strafen führen kann, die eigenen Äußerungen und Handlungen stark kontrollieren. Ähnlich ist die Situation eines Kindes in einer gestörten Familie: Es muß sein Denken und Handeln an starren Regeln ausrichten, um in Gegenwart eines betrunkenen oder jähzornigen Elternteils nicht in Lebensgefahr zu geraten.

Der Schlüssel zur Entmachtung des starren Regeldenkens liegt darin, sich selbst ständig dazu anzuhalten, die Realität zu sehen und sich auf die Wahlmöglichkeiten zu konzentrieren, die in einer gegebenen Situation zur Verfügung stehen. Dazu können folgende rationale innere Dialoge angewendet werden:

Ersatzformulierungen

Wenn Sie sich bei einem Gedanken ertappen, der mit den Worten „Ich soll ... " oder „Ich muß ... " beginnt, sollten Sie ihn umformulieren und mit den Worten „Ich möchte gern ...", „Ich will ... " oder „Ich habe mich dafür entschieden ... " beginnen lassen. Auf diese Weise werden Sie sich der Tatsache bewußt, daß das Leben aus einer Reihe bewußter Entscheidungen besteht. Es gibt nichts, was Sie tun *müßten*. Sie entscheiden darüber, was Sie tun.

Wenn Sie sagen oder denken:	„Ich muß pünktlich sein."
Ersetzen Sie es durch:	„Ich möchte gern pünktlich sein."
	„Ich will pünktlich sein."
	„Es ist mir lieber, pünktlich zu sein."
Wenn Sie sagen oder denken:	„Der Rasen muß jeden Samstag gemäht werden."
Ersetzen Sie es durch:	„Ich möchte jeden Samstag den Rasen mähen."

„Ich habe mich entschieden, jeden Samstag
den Rasen zu mähen."
„Ich will jeden Samstag den Rasen mähen."

Wenn Sie sich bei einem Gedanken ertappen, der mit den Worten
„Er/sie/es sollte/muß ..." beginnt, formulieren Sie den Satz so um, daß
er mit den Worten: „Ich hätte gern, daß er ...", „Ich würde es vorziehen,
wenn sie ..." oder „Es wäre schön, wenn es ..." beginnt:

Wenn Sie sagen oder denken:	„Er sollte höflicher sein."
Ersetzen Sie es durch:	„Ich hätte gern, daß er höflicher ist."
	„Ich würde es vorziehen, wenn er höflicher wäre."
	„Es wäre schön, wenn er höflicher wäre."
Wenn Sie sagen oder denken:	„Sie muß den Rasen mähen."
Ersetzen Sie es durch:	„Ich hätte gern, daß sie den Rasen mäht."
	„Ich würde es vorziehen, wenn sie den Rasen mähen würde."
	„Es wäre schön, wenn sie den Rasen mähen würde."

Fragen

Fragen Sie sich: „Wer sagt denn, daß ich ... soll/muß?" „Warum
soll/muß ich eigentlich ...?" oder „Wo steht geschrieben, daß ich ...
soll/muß?" Diese Fragen stellen den willkürlichen Charakter vieler uni-
verseller Regeln bloß und machen deutlich, daß es sich in Wirklichkeit
um persönliche Wertvorstellungen und Vorlieben handelt.

Objektive Auswertung

Zählen Sie alle verfügbaren Handlungsmöglichkeiten auf und wählen
Sie diejenige, die Ihnen am besten erscheint. Das Ziel besteht darin, bewußt eine Handlung zu wählen, die der jeweiligen Situation angemessen
ist, anstatt blindlings einem willkürlichen Wust von universellen Regeln
zu folgen, der mit der Realität in den meisten Fällen nicht viel zu tun
hat. So hätte Donna z. B. akzeptieren können, daß sie zu spät kommt
und sich anschließend nach einer Problemlösung umsehen können. Eine
mögliche Lösung hätte darin bestanden, eine Telefonzelle zu suchen
und bei ihren Freunden anzurufen, um ihnen zu sagen, daß es etwas später wird. Sie hätte aber auch einfach zu spät kommen und darauf vertrauen können, daß ihre Freunde, die sicherlich selbst schon oft genug
im Stau gestanden hatten, verstehen würden, warum sie zu spät kam.
Oder sie hätte sich dafür entscheiden können, aus dieser Erfahrung die
Konsequenz zu ziehen und beim nächsten Mal früher aus dem Haus zu
gehen, um ihrem Bedürfnis nach Pünktlichkeit zu entsprechen.

Kosten/Nutzen-Analyse

Einige universelle Regeln betreffen Verhaltensweisen oder Wertvorstellungen, die an sich positiv zu werten sind und daher beibehalten werden sollten. Um dies festzustellen, listen Sie in Gedanken oder auf einem Stück Papier die Vor- und Nachteile einer bestimmten Verhaltensweise auf. Wenn Sie zu der Entscheidung gelangen, daß eine bestimmte Verhaltensweise nützlich ist, sollten Sie für die dazugehörige Regel eine passende Ersatzformulierung finden.

Rationale Herausforderung

Wenn Sie zu dem Schluß kommen, daß Sie eine bestimmte Regel ablegen wollen, fordern Sie diese Regel mit logischen Argumenten an, sobald sie sich bei entsprechenden Gedanken oder Verhaltensweisen ertappen. Diese Argumente sollten eine klare Aussage darüber enthalten, warum die betreffende Regel nicht wünschenswert ist, und gleichzeitig die Möglichkeit wünschenswerter Verhaltensweisen aufzeigen. Destruktive Regeln gehen oft auf Aussagen von Lehrern oder Verwandten aus ihrer Kindheit zurück. Erinnern Sie sich selbst daran, daß Sie kein Kind mehr sind, sondern ein erwachsener Mensch, der für seine eigenen Entscheidungen und Verhaltensgrundsätze verantwortlich ist.

Nachdem sich Donna eine Weile lang mit den oben beschriebenen kognitiven Techniken beschäftigt hatte, geriet sie eines Morgens, als sie gerade auf dem Weg zur Arbeit war, wieder in einen Stau. Wie viele Menschen in dieser Situation reagierte sie zunächst mit dem alten Verhaltensmuster, wurde sich dieser Tatsache jedoch recht bald bewußt und setzte den folgenden rationalen Dialog ein, um das alte Muster herauszufordern:

„Momentchen mal. Hier sitze ich und rege mich darüber auf, daß ich zu spät zur Arbeit komme, obwohl ich nichts dafür kann, daß die Straßen wieder mal verstopft sind. Ich möchte gern pünktlich sein (Ersatzformulierung). Aber das ist heute einfach unmöglich. Mein Chef kennt die Probleme mit dem Berufsverkehr und hat bestimmt Verständnis dafür, daß ich hin und wieder ein wenig zu spät komme. Er schimpft ja oft selbst über den Straßenverkehr. Sieht ganz so aus, als würde ich nur zehn Minuten zu spät kommen, und bisher habe ich mich in diesem Jahr noch kein einziges Mal verspätet. Wenn ich zur Arbeit komme, erkläre ich einfach, was los war (objektive Auswertung). Und jetzt entspanne ich mich, höre Radio und fahre so zügig es geht weiter (Überleitung)."

Beispiele wie diese beschreiben natürlich nur eine mögliche Form des rationalen inneren Dialogs. Die konkrete Ausprägung dieses Dialogs kann von Mensch zu Mensch sehr unterschiedlich sein. Während Sie im Laufe der Zeit immer mehr Erfahrung bekommen, werden Sie eine

Kombination der einzelnen kognitiven Elemente finden, die Ihrer Persönlichkeit und Ihren Bedürfnissen am besten entsprechen. Am Ende wird Ihnen der rationale innere Dialog schließlich in Fleisch und Blut übergegangen sein. Hier ein weiteres Beispiel für die Anwendung des rationalen Dialogs:

> *Beispiel:* Jim ist gerade mit dem Abendessen fertig und ertappt sich bei dem Gedanken: „Ich muß gleich den Abwasch machen."
>
> *Jims rationaler innerer Dialog:* „Wer sagt eigentlich, daß ich den Abwasch jetzt gleich machen muß? Wo steht geschrieben, daß man gleich nach dem Essen spülen muß (Fragen)? Ja, Mutter hat früher immer gesagt, daß man gleich nach dem Essen abwaschen müßte. Aber ich bin jetzt erwachsen, ich kann meine eigenen Regeln aufstellen und eigenständige Entscheidungen treffen (rationale Herausforderung). Ich habe verschiedene Möglichkeiten: Ich könnte jetzt abwaschen, ich könnte das Geschirr zusammenstellen und später abwaschen, oder ich könnte es einweichen und morgen spülen. Ich glaube, bis morgen will ich es lieber nicht stehenlassen. Aber jetzt möchte ich mich erst eine Weile hinsetzen und ausruhen (objektive Auswertung). Ich möchte das Geschirr erst einmal stehenlassen und später spülen (Ersatzformulierung)."

Irrationale Fragen

Irrationale Fragen sind eine weitverbreitete Form des „Ich soll/ich muß"-Denkens. Man stellt sich in Gedanken immer wieder die gleichen Fragen. Entweder sind sie völlig irrelevant, oder man kennt die Antwort längst, will sie aber nicht akzeptieren. Typische Beispiele für solche Fragen sind: „Warum bin ich so?" „Warum kann ich mich nicht ändern" „Wie kann man so etwas bloß tun?" und „Wie konnte das passieren?" Irrationale Fragen tauchen dann auf, wenn eine „Soll/Muß"-Regel verletzt wurde. Ihre Gedanken bleiben an dieser Regelverletzung hängen, wenn Sie sich weigern, die Realität zu akzeptieren und in die Phantasiewelt Ihrer „Soll/Muß"-Regeln abdriften.

„Warum bin ich so?" heißt eigentlich: „*Ich sollte* anders sein. So, wie ich bin, kann ich mich selbst nicht ausstehen." „Warum kann ich mich nicht ändern?" heißt: „*Ich muß* mich unbedingt ändern", oder: „Ich kann mich nicht verändern, und das ist fürchterlich." „Wie konnte das passieren?" heißt: „Es hätte nicht passieren *dürfen.*"

Der erste Schritt zur Bekämpfung irrationaler Fragen besteht darin, die universelle Regel zu benennen, die wahrscheinlich verletzt worden ist. Häufig ist das ganz einfach dadurch zu bewerkstelligen, daß man den Fragesatz in einen Aussagesatz umformuliert, der mit „Ich soll..." oder „Ich muß ..." beginnt. Ist die Regel festgestellt, können Sie ihr einen rationalen inneren Dialog entgegensetzen.

Beispiel: Jeff leidet unter dem gelegentlich rücksichtslosen Verhalten seines Freundes Mark. Hat sich Mark wieder einmal egoistisch verhalten, denkt Jeff: „Warum ist Mark so? Wie kann er bloß so rücksichtlos sein?" Diese Fragen wiederholt er in Gedanken immer wieder, und er wird ängstlich und aufgeregt. *Jeffs rationaler innerer Dialog:* „Moment mal. Ich fange ja schon wieder mit diesem ‚Warum‘ und ‚Wie‘ an. Damit sage ich doch eigentlich, daß Mark anders sein sollte, als er ist (Frage in Aussage verwandeln). Ich möchte also, daß Mark sich ändert (Ersatzformulierung). Er ist häufig rücksichtslos, und ich muß mich entscheiden, wie ich reagiere, wenn er sich mir gegenüber unfair verhält (objektive Auswertung). Welche Verhaltensmöglichkeiten habe ich (Überleitung)?"

„Ich kann nicht"

Auch Sätze, die mit den Worten „Ich kann nicht ... " beginnen, in Wirklichkeit jedoch ein Bedürfnis, einen Wunsch oder eine Entscheidung beschreiben, gehören zum „Soll/Muß"-Denken. Die Aussage „Ich kann nicht einkaufen gehen", heißt in Wirklichkeit meist: „Ich will nicht einkaufen gehen", oder: „Ich sollte nicht einkaufen gehen."

Solange Sie etwas „tun müssen" oder „nicht tun können", schaffen Sie die Illusion, über den betreffenden Teil Ihres Lebens keine Kontrolle zu haben und daher auch keine Verantwortung übernehmen zu müssen. Dadurch verneinen Sie auch die Möglichkeit, Veränderungen herbeizuführen und Ihr Leben aktiv zu gestalten. Aber auch für diesen Weg haben Sie sich – ob bewußt oder unbewußt – selbst entschieden. Hinter der Aussage: „Das kann ich nicht", steckt der Beschluß, eine bestimmte Situation oder Aktivität zu vermeiden, weil Ihnen das angenehmer ist und Sie unbequeme Gefühle damit umgehen können. Sobald Ihnen jedoch klar ist, daß Sie selbst darüber entscheiden, ob Sie etwas tun oder nicht, können Sie auch die Kontrolle über Ihr Leben zurückgewinnen und Ihr Leben nach den eigenen Wünschen gestalten.

Beginnen Sie damit, die Verantwortung für Ihr Leben wieder in die eigenen Hände zu nehmen, indem Sie die Worte „Ich kann nicht ... " durch andere Formulierungen wie „Ich will nicht ... ", „Ich mag nicht ... ", „Ich habe keine Lust ... " oder „Ich habe mich dagegen entschieden ... " ersetzen.

Wenn Sie sagen oder denken:	„Ich kann nicht einkaufen gehen."
Ersetzen Sie es durch:	„Ich will nicht einkaufen gehen."
	„Ich mag nicht einkaufen gehen."
	„Ich habe keine Lust, einkaufen zu gehen."
Wenn Sie sagen oder denken:	„Ich kann nicht Auto fahren."
Ersetzen Sie es durch:	„Ich will nicht Auto fahren."
	„Ich habe mich dagegen entschieden, Auto zu fahren."
	„Ich mag nicht Auto fahren."

Die meisten Menschen versuchen, Situationen, die für Sie mit Angst- oder Panikgefühlen verbunden sind, tunlichst zu vermeiden. Falls dies auch auf Sie zutrifft, machen Sie sich unbedingt klar, daß Sie Ihre früheren Fähigkeiten nicht wirklich verloren haben. Sie können alles, was Sie auch vorher konnten – ja, wenn die Notwendigkeit bestünde, könnten Sie wahrscheinlich noch viel mehr. Stellen Sie sich vor, ein Mensch, den Sie lieben, wäre ernsthaft verletzt oder in Lebensgefahr, und Sie wären der einzige Mensch, der ihm helfen könnte. Sie könnten alles tun, was notwendig wäre, um das Leben dieses Menschens zu retten. Vielleicht hätten Sie hinterher, wenn alles überstanden wäre, Angst- oder Panikgefühle, aber Sie würden es schaffen.

Vielleicht haben Sie sich im Moment dafür entschieden, bestimmte Situationen oder Aktivitäten zu vermeiden, weil Sie die damit verbundenen Angstgefühle lieber nicht erleben wollen. Dieses Verhalten ist nicht nur weit verbreitet, sondern auch sehr verständlich. Machen Sie sich darüber jetzt keine weiteren Gedanken. Im Laufe dieses Programms werden Sie Ihre Einstellungen ausreichend ändern und genug Fähigkeiten lernen, um Ihre gegenwärtigen Vermeidungsmuster überwinden zu können. Bis dahin sollten Sie sich für Ihre Entscheidung, bestimmte Situationen zu meiden, weder schämen noch mit Selbstvorwürfen überhäufen. In späteren Lektionen werden wir ausführlich über verschiedene Techniken sprechen, mit denen sich Vermeidungsmuster überwinden lassen. Im Moment besteht Ihre Aufgabe darin, an der Veränderung Ihres Denkens zu arbeiten, damit Sie die entsprechenden Techniken später erfolgreich anwenden können.

Innere und äußere Kontrolle

Bei allen Formen des „Ich soll/ich muß"-Denkens, die wir in dieser Lektion beschrieben haben, wird die Kontrolle über Ihr Leben in der Vorstellung nach außen verlegt. Das betreffende Individuum verhält sich wie ein Kind, das von einem überkritischen Elternteil überwacht und bei einer Regelverletzung bestraft wird. Mit Hilfe des rationalen inneren Dialogs können Sie das „Kontrollzentrum" wieder nach innen verlegen.

Natürlich geht es bei der Bekämpfung des „Soll/Muß"-Denkens nicht darum, alle Regeln abzuschaffen. Jeder Mensch braucht ein gewisses Maß an Richtlinien, an denen er sein Verhalten messen kann. So folgt Donna, deren Beispiel wir in diesem Kapitel mehrmals herangezogen haben, noch immer der Regel, nach Möglichkeit pünktlich zu sein. In ihrer Situation ist diese Regel auch durchaus nützlich. Nur als sture „Soll/Muß"-Regel war sie Donna hinderlich, weil sie Donna tyrannisierte und unnötige Belastungen schuf. Jetzt beherrscht Donna die Regel, anstatt sich von ihr beherrschen zu lassen.

Praktischer Teil zu Lektion 4

Die signalgeprägte Entspannung üben

Führen Sie auch weiterhin mindestens einmal am Tag Ihre Entspannungsübung durch und setzen Sie dabei regelmäßig Ihr persönliches Signal ein. Wenn Sie mehr Streß verspüren als sonst, können Sie ein paar Extraübungen einlegen. Denken Sie daran, stets dasselbe Signal zu verwenden.

Auch nach drei Wochen täglichen Übens fällt es manchen Menschen noch immer schwer, willentlich einen Zustand der tiefen Entspannung herbeizuführen. Sollte dies auch bei Ihnen der Fall sein, lesen Sie noch einmal sorgfältig die Anweisungen im Anhang durch. Falls Sie bisher nicht täglich geübt haben, legen Sie jetzt endgültig fest, wann und wo Sie üben wollen und fassen Sie den festen Vorsatz, diese wichtige Übung täglich durchzuführen. Falls Sie nur eine Methode ausprobiert haben, wenden Sie sich den anderen im Anhang beschriebenen Methoden zu. Üben Sie mindestens fünfmal mit jeder Methode, ehe Sie sich endgültig für eine entscheiden. Falls Sie bisher noch keine Kassette besprochen haben, tun Sie es jetzt und setzen Sie die Kassette wie beschrieben ein.

Innere Dialoge schriftlich festhalten

Wie wir in dieser Lektion erläutert haben, spielen innere Dialoge eine wichtige Rolle für den Interpretationsprozeß, der am Anfang der Entwicklung von Gefühlen steht. Verbringen Sie jeden Tag fünf Minuten damit, sich an eine Situation zu erinnern, in der Sie ängstlich, wütend, verletzt oder deprimiert waren. Versuchen Sie, sich in die jeweilige Situation zurückzuversetzen und sich zu erinnern, was Sie damals gedacht oder gesagt haben. Halten Sie Ihre Gedanken schriftlich fest.

Sie können Ihr Denken nur verändern, wenn Sie wissen, *wie* es bisher funktioniert hat. Ihr schriftlicher Bericht liefert eine erste „Bestandsaufnahme", die wir in den folgenden Lektionen analysieren wollen.

„Soll/Muß"-Regeln neu bewerten

Stellen Sie eine Liste Ihrer persönlichen Regeln zusammen. Nehmen Sie sich mehrere Tage Zeit, um möglichst viele Sätze festzuhalten, die mit den Worten „Ich soll ..." oder „Ich muß ..." beginnen. Vergessen Sie nicht, daß irrationale Fragen und Sätze, die mit „Ich kann nicht ..." beginnen, oft versteckte Formen des „Soll/Muß"-Denkens sind. Hier einige Beispiele:

> „Ich sollte innerlich ruhig sein, wenn ich das Haus verlasse."
> „Bis um 11 Uhr muß ich das Haus geputzt haben."
> „Warum kann ich nie pünktlich sein?" = „Ich muß unbedingt pünktlich sein."
> „Wie kann dieser Mensch so etwas Grobes sagen?" = „Man darf nichts Grobes sagen."

Ein paar Tage später gehen Sie Ihre Liste noch einmal durch und wägen die Vor- und Nachteile der jeweiligen Regeln gegeneinander ab. Treffen Sie eine bewußte Entscheidung darüber, ob Sie die einzelnen Regeln beibehalten, ändern oder über Bord werfen wollen. Immer wenn Sie Ihre Handlungen auf eine Regel stützen, die Sie eigentlich überwinden wollen, setzen Sie den rationalen inneren Dialog ein. Üben Sie, sich präzise und positiv auszudrücken, wenn Sie über Regeln nachdenken oder sprechen, die Sie beibehalten wollen.

Geduld entwickeln

Wenn Sie das Gefühl haben, nicht schnell genug voranzukommen, bedenken Sie, daß jeder Mensch ein eigenes Lerntempo hat. Sie befinden sich im Moment noch ganz am Anfang unseres Programms und haben noch viel zu lernen. Ob Sie Ihre Angstprobleme nach Abschluß aller fünfzehn Lektionen überwinden werden, hängt nicht von Ihrer Lerngeschwindigkeit ab. Vielmehr kommt es darauf an

— wie schwer Ihre Symptome waren, als Sie mit dem Programm begonnen haben;

— wie lange Sie schon unter Ihren Symptomen leiden;

— was für eine Persönlichkeit Sie besitzen;

— wie stark Ihr Willen ist, alte Verhaltensmuster zu verändern und zu überwinden;

— wieviel Zeit und Mühe Sie in das Lesen der einzelnen Lektionen stecken;

— wie sorgfältig Sie die Anweisungen befolgen;

– wieviel Zeit und Mühe Sie darauf verwenden, die empfohlenen Übungen durchzuführen;
– und ob es irgendwelche erschwerenden Faktoren gibt (z. B. Ehekonflikte oder körperliche Behinderungen).

Die obige Kombination von Faktoren fällt für alle Anwender dieses Programmes unterschiedlich aus. Manche überwinden ihre Angstsyptome innerhalb weniger Monate, andere müssen ein Jahr oder länger an den dazu erforderlichen Fähigkeiten arbeiten. Manchen Menschen fällt es einfach schwerer, alte Muster zu *ver*lernen und durch neue Muster zu ersetzen. Wie lange es bei Ihnen dauert, ist im Grunde völlig unerheblich. Wichtiger ist, daß Sie die erforderliche Zeit und Energie dafür einsetzen, Ihr Ziel zu erreichen. Unter dieser Voraussetzung wird es Ihnen sicherlich gelingen, jene alten Muster, die Ihre Angst immer wieder schüren und bewahren, erfolgreich zu überwinden.

Viele Menschen, die unter Angstproblemen leiden, machen den Fehler, sich ein unerreichbares Ziel zu setzen: Sie wollen jede Form von Angst ein für allemal ausmerzen. Das ist jedoch unmöglich. Wer niemals Angst hat, ist psychotisch, hirnkrank oder tot. Angst ist ein natürlicher Teil des menschlichen Lebens und in vielen Fällen die angemessene Reaktion auf eine reale Bedrohung.

Setzen Sie sich daher zwei realistische Ziele: Das Ausmaß der Angst, die Sie erleben, wirksam zu reduzieren, und mit Ihrer Angst effektiver umzugehen, so daß Ihre Fähigkeit, das Leben zu genießen, nicht beeinträchtigt wird. Weil diese Ziele nur über das Erlernen neuer Fähigkeiten und die Veränderung alter Denkmuster zu erreichen sind, handelt es sich zwangsläufig um einen langwierigen Prozeß. Setzen Sie sich daher nicht unter Zeitdruck. Lassen Sie sich Zeit, finden Sie Ihr eigenes Tempo und arbeiten Sie sich langsam, aber stetig voran.

Sich für Erfolge belohnen

Sie können Ihren eigenen Lernprozeß wirksam unterstützen, indem Sie es sich zur Gewohnheit machen, sich für Erfolge auch zu belohnen. Warten Sie damit nicht, bis Sie alles perfekt beherrschen, sondern lernen Sie, sich auch zu kleinen Erfolgen selbst zu beglückwünschen. Benutzen Sie z. B. eine der folgenden Aussagen:

„Ich habe es geschafft!"
„Meine neu erlernten Techniken haben funktioniert. Ich habe die Situation prima gemeistert!"
„Obgleich ich Angst hatte, habe ich mich getraut, und es ist alles gut gegangen."

„Mein Freund/Partner/Gatte wird sich freuen, wenn ich ihm davon erzähle."
„Es war längst nicht so schlimm wie befürchtet. Nach einer Weile hatte ich die Sache voll im Griff."
„Das habe ich gut gemacht."
„Ich werde jedesmal ein bißchen besser."
„Ich bin zufrieden mit meinen Fortschritten."
„Mit meinen neu erlernten Techniken geht vieles leichter. Ich werde jedesmal ein bißchen sicherer."
„Das war wieder ein wichtiger Schritt nach vorn."

Sich selbst zu loben, ist für Menschen mit „ängstlicher Persönlichkeit" oft schwierig. Geben Sie sich bewußt Mühe, auch diese Fähigkeit zu erlernen. Loben Sie sich für Ihren Teilerfolg, gönnen Sie sich ein besonders gutes Essen oder belohnen Sie sich selbst mit einem freien Nachmittag, einem Kino- oder Theaterbesuch oder einer sonstigen kleinen „Überraschung".

Sich von negativen Menschen distanzieren

Im Laufe seines Lebens hat wohl jeder einmal mit einem Menschen mit überwiegend negativer Einstellung zu tun. Ein solcher Mensch hat an allem etwas auszusetzen, läßt sich endlos über Probleme, Krankheiten oder andere unangenehme Dinge aus, hadert mit der Welt und traut sich selbst und Ihnen wenig zu. Denken Sie an die folgenden Punkte, wenn Sie mit einem negativen Menschen in Berührung kommen:
- Wenn Sie ängstlich oder angespannt sind, sind Sie für negative Einflüsse anfälliger.
- Sie arbeiten gerade daran, Ihre gewohnten Denk- und Verhaltensweisen zu ändern. Menschen mit negativer Einstellung verzögern diesen Prozeß oder legen es sogar darauf an, ihn ganz und gar zu sabotieren.
- Negative Menschen zehren von Ihrer Energie. Im Moment brauchen Sie jedoch Ihre gesamte Energie für die Aufgabe, Ihre Angstprobleme zu überwinden.

Es kann daher wichtig sein, sich in der Zeit, in der Sie mit diesem Programm arbeiten, von negativen Freunden zu distanzieren. Dabei brauchen Sie es nicht auf einen Krach ankommen zu lassen. Ziehen Sie sich zurück und sagen Sie einfach, Sie hätten zu tun, wenn die betreffende Person mit Ihnen sprechen oder Zeit verbringen will. Nachdem Sie Ihre Angstprobleme überwunden haben, können Sie – wenn Sie es wünschen – die Freundschaft wieder neu beleben.

Gibt es Menschen mit negativer Ausstrahlung in der Familie oder im Kollegenkreis, kann man ihnen nicht so leicht aus dem Weg gehen. In diesem Fall sollten Sie drei Grundsätze beachten:

Reduzieren Sie den Kontakt auf ein Minimum

Wahren Sie soviel Distanz wie möglich. Handelt es sich bei der negativen Person um ein Elternteil, ist Distanz besonders wichtig, denn die Eltern-Kind-Beziehung hat starken Einfluß und kann Sie rasch auf alte Muster zurückwerfen. Machen Sie lieber zwei kurze Besuche als einen langen Besuch, wählen Sie ein neutrales Ereignis – z. B. ein gemeinsames Abendessen, einen Kino- oder Theaterbesuch – zum Anlaß Ihres Besuches und versuchen Sie, das Gespräch auf neutrale Themen zu lenken.

Versuchen Sie, die negativen Einflüsse zu neutralisieren

Negative Einflüsse lassen sich durch neutralisierende Aktivitäten mildern. Möglichst gleich anschließend an den Kontakt mit einer negativen Person sollten Sie ein wenig Zeit allein verbringen, die Lektion, an der Sie gerade arbeiten, noch einmal durchlesen, Ihre Entspannungsübung durchführen oder mit jemandem sprechen, der positiv und aufmunternd auf Sie wirkt. War der negative Einfluß extrem stark, kann ein Besuch beim Therapeuten die Auswirkungen neutralisieren.

Entwickeln Sie wirksame Abwehrmechanismen

Im Umgang mit Menschen, die eine starke negative Ausstrahlung besitzen, kann es manchmal nützlich sein, „toter Mann" zu spielen. Man kennt diese Reaktion von Kindern, die sich einfach taub stellen, wenn ihre Eltern allzu sehr an ihnen herumnörgeln oder mit ihnen schimpfen. Stellen auch Sie sich taub, wenn Ihnen andere Menschen mit Negativität begegnen. Je weiter Sie in diesem Programm voranschreiten, desto leichter wird es Ihnen fallen.

Auch mit Hilfe Ihrer Phantasie können Sie negative Einflüsse abwehren. Errichten Sie um sich herum einen imaginären Zaun und stellen Sie sich vor, wie die negativen Gedanken und Handlungen anderer Menschen an diesem Schutzschild abprallen. Sie können sich auch vorstellen, daß eine Vertrauensperson oder religiöse Figur neben ihnen steht und Sie gegen negative Einflüsse abschirmt. Oder Sie können sich ausmalen, wie eine Person, die Sie bewundern, mit dieser Situation fertig würde, und dann so tun, als wären Sie diese Person.

Im Zuge der intensiven Arbeit mit diesem Programm werden Sie wahrscheinlich noch zahlreiche andere Möglichkeiten entdecken, wie sich der Einfluß negativer Menschen abwehren läßt. Halten Sie diese neuen Erfahrungen schriftlich fest, damit Sie im Bedarfsfall darauf zurückgreifen können. Wahrscheinlich werden Sie feststellen, daß sich, während Sie sich verändern, auch das Verhalten negativer Menschen Ihnen gegenüber ändern wird.

Verbringen Sie mindestens eine Woche mit dieser Lektion und lesen Sie sie mindestens dreimal sorgfältig durch. Falls Sie das Bedürfnis haben, weiterzugehen, ehe die Woche herum ist, nutzen Sie die Zeit, um die in den vorigen Kapiteln beschriebenen Techniken und Methoden noch einmal zu durchdenken und zu üben.

LEKTION 5

NEGATIVE DENKMUSTER ÜBERWINDEN

Mit dieser Lektion haben Sie einen wichtigen Meilenstein bei der Bekämpfung Ihrer Angstprobleme erreicht. Wenn Sie das hier vermittelte Wissen mit den bereits erlernten Fähigkeiten kombinieren, werden Sie bald noch raschere Fortschritte verzeichnen können.

Negative Denkmuster erkennen

Eingefahrene Denkmuster gelten als negativ, wenn sie zu irrationaler oder unrealistischer Interpretation der Wirklichkeit und dadurch zu destruktiven Verhaltensweisen führen. Häufig treten mehrere negative Denkmuster gleichzeitig auf, vor allem wenn Streß, Hunger, Erschöpfung oder Krankheit im Spiel sind. Wahrscheinlich werden Sie jedoch feststellen, daß die verschiedenen Denkmuster bei Ihnen unterschiedlich stark ausgeprägt sind. Kreuzen Sie die Muster an, die für Sie typisch sind, und widmen Sie diesen dann beim zweiten und dritten Durchlesen dieser Lektion besonders viel Zeit und Energie.

„Soll/Muß"-Denken

In Lektion 4 haben wir das „Soll/Muß"-Denken als die Verwandlung *persönlicher* Entscheidungen, Bedürfnisse oder Vorlieben in *universelle* Regeln definiert. Dies geschieht meist durch Gedanken oder Äußerungen, die mit den Worten „Ich sollte ... ", „Ich muß ... " oder „Man sollte ... " und „Man muß ... " beginnen. Zwei Variationen des „Soll/Muß"-Denkens, die wir ebenfalls bereits in Lektion 4 beschrieben haben, sind irrationale Fragen und das „Ich kann nicht"-Denken. Eine weitere Variation ist das *„Alles oder nichts"*-Denken.

Beim „Alles oder nichts"-Denken werden persönliche Eigenschaften und bestimmte Ereignisse mit Hilfe rigider Schwarzweißkategorien interpretiert. Für dieses Denkmuster typische Gegensatzpaare sind sind „richtig" und „falsch" bzw. „gut" und „schlecht"; alle menschlichen Erfahrungen werden in absolute Kategorien gepreßt. Dies führt zu einer verzerrten Weltsicht, die in Angst und Depressionen münden kann.

Das „Alles oder nichts"-Denken spielt bei Perfektionisten eine große Rolle, da es die Bedeutung von Fehlern und Mängeln unterstreicht. Es wirkt sich äußerst negativ auf die Selbstachtung aus; jeder Fehler wird als Zeichen der eigenen Unzulänglichkeit angesehen. Selten ist ein Ereignisse gut genug, um rundherum positiv bewertet zu werden.

Will man dem „Alles oder nichts"-Denken mit einem rationalen inneren Dialog beikommen, sollten rationale Argumente und Überleitungen im Vordergrund stehen. Konzentrieren Sie sich darauf, Beispiele zu finden, die Ihren selbstgeschaffenen Schwarzweißkategorien widersprechen.

Beispiel: Choy war auf dem besten Weg, ihre soziale Phobie zu überwinden, als sie auf einer Party einen Anflug von Angstgefühlen verspürte. Sie dachte: „Aha! Ich verpatze wieder einmal alles. Nicht mal eine einzige Party bringe ich auf die Reihe."

Choys rationaler innerer Dialog: „Moment mal. Was meine ich mit ‚Ich verpatze wieder einmal alles?' Und was meine ich damit, wenn ich an mich selbst den Anspruch stelle, ‚etwas auf die Reihe zu bringen'? (Fragen) Eigentlich habe ich die Situation gar nicht so schlecht gemeistert, auch wenn ich mich jetzt ein wenig unwohl fühle. Ja, zeitweise habe ich es sogar genossen, hier zu sein (objektive Auswertung). Es gibt keine einzig ‚richtige' Art des Handelns. Jeder Mensch ist unterschiedlich. Wie ich mich verhalte, ist völlig in Ordnung, auch wenn es mir im Moment vielleicht unangenehm ist, daß ich einen Anflug von Angst verspüre. Aber diese Angst bedeutet nur, daß ich mich in geselligen Situationen manchmal noch nicht ganz sicher fühle (rationale Herausforderung). Und jetzt übe ich meine neu erlernten Fähigkeiten (Überleitung)."

Unzulässige Verallgemeinerung

Wer zu Verallgemeinerungen neigt, interpretiert ein einziges negatives Ereignis als Beginn einer endlosen Kette von Niederlagen und Mißgeschicken. Typisch ist der Gebrauch von Worten wie „immer", „jedesmal", „niemals" usw.

Die beste Möglichkeit, Verallgemeinerungen abzuwenden, besteht darin, sich klarzumachen, daß es sich tatsächlich bloß um ein einzelnes negatives Ereignis handelt. Darüber hinaus ist es hilfreich, sich zumindest ein Ereignis ins Gedächtnis zu rufen, das der Verallgemeinerung widerspricht. Um die Unzulässigkeit extremer Verallgemeinerungen zu betonen, kann man den rationalen inneren Dialog außerdem mit einer Frage beginnen, z. B.: „Ist es wirklich wahr, daß ich *immer* ...?"

Beispiel: Andy hat für den Tag einen Ausflug geplant. Als er aufwacht, ist das Wetter schlecht. Er denkt: „Warum muß es immer ausgerechnet dann regnen, wenn ich etwas geplant habe? Bei mir klappt aber auch nie etwas."
Andys rationaler innerer Dialog: „Regnet es wirklich *immer*, wenn ich etwas plane? Und klappt bei mir tatsächlich *nie* etwas (Fragen)? Ich glaube, das ist jetzt eher eine unzulässige Verallgemeinerung. In Wirklichkeit ist dies das erste Mal in diesem Jahr, daß es regnet und ich einen Ausflug geplant habe. Bei meinem letzten Ausflug war es sogar sehr schön (objektive Auswertung)."

Das *Etikettieren* von Menschen oder Verhaltensweisen ist ebenfalls eine typische Form der Verallgemeinerung; man kann anderen mit Vorurteilen begegnen, aber auch sich selbst mit vereinfachenden, meist negativen Etiketten versehen. Dahinter stecken Kategorien, die von den Eltern oder anderen Erwachsenen benutzt wurden, als Sie noch ein Kind waren. Im Laufe der Jahre haben Sie diese Kategorien verinnerlicht, d. h., Sie glauben fest daran, daß Sie tatsächlich so sind, wie Sie früher einmal von anderen beschrieben wurden. Vor allem, wenn Sie an sich selbst Mängel und Unzulänglichkeiten bemerken, kommen diese Kategorien wieder zum Vorschein; es gelingt Ihnen in solchen Momenten nicht, zwischen Ihren Handlungen und Ihrem persönlichen Wert als Mensch zu unterscheiden. Im folgenden haben wir eine Liste von Adjektiven aufgelistet, die besonders häufig für negative Selbstetikettierungen benutzt werden. Kreuzen Sie die Adjektive an, mit denen Sie sich häufiger selbst beschreiben.

aggressiv	kindisch	verwöhnt
gehässig	kalt	fordernd
nichtsnutzig	streitlustig	widerlich
herrisch	zwanghaft	schwer von Begriff
tyrannisch	eingebildet	dumm
chauvinistisch	verrückt	egoistisch
emotional	neugierig	gutmütig
eine Niete	zappelig	störrisch
gefühllos	gefühlsduselig	hochnäsig
barsch	fürsorglich	geistig beschränkt
feindselig	passiv	Versager
hysterisch	kleinlich	rücksichtslos
unlogisch	gemein	überempfindlich
unreif	ungeduldig	zu idealistisch
unhöflich	abstoßend	Störenfried
unfähig	verdorben	häßlich
unsensibel	selbstmitleidig	oberflächlich
irrational	ichbezogen	undankbar
verantwortungslos	selbstsüchtig	unbedeutend
langweilig	sensibel	uninteressant
faul	schrill	schwach
verschlagen	albern	eigensinnig
nörglerisch	feige	weinerlich
pingelig	langsam	falsch

Manchmal können scheinbar positive Etiketten ebenso nachteilig sein wie negative. Wer z. B. auf den Typ „netter Kerl" festgelegt ist, läßt sich allzu leicht von anderen übertölpeln, um den Verlust seines positiven Selbstbilds nicht riskieren zu müssen. Andere Beispiele für Etiketten, die auf den ersten Blick positiv erscheinen, auf lange Sicht aber zu Problemen führen können, sind „liebenswürdiger Mensch", „gute Mutter/guter Vater", „guter Mensch" und „verantwortungsbewußter Mensch".

Etikettierungen sind nicht nur völlig überflüssig, sondern auch unpräzise, da sich kein Mensch auf ein paar Adjektive reduzieren läßt. Sie lassen keinen Raum für Nuancen und mögliche Veränderungen. Da sie emotional meist sehr befrachtet sind, lösen sie starke negative Gefühle aus, die sich lähmend und destruktiv auswirken.

Etikettierungen kann man mit verschiedenen Arten von rationalen inneren Dialogen begegnen. Beginnen Sie mit Ersatzformulierungen. Entlarven Sie das Etikett als unzulässige Verallgemeinerung und finden Sie präzisere und positivere Worte, um den Sachverhalt angemessen zu beschreiben. Wenn Sie sehr hart mit sich selbst ins Gericht gegangen sind, ist der Einsatz von Ego-Verstärkern sinnvoll. Anschließend nehmen Sie eine objektive Bewertung der Situation vor. War die Etikettierung die Folge eines Fehlers, der Ihnen unterlaufen ist, benutzen Sie eine Überleitung, um sich klarzumachen, daß es in einer solchen Situation nur zwei logische Handlungsmöglichkeiten gibt: 1. Sie können etwas Praktisches tun, um den Fehler wieder wettzumachen. 2. Sie können überlegen, wie Sie diesen Fehler in Zukunft vermeiden können. War die Etikettierung eine Reaktion auf einen persönlichen Makel, den Sie an sich festgestellt haben, ermahnen Sie sich mit Hilfe einer rationalen Herausforderung dazu, Ihre Handlungen von Ihrem grundsätzlichen Wert als Mensch zu trennen.

Beispiel: Pat arbeitet bei einer Spedition. Aus Versehen hat sie einen Transport an eine falsche Adresse geleitet. Sie denkt: „Ich bin aber auch wirklich zu gar nichts nutze. Immer muß ich alles durcheinander bringen."
Pats rationaler innerer Dialog: „Einen Moment mal. Ich bin kein nutzloser Mensch. Ich bin ein Mensch, der einen Fehler gemacht hat (Ersatzformulierung). Das kann jedem mal passieren. Im allgemeinen beherrsche ich meine Arbeit sehr gut; jedenfalls arbeite ich nicht schlechter als meine Kolleginnen und Kollegen (Ego-Verstärker). Wo lag der Fehler eigentlich? Offenbar habe ich den falschen Code in den Computer eingegeben (objektive Auswertung). Als erstes muß ich dafür sorgen, daß der Transport umgeleitet wird. Dann kann ich mich darum kümmern, den Grund für die Verwechslung zu finden (Überleitungen)."

Über- und Untertreiben

Übertreiben heißt, kleine persönliche Mängel, unbedeutende negative Erfahrungen oder Fehler zu Katastrophen zu erklären oder die Leistungen und Fähigkeiten anderer Menschen in den Himmel zu heben.

Katastrophenstimmung breitet sich aus, wenn Sätze fallen wie: „Ich halte das nicht mehr aus", „Ich kann das nicht ertragen." Solche Sätze sind unpräzise. Ja, Sie fühlen sich unwohl und unglücklich, ja, Sie haben einen Fehler gemacht – aber Sie sind weder tot, noch liegen Sie im Koma. Sie halten es aus! Sie können es ertragen!

Typisch ist auch die Tendenz, Ereignisse als „schrecklich", „fürchterlich" oder „unheimlich schlimm" zu bezeichnen, obwohl sie in Wirklichkeit nur unangenehm sind. Worte wie diese sind selten dazu geeignet, alltägliche Ereignisse oder persönliche Grenzen präzise zu beschreiben. Werden sie zur gewohnten Reaktion auf alltägliche Unannehmlichkeiten, können sie übertriebene emotionale Erschütterungen und unnötige Angstgefühle auslösen. Schlimmer noch: Sie haben eine lähmende Wirkung und halten Sie davon ab, Ihre Probleme konstruktiv zu lösen und die Situation positiv zu beeinflussen.

Um Übertreibungen wirksam anzugehen, greift man besten zu Ersatzformulierungen. Manchmal ist auch eine rationale Herausforderung oder objektive Auswertung hilfreich. Machen Sie sich klar, daß Sie eine ganze Menge „aushalten" können. Bestimmte Ereignisse können unangenehm oder enttäuschend sein oder gar negative Folgen haben; zu Tragödien werden sie erst, wenn Sie sie als solche definieren und damit ihre Bedeutung übertreiben.

Beispiel: Fred hat Schwierigkeiten mit der Erledigung seinen Mathe-Hausaufgaben. Er denkt: „Das ist wirklich nicht zum Aushalten mit mir! Schrecklich, daß ich wieder mal keine Ahnung habe, wie die Aufgaben gehen."
Freds rationaler innerer Dialog: „Was sage ich da? Ja, die Aufgaben sind schwierig, und ich bin frustriert. Aber es ist bestimmt nicht schrecklich (Ersatzformulierung). Und daß ich es nicht aushalten kann, ist ebenfalls nicht wahr. Auch wenn ich die Aufgabe niemals löse, werde ich nicht daran sterben (rationale Herausforderung). Wenn ich zu dem Schluß komme, daß die Frustration zu groß wird, kann ich mich jederzeit entscheiden, die Sache aufzugeben. Aber wenn ich es mir genau überlege, stehe ich so schlecht nun auch wieder nicht da. Ja, im Vergleich zu Situationen, die wirklich schrecklich sind, ist mein Problem ziemlich unbedeutend. Wenn ich in Mathe eine einigermaßen gute Note bekommen will, werde ich einige Frustrationen hinnehmen müssen. Dazu bin ich auch bereit (objektive Auswertung)".

Wer die Leistungen und Fähigkeiten anderer übertreibt, redet sich ein, selbst weniger zu können und weniger wert zu sein. In extremen Fällen kommt es zur völligen Resignation; die Entwicklung der eigenen

Fähigkeiten ist nicht mehr sinnvoll, da die Leistungen der anderen Menschen ohnehin unerreichbar erscheinen. Die Selbstachtung sinkt; Angst, Depression und Selbstvorwürfe sind die logische Folge.

Wenn Sie merken, daß Sie die Fähigkeiten oder Leistungen anderer Menschen stark übertreiben, versuchen Sie, diese Menschen objektiv einzuschätzen, und setzen Sie Ego-Verstärker ein, um sich Ihre eigenen Stärken und Fähigkeiten ins Gedächtnis zu rufen. Mit Hilfe von Überleitungen können Sie Ihre Energie auf andere, positivere Aktivitäten lenken. Auch eine rationale Herausforderung kann hilfreich sein. Machen Sie sich klar, daß alle Menschen, die nicht gerade unter einer Erkrankung des Gehirns oder einer körperlichen Behinderung leiden, jede beliebige Fähigkeit erlernen können – vorausgesetzt, es wird eine effektive Lernmethode eingesetzt und genug Zeit und Energie auf den Lernprozeß verwendet. Natürlich können Sie nicht auf allen Gebieten zum Meister werden, aber einen durchschnittlichen Grad an Fertigkeiten erreichen Sie allemal. Und in den meisten Situationen – im Beruf ebenso wie in zwischenmenschlichen Beziehungen – reicht das völlig aus, um erfolgreich zu sein.

Beispiel: Fred schwitzt noch immer über seiner Mathe-Hausaufgaben und denkt: „Bob und Kay machen diese Aufgaben mit links. Überhaupt kommen alle im Kurs mit dem Stoff besser zurecht als ich." (Bei der letzten Aussage handelt es sich sowohl um eine Übertreibung als auch um eine Verallgemeinerung.)
Freds rationaler innerer Dialog: „Einen Moment mal! Ich bin auf dem besten Weg, wieder einmal einem negativen Denkmuster auf dem Leim zu gehen. Ich weiß, daß ich in Mathe wahrscheinlich nie so gut sein werde wie Bob und Kay. Schließlich sind sie die besten im ganzen Kurs. Aber ich kann genug, um den Kurs erfolgreich zu absolvieren, und das ist alles, was ich für meine Zwecke brauche (objektive Auswertung). In den ersten beiden Tests habe ich Zweien geschrieben. Ich habe besser abschnitten als die meisten anderern Kursteilnehmer, habe also allen Grund, mit mir selbst zufrieden zu sein (Ego-Verstärker). Und jetzt schaue ich mir das Problem noch einmal an und versuche, eine Lösung zu finden. Wenn ich es nicht allein schaffe, kann ich Bob um Hilfe bitten (Überleitung)."

Untertreibung ist gleichbedeutend mit der Herabwürdigung der eigenen Stärken, Fähigkeiten und Leistungen sowie der Fehler und Unzulänglichkeiten anderer. Unter- und Übertreibung treten meist gemeinsam auf. Wenn Sie z. B. die positiven Eigenschaften und Leistungen anderer Menschen übertreiben, spielen Sie gleichzeitig deren negative Eigenschaften und Mängel herunter. Und wenn Sie bei der Beschreibung der eigenen Mängel und Fehler übertreiben, würdigen Sie gleichzeitig Ihre Stärken und Erfolge herab.

Wenn Sie merken, daß Sie die eigenen positiven Eigenschaften und Leistungen herunterspielen, führen Sie eine objektive Auswertung durch und setzen Sie Ego-Verstärker ein. Listen Sie konkrete persönliche Stärken und Leistungen auf und bestätigen Sie deren Wert und Wichtigkeit. Wenn Sie sich hingegen dabei ertappen, daß Sie andere Menschen zu perfekten Lichtgestalten hochstilisieren, indem Sie deren Fehler und Mängel unter den Tisch fallen lassen, führen Sie eine objektive Auswertung ihrer Fähigkeiten und Leistungen durch und listen Sie die konkreten Mängel und Fehler dieser anderen Menschen auf.

Beispiel: Bei einem Arbeitsessen gingen Margaret, einer erfolgreichen Managerin, folgende Gedanken durch den Kopf: „Mary ist eine so vorbildliche Abteilungsleiterin. Ihre Abteilung funktioniert immer reibungslos. Ich wünschte, ich wäre nur halb so gut wie sie."
Margarets rationaler innerer Dialog: „Aha! Ich fange also schon wieder damit an, mich herabzusetzen. Meine Bilanzen sind positiv, und meine Vorgesetzten sagen mir immer wieder, wie produktiv meine Abteilung ist. Ich bin eine gute Managerin (objektive Auswertung/Ego-Verstärker). Mag Mary auch manche Dinge besser können als ich – es gibt andere Bereiche, in denen ich besser bin. Auch in ihrer Abteilung treten gelegentlich Probleme auf, genau wie in meiner. Die Lagebesprechung der letzten Woche hat das deutlich gezeigt (objektive Auswertung). Wir sind beide gut, jede auf ihre Art (Ego-Verstärker)."

Das Denkmuster der Untertreibung kann manchmal so mächtig sein, daß auch neutrale oder gar positive Erfahrungen negativ interpretiert werden. Läßt sich beim besten Willen kein negativer Anhaltspunkt finden, heißt es dann: „Ach, das zählt nicht. Das war pures Glück. So etwas passiert alle hundert Jahre einmal." Diese Form der Herabwürdigung spielt bei der Bewahrung eines negativen Selbstbilds eine große Rolle und hängt häufig mit Depressionen und Angstgefühlen zusammen. Mit ein wenig Geduld läßt sich dieser Mechanismus durch eine Kombination von objektiver Auswertung und Ego-Verstärkern jedoch wirksam überwinden.

Beispiel: Nachdem er einem Freund bei der Arbeit ausgeholfen hat, bekommt Fred ein Kompliment. Er denkt: „Jim wollte wahrscheinlich einfach nur etwas Nettes sagen. Bestimmt hat er es nicht wirklich ernst gemeint."
Freds rationaler innerer Dialog: „Hör sich das einer an! Kaum bekomme ich ein wundervolles Kompliment, würdige ich es auch schon herab. Hätte Jim mir geholfen, wäre ich ihm von Herzen dankbar gewesen. Warum sollte Jim nicht auch mir dankbar sein? Ich glaube schon, daß er es ernst gemeint hat (objektive Auswertung). Es ist ein komisches Gefühl, aber es tut gut, ein Kompliment zu bekommen. Ich habe es verdient (Ego-Verstärker)."

Personalisierung

Der Vorgang der Personalisierung – d. h. die Übernahme von Verantwortung für ein negatives Ereignis, obwohl dafür eigentlich kein rationaler Grund besteht – ist eine wichtige Quelle persönlicher Schuldgefühle. Kern des Problems ist die Verwechselung von *Einfluß* und *Kontrolle*. Während man konkrete Situationen aktiv beeinflussen kann, existiert die Fähigkeit, Menschen und Ereignisse zu kontrollieren, oft nur in der eigenen Vorstellung. Das Denkmuster der Personalisierung führt zu Selbstvorwürfen und einem negativen Selbstbild; es ist typisch für Menschen, die sich im Leben als hilflose Opfer fühlen.

Gegen dieses Denkmuster können Sie wirksam vorgehen, indem Sie alle Faktoren auflisten, die ein negatives Ereignis, für das Sie sich selbst die Schuld geben, verursacht haben könnten. Anschließend schätzen Sie den Einfluß ein, den jeder einzelne dieser Faktoren hatte. Wenn Sie nun alle Faktoren zusammennehmen, haben Sie einen ungefähren Eindruck davon, wieviel Kontrolle Sie tatsächlich über das Ereignis ausüben konnten. Falls Ihnen dieses Vorgehen Schwierigkeiten bereitet, bitten Sie eine Person Ihres Vertrauens um Hilfe. Mit ein wenig Übung werden Sie bald in der Lage sein, die verschiedenen Faktoren, die ein konkretes Ereignisses beeinflussen, in Gedanken aufzulisten und auszuwerten.

Beispiel: Jean meldet konstruktive Kritik am Verhalten ihres Freundes Jim an. Dieser reagiert wütend, obwohl die Kritik berechtigt ist und positiv formuliert wurde. Jean denkt: „Jetzt habe ich schon wieder jemandem weh getan. Wann werde ich endlich lernen, meinen Mund zu halten? Es ist allein meine Schuld, daß Jim sauer wird und der Abend für ihn gelaufen ist."
Jeans rationaler innerer Dialog: „Sieht ganz so aus, als wäre ich in die Personalisierungsfalle getappt. Welche Faktoren könnten an Jims Wut beteiligt gewesen sein? Meine Kritik war sicherlich ein wichtiger Faktor. Aber Jim hatte in letzter Zeit Probleme bei der Arbeit, außerdem neigt er dazu, gelegentlich überempfindlich zu reagieren. Ich weiß, daß Menschen das, was um sie herum geschieht, ständig interpretieren, und manchmal können diese Interpretationen falsch sein. Welchen Einfluß habe ich auf diese Faktoren? Ich bin dafür verantwortlich, was ich sage und wie ich es sage, aber ich habe keinerlei Einfluß auf Jims Arbeit oder die Art und Weise, wie er bestimmte Ereignisse interpretiert. Ich weiß, daß ich meine Kritik konstruktiv formuliert habe und sie von den meisten Menschen, mit denen ich sonst zu tun habe, positiv aufgenommen worden wäre. Ich glaube, Jims heftige Reaktion hat Ursachen, die ich nicht beeinflussen kann (objektive Auswertung). Jetzt muß ich mir überlegen, ob ich die Situation noch einmal mit Jim besprechen oder die Sache auf sich beruhen lassen will (Überleitung)."

Gedankenlesen

Immer wenn Sie Vermutungen darüber anstellen, was andere Menschen denken oder fühlen, ohne dafür irgendwelche konkreten Anhaltspunkte zu haben, die Ihre Vermutungen bestätigen oder widerlegen könnten, üben Sie sich im Gedankenlesen. Dieses negative Denkmuster ist für zahlreiche Unstimmigkeiten in zwischenmenschlichen Beziehungen verantwortlich und eine ideale Brutstätte für irrationale Überzeugungen.

Wenn Sie merken, daß Sie versuchen, die Gedanken anderer Menschen zu lesen, sollten Sie sich fragen: „Welche Beweise und Anhaltspunkte habe ich für meine Vermutungen?" Wenn es nur wenige oder gar keine Beweise gibt, sollten Sie überlegen, wie Sie aussagekräftige Anhaltspunkte gewinnen können. Um das Verhalten eines anderen Menschen realistisch einzuschätzen, hilft es meist, wenn man sich fragt: „Würde ich mich in der gleichen Situation ähnlich verhalten?"

Beispiel: Barbara sieht einen Freund, der gerade in einem Buch liest, und sagt: „Guten Morgen." Jack antwortet jedoch nicht, und Barbara denkt: „Jack ist offenbar wütend auf mich. Ich frage mich, was ich ihm getan habe?"
Barbaras rationaler innerer Dialog: „Stop! Auf welche Beweise stütze ich eigentlich meine Annahme, daß Jack auf mich wütend ist? Ich habe gesehen, daß er liest, habe ‚Guten Morgen' gesagt, und er hat nicht geantwortet. Bin ich selbst denn jedesmal wütend, wenn ich einen Gruß nicht erwidere? Eigentlich nicht. Jack war in sein Buch vertieft. Ich bin manchmal selbst so in meine Lektüre versunken, daß ich gar nicht mitbekomme, was andere Menschen zu mir sagen (objektive Auswertung). Ich könnte Jack fragen, ob er mich gehört hat. Und falls er mich gehört hat, könnte ich ihn fragen, warum er nicht geantwortet hat (Überleitung)."

Wahrsagerei

Wenn Sie eine Voraussage über die Zukunft treffen und sich dann einreden, es handele sich um eine erwiesene Tatsache, betreiben Sie Wahrsagerei. Dieses negative Denkmuster beruht auf der Verwechslung von *Möglichkeit* und *Wahrscheinlichkeit*. Negative Voraussagen haben oft eine solche Macht, daß sie sich quasi von selbst bewahrheiten: Weil Sie fest daran glauben, daß etwas schiefgeht, geht es auch schief.

Wenn Sie sich bei einer negativen Voraussage ertappen, halten Sie einen Moment lang inne und werten Sie die Situation objektiv aus. Fragen Sie sich: „Wie groß ist die Möglichkeit (oder Wahrscheinlichkeit), daß meine Voraussage tatsächlich eintritt?" „Und auf welche Tatsachen stützt sich diese Voraussage?" Falls Sie mit diesem Vorgehen Schwierigkeiten haben, bitten Sie eine Person Ihres Vertrauens, Ihnen zu helfen. Mit ein wenig Übung werden Sie diesen gedanklichen Prozeß rasch allein beherrschen. Wichtig ist außerdem, daß Sie sich stets vor Augen halten, daß Sie gar nicht wissen können, was die Zukunft bringt, denn auch Sie sind nicht allwissend. Voraussagen sind bestensfalls Mutmaßung über einen *möglichen* Verlauf.

Beispiel: Gary hat einen neuen Job angeboten bekommen. Er hat in dem betreffenden Bereich bisher wenig Erfahrung und denkt: „Diese Art von Arbeit habe ich noch nie gemacht. Es ist bestimmt schwierig, die entsprechenden Fähigkeiten zu erlernen. Was, wenn ich nicht kapiere, worum es geht? Ich glaube nicht, daß ich das Angebot annehmen kann. Ich brauche zwar dringend Arbeit und hätte auch Lust auf diese Stelle, aber ich glaube, es hat keinen Zweck."

Garys rationaler innerer Dialog: „Ich handele so, als wüßte ich schon, was passieren wird, obwohl ich in Wirklichkeit nur wilde Vermutungen anstelle. Wie hoch ist die Wahrscheinlichkeit, daß ich in diesem Job nicht erfolgreich bin? (Frage) Im Moment würde ich die Wahrscheinlichkeit sehr hoch einschätzen. Auf welche Tatsachen stützt sich meine Vermutung? (Frage) Eigentlich auf gar keine. Die Arbeit, der der neuen Aufgabe am nächsten käme, habe ich bei meinem letzten Job kennengelernt. Dort habe ich eigentlich alles ganz gut gemeistert. Außerdem weiß ich, daß ich normalerweise ziemlich schnell lernen kann und eine gute Auffassungsgabe besitze, obwohl ich zum Perfektionismus neige und meine eigene Leistung selten anerknnne. Ich glaube, die Chance, daß ich mit dem neuen Job gut zurechtkomme, ist ziemlich groß. Die Wahrscheinlichkeit, daß ich es nicht packe, ist dagegen eher gering (objektive Auswertung)."

Anerkennung fragwürdiger Autoritäten

Diesem Denkmuster folgen Sie, wenn Sie die Meinungen oder Ratschläge anderer Menschen für bare Münze nehmen, obgleich sie von persönlichen Interessen, Unwissen, Mangel an Erfahrung oder Vorurteilen geprägt sind. Um dem entgegenzuwirken, sollten Sie sich angewöhnen, Meinungen und Ratschläge anderer objektiv zu bewerten, ehe Sie sie zum Maßstab Ihres Handelns machen. Fragen Sie sich: „Welche Erfahrung hat die betreffende Person auf diesem Gebiet, um als Experte zu gelten?" „Bestehen irgendwelche Voreingenommenheiten oder gibt es irgendwelche Interessen, die den gegebenen Rat beeinflußt haben könnten?" Die Antworten auf diese Fragen ermöglichen es Ihnen, die Meinungen und Ratschläge anderer realistischer einzuschätzen.

Beispiel: Sharon möchte gern Tanzstunden nehmen. Als sie ihrer Freundin Ann davon erzählt, rät Ann ihr ab. Sie sagt, Sharon sei nicht musikalisch genug und könne ihre Bewegungen schlecht koordinieren. Sharon denkt: „Dann muß ich wohl auf die Tanzstunden verzichten."

Sharons rationaler innerer Dialog: „Einen Moment mal. Was macht Ann eigentlich zur Expertin auf diesem Gebiet? Kann sie gut tanzen? Nein. Hat sie jemals selbst Tanzstunden genommen? Soviel ich weiß, nein. Bestehen irgendwelche Voreingenommenheiten oder Interessen, die Anns Rat beeinflussen könnten? Ja. Sie ist zu allem grundsätzlich erst einmal negativ eingestellt und traut niemandem etwas zu (objektive Auswertung der Quelle). Was hat Ann eigentlich gesagt? Für die Art von Tanz, die ich lernen will, brauche ich weder supermusikalisch noch ein Ballettgenie zu sein. Ich will nur ein bißchen Spaß haben und mich auf der Tanzfläche bewegen können. Ich glaube, dafür reichen durchschnittliche Fähigkeiten aus. Ich glaube nicht, daß Anns Meinung berechtigt ist (objektive Auswertung des Ratschlags)."

Emotionale Argumentation

Emotional argumentiert man immer dann, wenn man Gefühle als objektive Tatsachen ausgibt oder eine Überzeugung durch Gefühle zu begründen versucht. Die erzielten Einschätzungen und Entscheidungen beruhen in diesem Fall also ausschließlich auf der emotionalen Reaktion, ohne daß die relevanten Fakten rational ausgewertet wurden. So kann es z. B. vorkommen, daß Sie sich in einer bestimmten Situation unwohl fühlen und dieses Gefühl als alleinigen Grund für die Entscheidung werten, die Situation so schnell wie möglich zu verlassen. Bei der emotionalen Argumentation werden die eigenen Gefühle mit der objektiven Realität gleichgesetzt.

In Lektion 4 haben wir ausführlich erklärt, daß Gefühle im Grunde die *Interpretation* eines Ereignisses widerspiegeln. Gefühle liefern wichtige Informationen, weil sie durch Bedürfnisse und Wünsche ausgelöst werden, die in einer konkreten Situation erfüllt, frustriert oder bedroht werden. Irrationale Überzeugungen und negative Denkmuster können, wie wir gesehen haben, die Wahrnehmung und Interpretation einer Situation erheblich verzerren. Gefühle, die durch eine verzerrte Wahrnehmung entstehen, werden allerdings genauso stark empfunden wie Gefühle, die durch rationale Prozesse zustandegekommen sind. Es kann daher äußerst gefährlich sein, den eigenen Gefühlen blindlings zu folgen. Zwar geben unsere Gefühle uns wichtige Informationen, doch müssen sie objektiv hinterfragt werden, damit ihre eigentlich Bedeutung zum Vorschein kommt.

Aus all dem könnte man folgern, daß man seine Entscheidungen nur auf logische Überlegungen gründen sollte. Das ist nicht der Fall. Ja, wer seine Gefühle unterdrückt und versucht, sich nur auf die Logik zu stützen, hat meist genauso viele unangemessene Gefühle und selbstzerstörerische Verhaltensweisen wie Menschen, die ausschließlich emotional argumentieren. Diese Tatsache läßt sich ganz einfach erklären: Weil unsere Gefühle uns signalisieren, daß ein Bedürfnis entweder erfüllt, frustriert oder bedroht ist, blockieren wir, wenn wir unsere Gefühle unterdrücken, das Bewußtsein dafür, wie es um die Erfüllung unserer Bedürfnisse steht.

Bleibt ein wichtiges Bedürfnis über längere Zeit auf der Strecke, kommt es über kurz oder lang zu einer körperlichen Reaktion, einer unangemessenen emotionalen Reaktion (am häufigsten Wut, Angst oder Depression) oder zu destruktiven Verhaltensweisen.

In populären Ratgebern wir oft betont, wie wichtig es sei, zu den eigenen Gefühlen „Kontakt" zu bekommen. Leider wird damit in vielen

Fällen auch die emotionale Argumentation propagiert. Zum vernünftigen Umgang mit den eigenen Gefühlen gehören folgende drei Schritte:
- Die möglichst genaue Benennung des jeweiligen Gefühls.
- Die möglichst genaue Benennung des dahintersteckenden Bedürfnisses.
- Die Entwicklung eines Plans, wie das betreffende Bedürfnis auf angemessene und realistische Weise befriedigt werden kann.

Weil sich tragfähige Entscheidungen in der Regel sowohl auf emotionale als auch auf rationale Überlegungen stützen, sollte der rationale innere Dialog aus einer objektiven Auswertung bestehen, die die oben genannten drei Schritte einschließt. Immer, wenn Sie von starken Gefühlen „gebeutelt" werden, sollten Sie versuchen, das Wesen dieser Gefühle möglichst genau zu benennen. Dann versuchen Sie, das dahintersteckende Bedürfnis zu enthüllen. Erst im Anschluß daran können Sie dann die Situation objektiv einschätzen und sich für eine Handlungsmöglichkeit entscheiden. Manchmal wiederholen sich die emotionalen Argumentationsmuster in ähnlichen Situationen. In einem solchen Fall kann es hilfreich sein, sich an frühere Situationen zu erinnern, in denen Sie ähnliche Gefühle hatten, und zu überlegen, ob diese Gefühle auf rationalen oder irrationalen Überlegungen beruhten.

Die emotionale Argumentation wird oft von anderen negativen Denkmustern begleitet. Versuchen Sie, diese Denkmuster zu erkennen und Sie mit Hilfe eines rationalen inneren Dialogs zu korrigieren.

Beispiel: Charles hat sehr viel Streß bei der Arbeit. Eines Tages fühlt er sich plötzlich ängstlich und ein wenig verwirrt. Er denkt: „Ich werde noch verrückt! Warum bekomme ich selbst die einfachsten Dinge nicht in den Griff? Ich fange an durchzudrehen!"

Charles' rationaler innerer Dialog: „Einen Moment mal. Ich glaube, ich verfalle jetzt in eine emotionale Argumentation. Am besten, ich versuche erst einmal, mich ein wenig zu beruhigen, dann werde ich die drei Schritte anwenden, von denen ich gelesen habe. Das Gefühl, das ich verspüre, ist Angst (Benennung des Gefühls). Es müssen also irgendwelche Bedürfnisse bedroht sein. Was für Bedürfnisse das sind, ist ziemlich einfach zu sagen. Ich möchte meine Aufgaben erfolgreich erledigen, und ich habe Angst zu versagen. Außerdem habe ich Angst, daß die anderen dann schlecht über mich denken und mich auslachen. Ich brauche eben die Anerkennung und Bestätigung anderer Menschen (Benennung des dahintersteckenden Bedürfnisses). Jetzt kann ich einen Plan entwerfen und mir überlegen, wie ich am besten mit diesen Befürchtungen zurechtkomme. Ich bin ein bißchen nervös, aber ich bin nicht wirklich ‚verrückt'. Ich bin nur überarbeitet und übertreibe bei der Bedeutung meiner Gefühle. Ich habe viele Situationen, die viel schwieriger waren als die jetzige, prima gemeistert, und bisher stehe ich ja auch bei dieser Aufgabe ganz gut da. Weil ich müde und überarbeitet bin, reagiere ich einfach nicht ganz so gelassen wie sonst. Deshalb werde ich ja nicht gleich meinen Job verlieren. Ich glaube auch nicht, daß die anderen schlecht über mich denken oder mich auslachen würden. Die meisten Leute hier im Büro sind so freundlich zu mir und nehmen großen Anteil. Einige haben mich sogar mehrmals gelobt (objektive Auswertung/Ersatzformulierung). Außerdem kenne ich meine jetzigen Gefühle schon aus der Vergangenheit. Immer, wenn ich unter starkem Streß stehe, denke ich, daß etwas mit mir nicht stimmt, obwohl ich in Wirklichkeit nur müde bin (Erinnerung an ein früheres Ereignis und Erkennen eines Verhaltensmusters). Ich muß jetzt einfach ein bißchen kürzer treten und dafür sorgen, daß ich mich häufiger ausruhe. Dann wird es mir bald wieder so gut gehen wie früher (Überleitung)."

Das eigene Denken verändern

Verhaltensänderungen erzielt man am besten in einem dreistufigen Prozeß, der sogenannten „Blockmethode": Als erstes benennt man jene Verhaltensweisen, die man verändern will, als zweites die Verhaltensweisen, die man beibehalten will. In der dritten Phase schließlich entwickelt man Verhaltensweisen, mit denen man die unerwünschten Verhaltensweisen ersetzen möchte. Um uns diesen Prozeß etwas zu veranschaulichen, können wir uns eine Person vorstellen, die beim Maschineschreiben die falschen Finger benutzt, ihre Schreibgeschwindigkeit jedoch erhöhen will. Als erstes muß diese Person herausfinden, welche Tasten sie mit den falschen und welche Tasten sie mit den richtigen Fingern anschlägt. Erst dann kann sie wissen, welche Übungen nützlich sind, um den Einsatz der Finger zu üben, die den falschen Anschlag ersetzen sollen. Im Laufe der Zeit werden dann die alten Gewohnheiten durch neue ersetzt.

Der Veränderung von Denkmustern liegt ein ähnlicher Prozeß zugrunde: Zuerst gilt es herauszufinden, wann und wie man irrational denkt. Als nächstes wird ein rationaler innerer Dialog entwickelt, der die negativen Denkmuster unterhöhlen kann. Schließlich wird dieser rationale innere Dialog solange geübt, bis er in Fleisch und Blut übergegangen ist. Im praktischen Teil zu dieser Lektion werden konkrete Übungen für jede einzelne Phase dieses Prozesses ausführlich beschrieben.

Nehmen Sie sich jetzt aber erst einmal genug Zeit, um die Zusammenfassung der in dieser Lektion beschriebenen acht negativen Denkmuster in Ruhe durchzulesen. Die meisten Denkmuster kommen zumindest gelegentlich bei jedem von uns einmal vor. Jeder hat jedoch Denkmuster, die für ihn besonders typisch sind. Kreuzen Sie die Muster an, die bei Ihnen am häufigsten vorkommen.

- *„Soll/Muß-Denken":* Man wandelt *persönliche* Entscheidungen, Wünsche und Vorlieben in *universelle* Regeln um. Typisch sind Sätze, die mit „Ich soll ...", „Ich muß ...", „Man soll ..." oder „Man muß ..." beginnen. Das „Soll/Muß"-Denken kann sich auch indirekt äußern durch:
  • *Irrationale Fragen:* Man wiederholt ständig irgendwelche Fragen, die entweder irrelevant sind oder deren Antworten man bereits kennt, aber nicht akzeptieren will. Typische Beispiele sind: „Warum bin ich so?" „Warum kann ich mich nicht ändern?" „Wie konnte er/sie so etwas tun?" oder „Wie konnte das bloß geschehen?"
  • *„Ich kann nicht"-Denken:* Man benutzt Sätze, die mit den Worten „Ich kann nicht ..." beginnen, um dahinter Entscheidungen, Wünsche und Bedürfnisse zu verstecken.
  • *„Alles oder nichts"-Denken:* Man sieht persönliche Eigenschaften und Ereignisse in extremen Schwarzweißkategorien. Typisch ist die Verwendung der Worte „richtig", „falsch", „gut", „schlecht".
- *Unzulässige Verallgemeinerung:* Man sieht ein einziges negatives Ereignis als Teil einer endlosen Reihe von Niederlagen und Mißgeschicken. Typisch ist der Gebrauch von Worten wie „niemals", „immer" und „jedesmal". Eine häufige Abwandlung ist die
  • *Etikettierung:* Man benutzt vereinfachende, meist negative Etiketten, mit denen man sich selbst oder das eigene Verhalten charakterisiert; die eigenen Mängel und Fehler werden dabei stark übertrieben.
- *Über- und Untertreibung: Übertrieben* werden häufig persönliche Mängel, kleinere negative Erfahrungen und Fehler, aber auch die Fähigkeiten anderer. *Untertrieben* und damit herabgewürdigt werden persönliche Stärken, Fähigkeiten und Leistungen sowie die Fehler und Unzulänglichkeiten anderer.
- *Personalisierung:* Man übernimmt die Verantwortung für negative Ereignisse, ohne daß es dafür einen rationalen Grund gäbe.
- *Gedankenlesen:* Man stellt Mußmaßungen über die Gedanken und Gefühle anderer Menschen an, ohne ausreichenden Anhaltspunkte zu besitzen, die diese Mußmaßungen stützen könnten; man unternimmt auch nicht den Versuch, die eigenen Mutmaßungen zu bestätigen oder zu widerlegen.
- *Wahrsagerei:* Man trifft eine Vorraussage über die Zukunft und redet sich dann ein, es handele sich um eine erwiesene Tatsache.
- *Anerkennung fragwürdiger Autoritäten:* Man sieht eine Meinung oder einen Ratschlag als zuverlässig an, obwohl er von persönlichen Interessen, Unwissen, mangelnder Erfahrung oder Vorurteilen geprägt ist.

– *Emotionale Argumentation*: Man stützt die Bewertung einer Situation, eines Ereignisses oder einer Überzeugung einzig und allein auf seine Gefühle.

Praktischer Teil zu Lektion 5

Weiterhin die signalgeprägte Entspannung üben

Führen Sie auch weiterhin – bis zum Ende dieses Programms – mindestens einmal am Tag Ihre Entspannungsübung durch. Vergessen Sie nicht, dabei Ihr in Lektion 2 gewähltes Signal einzusetzen.

Sich ausreichend Zeit nehmen

Vielleicht fühlen Sie sich im ersten Moment von den vielen neuen Begriffen, die wir in dieser Lektion eingeführt haben, überwältigt. Es stecken tatsächlich viele neue Informationen in dieser Lektion; sie alle auf das eigene Leben anzuwenden, kann viele Wochen oder gar Monate dauern. Aber Sie brauchen nicht alles in dieser einen Woche zu tun, in der Sie an der Lektion arbeiten. Auch in den späteren Lektionen werden wir immer wieder auf negative Denkmuster zu sprechen kommen und entsprechende Übungen anregen. Nehmen Sie sich für diese Woche also nicht allzu viel vor. Und falls Sie das Gefühl bekommen, den Stoff nicht in einer Woche bewältigen zu können, lassen Sie sich ruhig zwei Wochen Zeit.

Die verschiedenen negativen Denkmuster voneinander unterscheiden lernen

Wir haben ausführlich erläutert, daß der erste Schritt zur Veränderung des eigenen Verhaltens darin besteht, die Verhaltensweisen zu benennen, die Sie überwinden wollen. Dazu müssen Sie die Fachbegriffe lernen, mit deren Hilfe sich die verschiedenen Denkmuster voneinander unterscheiden lassen.

Negative Denkmuster erkennen lernen

Am Ende des praktischen Teils zu dieser Lektion haben wir eine Reihe von Beispielen für negative innere Dialoge aufgeführt. Mit Hilfe dieser Beispiele können Sie üben, negative Denkmuster zu erkennen.

Negative Denkmuster bei anderen erkennen lernen

Während Sie sich unterhalten, fernsehen, Radio hören oder Gesprächen anderer Menschen lauschen, können Sie ebenfalls üben, negative Denkmuster zu erkennen. Machen Sie für sich eine Art Spiel daraus, ohne den anderen davon zu erzählen. (Die meisten Menschen sind entweder befangen oder beleidigt, wenn sie das Gefühl haben, beobachtet zu werden.)

Diese Übung ist aus zwei Gründen wichtig: Erstens bietet sie eine hervorragende Möglichkeit, die eigenen Fähigkeiten beim Erkennen negativer Denkmuster weiterzuentwickeln. Oft ist es einfacher, negative Muster bei anderen zu erkennen als bei sich selbst. Zweitens wird Ihnen rasch klar werden, wie irrational die meisten Menschen sind. Wir bilden uns viel auf unsere Vernunft ein, und wenn wir ruhig sind, denken wir meist auch einigermaßen logisch. Wenn wir starke Gefühle haben, neigen wir jedoch dazu, in negative Denkmuster zu verfallen. Wenn Sie sehen, daß auch andere diese Denkmuster laufend anwenden, brauchen Sie sich selbst nicht als „verrückt" oder „nicht ganz normal" zu bezeichnen, bloß weil Sie häufig negativen Denkmustern folgen. Schließlich fällt es Ihnen leichter, die eigenen Denkmuster zu akzeptieren und präzise zu benennen.

Die Blockmethode

Denkmuster sind angelernt, daher kann man sie auch wieder *ver*lernen. Zu diesem Zweck wenden wir die in dieser Lektion beschriebene dreistufige Blockmethode an:

Halten Sie negative innere Dialoge schriftlich fest

In Lektion 4 wurden Sie gebeten, Ihre Gedanken in angstauslösenden Situationen in einem Notizheft festzuhalten. Wenn Sie bisher noch nicht damit begonnen haben, holen Sie es in dieser Woche nach. Nehmen Sie sich an jedem zweiten Tag fünf Minuten Zeit, um sich an Situationen zu erinnern, in denen Sie besonders ängstlich oder aufgeregt waren. Versuchen Sie, sich in diese Situation zurückzuversetzen und sich möglichst genau zu erinnern, was Ihnen damals durch den Kopf gegangen ist. Dann schreiben Sie diese Gedanken in lockerer Folge auf. Wenn es die äußeren Umstände zulassen, sollten Sie auch versuchen, Ihre Gedanken in einer aktuellen ängstlichen Situation aufzuschreiben. Halten Sie einen Moment lang inne, um Ihrem inneren Dialog zu lauschen, und schreiben Sie dann Ihre Gedanken auf ein Stück Papier.

Benennen Sie die negativen Denkmuster, die dahinter stecken, und entwickeln Sie einen geeigneten rationalen inneren Dialog

Lesen Sie Ihre Aufzeichnungen in einem ruhigen Moment noch einmal durch und versuchen Sie, alle Arten von negativen Denkmustern zu benennen, die sich in Ihrem negativen inneren Dialog widerspiegeln. Beginnen Sie nun auf einem neuen Stück Papier, einen rationalen inneren Dialog zu entwickeln. Zu diesem Zweck schreiben Sie zunächst den ersten Satz Ihres negativen inneren Dialogs auf. Darunter schreiben Sie den Namen des negativen Denkmusters, dem Sie diesen Satz zugeordnet haben. Darunter halten Sie dann eine rationale Reaktion auf den betreffenden Satz fest. Das gleiche wiederholen Sie für jeden einzelnen Satz Ihres negativen inneren Dialogs. Aus den einzelnen rationalen Reaktionen entsteht dann Schritt für Schritt Ihr neuer, rationaler innerer Dialog.

Üben Sie Ihren rationalen inneren Dialog

Nachdem Sie Ihren rationalen inneren Dialog zusammengestellt haben, versuchen Sie, sich in Gedanken in die bedrohliche Situation zurückzuversetzen und dabei den rationalen inneren Dialog zu üben. Wenn Sie dies häufig genug tun, wird der rationale Dialog nach einer Weile ganz automatisch in Gang gesetzt; er löst dann die irrationalen Gedankengänge ab, die für einen großen Teil Ihrer Angstprobleme verantwortlich sind.

Beispiel

Wir wollen den praktischen Einsatz dieser Methode an Elliots Beispiel verdeutlichen. Beim Warten auf seinen Freund Bob entwickelte Elliot Angstgefühle. Auf einem Blatt Papier hielt er seine Gedanken fest.
— *Halten Sie negative innere Dialoge schriftlich fest*
  „Wo bleibt Bob denn nur? Ich halte das nicht aus. Bestimmt hat Bob mich vergessen. Jetzt stehe ich völlig allein hier herum. Warum tu ich mir das an?"
— Benennen *Sie die negativen Denkmuster, die dahinter stecken, und entwickeln Sie einen geeigneten rationalen inneren Dialog*
  Innerer Dialog: „Wo ist Bob?"
  Denkmuster: Rationaler Gedanke.
  Rationale Reaktion: Ein völlig normaler und rationaler Gedanke. Ich wollte wissen, wo Bob geblieben ist, und habe mich gefragt, ob ihm womöglich etwas passiert ist.
  Innerer Dialog: „Ich halte das nicht aus."
  Denkmuster: Übertreibung.

Rationale Reaktion: „Natürlich halte ich das aus. Ich habe Angst, aber ich stehe die Situation durch."

Innerer Dialog: „Bestimmt hat Bob mich vergessen, und ich stehe ewig allein hier herum."

Denkmuster: Wahrsagerei und Übertreibung.

Rationale Reaktion: „Es ist möglich, daß Bob unsere Verabredung vergessen hat. Allerdings ist das eher unwahrscheinlich, denn Bob ist sehr zuverlässig und hält normalerweise seine Verabredungen ein. Außerdem brauche ich nicht ewig hier herumzustehen. Bisher sind es ja nur ein paar Minuten. Ich könnte eine Viertelstunde warten, eine Nachricht hinterlassen und gehen. Eine Viertelstunde ist nicht so schrecklich lang."

Innerer Dialog: „Warum tue ich mir das an?"

Denkmuster: „Soll/Muß"-Denken in Form von irrationer Frage und Übertreibung.

Rationale Reaktion: „Damit sage ich doch, daß ich nicht so sein sollte, wie ich bin. Sicher, es gibt einige Dinge an mir, die ich gern verändern möchte, aber im großen und ganzen bin ich mit mir zufrieden. Außerdem bin ich gerade mitten in einem Lernprozeß. Dieser Prozeß braucht seine Zeit. Und die Situation, in der ich stecke, ist nicht unüberwindlich, sie ist mir nur unangenehm."

– *Üben Sie Ihren rationalen inneren Dialog*
Elliot stellte aus den rationalen Reaktionen einen rationalen inneren Dialog zusammen und übte diesen Dialog mehrmals täglich. In den nächsten Wochen erlebte er mehrere ähnliche Situationen. Er wiederholte für alle diese Fälle das oben beschriebene Verfahren und übte dann seinen rationalen inneren Dialog. Nach einer Weile stellte er fest, daß der rationale Dialog fast automatisch ablief und sofort auf die negativen Denkmuster folgte. In der Folgezeit nahmen die negativen Denkmuster immer mehr ab.

Folgen Sie Elliots Beispiel und halten Sie, wenn irgend möglich, in ängstlichen Situationen Ihre Gedanken schriftlich fest. Später analysieren Sie dann diese Gedanken und entwickeln rationale Reaktionen, die Sie zu einem rationalen inneren Dialog zusammenstellen. Wenden Sie dieses Verfahren während des gesamten restlichen Programms an.

Wenn Ihnen die Entwicklung eigener rationaler innerer Dialoge zu schwierig erscheint, können Sie Beispiele aus dieser Lektion übernehmen und sie durch kleine Veränderungen Ihrer persönlichen Situation anpassen.

Auch in guten Zeiten stetig weiterüben

Viele Menschen neigen dazu, sich am stärksten ins Zeug zu legen, wenn Sie sich ohnehin schlecht fühlen. Angst und Schmerz sind eine starke Motivation, um endlich aktiv zu werden und das eigene Verhalten zu verändern. Wenn es ihnen dann wieder besser geht, gerät die Arbeit an den eigenen Verhaltensweisen und Denkstrukturen leicht in Vergessenheit. Die zur Überwindung der Angstprobleme notwendigen Lernschritte werden dabei nicht vervollständigt, und so kann es zu Rückfällen kommen, wenn entsprechende Streßfaktoren wirksam sind.

Ermahnen Sie sich daher selbst in gewissen Abständen dazu, nicht in Ihren Bemühungen nachzulassen, wenn scheinbar alles gut läuft. Arbeiten Sie stetig weiter und strengen Sie sich am meisten an, wenn es Ihnen gut geht. Sie werden feststellen, daß manche Aufgaben, die Ihnen an einem schlechten Tag schwer fallen, an einem guten Tag ganz leicht zu meistern sind. Wer in guten Zeiten an sich arbeitet, ist auf dem schnellsten Weg zum nachhaltigen Erfolg.

Auf körperliche Bedürfnisse achten

Wenn Sie krank, hungrig, müde oder überarbeitet sind, nehmen irrationale Denkmuster, destruktive Verhaltensweisen und unangenehme körperliche Symptome zu. Das ist bei allen Menschen so und im Grund völlig normal. Wie in Lektion 3 bereits erwähnt, ist es wichtig, frühe Anzeichen von Streß und Erschöpfung bei sich selbst zu erkennen. Einige dieser Anzeichen sind:
– Reizbarkeit.
– Verspannungen oder Schmerz (Kopf, Nacken, Schultern, Magen, Arme, Beine).
– Veränderung in der eigenen Sprache (häufiges Fluchen und Schimpfen, Zynismus und Sarkasmus).
– Größere Emotionalität.
– Unfähigkeit, sich zu konzentrieren oder klar zu denken.
– Gedächtnisstörungen
– Unübliche Verhaltensweisen oder Gedankengänge.

Auch bei Ihnen kann sich die mangelnde Erfüllung körperlicher Bedürfnisse durch diese Anzeichen bemerkbar machen, vielleicht sind aber auch andere Symptome, die sich nicht auf dieser Liste befinden, typisch für Sie. In Lektion 3 haben Sie die auf Sie zutreffenden Symptome angekreuzt. Schauen Sie sich die entsprechende Seite noch einmal an und prägen Sie sich die Symptome ein. Wenn Sie eines der Symptome an sich beobachten, bedeutet das, daß Ihr Körper seinen begrenzten Energievorrat bald erschöpft hat und Zeit braucht, um sich auszuruhen und zu regenerieren. Schränken Sie Ihre Aktivitäten ein wenig ein und gönnen Sie Ihrem Körper die Ruhe, die er so dringend braucht.

Zwei Schritte vor, ein Schritt zurück

Fortschritt ist selten ein kontinuierlicher Prozeß. Oft genug geht man zwei Schritte vor und dann wieder einen Schritt zurück. Es wird immer wieder vorkommen, daß Sie in alte Muster zurückverfallen oder das Gefühl haben, auf der Stelle zu treten. Leider messen Menschen, die unter Angstproblemen leiden, kleineren Rückschlägen oder Phasen des Stillstands oft große Bedeutung bei. Auch in diesem Zusammenhang treten die verschiedensten negativen Denkmuster auf:

„Ich kann mich noch so sehr bemühen, es kommt gar nichts dabei heraus." („Alles oder Nichts"-Denken.)
„Ich werde meine Angst nie überwinden." (Wahrsagerei.)
„Das war katastrophal. Mit einem Schlag sind alle meine Bemühungen zunichte gemacht." (Übertreibung, unzulässige Verallgemeinerung und Wahrsagerei.)
„Wenn ich diesmal in alte Verhaltensmuster zurückverfallen bin, wird mir das in Zukunft auch immer wieder passieren. Ich werde mich nie ändern und meine Angstgefühle nie überwinden." (Unzulässige Verallgemeinerung und Wahrsagerei.)
„Das ist ein großer Rückschlag. Im Grunde hat sich überhaupt nichts verändert." (Übertreibung, Etikettierung und Untertreibung.)

Immer wenn Sie in alte Verhaltensweisen zurückverfallen oder eine Phase des Stillstands erleben, sollten Sie Ihren negativen Gedanken mit einem rationalen inneren Dialog begegnen. Machen Sie sich klar, daß es völlig normal ist, gelegentlich in alte Verhaltensmuster zurückzuverfallen. Rechnen Sie sich dies keinesfalls als persönliches Versagen an. Streichen Sie das Wort „Rückschlag" aus Ihrem Sprachschatz und bezeichnen Sie diese Erfahrungen in Gedanken als „Ausrutscher", „wichtige Lernerfahrungen" oder „vorübergehende Zeit des Stillstands". Mit Hilfe der folgenden Checkliste können Sie das Erlebnis objektiv auswerten:

- War ich müde, krank oder hungrig? (Häufigste Ursache für vermeintliche „Rückschritte")
- Habe ich meine neu erlernten Techniken eingesetzt?
- Habe ich sie richtig eingesetzt?

- Habe ich möglicherweise eine wichtige Technik vergessen? (Siehe Zusammenfassung am Ende des praktischen Teils.)
- Wie kann ich eine solche Situation in Zukunft besser meistern? (Detaillierter Handlungsentwurf.)

Mit Hilfe dieser Fragen können Sie aus vermeintlichen „Rückschritten" lernen und sie zu einer Grundlage Ihres zukünftigen Wachstums machen. Wenn Sie begonnen haben, diese negativen Erfahrungen als natürliche Bestandteile eines langwierigen Lernprozesses anzusehen, brauchen Sie sich von ihnen nicht mehr „in Angst und Schrecken" versetzen zu lassen. Im Laufe der Zeit werden sie seltener und auch weniger intensiv.

Zusammenfassung der bisher erlernten Techniken zur Bekämpfung von Angstproblemen

Methoden zur Reduzierung von Angstsymptomen

1. Versuchen Sie zu verstehen, was Ihre Angstgefühle verursacht und aufrechterhält
   - Sie erlebten angstauslösende körperliche Symptome und interpretierten ihre Bedeutung falsch.
   - Weil die Symptome Ihnen Angst machten, beobachteten Sie besorgt alle Ihre körperlichen Reaktionen.
   - Wenn diese körperlichen Reaktionen den angsterregenden Symptomen in irgendeiner Hinsicht ähnelten, wiederholten Sie die irreführende Interpretation. Daraufhin wurden die Symptome stärker, und Sie gerieten in einen Teufelskreis.
2. Setzen Sie die signalgeprägte Entspannung oder eine ausführliche Entspannungsübung ein.
3. Um einer etwaigen Tendenz zur Hyperventilation entgegen zu wirken, setzen Sie die entspannte Zwechfellatmung ein. (Konzentrieren Sie sich jedoch nicht zu lange auf Ihre Atmung.)
4. Führen Sie sich mit Hilfe positiver Aussagen den wahren Grund Ihrer körperlichen Symptome und Ihre persönlichen Fähigkeiten vor Augen.
5. Lenken Sie sich ab durch:
   - einfache Externalisierung (sorgfältiges Beobachten, genaues Zuhören, Tasten, Schmecken oder Riechen),
   - einfache gedankliche Aufgaben,
   - Gespräche,
   - Arbeit oder
   - spielerische Aktivitäten.

6. Andere Maßnahmen:
   - Nehmen Sie möglichst kein Koffein zu sich.
   - Seien Sie mit sich selbst geduldig.
   - Schränken Sie den Kontakt zu negativen Menschen ein.
   - Schränken Sie Ihre Hilfe für andere ein, bis es Ihnen selbst wieder besser geht.
   - Strengen Sie sich am meisten an, wenn es Ihnen gut geht.
   - Belohnen Sie sich auch für kleine Erfolge.
   - Verwandeln Sie negative Erlebnisse in wertvolle Lernerfahrungen, indem Sie sie objektiv auswerten und überlegen, was Sie beim nächsten Mal anders machen könnten.

Effektive Streßbewältigung

1. Grundlegende Prinzipien der Streßbewältigung:
   - Behandeln Sie Ihren Körper mit Respekt; betrachten Sie ihn als einen Motor, dem nur ein begrenzter Energievorrat zur Verfügung steht.
   - Lernen Sie, frühe Anzeichen von Streß zu erkennen und darauf einzugehen.
   - Erhöhen Sie Ihre Streßtoleranz durch eine ausgewogene Ernährung und regelmäßige sportliche Aktivitäten.
2. Verhalten in Phasen mit großem Streß:
   - Setzen Sie Prioritäten und schränken Sie Ihre Aktivitäten ein.
   - Lassen Sie sich für Entscheidungen ausreichend Zeit. Bei größeren Entscheidungen sollten Sie sich mit Menschen beraten, denen Sie vertrauen und die in der Sache möglichst objektiv sind.
   - Planen Sie im voraus und erledigen Sie möglichst viel in Zeiten, in denen weniger Streß herrscht.
3. Richten Sie Ihren Lebensstil an den Prinzipien der Streßbewältigung aus
   - Ernähren Sie sich möglichst ausgewogen.
   - Treiben Sie regelmäßig Sport.
   - Machen Sie Ihre täglichen Entspannungsübungen zu einem festen Bestandteil Ihres Lebens.
   - Entwickeln Sie eine effektive Technik zur Minderung von Arbeitsstreß.
   - Nehmen Sie sich Zeit für spielerische Aktivitäten.
   - Pflegen Sie Ihren Sinn für Humor.
   - Pflegen Sie Freundschaften, in denen Sie emotionale Unterstützung erfahren.
   - Entwickeln Sie eine tragfähige Lebensphilosophie.

Ersetzen Sie negative Denkmuster durch einen rationalen inneren Dialog.

1. Versuchen Sie festzustellen, welche negativen Denkmuster für Sie typisch sind.
2. Entwickeln Sie anhand der Beispiele in diesem Buch rationale innere Dialoge, mit denen Sie Ihre negativen Denkmuster bekämpfen können.
3. Üben Sie Ihre rationalen inneren Dialoge, bis sie zu neuen, positiven Denkmustern geworden sind.

Praktische Übung zum Erkennen negativer Denkmuster

Mit Hilfe der folgenden Beispiele können Sie üben, negative Denkmuster zu erkennen und voneinander zu unterscheiden. Kreuzen Sie jeweils an, welche negativen Denkmuster vertreten sind.

Beispiel

Shirley hat einen anstrengenden Arbeitstag hinter sich. Als sie zum Auto geht, um nach Hause zu fahren, sieht sie einen großen Fleck aus Vogelkot auf ihrer Windschutzscheibe . Sie denkt: „Da sieht man's mal wieder! Es gibt Millionen von Autos, und dieser Vogel muß sich ausgerechnet meins aussuchen. Das ist wirklich nicht zum Aushalten. Immer habe ich Pech. Bob hatte recht, als er sagte, ich würde es in meinem neuen Job nicht packen. Ich bin eine Versagerin."

a. Unzulässige Verallgemeinerung

b. Über-/Untertreibung

c. Anerkennung fragwürdiger Autoritäten

d. Emotionale Argumentation

In diesem Fall sind alle Antworten (A, B, C, D) richtig: „Es gibt Millionen von Autos, und dieser Vogel muß sich ausgerechnet meins aussuchen (unzulässige Verallgemeinerung). Das ist wirklich nicht zum Aushalten (Übertreibung). Immer habe ich Pech (Verallgemeinerung, Übertreibung). Bob hatte recht, als er sagte, ich würde es in meinem neuen Job nicht packen (Anerkennung fragwürdiger Autoritäten). Ich bin eine Versagerin (emotionale Argumentation und unzulässige Verallgemeinerung in Form einer Etikettierung)."

Die Auflösungen der folgenden Beispiele finden Sie am Ende des praktischen Teils. Bedenken Sie, daß sich negative Denkmuster nicht immer sauber voneinander trennen lassen. Ein und derselbe Gedanke kann zwei oder gar mehr verschiedene Denkmuster widerspiegeln.

1. Eine Bekannte von Mike sagt telefonisch eine Verabredung zum Mittagessen ab; sie sei so krank, daß sie die Verabredung leider nicht einhalten könne. Mike ist sehr enttäuscht. Er denkt: „Mr. Nobody muß wieder mal allein losziehen. Ich tauge also noch nicht mal als Gesellschaft für ein gemeinsames Mittagessen. Ich frage mich, womit ich die Sache diesmal vermasselt habe."
   a. Gedankenlesen
   b. Wahrsagerei
   c. Unzulässige Verallgemeinerung
   d. Über-/Untertreibung
   e. Personalisierung
2. Lorna hat einen vierjährigen Sohn. Lornas Freundin, die selbst keine Kinder hat, meint, Lorna müsse ihrem Sohn unbedingt das Lesen beibringen. Lorna denkt: „Sue hat recht. Ich sollte den Kleinen wirklich mehr fördern. Sie weiß in allem viel besser Bescheid als ich."
   a. Unzulässige Verallgemeinerung
   b. Anerkennung fragwürdiger Autoritäten
   c. Wahrsagerei
   d. Soll/Muß-Denken
   e. Über-/Untertreibung
3. Ralph hat gerade erfahren, daß einer seiner Mitarbeiter beim Stehlen erwischt wurde. Er denkt: „Warum muß so etwas immer ausgerechnet in meiner Abteilung passieren? Ich komme mir total blöd vor, weil ich nicht gemerkt habe, was los war. Im Grunde ist es meine Schuld, daß es so weit gekommen ist."
   a. Soll/Muß-Denken
   b. Unzulässige Verallgemeinerung
   c. Emotionale Argumentation
   d. Personalisierung
   e. Gedankenlesen
4. Bei einem gemeinsamen Essen wirkt Yurikos Freundin still und distanziert. Yuriko denkt: „Mary scheint böse auf mich zu sein. Ich frage mich, was ich falsch gemacht habe. Aber ich werde wohl nie herausfinden, was dahintersteckt."
   a. Soll/Muß-Denken
   b. Gedankenlesen
   c. Emotionale Argumentation
   d. Personalisierung
   e. Wahrsagerei
5. Alex ist gerade mit dem Aufarbeiten eines Stuhls fertig geworden. Ein Freund lobt ihn und sagt, wie sehr ihm der Stuhl gefiele. In dem Mo-

ment entdeckt Alex eine kleine schadhafte Stelle. Alex denkt: „Schau sich einer dieses Stuhlbein an. Das ist ja fürchterlich. Die ganze Wirkung ist hin. Warum habe ich den Fleck nicht vorher gesehen? Bob versucht bestimmt nur, höflich zu sein, wenn er sagt, wie gut ihm der Stuhl gefällt."

a. Unzulässige Verallgemeinerung

b. Emotionale Argumentation

c. Soll/Muß–Denken

d. Gedankenlesen

e. Über-/Untertreibung

6. Maria hat dieses Buch vollständig durchgearbeitet und beim Überwinden ihrer Angstprobleme große Fortschritte erzielt. Plötzlich fällt sie mehrere Tage lang in ihre alten destruktiven Verhaltensmuster zurück. Sie denkt: „Das ist wirklich schrecklich mit mir. Die letzten Wochen waren wohl reine Glückssache. Das Programm taugt nichts. Es wird mir niemals besser gehen."

a. Über-/Untertreibung

b. Anerkennung fragwürdiger Autoritäten

c. Soll/Muß-Denken

d. Wahrsagerei

e. Gedankenlesen

7. Larrys Zimmergenosse Ted ist sehr nachlässig und hilft nicht beim Saubermachen. Als Larry Ted bittet, mehr im Haushalt zu tun, wird Ted wütend. Larry denkt: „Ted hat recht. Ich erwarte zuviel von ihm. Er gibt sich wirklich Mühe, und so schlampig ist er nun auch wieder nicht. Ich habe ein schlechtes Gewissen, weil ich ihm so zugesetzt habe."

a. Anerkennung fragwürdiger Autoritäten

b. „Alles oder Nichts"-Denken

c. Über-/Untertreibung

d. Emotionale Argumentation

e. Personalisierung

8. Jane hat einen Bericht für die Arbeit vor sich hergeschoben. Der Abgabetermin rückt immer näher. Sie denkt: „Ich bin schrecklich faul. Ich kriege diesen Bericht nie fertig. Ich kann so etwas einfach nicht."

a. Soll/Muß-Denken

b. Etikettierung

c. Wahrsagerei

d. Über-/Untertreibung

e. Unzulässige Verallgemeinerung

Antworten

1. C, D, E.: „Mr. Nobody muß also wieder mal allein losziehen (Unzulässige Übertreibung in Form einer Etikettierung). Ich tauge also noch nicht mal als Gesellschaft für ein gemeinsames Mittagessen (Untertreibung und unzulässige Verallgemeinerung in Form einer Etikettierung). Ich frage mich, womit ich die Sache diesmal vermasselt habe (Personalisierung)."

2. B, D, E: „Sue hat recht (Anerkennung fragwürdiger Autoritäten). Ich sollte den Kleinen wirklich mehr fördern (,Soll/Muß'-Denken). Sie weiß in allem viel besser Bescheid als ich (Übertreibung)."

3. A, B, C, D: „Warum muß so etwas immer ausgerechnet in meiner Abteilung passieren? (Unzulässige Verallgemeinerung und ,Soll/Muß'-Denken in Form einer irrationalen Frage.) Ich komme mir total blöd vor, weil ich nicht gemerkt habe, was los war. Im Grunde ist es meine Schuld, daß es so weit gekommen ist (emotionale Argumentation und Personalisierung)."

4. B, D, E: „Mary scheint böse auf mich zu sein (Gedankenlesen). Ich frage mich, was ich falsch gemacht habe (Personalisierung) Aber ich werde wohl nie herausfinden, was dahintersteckt (Wahrsagerei)."

5. A, C, D, E: „Schau sich einer dieses Stuhlbein an. Das ist ja fürchterlich (unzulässige Übertreibung und ,Soll/Muß'-Denken in Form von ,Alles oder Nichts'-Denken). Warum habe ich den Fleck nicht vorher gesehen? (,Soll/Muß'-Denken in Form einer irrationalen Frage.) Bob versucht bestimmt nur, höflich zu sein, wenn er sagt, wie gut ihm der Stuhl gefällt (Gedankenlesen und Untertreibung)."

6. A, C, D: „Das ist wirklich schrecklich mit mir (Übertreibung). Die letzten Wochen waren wohl reine Glückssache. Dieses Programm taugt nichts (Untertreibung und ,Soll/Muß'-Denken in Form von ,Alles oder Nichts'-Denken). Es wird mir niemals besser gehen (Wahrsagerei)."

7. A, C, E: „Ted hat recht. Ich erwarte zuviel von ihm (Anerkennung fragwürdiger Autoritäten). Er gibt sich wirklich Mühe (Übertreibung), und so schlampig ist er nun auch wieder nicht (Untertreibung). Ich habe ein schlechtes Gewissen, weil ich ihm so zugesetzt habe (Personalisierung)."

8. A, B, C, D.: „Ich bin schrecklich faul (unzulässige Verallgemeinerung in Form einer Etikettierung). Ich kriege diesen Bericht nie fertig (Wahrsagerei). Ich kann so etwas einfach nicht (Untertreibung und ,Soll/Muß'-Denken in Form von ,Ich kann nicht'-Denken)."

Die in dieser Lektion beschriebenen Vorstellungen und Fähigkeiten bilden die Grundlage für die Arbeit der folgenden Lektionen. Wenn Ihnen nur wenig Zeit zur Verfügung steht oder Sie bei der Entwicklung eigener rationaler innerer Dialoge Schwierigkeiten haben, verweilen Sie eine zusätzliche Woche bei dieser Lektion.

LEKTION 6

DIE EIGENE UNZU-LÄNGLICHKEIT AKZEPTIEREN

In dieser Woche werden Sie die in den früheren Lektionen erlernten Fähigkeiten einsetzen, um Ihren Hang zum Perfektionismus zu überwinden. Wenn Sie über die eigenen Schwächen lachen können und akzeptieren, daß Sie – ebenso wie alle anderen Menschen – nicht vollkommen sind, haben Sie einen weiteren wichtigen Schritt auf dem Weg zur Überwindung Ihrer Angstprobleme getan. Nehmen Sie sich ausreichend Zeit und arbeiten Sie diese Lektion gründlich durch.

Woran man Perfektionisten erkennt

Perfektionisten besitzen drei auffällige Eigenschaften: Erstens haben Sie die Tendenz, an sich und andere unrealistisch hohe Maßstäbe anzulegen. Zweitens neigen sie bei der Beurteilung der eigenen Handlungen zu einem deutlichen „Alles oder Nichts"-Denken: Entspricht das Ergebnis nicht den selbstgesetzten Maßstäben, wird es als Fehlschlag abgetan. Und drittens zeichnen sich Perfektionisten durch eine selektive Wahrnehmung aus, d. h., sie konzentrieren sich auf kleine Mängel und Fehler, anstatt den allgemeinen Fortschritt und positive Aspekte zu sehen.

Die perfektionistischen Tendenzen können sich auf wenige Lebensbereiche eines Menschen beschränken oder sein gesamtes Leben beherrschen. Da sie die eigenen Leistungen oft als unzulänglich erachten, neigen Perfektionisten zu geringer Selbstachtung und negativem Selbstbild. Eine möglicherweise daraus entstehende Versagensangst führt dazu, daß die Betroffenen es vermeiden, Risiken auf sich zu nehmen und Neues auszuprobieren.

Viele Menschen sind sich ihrer perfektionistischen Tendenzen nicht bewußt. Wer unter Angstproblemen leidet, wird jedoch nach einer ehrlichen Selbstprüfung feststellen, daß der Perfektionismus bei diesen Problemen zumindest eine gewisse Rolle spielt. Wir haben daher einige typische Beispiele für perfektionistische innere Dialoge aufgelistet. In der linken Spalte sind die jeweils dahinterstehenden negativen Denkmuster aufgeführt. Ignorieren Sie zunächst die rechte Spalte. Lesen Sie sich in aller Ruhe die Sätze in der linken Spalte durch und kreuzen Sie all die Sätze an, die Sie von sich selbst in dieser oder ähnlicher Form kennen.

„Das muß ich schaffen."	„Soll/Muß"-Denken.
„Den Fehler hätte ich nicht machen dürfen."	„Soll/Muß"-Denken.
„Warum kann ich nichts richtig machen?"	„Soll/Muß"-Denken in Form einer irrationalen Frage. („Ich muß immer alles richtig machen.")
„Warum habe ich den Fehler nicht rechtzeitig erkannt?"	„Soll/Muß"-Denken in Form einer irrationalen Frage. („Ich darf niemals Fehler machen.")
„Wie konnte mir das passieren?"	„Soll/Muß"-Denken in Form einer irrationalen Frage. („Ich hätte dafür sorgen müssen, daß es nicht passiert.")
„Ich kann so etwas nicht."	„Soll/Muß"-Denken in Form von „Ich kann nicht"-Denken. („Ich möchte es nicht tun.") Oder: „Ich sollte es nicht tun."
„Ich habe alles falsch gemacht."	„Soll/Muß-Denken" in Form von „Alles oder Nichts"-Denken. („Ich darf niemals Fehler machen.")
„Ich scheine nie eine gute Lösung zu finden."	„Soll/Muß"-Denken in Form von „Alles oder Nichts"-Denken. („Ich muß für jedes Problem die perfekte Lösung finden.")
„Warum stelle ich mich so dumm an?"	„Soll/Muß"-Denken in Form einer irrationalen Frage und unzulässige Verallgemeinerung mit Etikettierung. („Ich muß immer alles verstehen.")
„Ich bin *immer* so ungeschickt (unüberlegt, vergeßlich usw.)."	Unzulässige Verallgemeinerung/ Etikettierung mit unterschwelliger „Soll/Muß"-Regel. („Ich sollte immer geschickt, geistreich usw. sein und niemals Fehler machen.")
„Ich scheine das *nie* richtig hinzubekommen."	Unzulässige Verallgemeinerung mit unterschwelliger „Soll/Muß"-Regel. („Ich darf niemals Fehler machen.")
„*Jedesmal* wenn ich es versuche, läuft etwas schief."	Unzulässige Verallgemeinerung mit unterschwelliger „Soll/Muß"-Regel. („Ich muß bei jedem Versuch erfolgreich sein.")

„Egal wie sehr ich mich bemühe, irgendeinen Fehler mache ich *immer*."	Unzulässige Verallgemeinerung mit unterschwelliger „Soll/Muß"-Regel. („Ich muß bei jedem Versuch erfolgreich sein.")
„Ich mache katastrophale Fehler."	Übertreibung mit unterschwelliger „Soll/Muß"-Regel. („Ich darf niemals Fehler machen.")
„Es macht mich verrückt, wenn ich nicht weiß, wie es richtig geht."	Übertreibung mit unterschwelliger „Soll/Muß"-Regel. („Ich muß immer über alles Bescheid wissen.")
„Dieser eine Fehler macht alles andere zunichte."	Übertreibung mit unterschwelliger „Soll/Muß"-Regel. („Ich muß alles perfekt erledigen.")

Gehen Sie nun noch einmal die obige Liste durch und lesen Sie die Erläuterungen in der rechten Spalte für die von Ihnen angekreuzten Sätze.

Irrationale Überzeugungen, auf die sich der Perfektionismus stützt

Ein so komplexer Charakterzug wie der Perfektionismus setzt sich aus vielen veschiedenen irrationalen Überzeugungen und erlernten Verhaltensmustern zusammen. Leider sind sich die Betreffenden ihrer irrationalen Überzeugungen meist nicht bewußt, gehören sie doch zu den Grundüberzeugungen, die sich bereits in der Kindheit herausgebildet haben.

Hat man sein Bewußtsein jedoch erst einmal entsprechend geschärft, sind die meisten irrationalen Überzeugungen und gewohnheitsmäßigen Denkmuster aus der Kindheit gar nicht so schwer zu erkennen. Sie brauchen nur Ihre gegenwärtigen Gedanken und Verhaltensweisen sorgfältig zu prüfen. Immer wenn Ihre Gedanken den im vorigen Abschnitt aufgelisteten Sätzen entsprechen, folgen Sie bei Ihrer Interpretation der aktuellen Ereignisse einer perfektionistischen „Soll/Muß"-Regel. Diese Regeln wiederum stützen sich auf eine oder mehrere der folgenden irrationalen Überzeugungen:

„Perfektion ist möglich"

Die grundlegende irrationale Überzeugung aller Perfektionisten besteht in der Vorstellung, daß Perfektion überhaupt möglich ist. Dieser Vorstellung lassen sich z. B. folgende rationale Aussagen entgegensetzen:

- Perfektionismus ist eine abstrakte Vorstellung und existiert nur in der Theorie.
- Unvollkommenheiten gibt es überall. Alles ließe sich noch irgendwie verbessern.
- Weil wir in einer unvollkommenen Welt leben, wird jeder Mensch, der nach Vollkommenheit strebt, unweigerlich Frustrationen erleben.

„Der Wert eines Menschen hängt von seinen Leistungen ab"

Vielen unserer Verhaltensweisen liegt das Bedürfnis nach Zugehörigkeit und Anerkennung zugrunde. Menschen mit perfektionistischen Tendenzen stützen ihr Verhalten auf die irrationale Vorstellung, der Wert eines Menschen sei durch seine Leistungen bestimmt. Aufgrund Ihrer eigenen Überzeugungen geraten sie in eine Situation, in der sie nie gewinnen können: Einerseits glauben sie, daß man nur etwas wert ist, wenn man auch etwas leistet, andererseits entsprechen die Leistungen so gut wie nie den eigenen, viel zu hoch gesteckten Erwartungen. Am Ende steht das Gefühl, nie genug zu leisten und stets hinter den eigenen Zielen hinterherzuhinken.

Aus der Vorstellung, der Wert eines Menschen hinge von seiner Leistung ab, kann auch das Bedürfnis entstehen, andere zu übertrumpfen, um die eigene Bedeutung aufzuwerten. Diese Tendenz kann zu einer Quelle der Angst werden: Egal wie begabt Sie in einem bestimmten Lebensbereich sind, es gibt immer jemanden, der besser ist als Sie. Wer andere übertreffen muß, um sich bedeutsam vorzukommen, empfindet über das Versagen oder schlechte Abschneiden anderer insgeheim oft eine gewisse Schadenfreude. In extremen Fällen greift er sogar zur Sabotage, um sicherzustellen, daß andere schlechter abschneiden als er.

Der irrationalen Überzeugung, der Wert eines Menschen hänge von seiner Leistung ab, läßt sich z. B. mit den folgenden rationalen Aussagen wirksam begegnen:

- Im Rückblick erscheint alten Menschen die Befriedigung, die sie aus zwischenmenschlichen Beziehungen und harmonischen Lebensphasen zogen, meist sehr viel wichtiger als alle meßbaren Leistungen und hektischen Aktivitäten.
- Für gesunde, befriedigende, langfristige Beziehungen ist Menschlichkeit viel wichtiger als Leistung.
- Der Wert eines Menschen hat mit seinen Leistungen überhaupt nichts zu tun. Würde man Wert und Leistung gleichsetzen, schüfe man ein

willkürliches Wertesystem, das sich auf keinerlei objektive Anhaltspunkte stützen kann.

– Um im Leben erfolgreich und glücklich zu sein, braucht man nicht besonders begabt oder leistungsfähig zu sein. Viele Menschen, die ein glückliches, erfolgreiches Leben führen, sind unterdurchschnittlich begabt. Umgekehrt sind berufliche, gesellschaftliche oder finanzielle Erfolge keine Garantie für menschliches Glück.

– Wenn man an einer Sache Spaß hat, leistet man oft mehr, als wenn man unter dem Druck steht, sich durch seine Leistung ständig neu beweisen zu müssen.

– Ist man ständig um seine Leistungen besorgt, bekommt man Angst, die wiederum die Leistungsfähigkeit beeinträchtigt.

Auch religiöse und philosophische Überzeugungen sind dazu geeignet, perfektionistischen Tendenzen entgegenzuwirken. Nehmen Sie sich in dieser Woche Zeit, Ihre philosophische und/oder religiöse Lebenseinstellung zu überdenken und zu klären, was Ihnen im Leben wichtig ist.

„Fehler sind der Anfang jeder Katastrophe"

Einen Fehler zu machen, ist für Perfektionisten das schlimmste, was ihnen passieren kann – auch wenn der Fehler eher unbedeutend ist und kaum negative Konsequenzen hat. Oft stellt sich heraus, daß die Betreffenden von ihren Eltern ständig auf Fehler hingewiesen, aber selten gelobt wurden. Die Eltern taten dies keineswegs aus Boshaftigkeit. Sie wollten das Beste für ihr Kind, vermittelten ihm jedoch eine gewisse Angst davor, Fehler zu machen und Risiken einzugehen. Aus dem gleichen Grund entstand meist die Tendenz, sich auf kleine Mängel und Fehler zu konzentrieren und ihre Bedeutung zu übertreiben.

In Wirklichkeit sind die meisten Fehler unbedeutend. Halten Sie einen Moment lang inne und versuchen Sie, sich an alle Fehler zu erinnern, die Ihnen in den letzten 24 Stunden unterlaufen sind. Überlegen Sie dann, welche Auswirkungen diese Fehler einen Tag, eine Woche oder ein Jahr später auf Ihr Leben haben werden. Falls Sie nicht gerade zufällig einen sehr untypischen Tag hinter sich haben, werden Sie wahrscheinlich feststellen, daß Ihre Fehler für Ihr Leben keine schwerwiegenden Konsequenzen nach sich ziehen werden. Natürlich gibt es auch Fehler, die unangenehme Nachwirkungen haben; die meisten Fehler, die im täglichen Leben vorkommen, führen jedoch im schlimmsten Fall zu kleinen Unannehmlichkeiten. Ihre große Bedeutung bekommen sie erst, wenn sie durch die Angst vor Fehlern und das perfektionistische „Alles oder Nichts"-Denken künstlich aufgewertet werden.

Aber Fehler sind mehr als nur lästige Zwischenfälle. Sie sind ein unentbehrlicher, natürlicher Teil jeden Lernprozesses, denn nur aus Fehlern wird man klug. Lernprozesse lassen sich grundsätzlich wie folgt darstellen:

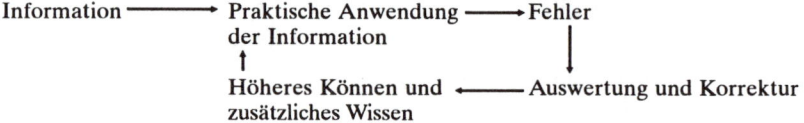

Alle komplexen Fähigkeiten – gehen, sprechen, lesen, kochen usw. – können nur mit Hilfe eines solchen Lernprozesses erworben werden. Auch wenn Sie jetzt lernen, auf neue, positive Weise zu denken und zu handeln, greifen Sie auf dieses Schema zurück. Fehler sind wichtige Meilensteine auf dem Weg zur Weisheit.

Perfektionistische Verhaltensweisen wirksam verändern

In diesem Abschnitt beschreiben wir zehn praktische Möglichkeiten, perfektionistische Tendenzen durch ihre positiven Gegenstücke zu ersetzen. Alle diese Möglichkeiten wirksam einzusetzen, dauert normalerweise viele Wochen oder Monate. In dieser Woche sollten Sie sich daher auf die ersten drei Techniken konzentrieren. Sie werden später noch Gelegenheit haben, zu dieser Lektion zurückzukehren und sich die Methoden zu erarbeiten, die Sie in dieser Woche nicht berücksichtigen können.

Entwickeln und üben Sie rationale innere Dialoge

Der erste Schritt zur Veränderung perfektionistischer Verhaltensweisen besteht darin, rationale innere Dialoge zu entwickeln, die den dahinterstehenden irrationalen Überzeugungen entgegenwirken. Das folgende Beispiel zeigt, wie man dazu die im vorigen Abschnitt erwähnten positiven Aussagen nutzen kann.

Beispiel: Stefanie probiert ein neues Rezept aus. Weil sie beim Lesen der Anweisungen einen Fehler macht, gelingt ihr das Gericht nicht besonders gut. Sie denkt: „Es ist wirklich schrecklich mit mir. Warum kann ich nichts richtig machen?"

Stefanies rationaler innerer Dialog: „Ich führe schon wieder perfektionistische innere Dialoge. In Wirklichkeit sage ich damit, daß ich perfekt kochen müßte und niemals Fehler machen dürfte (Benennen des negativen Denkmusters). Das ist irrational, weil Perfektion einfach nicht möglich ist (rationale Herausforderung). Und daß ich *nichts* richtig mache, ist ja auch nicht wahr. Ich bin eine gute Köchin, die meisten Gerichte gelingen mir. Außerdem haben Fehler auch ihr Gutes. Beim nächstes Mal weiß ich dann, wie ich es richtig machen muß (objektive Analyse und Ersatzformulierung). Das ist doch prima (Ego-Verstärker)."

Begegnen Sie Fehlern mit problemlösendem Verhalten

Im vorigen Abschnitt wurde betont, daß Fehler eine wichtige Quelle von Angstproblemen sind. Wenn Sie häufig über Fehlern brüten, sich selbst für Ihre Fehler verdammen oder bestimmte Aktivitäten vermeiden, weil Sie Angst haben, Fehler zu machen, versuchen Sie, sich den folgenden dreistufigen Ansatz anzueignen und jedem Ihrer Fehler mit problemlösendem Verhalten zu begegnen.

1. Den Fehler benennen

Für viele Perfektionisten ist dies der schwierigste Schritt, weil sie dazu neigen, sich von Selbstvorwürfen ablenken lassen. Machen Sie sich in einem solchen Fall klar, daß Sie die Quelle Ihres Fehlers finden müssen, um eine positive Handlung ergreifen können. Denken Sie auch daran, daß Fehler unvermeidliche, natürliche Bestandteile jedes Lernprozesses sind.

Falls Sie aus anderen Gründen nicht in der Lage sind, die Ursache eines Fehlers zu benennen, gehen Sie zum nächsten Schritt über.

2. Gegenmaßnahmen entwickeln

Hinterfragen Sie möglichst objektiv, ob der Fehler korrigiert werden kann und ob Sie die dazu erforderlichen Maßnahmen ergreifen wollen. Natürlich ist es nicht immer möglich, einen Fehler zu korrigieren. Bei kleinen Fehlern ist es darüber hinaus manchmal auch gar nicht sinnvoll, weil es zuviel Zeit oder Energie in Anspruch nehmen würde. Indem Sie das Für und Wider abwägen, kommen Sie zu einer Entscheidung.

3. Konsequenzen für die Zukunft ziehen

Auch dies ist nicht immer möglich, doch kommen viele Menschen mit perfektionistischen Tendenzen gar nicht erst dazu, darüber nachzudenken, weil Sie in Gedanken nicht über das Entsetzen über ihren Fehler und die Verzweiflung über ihre eigene Unzulänglichkeit hinauskommen. Wenn Sie für die Zukunft mögliche Handlungsalternativen erwägen, denken Sie daran, daß die Erprobung neuer Verhaltensweisen die Wahrscheinlichkeit, sie auch tatsächlich anzuwenden, stark erhöht. Nehmen Sie sich genug Zeit, um genau zu überlegen, was Sie beim nächsten Mal in einer ähnlichen Situation sagen oder tun wollen. Dann üben Sie dieses Verhalten, indem Sie es in Gedanken mehrmals durchgehen.

Mit Hilfe dieses dreistufigen Ansatzes können Sie Fehler in wichtige Meilensteine auf dem Weg zur Weisheit verwandeln. Nach einer Weile tritt er dann ganz von selbst an die Stelle Ihrer alten Denk- und Verhaltensmuster.

Konzentrieren Sie sich auf das Positive

Wenn Sie Ihre Verhaltensweisen verändern wollen, reicht es nicht aus, die alten, negativen Muster abzulegen. Sie müssen auch neue, positive Muster entwickeln und üben, bis sie im Laufe der Zeit die alten Muster ersetzen. Eines der wichtigsten Merkmale des Perfektionismus ist die Tendenz, sich auf kleine Mängel und Fehler zu konzentrieren. Dagegen setzen Sie am wirksamsten die Konzentration aufs Positive. Machen Sie es sich von heute an zur Gewohnheit, jeder einzelnen Aktivität, und sei sie auch noch so unbedeutend, etwas Positives abzuringen.

Meiden Sie „Ja, aber ... "-Sätze

Wer zum Perfektionismus neigt, benutzt das Wort „aber" mit Vorliebe, um Positives in Frage zu stellen. Hier drei Beispiele für innere Dialoge, die für dieses Phänomen typisch sind:

> „Diese Arbeitswoche war insgesamt recht erfreulich, aber am Dienstagnachmittag lief es nicht so gut."
> „Ich habe gestern mehr geschafft als sonst, aber ich war die ganze Zeit über ein bißchen nervös."
> „Das ist der beste Teppich, den ich je geknüpft habe, aber an einer Stelle stimmen die Farben nicht ganz."

In allen diesen Beispielen setzt die zweite, negative Satzhälfte die erste, positive Hälfte quasi außer Kraft. Eine einfache Methode, diese Angewohnheit zu überwinden, besteht darin, die Reihenfolge der Gedanken oder Aussagen umzudrehen und den negativen Teil zuerst zu nennen. Auf diese Weise kann der positive Teil den negativen Teil abschwächen.

> „Am Dienstagnachmittag lief's nicht so gut, aber insgesamt war diese Arbeitswoche recht erfreulich."

„Ich war die ganze Zeit über ein bißchen nervös, aber ich habe gestern mehr geschafft als sonst."

„An einer Stelle stimmen die Farben nicht ganz, aber das ist der beste Teppich, den ich je geknüpft habe."

Noch besser wäre natürlich, den negativen Satzteil ganz wegzulassen. Vielen hartgesottenen Perfektionisten fiele dieser Schritt allerdings sehr schwer. Darüber hinaus bekämen sie womöglich das Gefühl, mit sich selbst nicht ganz ehrlich zu sein. Wenn Sie sich bemühen, stets die positive Seite Ihrer Aussage zu betonen, können Sie Ihre Sicht der Dinge allmählich verändern, und der negative Teil gerät immer mehr in Vergessenheit. Sie werden feststellen, daß Ihre Mitmenschen Ihre Gesellschaft mehr genießen, wenn Sie nicht mehr ständig auf Negatives pochen.

Setzen Sie sich realistische Ziele

Die folgenden Vorschläge sollen Ihnen helfen, sich selbst realistischere Ziele zu setzen:

- Überlegen Sie, was Sie erwarten würden, wenn Sie die fraglichen Ziele für jemand anderen festlegen müßten. In den meisten Fällen bekommen Sie dadurch einen realistischeren Blick für das Machbare und Wünschenswerte.
- Wenn Sie sich ein bestimmtes Ziel gesetzt haben, verringern Sie es um etwa 20 Prozent. Mit großer Wahrscheinlichkeit sind die verbleibenden 80 Prozent noch immer schwer genug zu erreichen.
- Hüten Sie sich vor „Soll/Muß"-Regeln, die sich leicht in Ihre Zielsetzung einschleichen können (z.B.: „Ich muß in der Klausur eine eins schreiben"). Nutzen Sie die Technik des rationalen inneren Dialoges, um gegen dieses negative Denkmuster anzugehen.
- Machen Sie es sich zum Ziel, die eigenen Fehler und Mängel zu akzeptieren.
- Nehmen Sie sich vor, eine bestimmte Sache „zu machen" oder „gut zu machen" – nicht, sie „perfekt zu machen".
- Orientieren Sie sich am Ihrem eigenen Leistungsstand, nicht an irgendeinem imaginären Vorbild oder den Leistungen anderer.
- Besprechen Sie Ihre Ziele mit einer Person Ihres Vertrauens, um eine ehrliche Rückmeldung darüber zu erhalten, ob Ihre Ziele realistisch sind.

Wählen Sie aus dieser Zusammenstellung die Vorschläge aus, die am besten zu Ihnen passen, und versuchen Sie, sich die entsprechenden

Richtlinien fest einzuprägen. Machen Sie es sich zur Gewohnheit, diese Richtlinien anzuwenden, wenn Sie sich ein bestimmtes Ziel setzen, ganz egal, ob es sich dabei um ein berufliches oder ein Ziel aus dem privaten Bereich handelt.

Gönnen Sie sich ein wenig Spaß

Perfektionisten gestehen sich selten zu, etwas einfach nur „aus Spaß" zu tun. Sie sind meist viel zu sehr damit beschäftigt, dem unerreichbaren Ziel der Perfektion nachzulaufen, um sich mit harmlosen Vergnügungen abzugeben. Wer meint, daß sich der Wert eines Menschen durch Leistung bestimmt, gelangt schnell zu der Ansicht, daß Vergnügungen wertlos sind. Wird der Perfektionismus darüber hinaus von niedriger Selbstachtung und einem außergewöhnlichen Bedürfnis nach Bestätigung begleitet, wird den Ansprüchen anderer Menschen meist mehr Bedeutung beigemessen als den eigenen Interessen.

Dieser Tendenz können Sie ganz einfach entgegenwirken: Tun Sie jeden Tag mindestens einmal etwas, das Ihnen Spaß macht und Ihnen besonders angenehm ist. Es ist völlig gleichgültig, ob Sie dabei allein sind oder mit anderen gemeinsam etwas unternehmen, ob es sich um eine einfache oder um eine komplexe Aktivität handelt und ob sie viel oder wenig Zeit in Anspruch nimmt. Ausschlaggebend ist, daß Sie sich dafür entscheiden, weil es *Ihnen* Spaß macht, nicht weil Sie anderen damit einen Gefallen tun. In Lektion 3 finden Sie in dem Abschnitt zum Thema Entspannung zahlreiche Anregungen für mögliche Aktivitäten.

Machen Sie sich klar, daß in den meisten Fällen der Weg wichtiger ist als das Ziel

Menschliche Aktivitäten sind komplexe und häufig auch vielschichtige Prozesse. Richten Sie Ihr Augenmerk weniger auf das Endergebnis als auf die jeweiligen Prozesse. Machen Sie sich bewußt, was Sie gerade tun, in welcher Phase des Prozesses Sie sind, welche Aspekte Ihnen angenehm sind und welche nicht. Schreiben Sie sich Merkzettel, die Sie daran erinnern, sich Zeit zu lassen, in der Gegenwart zu leben und zu genießen, was Sie gerade tun. Auf diese Merkzettel könnten Sie z. B. schreiben:

− Genieße den Augenblick.
− Der Weg ist wichtiger als das Ziel.
− Achte nicht so sehr auf die Leistung, sondern auf das Vergnügen; mit ein bißchen Glück stellt sich dann beides ein.

- *Wie* ich lebe, ist viel wichtiger als das, *was* ich mache.
- Lebe jetzt!

Ein weiterer Vorteil dieser Sichtweise besteht darin, daß sie es einem ermöglicht, Probleme Stück für Stück anzugehen. Vielleicht kennen Sie die Witzfrage: „Wie verspeist man einen Elefanten?" Die Antwort lautet: „Indem man immer einen Biß nach dem anderen tut." Weil das perfektionistische Denken fast ausschließlich mit dem Endergebnis eines Prozesses beschäftigt ist, wirken große Vorhaben oft überwältigend. Man verzagt angesichts der riesigen Aufgabe, und es entsteht unnötige Angst.

Unterteilen Sie alle größeren Vorhaben in mehrere kleine, „verdauliche" Portionen. Konzentrieren Sie sich ganz auf den Teil, mit dem Sie gerade beschäftigt sind, und machen Sie sich möglichst wenig Gedanken über das gesamte Projekt. Wenn Ihnen z. B. ein umfangreicher Hausputz bevorsteht, unterteilen Sie dieses große Unterfangen in viele kleine Aufgaben wie spülen, saugen, Staub wischen usw., die Sie jeweils in relativ kurzer Zeit bewältigen können. Wenn Sie dann mit dem Spülen beginnen, konzentrieren Sie sich ganz auf diese Aufgabe. Auf diese Weise werden Sie produktiver, haben viel mehr Spaß an der Sache und brauchen sich weniger um das Endergebnis zu sorgen.

Machen Sie sich Ihre Ängste bewußt und begegnen Sie ihnen mit rationalen inneren Dialogen

Perfektionistische Verhaltensweisen werden von unterschwelligen Ängsten gesteuert. Mit Hilfe einer einfachen Methode lassen sich diese Ängste sowie die damit zusammenhängenden negativen Denkmuster ans Tageslicht bringen und wirksam bekämpfen. Diese Methode sollten Sie stets anwenden, wenn Sie einen Fehler gemacht haben oder Ihre Leistung nicht so gut ist, wie Sie es gern hätten.

Beginnen Sie damit, den eigenen Fehler oder die eigene Unzulänglichkeit zu beschreiben. Dann fragen sie sich, welches die denkbar schlimmste Konsequenz dieses Fehlers sein könnte, und schreiben die Antwort auf. Fragen Sie wiederum nach den denkbar schlimmsten Konsequenzen und haken Sie so lange nach, bis es keine neuen Antworten mehr gibt.

Am besten läßt sich die Methode an einem konkreten Beispiel illustrieren: Maribeth hat gerade ein Geschenk für ihre Freundin eingewickelt:

Situation: „Ich habe das Geschenk absolut stümperhaft eingepackt!"
„Und was würde geschehen, wenn es stümperhaft eingepackt wäre?" „Meine Freundin könnte denken, ich hätte mir mit ihrem Geschenk keine Mühe gegeben."

„Und was wäre, wenn sie das denken würde?" „Sie würde mich nicht mehr mögen."
„Und was wäre, wenn sie dich nicht mehr mögen würde?" „Ich würde mich schrecklich einsam fühlen."
„Und was wäre dann?" „Ich könnte es nicht aushalten."
„Und was wäre dann?" „Ich würde mich schrecklich einsam fühlen, und niemand würde mich mehr mögen."

An diesem Punkt fielen Maribeth keine schlimmeren Konsequenzen ein; sie begann, ihre vorigen Antworten zu wiederholen. Ihr innerer Dialog macht deutlich, daß ihrem Verhalten zwei Dinge zugrundeliegen: die Angst vor Zurückweisung und die irrationale Vorstellung, daß der Wert eines Menschen durch seine Leistung bestimmt wird. Hier die rationalen inneren Dialoge, die sie entwickelte, um ihren Ängsten zu begegnen:

Innerer Dialog: „Ich habe das Geschenk absolut stümperhaft eingepackt!" (Übertreibung.)

Rationale Reaktion: „Das ist eine maßlose Übertreibung. Das Geschenk sieht vielleicht nicht so schön aus, wie ich es gern hätte, aber es ist völlig in Ordnung."

Innerer Dialog: „Meine Freunden könnte denken, ich hätte mir mit ihrem Geschenk keine Mühe gegeben." (Wahrsagerei und Gedankenlesen.)

Rationale Reaktion: „Ich treffe eine Voraussage und tue so, als wäre es eine erwiesene Tatsache. Außerdem versuche ich mich im Gedankenlesen. In Wirklichkeit habe ich keine Ahnung, was meine Freundin denken würde. Ich glaube, das Geschenk wird ihr sehr gut gefallen."

Innerer Dialog: „Sie würde mich nicht mehr mögen." (Wahrsagerei.)

Rationale Reaktion: „Ich stelle wieder wilde Vermutungen darüber an, was alles geschehen könnte, und tue dann so, als handele es sich um eine erwiesene Tatsache. Dabei ist es eher unwahrscheinlich, daß sie so reagiert. Und außerdem wäre sie eine schlechte Freundin, wenn sie mich hängen ließe, nur weil ich nicht so gut Geschenke einpacken kann!"

Innerer Dialog: „Ich würde mich schrecklich einsam fühlen." (Übertreibung.)

Rationale Reaktion: „Selbst wenn mich meine Freundin wegen einer solchen Kleinigkeit fallenlassen sollte – ich würde es überleben und neue Freunde finden. Es wäre sehr schade, und ich wäre sicherlich traurig deswegen, aber so schrecklich wäre es nun auch wieder nicht."

Innerer Dialog: „Ich könnte es nicht aushalten."

Rationale Reaktion: „Ich würde es überleben und neue Freunde finden. Ich würde es aushalten, auch wenn es mir sehr unangenehm wäre."

Innerer Dialog: „Ich würde mich schrecklich einsam fühlen, und niemand würde mich mehr mögen." (Übertreibung.)

Rationale Reaktion: „Es würde mich niemand mehr mögen? Ich habe viele Freunde, denen es völlig schnuppe ist, wie ich Geschenke einpacke. Sie mögen mich, obwohl ich nicht vollkommen bin. Ich sehe jetzt, daß hinter meinem Verhalten nicht nur die Angst vor Zurückweisung steckt, sondern auch die irreale Vorstellung, daß man nur etwas wert ist, wenn man auch etwas Besonderes leistet. Dabei weiß ich, daß der Wert eines Menschen nicht durch Leistung bestimmt wird."

Planen Sie alle Ihre Aktivitäten

Setzen Sie sich für alle Ihre Aktivitäten eine zeitliche Grenze. Ändern Sie Ihre Pläne nur zu Beginn eines Tages. Achten Sie darauf, daß Sie eine bestimmte Aktivität auch zur vorgesehenen Zeit beenden, unabhängig davon, ob Sie damit fertig geworden sind oder nicht, und gehen Sie anschließend zur nächsten geplanten Aktivität über.

Wenn Sie dazu neigen, Probleme vor sich herzuschieben, wiederholen Sie diese Übung regelmäßig, und zwar vor allem in den Zeiten, in denen Sie unter großem Streß stehen oder mit sehr komplexen oder langfristigen Projekten beschäftigt sind.

Verwenden Sie eine wirksame Methode zur Überwindung zwanghafter Verhaltensweisen

Diese Übung ist für Menschen gedacht, die unter geringfügigen Zwangsstörungen leiden. Wenn Zwangshandlungen für Sie ein großes Problem darstellen, lassen Sie diese Übung bitte aus. Wir werden später noch Übungen vorstellen, die für Sie besser geeignet sind.

Perfektionistische Tendenzen werden häufig von zwanghaften Tendenzen begleitet und durch sie verstärkt. Typisch ist z. B. die wiederholte zwanghafte Kontrolle bestimmter Handlungen – z. B. ob die Haustür abgeschlossen, die Heizung ausgeschaltet oder der Wecker gestellt ist. Ebenso häufig ist die Tendenz, einen verlegten Gegenstand wie einen Schlüssel oder ein Buch wie besessen zu suchen, obwohl es besser wäre, die Suche aufzugeben und darauf zu warten, daß der Gegenstand von selbst wieder auftaucht. Auch das Bedürfnis, stets eine bestimmte Uhr oder ein bestimmtes Schmuckstück zu tragen, weil man sich ohne diesen Gegenstand „nackt" fühlt, ist ein typisches Beispiel für eine geringfügigere Zwangsstörung.

Diese Art von Störung können Sie mit Hilfe einer recht einfachen Methode wirksam überwinden: Der erste Schritt besteht darin, das jeweilige Zwangsverhalten präzise zu benennen. In der zweiten Phase unterlassen Sie einfach die zwanghafte Handlung und setzen sich dann ganz bewußt der Angst aus, die dieses Unterlassen bei Ihnen hervorruft. Sie werden sehen, daß die Angst innerhalb kürzester Zeit nachläßt und Sie ein stärkeres Gefühl der Selbstkontrolle gewinnen. Nehmen wir als Beispiel die zwanghafte Angewohnheit, immer wieder zu überprüfen, ob eine Tür auch tatsächlich abschlossen ist. Dies einmal zu prüfen, ist völlig in Ordnung. Die Klinke jedoch immer wieder herunterzudrücken, ist irrational und zwanghaft. Unterlassen Sie diese Handlung und verbieten

Sie sich, die Tür mehr als einmal zu überprüfen. Diese Verweigerung wird zunächst einmal große Angst hervorrufen. Nach einer Weile wird die Angst jedoch abnehmen, bis sie schließlich ganz verschwunden ist. In manchen Fällen dauert dies nur zehn oder fünfzehn Minuten, in anderen auch etwas länger. Viele geringfügige Zwangsstörungen lassen sich mit einer einzigen Unterlassungsübung überwinden, bei manchen sind mehrere Übungen notwendig. Sie werden Ihnen jedoch immer leichter fallen, da die Angst kontinuierlich abnehmen wird.

Praktischer Teil zu Lektion 6

Rationale Reaktionen auf perfektionistische Überzeugungen entwickeln

In dieser Lektion wurden drei irrationale Überzeugungen genannt, aus denen sich viele perfektionistische Gedanken und Verhaltensweisen speisen:
- „Perfektion ist möglich."
- „Der Wert eines Menschen wird durch seine Leistung bestimmt."
- „Fehler sind der Anfang jeder Katastrophe."

Gleichzeitig wurden im Text zahlreiche Argumente gegen diese Überzeugungen vorgebracht. Wählen Sie nun diejenigen Argumente aus, die Ihnen am einleuchtendsten erscheinen, und fassen Sie sie auf drei verschiedenen Karteikarten zusammen. Schauen Sie sich diese Karten mindestens einmal täglich an, bis Sie sich die Argumente deutlich eingeprägt haben. Hier die Karten, die Stefanie zusammengestellt hat:

Rationale Reaktionen auf die irrationale Vorstellung,
daß Perfektion möglich ist

- Nichts ist vollkommen.
- Selbst die erfolgreichsten Menschen haben Fehler und Schwächen.
- Wer sich die Vollkommenheit zum Ziel setzt, wird unweigerlich frustriert, weil er nach einem Ziel strebt, das sich nie verwirklichen läßt.

Rationale Reaktionen auf die irrationale Vorstellung,
daß mein Wert durch meine Leistung bestimmt wird

- Daß ich eine bestimmte Aufgabe nicht gelöst habe, macht aus mir noch keine Versagerin.
- Ich bin wertvoll, weil jeder Mensch wertvoll ist.
- Ich kann mittelmäßig und trotzdem glücklich und erfolgreich sein.
- Durchschnittlich zu sein, ist nichts Negatives.

Rationale Reaktionen auf die irrationale Vorstellung,
daß alle Fehler zu Katastrophen führen

- Die meisten Fehler haben keine großen Auswirkungen.
- Fehler sind Meilensteine auf dem Weg zur Weisheit.
- Fehler sind unerläßliche Bestandteile des Lernprozesses.
- Wenn ich einen Fehler mache, wende ich die Methode der Problemlösung an.

Mit der in Lektion 5 beschriebenen Methode zur Verhaltensänderung fortfahren

Falls Sie noch nicht damit begonnen haben, nehmen Sie sich jeden zweiten Tag fünf oder zehn Minuten Zeit, um die in Lektion 5 beschriebene dreistufige Methode zur Verhaltensänderung praktisch zu üben. Achten Sie dabei besonders auf die Merkmale der in dieser Lektion erörterten perfektionistischen Überzeugungen.

Setzen Sie sich zum Ziel, Ihre perfektionistischen Tendenzen zu überwinden

Probieren Sie von den in dieser Lektion beschriebenen elf Methoden so viele wie möglich praktisch aus. Die meiste Zeit und Energie widmen Sie den ersten drei Methoden („Entwickeln und üben rationaler innerer Dialoge", „Begegnung von Fehlern mit problemlösendem Verhalten" und „Konzentration auf das Positive"). Gehen Sie die übrigen acht Methoden aufmerksam durch und kreuzen Sie die Methoden an, von denen Sie meinen, daß sie für Sie am nützlichsten wären. Das sollten in der Regel die Übungen sein, die Ihnen am schwersten fallen, denn Aufgaben, die Ihnen leicht erscheinen, betreffen Fähigkeiten, die Sie bereits beherrschen. Wenn der Perfektionismus für Sie ein großes Problem darstellt, sollten Sie zwei Wochen lang an dieser Lektion arbeiten.

Haben Sie Geduld und arbeiten Sie kontinuierlich weiter

Wenn Sie dieses Programm gründlich durcharbeiten, werden Sie eine Phase des seelischen Wachstums erleben. Seelisches Wachstum ist jedoch ein langwieriger Prozeß, der sich über weite Strecken unmerklich vollzieht. Meist bemerkt man ihn erst, wenn man ein Problem auf ganz neue, erfolgreiche Weise angepackt hat. Dafür gibt es zwei Gründe: Erstens arbeiten Sie an Einstellungen und Fähigkeiten, die über einen längeren Zeitraum entwickelt und verfeinert werden müssen. Das ist ähnlich wie bei einem Kind, dessen körperliches Wachstum man nicht wahrnimmt, wenn man täglich mit ihm zusammen ist; erst wenn man seine Körpergröße mißt, wird das Wachstum offensichtlich.

Der zweite Grund dafür, daß Fortschritte meist erst wahrgenommen werden, wenn sie bereits eingetreten sind, liegt darin, daß die Einstellungen und Fähigketen, die Sie gerade entwickeln, erst dann am wirksamsten sind, wenn sie vollständig verinnerlicht wurden. Am Anfang müssen Sie noch viel Zeit und Energie darauf verwenden, sich an all die verschiedenen Schritte und Formulierungen zu erinnern. Im Laufe der Zeit werden sie Ihnen jedoch so in Fleisch und Blut übergehen, daß Sie gar nicht mehr bewußt darüber nachdenken müssen. Daß Sie die neuen Techniken erfolgreich verinnerlicht und an die Stelle der alten, angstauslösenden Muster gesetzt haben, bemerken Sie erst dann, wenn Sie auf ein bestimmtes Ereignis zurückblicken und erkennen, daß Sie diese Techniken angewendet haben, ohne darüber nachzudenken. Die neuen Fähigkeiten sind nun zu einem festen Bestandteil Ihres Lebens geworden.

Zu der Verinnerlichung der neuen Techniken kann es jedoch nur kommen, wenn Sie beharrlich weiterüben. Um destruktive Verhaltensweisen und Denkmuster tatsächlich zu überwinden, reicht es nicht aus, die entsprechenden Lektionen durchzulesen und zu verstehen. Erst durch die tägliche Übung kann so etwas wie eine gelassene Routine entstehen. Wenn Sie bisher die vorgestellten Übungen nicht so konsequent durchgeführt haben, wie wir es empfohlen haben, oder wenn Sie feststellen, daß Sie nach anfänglicher Begeisterung immer weniger Zeit auf die Übungen verwenden, treffen Sie den festen Vorsatz, ab sofort soviel Zeit und Energie wie möglich in die empfohlenen Übungen zu stecken. Falls Sie noch keine regelmäßigen Übungszeiten festgelegt haben, stellen Sie noch heute einen Zeitplan auf.

Massage ausprobieren

Die meisten Menschen mit Angstproblemen leiden unter chronischer Muskelverspannung. Massagen können helfen, solche chronischen Verspannungen zu lösen, und stellen eine ausgezeichnete Form der Entspannung dar. Außerdem gönnen Sie sich mit einer Massage eine Erfahrung, bei der Ihre Bedürfnisse und Ihr Wohlergehen im Mittelpunkt stehen. Das ist für Menschen, denen es schwerfällt, „an sich selbst zu denken", besonders wichtig. Falls Sie bisher noch nie eine professionelle Massage bekommen haben, sollten Sie es jetzt einmal ausprobieren.

Ein Tagebuch führen

Viele Menschen empfinden es als nützlich, während der Arbeit an diesem Programm Tagebuch zu führen. Sie können es nutzen, um schriftliche Aufgaben zu erledigen, um sich Probleme und Sorgen von der Seele zu schreiben und um neugewonnene Einsichten und Fortschritte festzuhalten. Selbstverständlich muß sichergestellt sein, daß niemand Ihre Eintragungen liest, denn nur so können Sie offen und ehrlich sein, ohne auf die Reaktionen anderer Rücksicht nehmen zu müssen. Wenn Sie die Arbeit an diesem Programm abgeschlossen haben, können Sie dann entscheiden, ob Sie Ihr Tagebuch behalten oder gar weiterführen wollen.

Die Einsichten und Verhaltensänderungen, die sich aus den in dieser Lektion empfohlenen Übungen ergeben, bilden die Grundlage für alle folgenden Lektionen. Lassen Sie sich daher ausreichend Zeit und verweilen Sie mindestens eine Woche lang bei dieser Lektion.

LEKTION 7

EINEN POSITIVEN REALISMUS ENTWICKELN

Ein positiver Realist zu sein, bedeutet nicht, daß man die Welt durch eine rosarote Brille sieht und alle Probleme und Gefahren einfach ignoriert. Vielmehr geht es darum, sein Leben aktiv zu gestalten und sich auf Lösungen und mögliche Handlungsalternativen zu konzentrieren, nicht auf die angsterregenden und schwierigen Aspekte des Lebens. Diese Lektion bietet Ihnen wirksame Methoden zur Bekämpfung negativer Einstellungen, die meist mit Angstproblemen verbunden sind. Während Sie diese Einstellungen zunehmend durch einen positiven Realismus ersetzen, werden Sie feststellen, daß Sie mit anderen Menschen und täglichen Problemen viel effektiver umgehen und mehr Freude am Leben finden.

Negative Antizipation

Mit dem Begriff „negative Antizipation" bezeichnen wir die Tendenz, sich in Gedanken auf unangenehme oder angsterregende Ereignisse zu versteifen, die sich möglicherweise in der Zukunft ereignen könnten. Der innere Dialog, der durch dieses Denkmuster entsteht, beginn oft mit den Worte: „Was, wenn ...?"

Nehmen wir als Beispiel Robert, der unter einer Panikstörung leidet. Während er sich auf einen Besuch bei einem Freund vorbereitet, denkt er: „Was, wenn ich im Haus meines Freundes eine Panikattacke bekomme?" Anstatt die Möglichkeit eines solchen Ereignisses objektiv abzuwägen, geht Robert gleich zu der Schlußfolgerung über, daß er *ganz bestimmt* eine Panikattacke bekommen werde (Wahrsagerei) und dies das Schlimmste sei, was ihm passieren könnte (Übertreibung), weil er dann vor seinem Freund als Versager dastünde („Soll/Muß"-Denken in Form von „Alles oder Nichts"-Denken: „Ich sollte bei allem, was ich tue, ruhig und gelassen wirken. Ich sollte perfekt sein und gar nicht erst solche Probleme haben"). Mit der folgenden Technik können Sie die Tendenz zur negativen Antizipation wirksam bekämpfen.

Analysieren Sie die Situation

Immer, wenn Sie bemerken, daß sie in Gedanken mit einem unangenehmen oder angsterregenden Ereignis beschäftigt sind, das eventuell in der Zukunft eintreten könnte, führen Sie mit Hilfe der vierstufigen Analyse eine objektive Auswertung durch.

1. Stufe: Wahrscheinlichkeit einschätzen

Bestimmen Sie möglichst realistisch, wie groß die Wahrscheinlichkeit ist, daß das befürchtete Ereignis tatsächlich eintritt. Drücken Sie dies in einer Prozentzahl aus. Hüten Sie sich vor Wahrsagerei. Erinnern Sie sich daran, wie es Ihnen bisher in ähnlichen Situationen ergangen ist. Dadurch kommen Sie zu einer realistischeren Einschätzung.

2. Stufe: Konsequenzen einschätzen

Überlegen Sie möglichst realistisch, welche Konsequenzen sich ergäben, falls sich Ihre schlimmsten Befürchtungen tatsächlich bewahrheiten sollten. Mit anderen Worten: Es geht darum, wie „schrecklich" das gefürchtete Ereignis tatsächlich ist. Hüten Sie sich vor Überteibungen, und beachten Sie, daß die Angst vor Zurückweisung sowie die Angst vor Peinlichkeit und Scham (ausgelöst durch perfektionistische Überzeugungen) möglicherweise eine wichtige Rolle spielen.

3. Stufe: Einen Plan entwickeln, um das befürchtete Ereignis abzuwenden

Entwickeln Sie einen detaillierten Plan, um die Wahrscheinlichkeit, daß das gefürchtete Ereignis eintritt, zu reduzieren. Rationale innere Dialoge, mit deren Hilfe sich irrationale Überzeugungen wirksam überwinden lassen, bilden meist einen wichtigen Bestandteil dieses Plans.

4. Stufe: Einen Plan entwickeln, um das befürchtete Ereignis, falls es doch eintritt, möglichst effektiv zu bewältigen

Überlegen Sie, wie Sie sich am besten verhalten könnten, falls das gefürchtete Ereignis tatsächlich eintritt. Halten Sie sich bei Ihren Überlegungen jedoch nicht bei Gedanken darüber auf, wie schrecklich es wäre, wenn das Ereignis eintreten würde. Konzentrieren Sie sich statt dessen auf praktische Handlungsmöglichkeiten, die einen möglichst effektiven Umgang mit dem Problem gewährleisten können.

Nachdem Sie die vier Stufen der Analyse durchlaufen haben, fassen Sie das Ergebnis in zwei bis drei Sätzen zusammen. Wenn Sie möchten, können Sie diese Sätze auf eine Karte schreiben und diese dann bei sich tragen. Anschließend richten Sie Ihre Aufmerksamkeit auf etwas Positives oder Neutrales.

Wenn Sie feststellen, daß Sie wieder an das gefürchtete Ereignis denken, rufen Sie sich Ihre Zusammenfassung ins Gedächtnis und richten Sie anschließend Ihre Aufmerksamkeit auf etwas anderes. An dem folgenden Beispiel können wir sehen, wie Robert seine Angst, im Hause seines Freundes eines Panikattacke zu bekommen, erfolgreich bewältigte:

1. *Stufe: Wahrscheinlichkeit einschätzen:* „Ich kann mich erinnern, daß ich mehrmals Panikattacken bekam, wenn ich bei Freunden zu Besuch war, das gefürchtete Ereignis könnte also durchaus eintreten. Seitdem ich die neuen Techniken gelernt habe, ist es mir jedoch sehr viel besser ergangen, daher glaube ich nicht, daß die Wahrscheinlichkeit sehr hoch ist. Ich schätze, sie liegt bei etwa 20%."

2. *Stufe: Konsequenzen einschätzen:* „Wie schrecklich wäre es tatsächlich, wenn ich im Haus meines Freundes eine Panikattacke bekäme? Es wäre mir sehr unangenehm, ich würde mich äußerst unwohl fühlen, aber ich würde es aushalten. Schließlich wäre ich keiner echten Gefahr ausgesetzt. Angst zu haben, ist nicht gefährlich. Es ist nur lästig. Ich glaube, meine eigentliche Angst ist, daß es mir schrecklich peinlich wäre und ich mich schämen müßte. Aber ich habe mich schon häufig geschämt und habe es immer überlebt, und den Menschen, auf die es mir ankommt, ist es egal. Sie mögen mich immer noch. Ich merke, daß meine Angst vor Zurückweisung und das Bedürfnis, immer alles perfekt zu machen, bei diesen Ängsten eine wichtige Rolle spielen."

3. *Stufe: Einen Plan entwickeln, um das befürchtete Ereignis abzuwenden:* „Ich könnte eine Karteikarte mitnehmen, auf der ich mir mehrere angstreduzierende Techniken notiere. Ich weiß, daß ich dazu neige, meinen Atem anzuhalten, zu hyperventilieren und mir selbst einzureden, wie schrecklich es ist, Angst zu haben. Das heißt, ich könnte mich mit Hilfe der Karte daran erinnern, mit dem Zwerchfell zu atmen, und mir einige positive Aussagen vor Augen halten. Vielleicht sollte ich auch die Karten mitnehmen, auf denen ich verschiedene Argumente gegen meine perfektionistischen Überzeugungen notiert habe. Diese Karten haben sich in der Vergangenheit sehr gut bewährt. Außerdem sollte ich unbedingt etwas essen, bevor ich losgehe, denn wenn ich nicht gleichzeitig auch noch hungrig bin, geht es mir sehr viel besser."

4. *Stufe: Einen Plan entwickeln, um das befürchtete Ereignis, falls es doch auftritt, möglichst effektiv zu bewältigen:* „Wenn ich Angst verspüre, kann ich mich einen Moment lang zurückziehen und die auf der Karte notierten Techniken einsetzen. Das hilft normalerweise sehr. Wenn die Angst so groß wird, daß ich lieber gehen möchte, kann ich meinem Freund sagen, daß ich zwar gern noch bleiben würde, mich aber nicht ganz wohl fühle. Ich könnte ihm auch sagen, daß ich ihn später anrufe."

Nachdem er die obige Analyse abgeschlossen hatte, lenkte sich Robert mit verschiedenen Arbeiten im Haushalt ab. Nach einer Weile stellte er fest, daß er wieder an die Möglichkeit dachte, im Haus seines Freundes eine Panikattacke zu bekommen. Da er sich in Form der vierstufigen Analyse bereits detailliert mit dem Problem auseinandergesetzt hatte, setzte er jetzt einen rationalen inneren Dialog ein, in dem er seine Pläne und Schlußfolgerungen zusammenfaßte.

„Einen Moment mal. Ich habe bereits ausführlich über dieses Thema nachgedacht und weiß, daß die Wahrscheinlichkeit, daß ich eine Panikattacke bekomme, ziemlich gering ist. Außerdem habe ich einen Plan entwickelt, wie ich mich verhalten kann, falls ich doch Angst bekomme. Ich bin also gut vorbereitet und werde die Situation bestimmt gut meistern. Außerdem: Was soll schon passieren, wenn nicht alles ganz glatt verläuft? Ein Weltuntergang wäre es sicher nicht. Gibt es noch etwas zu erledigen, ehe ich das Haus verlasse?"

„Was soll schon passieren, wenn ...?"

Die für die negative Antizipation so typischen Fragen, die mit den Worten „Was, wenn ...?" beginnen, lösen einen Adrenalinstoß aus und verstärken die Angst. Eine Möglichkeit, dem zu begegnen, besteht darin, Fragen dagegenzusetzen, die mit den Worten „Was soll schon passieren, wenn ...?" beginnen.

„Was, wenn ich anfange, komisch zu atmen?" *wird zu* „Was soll schon passieren, wenn ich anfange, komisch zu atmen?"
„Was, wenn ich Angst bekomme?" *wird zu* „Was soll schon passieren, wenn ich Angst bekomme?"
„Was, wenn ich gehen muß?" *wird zu* „Was soll schon passieren, wenn ich gehen muß?"

Während „Was, wenn ...?"-Fragen Ihre Angst geradezu schüren, haben „Was soll schon passieren, wenn ...?"-Fragen einen beruhigenden Einfluß. Diese Wirkung kann man verstärken, indem man eine positive Aussage folgen läßt. Diese Aussage kann allgemeiner Natur sein oder sich auf das Ergebnis der vierstufigen Analyse beziehen.

Beispiel: „Was, wenn ich gehen muß?"
Rationaler innerer Dialog: „Was soll schon passieren, wenn ich gehen muß? Es kommt doch ständig vor, daß irgendjemand früher gehen muß. Wahrscheinlich reicht es aus, wenn ich kurz das Zimmer verlasse, mich zurückziehe und meine neuen Techniken einsetze. Wenn ich dann zurückkehre, werden die meisten Leute gar nicht bemerkt haben, daß ich kurz draußen war. Und die, die es bemerkt haben, werden sich nichts dabei denken."

Versuchen Sie, Unwägbarkeiten zu akzeptieren

Negative Antizipation entsteht häufig durch das Bedürfnis nach einem Maß an Sicherheit, das grundsätzlich nicht ereichbar ist. Gewünscht wird eine 100%ige Sicherheit, daß das, was man befürchtet, nicht eintritt. Leider wird das Bedürfnis nach einer 100%igen Garantie in unserer modernen Gesellschaft auf vielerlei Weise verstärkt. Unsere technologisierte Welt ist relativ sicher und angenehm. Filme und Fersehsendungen stützen die Illusion, daß sich die meisten Probleme im Handumdrehen lösen lassen und das Leben schön und sicher sein *sollte*. Der Tatsache, daß Unsicherheit untrennbar zum menschlichen Leben gehört, schauen wir nicht gern ins Gesicht. Unsere Neigung, nach Sündenböcken zu suchen, wenn einmal etwas schiefgegangen ist, legt nahe, daß Abweichungen vom sicheren Kurs nicht vorkommen *sollten*. Wir wollen, daß unsere Arzneimittel, unsere Transportwege, unsere Ermährung und unser gesamtes Leben 100%ig sicher sind. Diese Sicherheit ist jedoch unmöglich zu erreichen.

Die unvermeidlich mit dem Leben verknüpften Gefahren und Risiken zu akzeptieren, ist eine wesentliche Voraussetzung für ein freudenvolles, kreatives Leben. Machen Sie sich mit Hilfe rationaler innerer Dialoge klar, daß es in den meisten Fällen einen 1–10%igen Unsicherheitsfaktor gibt, mit dem jeder von uns leben muß. Diese Tatsache läßt sich aber auch positiv ausdrücken: Es gibt in den meisten Fällen immerhin eine 90%ige Sicherheit, daß alles gut geht. Darüber hinaus sollten Sie sich vor Augen führen, daß unvorhergesehene Wendungen und Entwicklungen auch enorme Chancen bergen, die man vielleicht nicht gleich auf den ersten Blick sieht, im nachhinein jedoch durchaus zu schätzen lernt. Überprüfen Sie Ihre Lebensanschauung unter dem Aspekt des Sicherheitsbedürfnisses und versuchen Sie, einen realistischen Standpunkt zu entwickeln.

Entwickeln Sie Problemlösungsstrategien

Menschen mit Angstproblemen verwenden oft viel Zeit und Energie darauf, sich Sorgen zu machen, obgleich sie eigentlich eine Entscheidung treffen müßten. Ein zielgerichtetes, problemlösendes Verhalten kann Sie aus diesem Dilemma herausführen. Wenden Sie in Entscheidungssituationen folgende Methode an, die aus fünf Schritten besteht:

1. Schritt: Wo liegt das Problem?

So einfach diese Frage auch klingen mag, den meisten Menschen gelingt es nicht, von sich aus innezuhalten und das Problem, mit dem sie es zu tun haben, klar zu umreißen. Am leichtesten fällt die Definition des Problems, wenn man es in einer kurzen Aussage zusammenzufaßt, z. B.: „Ich muß mich entscheiden, ob ich mit meinem Freund eine Reise unternehmen will oder nicht."

2. Schritt: Welche Handlungsmöglichkeiten habe ich?

An diesem Punkt lassen sich viele Menschen ablenken. Anstatt mögliche Handlungsalternativen aufzulisten, driften sie in einen negativen inneren Dialog ab. Aus Gründen der Übersichtlichkeit ist es sinnvoll, die verschiedenen Handlungsmöglichkeiten aufzuschreiben. Um sicherzugehen, daß Sie wirklich alle Möglichkeiten abgedeckt haben, können Sie eine Person Ihres Vertrauens zu Rate ziehen.

3. Schritt: Informationen über die positiven und negativen Aspekte dieser Möglichkeiten sammeln

Ausreichende Informationen sind der Schlüssel zu jeder erfolgreichen Entscheidungsfindung, erhellen sie doch die jeweiligen Konsequenzen der verschiedenen Entscheidungsmöglichkeiten. Auch in dieser Phase ist es sinnvoll, sich mit einer Person zu beraten, die mit Ihrem aktuellen Problem vertraut ist.

4. Schritt: Sich für die Lösung mit den meisten positiven oder wenigsten negativen Konsequenzen entscheiden

Wenn Sie die ersten drei Schritte sorgfältig durchgeführt haben, müßte sich eine Lösung herauskristallisieren, die mehr positive oder weniger negative Konsequenzen hat als alle anderen möglichen Entscheidungen. Ist dies nicht der Fall, wiederholen Sie die ersten drei Schritte. Haben Sie Ihre Entscheidung getroffen, sollten Sie nicht länger zögern, sondern sie aktiv in die Tat umsetzen, da die Angst, die durch einen hinausgezögerten Konflikt entsteht, Ihre Tatkraft erheblich schwächen kann. Setzen Sie rationale innere Dialoge ein, um dem Bedürfnis nach einer „perfekten" Lösung entgegenzutreten.

5. Schritt: Auswertung

Warten Sie eine Weile ab, bis Sie die Konsequenzen Ihrer Entscheidung erlebt haben und nehmen Sie sich dann ein wenig Zeit für die Auswertung. Ist das Ergebnis eher negativ, wenden Sie den in Lektion 6 vorgestellten problemlösenden Ansatz für Fehler an. Ist das Ergebnis positiv, vergessen Sie nicht, sich selbst zu diesem Erfolg ausführlich zu gratulieren!

Trennen Sie Zukunft und Vergangenheit

Viele Menschen reagieren auf die Gegenwart, als handele es sich um die Vergangenheit. Dies liegt zum Teil an der Konditionierung bestimmter Reaktionen (siehe Lektion 2). Harmlose Ereignisse lösen Angst und negative innere Dialoge aus, weil sie an vergangene Erlebnisse erinnern. Setzen Sie in solchen Fällen rationale innere Dialoge ein, und machen Sie sich klar, daß die Bedrohung, die Sie in der Vergangenheit verspürten, damals möglicherweise real und wichtig war, in der Gegenwart jedoch gar nicht mehr existiert oder nur ein geringes Problem darstellt.

An Barbaras Beispiel können wir anschaulich nachvollziehen, wie sich die Vergangenheit auf die Wahrnehmung der Gegenwart auswirken kann. Obgleich ihre Panikstörungen deutlich zurückgegangen waren, hatte sie – wie übrigens die meisten Menschen in dieser Situation – noch immer große Angst vor Orten, an denen sie in der Vergangenheit Panikattacken gehabt hatte. Hier ein rationaler innerer Dialog, den sie einsetzte, um gegen diese Ängste anzugehen:

„Die mit diesem Ort verbundene Bedrohung war real und wichtig, als ich noch nicht verstand, wie es zu meinen Panikattacken kam, und ich noch keine Techniken kannte, um meine Angstsymptome wirksam zu reduzieren. Jetzt weiß ich, wie meine Panikstörung entstanden ist. Außerdem habe ich zahlreiche Methoden kennengelernt, mit denen ich meine Angstgefühle reduzieren kann, und habe diese Methoden schon häufig erfolgreich angewendet. Die Angst, die ich im Moment verspüre, ist nichts anderes als eine alte, konditionierte Reaktion – ein Verhaltensmuster, das auf einer Bedrohung beruht, die eigentlich gar nicht mehr existiert. Diese Reaktion ist nicht gefährlich. Sie ist nur mit unangenehmen Gefühlen verbunden, die aber mit der Zeit zurückgehen werden."

Opferrolle

Die Tendenz, sich ständig als Opfer zu fühlen und daher wie ein Opfer zu denken und zu handeln, ist weit verbreitet. Die Betroffenen empfinden sich selbst als ohnmächtig und glauben nicht daran, Ereignisse positiv beeinflussen zu können. Den meisten ist allerdings nicht bewußt, daß sie zur Opferrolle neigen. Die folgenden Aussagen und Gedanken sind typisch für die Opferrolle. Prüfen Sie, welche Aussagen Sie von sich selbst kennen.

„Wenn doch bloß alles anders wäre."
„Es ist alles seine/ihre Schuld."
„Er/sie/es hat mich wütend (ängstlich, traurig usw.) gemacht."
„Der Mensch ist eben ein Gewohnheitstier. Ich war schon immer so."
„Ich wünschte, ich könnte noch einmal ganz von vorn anfangen. Dann wäre alles anders."
„So bin ich eben."
„Einem alten Hund kann man keine neuen Tricks beibringen."
„Ich kann mir selbst nicht helfen."

Setzen Sie die im folgenden beschriebenen Maßnahmen ein, um der Tendenz zur Opferrolle entgegenzuwirken. Sie stärken damit Ihr Selbstwertgefühl und Ihren Glauben an die eigene Fähigkeit, Ereignisse positiv zu beeinflussen.

Stärken Sie den Glauben an die eigene Fähigkeit, Gefühle kontrollieren und verändern zu können

In Lektion 4 haben wir ausführlich erörtert, daß *nicht andere Menschen und äußere Ereignisse für unsere Gefühle verantwortlich sind, sondern die Bedeutung, die wir diesen Menschen und Ereignissen beimessen.* Immer, wenn Sie bemerken, daß Sie so denken oder handeln, als hätte ein anderer Mensch oder ein äußeres Ereignis bei Ihnen ein bestimmtes Gefühl ausgelöst, rufen Sie sich diese Tatsache ins Gedächtnis.

Es gibt nur zwei Arten von Schmerz: körperlichen und seelischen Schmerz. Beide entstehen, wenn Bedürfnisse und Wünsche unerfüllt bleiben oder bedroht sind. Ihre Überzeugungen und Einstellungen zu bestimmten Ereignissen erzeugen seelischen Schmerz und bereiten Unbehagen. Ein großer Teil Ihres Kummers geht auf Ihre eigenen negativen Denkmuster und deren ständige Wiederholung zurück. Indem Sie also Ihr Denken verändern und negative Denkmuster durch positive ersetzen, können Sie auch auf Ihre Gefühle Einfluß nehmen.

Leben Sie in der Gegenwart

Viele Menschen gehen von der irrigen Annahme aus, von der eigenen Vergangenheit beherrscht zu werden: Weil früher einmal etwas ihr Leben stark beeinflußt hat, muß es auch weiterhin großen Einfluß auf ihre Gefühle und ihr Verhalten haben. Bei dieser Schlußfolgerung handelt es sich jedoch um eine unzulässige Verallgemeinerung. Bloß weil etwas unter bestimmten Umständen wahr ist, braucht es nicht auch unter allen anderen Umständen wahr zu sein. Weil Sie sich einmal schwach gefühlt haben, müssen Sie sich nicht immer schwach fühlen. Sich von vergangenen Ereignissen beeinflussen zu lassen, führt dazu, daß Sie immer passiver werden. Der Glaube, daß die Vergangenheit die Zukunft bestimmt, wird schließlich zur sich selbst erfüllenden Prophezeihung. Versuchen Sie, Gefühle aus der Vergangenheit nicht in die Gegenwart zu übertragen. Ständig auf die Schatten der Vergangenheit zu reagieren, anstatt die gegenwärtigen Ereignisse bewußt wahrzunehmen, führt zu destruktiven Verhaltensweisen.

Versuchen Sie, die Tatsache zu akzeptieren, daß Ihre Vergangenheit Sie zwar durchaus noch beeinflussen mag, jedoch keinen magischen Zugriff auf die Gegenwart oder Zukunft hat. Sie leben *heute*, nicht gestern. *Jetzt* haben Sie die Chance, Ihr Leben aktiv zu gestalten. Das bedeutet nicht, daß Sie die Vergangenheit völlig ignorieren sollen. Im Gegenteil, wenn Sie sie einigermaßen nüchtern betrachten, können Sie aus vergangenen Erfahrungen wertvolle Lehren ziehen. Auf diese Weise können Sie versuchen, die Fehler der Vergangenheit von nun an zu vermeiden. Indem Sie die Gegenwart aktiv gestalten, schaffen Sie sich eine bessere Zukunft.

Wenn Sie sich bei Gedanken und Aussagen wie „Wenn ich doch bloß ...", „Ich war schon immer so" oder „Ich kann mich nicht mehr verändern" ertappen, setzen Sie rationale innere Dialoge dagegen. Benutzen Sie in dieser Lektion genannten Argumente, um die Macht der Vergangenheit über ihr jetziges Leben in Frage zu stellen. Schätzen Sie realistisch Ihre Bedürfnisse und Wünsche ein, und treffen Sie eine Entscheidung, die auf der Gegenwart beruht.

Beispiel: Judy ist sehr schüchtern und hat Schwierigkeiten, anderen Menschen ins Gesicht zu schauen. Eines Tages denkt sie: „Wenn ich bloß mehr Selbstvetrauen hätte, könnte ich wirklich etwas aus mir machen."
Rationaler innerer Dialog: „Was soll das heißen: ‚Wenn ich bloß ...'? Ich handele und denke, als wäre es für mich unmöglich, mich zu verändern. Ich lebe in der Gegenwart. Ich kann die Vergangenheit nicht ändern. Aber ich kann die Zukunft ändern, indem ich heute anders handle, auch wenn es mir am Anfang schwer fällt. Wenn ich im Umgang mit anderen Leuten selbstwußter sein will, muß ich diesen Umgang üben. Ich nehme mir fest vor, heute zwei Menschen anzulächeln und mit ihnen Gespräche anzufangen."

Akzeptieren Sie Frustrationen und Verluste als natürliche Elemente des täglichen Lebens

Kleinere Frustrationen und Verluste sind normale Bestandteile des täglichen Lebens. Normalerweise haben sie keine katastrophalen Auswirkungen. Entwickeln Sie rationale innere Dialoge, die Sie in dieser Ansicht bestärken.

Schuldzuweisungen und die Suche nach Sündenböcken

Die Tendenz, die Schuld für eigene Probleme und Unzulänglichkeiten bei bestimmten Ereignissen, Gegenständen oder anderen Menschen zu suchen, ist im Grunde die Kehrseite der Opferrolle, zeugt sie doch von einer tiefsitzenden Abneigung dagegen, für das eigene Leben und Handeln die volle Verantwortung zu übernehmen. Auch die irrigen Vorstellungen, das Leben müsse fair sein und der Wert eines Menschen werde durch seine Leistung bestimmt, spielen dabei eine wichtige Rolle.

Manche Menschen, die zu Schuldzuweisungen neigen, sind sehr beredsam und lassen alle anderen wissen, wer ihrer Meinung an ihrem Unglück Schuld hat. Andere sind eher still und wickeln ihre Schuldzuweisungen in langwierigen inneren Dialogen ab. Die folgenden Maßnahmen werden Ihnen helfen, diese destruktiven Verhaltensweisen zu überwinden.

Übernehmen Sie die Verantwortung für Ihr Leben

Wenn Sie ständig nach Sündenböcken suchen und andere für Ihre Probleme verantwortlich machen, geben Sie immer mehr von der eigenen Kontrolle auf und verlieren die Fähigkeit, die Dinge zum Besseren zu wenden. Erst wenn Sie die eigenen Probleme als Ihre Probleme annehmen, gewinnen Sie die Fähigkeit zu konstruktivem Handeln zurück. Alle Probleme, die Sie haben, sind *Ihre* Probleme, unabhängig davon, wer für ihr Enstehen verantwortlich ist. Aktiv lösen können Sie diese Probleme erst, wenn Sie Ihre Zeit und Energie darauf verwenden, effektive Maßnahmen zu ergreifen, anstatt sich ständig darüber auszulassen, wessen Fehler es war und wie schrecklich das alles ist.

Unterscheiden Sie zwischen Verantwortung und Schuld

Weist man die *Schuld* für ein bestimmtes Problem zu, verdammt man sich selbst oder andere für unangemessene oder „schlechte" Verhaltensweisen. Wer sich „schlecht" verhält, braucht aber noch lange nicht „schlecht" zu sein. Rufen Sie sich die in Lektion 6 dargelegten Argumente gegen die Vorstellung, daß der Wert eines Menschen durch seine Leistung bestimmt wird, noch einmal ins Gedächtnis. Setzen Sie zusätzlich rationale innere Dialoge ein, um sich auf objektive Problemlösungen zu konzentrieren, anstatt Ihre wertvolle Zeit und Energie darauf zu verschwenden, vermeintliche Sündenböcke zu verdammen. Denken Sie daran, daß Ereignisse in den meisten Fällen mehrere Ursachen haben. Versucht man, die *Verantwortung* für ein bestimmtes Problem zu analysieren, bemüht man sich um eine objektive Problemlösung. Man untersucht, was das Problem verursacht hat, ohne ein moralisches Urteil zu fällen. Schließlich muß man wissen, was in der Vergangenheit geschehen ist, um zu entscheiden, was in Zukunft möglicherweise anders gemacht werden soll.

Wer zu Schuldzuweisungen neigt, wendet meist auch heftige Vorwürfe gegen sich selbst. Ein geringes Selbstwertgefühl ist die logische Folge. Deshalb ist es wichtig, sich daran zu erinnern, stets nur die Frage der *Verantwortung* zu klären und die Frage der *Schuld* außen vor zu lassen.

Zwischen Verantwortung und Schuld zu unterscheiden, wird einfacher, wenn es Ihnen gelingt, menschliche Schwächen und Unzulänglichkeiten bei sich und anderen zu akzeptieren. Gehen Sie in Zukunft wie selbstverständlich davon aus, daß Ihnen und anderen Fehler und Irrtümer unterlaufen werden. Wenn Sie dazu neigen, allzu streng mit sich selbst ins Gericht zu gehen, setzen Sie rationale innere Dialoge ein, um Ihre Aufmerksamkeit von der Schuldzuweisung auf die Problemlösung umzulenken.

„Ja, ich habe mich unangemessen verhalten. Aber das ist menschlich. Ich kann mir überlegen, wie ich meinen Fehler korrigieren oder zumindest dafür sorgen kann, daß er sich nicht wiederholt."

Erkennen und überwinden Sie negative Denkmuster, die zu Schuldzuweisungen führen

Eines der Denkmuster, die verstärkt zu Schuldzuweisungen führen, ist das „Soll/Muß"-Denken. Dazu gehört vor allem die irrige Annahme, das Leben müsse fair sein. Immer, wenn Sie sagen oder denken, ein bestimmtes Ereignis sei unfair, sollten Sie sich klarmachen, daß *völlige Fairneß – ebenso wie Perfektion – in unserer unvollkommenen Welt unmöglich zu erreichen* ist.

Ungerechtigkeiten und Ungleichheiten sind im Leben unvermeidlich. Jeder verhält sich irgendwann einmal verletzend und ungerecht, sei es aus rationalen oder irrationalen Gründen. Selbst Handlungen, die auf besten Absichten beruhen, können sich als verletzend oder ungerecht erweisen. Deshalb ist es wichtig, sich nicht auf den Aspekt der Fairneß, sondern auf Bedürfnisse zu konzentrieren. Überliegen Sie in solchen Situationen, ob etwas, das Sie wirklich brauchen oder wollen, verweigert oder bedroht wird. Ist dies der Fall, konzentrieren Sie sich darauf, die Situation so zu beeinflussen, daß Ihr Bedürfnis befriedigt werden kann.

Übertreibungen und unzulässige Verallgemeinerungen sind zwei weitere negative Denkmuster, die zu Schuldzuweisungen führen. Versuchen Sie, diese Denkmuster zu erkennen, Schuldzuweisungen zu vermeiden und problemlösende Verhaltensweisen an ihre Stelle zu setzen. Falls die Neigung zu Schuldzuweisungen bei Ihnen stark ausgeprägt ist, nutzen Sie die in Lektion 5 vorgestellte Blockmethode, um Ihre Gedankengänge zu analysieren, und setzen Sie rationale innere Dialoge ein. In dem Maße, in dem es Ihnen zunehmend gelingt, negative Denkmuster zu erkennen und zu überwinden, werden auch Schuldzuweisungen in Ihrem Denken eine immer geringere Rolle spielen.

Lernen Sie, mit dem negativen Verhalten anderer objektiv umzugehen

Ein Zeichen emotionaler Reife ist die Fähigkeit, darauf zu verzichten, an anderen Menschen Vergeltung zu üben, auch wenn sie verletzend und ungerecht waren. Sie können das Denken und Verhalten anderer Menschen nicht kontrollieren, Ihre eigenen Gedanken und Verhaltensweisen können Sie sehr wohl beeinflussen. Konzentrieren Sie sich darauf, so zu handeln, daß die Situation möglichst verbessert oder zumindest bewältigt werden kann.

Der Entwicklung dieser Fähigkeit steht vor allem das „Soll/Muß"-Denken im Wege. Das Bedürfnis, andere zu bestrafen und Vergeltung zu üben, entsteht meist aus der Konzentration darauf, wie andere sich verhalten „sollten". Planen und führen Sie statt dessen Handlungen aus, die dazu geeignet sind, sich zu schützen und, wenn möglich, die Befriedigung Ihrer eigenen Bedürfnisse sicherzustellen. Da Ihre Fähigkeit, „Soll/Muß"-Denkmuster zu erkennen und zu überwinden, während der Arbeit mit diesem Programm kontinuierlich wächst, wird Ihnen dies mit der Zeit immer leichter fallen.

Beispiel: Alberts Schwager Sam wirkt emotional noch sehr unreif. Als er eines Tages etwas besonders Kindisches sagt, denkt Albert: „Wie kann er sich bloß so kindisch verhalten? Er ist 35 und sollte es wirklich besser wissen. Ich kann das nicht ausstehen. Es ist wirklich fürchterlich, wie er andere Menschen behandelt." *Alberts rationaler innerer Dialog:* „Moment mal. Ich erwarte also von Sam, daß er sich vernünftig und fair verhält und mich mit Respekt behandelt. Ich weiß, er ist selbstsüchtig und unvernünftig und führt sich oft auf wie ein kleines Kind. Ich kann daran nichts ändern. Aber ich kann überlegen, wie ich am besten darauf reagiere, um mich zu schützen und meine Bedürfnisse zu befriedigen. Außerdem kann ich aufhören, die Bedeutung der Situation zu übertreiben. Natürlich wäre es schön, wenn alle Menschen fair und nett zueinander wären, aber so ist es nun einmal nicht auf der Welt. Wie kann ich auf Sams selbstsüchtiges und unreifes Verhalten am besten reagieren und dabei für meine Bedürfnisse sorgen?"

Eine andere Möglichkeit, möglichst objektiv zu bleiben, wenn man mit negativen Verhaltensweisen anderer Menschen konfrontiert ist, besteht darin, sich die folgenden Fragen zu stellen.

– Macht es mir wirklich etwas aus, wie sich die andere Person verhält?

– Beeinträchtigt ihr Verhalten wirklich mein Leben?

– Besteht die Chance, daß sich die Person ändert, wenn ich versuche, ihr dabei zu helfen?

– Habe ich tatsächlich genug Zeit und Energie, um dieser Person zu helfen, ihr Verhalten zu ändern?

Falls Sie nicht alle vier Fragen mit einem überzeugenden Ja beantworten können, versuchen Sie, die Fehler und Unzulänglichkeiten anderer Menschen mit einer gewissen gelassenen Distanz zu betrachten. Selbst wenn Sie sich dafür entscheiden, einem anderen zu helfen, sich zu verändern, sollten Sie zurückhaltend sein. Üben Sie Nachsicht und denken Sie daran, wie schwer Ihnen selbst jede Veränderung gefallen ist.

Praktischer Teil zu Lektion 7

Sich die Sichtweise des positiven Realismus zu eigen machen

In dieser Lektion wurden zahlreiche Argumente genannt, die die Sichtweise eines positiven Realismus unterstützen. Wählen Sie beim nochmaligen Durchlesen daraus die Argumente aus, von denen Sie das Gefühl haben, daß Sie Ihre alten irrationalen Überzeugungen am besten widerlegen, und fassen Sie sie auf mehreren Karteikarten zusammen. Lesen Sie diese Karten mindestens einmal am Tag durch, bis Sie sich die Argumente deutlich eingeprägt haben. Als Beispiele hier die Karten von Judy, Robert und Albert.

Judys Karte (Argumente gegen „Was, wenn ...?"-Fragen)

- Ich setze die vierstufige Analyse ein, um meine Ängste zu verstehen und praktisch anzugehen, dann richte ich meine Aufmerksamkeit auf etwas anderes.
- Unsicherheiten gehören zum Leben. 10% Unsicherheit bedeuten immerhin 90% Sicherheit.
- Die Vergangenheit ist abgeschlossen. Ich lebe in der Gegenwart und treffe Entscheidungen, die sich an der Gegenwart orientieren.

Roberts Karte (Argumente gegen die Opferrolle)

- Nicht andere Menschen und äußere Ereingisse erzeugen Gefühle in mir – meine Interpretation äußerer Ereignisse ist für meine Gefühle verantwortlich.
- Schmerz ist im Leben unvermeidlich. Aber ich kann frei entscheiden, ob ich mir durch meine negativen Einstellungen und Überzeugugnen zusätzlichen seelischen Schmerz zufüge.
- Ich lebe heute. Meine Entscheidungen orientieren sich an der Gegenwart.
- Menschen können einiges aushalten. Auch ich kann Frustrationen und Verluste ertragen. Ich brauche mich nicht unterkriegen zu lassen.

Alberts Karte (Argumente gegen Schuldzuweisungen und die Suche nach Sündenböcken)

> • Ich trage die Verantwortung für mein Leben und meine Probleme.
> • Menschen sind manchmal verletzend und ungerecht. Selbst gutgemeinte Handlungen können für andere kränkend sein. Ich konzentriere mich auf meine eigene Reaktion auf dieses Verhalten, nicht darauf, wie „schlecht" andere Menschen sind.
> • Über die Fehler und Unzulänglichkeiten anderer Menschen mache ich mir nur Gedanken, wenn sie mich direkt betreffen und mein Leben beeinträchtigen.

Die vierstufige Analyse üben

Wählen Sie zwei Ängste aus, die in Ihrem Leben gegenwärtig eine große Rolle spielen, und unterziehen Sie sie schriftlich der vierstufigen Analyse. Schreiben Sie die positive Zusammenfassung Ihrer Analyse auf eine Karteikarte, so daß Sie später darauf zurückgreifen können.

Die eigene Fähigkeit zur Problemlösung stärken

Versuchen Sie, sich an mehrere Situationen erinnern, in denen Sie Schwierigkeiten hatten, eine Entscheidung zu treffen oder ein Problem zu lösen, und notieren Sie einige Stichworte zu diesen Situationen auf einem Blatt Papier. Wenden Sie anschließend die in der Lektion beschriebenen fünf Schritte zur Problemlösung an. Kreuzen Sie die Schritte an, die für Sie schwierig waren oder die Sie in der Vergangenheit einfach übergangen haben, und schauen Sie sich diese noch einmal genauer an. Fassen Sie die Ergebnisse auf einer Karteikarte zusammen, so daß Sie später noch darauf zurückgreifen können.

Zu einem positiven Realisten werden

Wenn Sie mit allen Übungen fertig sind, lesen Sie den Text dieser Lektion noch einmal durch und überlegen Sie, welche zusätzlichen Argumente und Ansätze, die in den Übungen nicht abgedeckt wurden, Ihnen dabei helfen könnten, ein positiver Realist zu werden. Listen Sie alle wichtigen Argumente auf einer Karteikarte auf, um sie sich gründlich einprägen zu können. Falls negative Antizipation, Opferrolle oder Schuldzuweisung in Ihrem Leben eine wichtige Rolle spielen, arbeiten Sie zwei Wochen lang an dieser Lektion.

Arbeiten Sie mindestens eine Woche lang an dieser Lektion. Wer einen positiven Realismus entwickelt hat, ist gegen Angst- und Panikgefühle wesentlich besser gefeit.

LEKTION 8

ÜBERSTEIGERTE WÜNSCHE NACH ANERKENNUNG ÜBERWINDEN

Der Wunsch nach Anerkennung und Bestätigung ist völlig natürlich und eine wichtige Voraussetzung gesunder zwischenmenschlicher Beziehungen. Erst wenn dieses Bedürfnis ganz fehlt oder übersteigert auftritt, kann es zu Problemen kommen. Da der übersteigerte Wunsch nach Anerkennung für Menschen mit Angstproblemen charakteristisch ist, werden Sie wahrscheinlich in Zukunft noch mehrmals zu dieser Lektion zurückkehren. Und bei jedem Mal werden Sie feststellen, daß es sich lohnt, sich durch die Informationen hindurchzuarbeiten und systematisch zu üben.

Übersteigerte Wünsche erkennen

Wer ein übersteigertes Bedürfnis nach Anerkennung und Bestätigung hat, hält sich selbst für fehlerhaft und unzulänglich und meint daher, für andere ebenfalls nicht akzeptabel zu sein. Manche können ihre vermeintlichen Fehler, die sie der eigenen Meinung nach für andere nicht akzeptabel machen, konkret benennen und detailliert beschreiben. Für andere gehört die Vorstellung, daß sie anderen unterlegen sind, wie selbstverständlich zu ihrem Selbstbild. In jedem Fall sorgt der Glaube an die eigene Unzulänglichkeit für eine selektive Wahrnehmung (siehe Lektion 4). Sie führt dazu, daß man in allen Situationen nach Beweisen für die eigene Unterlegenheit sucht und sie, da jeder Mensch unzulänglich ist, natürlich auch findet.

Die Vorstellung, für andere nicht akzeptabel zu sein, geht in den meisten Fällen auf die Kindheit zurück. Manchmal ist ein überkritischer Elternteil Quelle dieser Vorstellung, manchmal führte eine Erkrankung oder Behinderung zu einer übersteigerten Sorge der Eltern um ihr Kind. Oft ist es aber auch so, daß das Kind völlig normale Kindheitserlebnisse falsch interpretierte.

Die Vorstellung, für andere nicht akzeptabel zu sein, mündet häufig in der übersteigerten Suche nach Anerkennung. Die Betroffenen reagieren auf Kritik meist sehr empfindlich. Sie können schlecht nein sagen, weil sie befürchten, Mißbilligung zu ernten. Ihre Angst vor Zurückweisung und Mißbilligung macht es ihnen schwer, mit Autoritätspersonen wie Vorgesetzten oder Lehrern umzugehen.

Ein übersteigertes Bedürfnis nach Anerkennung erzeugt häufig ein übersteigertes Einfühlungsvermögen. Wahrscheinlich beruht es auf der irrigen Annahme, die anderen seien für Kritik und Zurückweisung ebenfalls überempfindlich. Ein großes Einfühlungsvermögen kann rasch zu der rigiden Regel führen, daß man immer rücksichtsvoll, nett, sensibel und großzügig sein muß. Man gerät rasch in die Rolle des „Retters" und „Friedensstifters", der dafür sorgt, daß alle anderen glücklich sind.

Menschen mit einem übersteigerten Bedürfnis nach Anerkennung sind in ihrem Selbstbild meist sehr instabil. Ihr Selbstbewußtsein ist abhängig von der Meinung anderer. Wird ihnen die gewünschte Bestätigung gewährt, gewinnen sie Selbstvertrauen und kommen im Leben gut zurecht. Werden sie zurückgewiesen, gerät ihr Selbstvertrauen ins Wanken, und es kann zu schweren Störungen kommen. Aus Angst, zurückgewiesen zu werden, nehmen Menschen mit einem übersteigertem Bedürfnis nach Anerkennung gegenüber Freundenund Verwandten oft eine eher kindliche Rolle an und prüfen ständig, ob die eigenen Entscheidungen und Handlungen auch von ihren Mitmenschen gebilligt werden.

Das übersteigerte Bedürfnis nach Anerkennung kann auch dazu führen, daß man anderen negative Absichten unterstellt, obwohl es dafür keine logischen Gründe gibt. Jim z. B. hat von einem Freund, der mit dem Umbau seines Hauses beschäftig ist, seit zwei Wochen keinen Anruf mehr bekommen. Jim denkt, daß sein Freund ihn nicht mehr mag oder aus irgendeinem Grund auf ihn wütend ist. Er denkt: „Was habe ich bloß falsch gemacht?"

Gelegentlich drückt sich das übersteigerte Bedürfnis nach Anerkennung auch in dem Wunsch aus, stets im Mittelpunkt zu stehen und wie ein Lieblingskind behandelt zu werden. Bleibt die Vorzugsbehandlung aus, wird dies bereits als Kränkung empfunden. Selbst eine nicht erfolgte Einladung, eine nicht ganz so überschwengliche Begrüßung oder die Zuweisung eines nicht herausragenden Platzes werden dann als Zurückweisung gesehen.

Die folgenden Aussagen spiegeln Ansichten wider, die für ein übersteigertes Bedürfnis nach Anerkennung typisch sind. Prüfen Sie, welche dieser Aussagen Sie von sich selbst kennen:

„Wenn jemand, der für mich wichtig ist, von mir erwartet, daß ich etwas tue, dann sollte ich es auch tun."
„Wie kann ich nur so selbstsüchtig sein?"
„Ich tue nicht genug. Ich sollte mehr tun."
„Warum sehe ich nie, was getan werden muß?"
„Ich sollte tun, was andere von mir erwarten."
„Ich sollte nicht reizbar oder unfreundlich sein."
„Wie konnte ich so unfreundlich sein?"
„Ich sollte andere nicht auf mich wütend machen."
„Warum habe ich ihn/sie wütend gemacht?"
„Ich sollte die Leute, die ich liebe, glücklich machen."
„Warum kann ich nicht netter sein?"
„Es ist mein Fehler, wenn er/sie gekränkt ist."
„Zurückweisung ist das Schlimmste, was einem Menschen passieren kann."
„Ich kann nicht glücklich sein, wenn andere mich nicht mögen."
„Warum mögen mich die Leute nicht?"
„Ich kann nicht allein sein."
„Wenn ich nicht geliebt werde, bin ich ein Nichts."
„Es ist schrecklich, nicht wahrgenommen zu werden."
„Wie können diese Menschen so unsensibel sein?"
„Warum können sie nicht dankbar sein?"
„Andere sollten das, was ich tue, auch anerkennen."

Möglichkeiten der Überwindung

Im folgenden wollen wir drei Ansätze zur Überwindung eines übersteigerten Bedürfnisses nach Anerkennung beschreiben. Sie wirken auf den ersten Blick ziemlich einfach, müssen jedoch systematisch geübt werden. In einer späteren Lektion werden wir Übungen vorstellen, die auf diesen Ansätzen aufbauen.

Entwickeln Sie rationale, realistische Ansichten über Anerkennung und Zurückweisung

Wenn Sie sich nicht völlig von ihren Mitmenschen abkapseln und andere an Ihrem Leben teilhaben lassen wollen, werden sie unweigerlich auch Mißbilligung und Zurückweisung erfahren. In manchen Fällen mag es daran liegen, daß Sie sich verletzend oder gemein verhalten haben, in den meisten Fällen hat die Mißbilligung, die Sie erfahren, mit Ihnen persönlich herzlich wenig zu tun. Die andere Person reagiert negativ auf

Sie, weil sie irrational denkt und Gefühle auf Sie richtet, die eigentlich nichts mit Ihnen zu tun haben. Ein Beispiel mag dies verdeutlichen:

Sharon kam nach einem anstrengenden Arbeitstag ziemlich erschöpft nach Hause und stellte fest, daß ihre Mitbewohnerin Betty noch nicht mit der Vorbereitung fürs Abendessen begonnen hatte. Weil Sharon müde, hungrig und frustriert war, wurde sie wütend. Betty hatte ebenfalls einen anstrengenden Tag hinter sich und nicht genügend innere Ruhe, um die Situation angemessen zu analysieren. Sie nahm Sharons Vorwürfe persönlich und fühlte sich von ihr zurückgewiesen. Später ließ Betty sich das Ganze noch einmal in Ruhe durch den Kopf gehen, und ihr wurde klar, daß Sharons Verhalten auf Hunger, Erschöpfung und berufliche Frustrationen zurückzuführen war und wenig mit Betty selbst zu tun hatte.

Wenn Sie sich das nächste Mal zurückgewiesen fühlen, nehmen Sie sich einen Augenblick Zeit, um sich innerlich zu beruhigen, und analysieren Sie dann in aller Ruhe die fragliche Situation. Fragen Sie sich, ob die Person, von der Sie sich zurückgewiesen fühlen, wirklich auf Sie wütend ist, oder ob es für ihr Verhalten einen anderen Grund gibt, der nichts mit Ihnen zu tun hat. Denken Sie daran, daß Krankheit, Hunger, Erschöpfung und großer Streß die Fähigkeit eines Menschen, logisch und realistisch zu denken, enorm beeinträchtigen können. Die negativen Verhaltensweisen, die in solchen Situationen auftreten, spiegeln oft nicht die wahren Ansichten oder Gefühle der betroffenen Person wider.

Die beiden irrealen Überzeugungen, daß sich der Wert eines Menschen durch seine Leistung bestimmt und alle Fehler zu Katastrophen führen, spielen bei übersteigerten Wünschen nach Anerkennung ebenfalls eine große Rolle, vor allem, wenn man versucht, ein „perfekter Mensch", d. h. immer freundlich, rational und verständnisvoll zu sein. Jede Zurückweisung löst dann ein Gefühl des Versagens aus, das sogar noch größer wird, wenn der Zurückweisung ein nicht ganz astreines Verhalten zugrundeliegt.

Wenn Sie Zurückweisung erfahren, denken Sie daran, daß damit nicht Ihre gesamte Persönlichkeit in Frage gestellt wird. Falls Sie sich tatsächlich unfreundlich oder rücksichtslos verhalten haben, trennen Sie Ihr Handeln von Ihrem grundsätzlichen Wert als Menschen. Hinterfragen Sie irrationale Überzeugungen über die Bedeutung kleiner Fehler und wenden Sie sich der praktischen Problemlösung zu. Überlegen Sie, wie Sie Ihren Fehler entweder korrigieren oder in Zukunft vermeiden können.

Halten Sie sich in schwierigen Situation stets vor Augen, daß Gefühle vergänglich sind. Ein Gefühl läßt sich nur aufrechterhalten, wenn Sie selbst es darauf anlegen, indem Sie immer wieder die Erinnerung an dieses Gefühl wachhalten und die entsprechenden negativen inneren Dialoge ständig wiederholen. Kritik und Mißbilligung sind jedem Menschen unangenehm, doch legt sich das Unbehagen normalerweise ziemlich rasch, wenn Sie negative Denkmuster vermeiden und sich mit positiven Aktivitäten ablenken.

Der übersteigerte Wunsch nach Anerkennung geht oft mit der Tendenz zur Verallgemeinerung einher. Machen Sie sich klar, daß eine Zurückweisung nicht automatisch zu einer nicht enden wollenden Kette von Zurückweisungen führt. Jeder Mensch beurteilt Sie anders, ganz unabhängig von Ihrem jeweiligen Verhalten. Und selbst wenn ein Mensch Sie zurückweist, gibt es noch immer viele andere Menschen, die Sie akzeptieren.

Um ein glückliches und erfülltes Leben führen zu können, brauchen Sie nicht die Anerkennung eines jeden Menschen, der Ihnen begegnet. Auch hier gilt es, Prioritäten zu setzen. Was ein Postbote, Verkäufer oder x-beliebiger Passant von Ihnen hält, ist nicht so wichtig wie die grundsätzliche Harmonie mit den Menschen, die Ihnen nahestehen. Natürlich ist es angenehmer, mit Menschen zusammenzutreffen, die freundlich und sympathisch sind, aber die meisten Situationen lassen sich auch mit Menschen, die Sie nicht mögen, sachlich und zufriedenstellend lösen. Nur Ihre eigenen Gedanken haben Einfluß auf Ihre Stimmung. Die Billigung oder Mißbilligung eines anderen Menschen kann sich nicht auf Ihre Stimmung auswirken, solange Sie dieser Meinung nicht auch selbst beipflichten. Halten Sie sich an die Menschen, die Sie mögen und akzeptieren, anstatt in Selbstmitleid zu schwelgen, weil jemand anders Sie zurückgewiesen hat.

In gesunden Beziehungen ist Mißbilligung nur eine vorübergehende Erscheinung. Der Versuch, Verhaltensfehler wieder gutzumachen, wird normalerweise positiv aufgenommen. Eine Beziehung, in der sich die eine Person so negativ, überkritisch und zurückweisend verhält, daß die andere Person erniedrigende oder selbstzerstörerische Verhaltensweisen an den Tag legen muß, um Anerkennung zu finden, ist als äußerst problematisch anzusehen. Falls Sie in einer solchen Beziehung stecken, sollten Sie ernsthaft erwägen, sie so rasch wie möglich zu beenden. Ist dies nicht möglich, weil es sich um einen Verwandten oder Kollegen handelt, überlegen Sie, wie Sie sich am besten schützen können. Hilfreiche Hinweise über den Umgang mit „negativen" Menschen finden Sie in Lektion 4.

Wer zum Perfektionismus neigt und seine eigene Unzulänglichkeit nur schwer akzeptieren kann, hat im Umgang mit Zurückweisung und

Mißbilligung besonders große Schwierigkeiten. Lesen die daher die entsprechenden Abschnitte in Lektion 6 noch einmal gründlich durch und wiederholen Sie die Übungen, mit denen Sie noch immer Schwierigkeiten haben.

Lernen Sie, mit Kritik konstruktiv umzugehen

Kritische Anmerkungen anderer Menschen können sich auf Ihr Leben durchaus positiv auswirken. Lassen Sie sich durch Kritik weder einzuschüchtern noch frustrieren, sondern versuchen Sie, mit ihr konstruktiv umzugehen. Der folgende Ansatz, der auf vier Schritten beruht, soll Ihnen dabei eine Hilfe sein.

1. Schritt: Um Objektivität bemühen

Anstatt sich durch kritische Anmerkungen anderer völlig aus der Bahn werfen zu lassen, können Sie positive Aussagen nutzen, um Ihre Aufmerksamkeit auf die nächsten drei Schritte zu lenken. Hier einige Beispiele für solche Aussagen.

„Ich frage nach und werte alle Einzelheiten aus, ehe ich mich für eine Reaktion entscheide."
„Ich nehme nicht alles persönlich, was andere Menschen sagen. Statt dessen werte ich in aller Ruhe aus, was geschehen ist und was gesagt wurde."
„Ich akzeptiere diese Kritik erst, wenn ich sie objektiv ausgewertet habe."
„Ich reagiere erst, wenn ich mir über die Bedeutung dieser Kritik klargeworden bin."

Positive Aussagen können Sie auch einsetzen, um irrationale Vorstellungen über Kritik und Mißbilligung zu hinterfragen. Auch für diesen Vorgang einige Beispiele:

„Vielleicht kann ich aus dieser Kritik etwas Wertvolles lernen."
„Die Kritik betrifft nur ein paar Verhaltensweisen, nicht meine gesamte Persönlichkeit."
„Das Ganze ist mir im Moment ziemlich unangehm, aber das geht vorüber. Ich weiß, daß ich nicht grundsätzlich zurückgewiesen und abgelehnt werde."
„Ich weiß, daß sich der Wert eines Menschen nicht durch seine Leistungen bestimmt."

2. Schritt: Nach Einzelheiten fragen

Um die Kritik tatsächlich konstruktiv nutzen zu können, brauchen Sie möglichst viele Informationen. Bitten Sie die andere Person, die Verhaltensweisen, die sie für kritikwürdig hält, konkret zu beschreiben, und fragen Sie nach Alternativvorschlägen. Ist die andere Person nicht bereit oder nicht in der Lage, Einzelheiten zu nennen, war ihre Kritik aller

Wahrscheinlichkeit nach nicht gerechtfertigt und kann getrost vernachlässigt werden.

3. Schritt: Die Autorität des Kritikers hinterfragen

Ehe Sie den Inhalt der Kritik bewerten, sollten Sie sich folgende Fragen stellen:
- Welche Qualifikationen besitzt die Person, die mich kritisiert?
- Hat sie auf dem angesprochenen Gebiet besonders viel Erfahrung?
- Habe ich die gleiche Kritik auch schon in der Vergangenheit zu hören bekommen? Von verschiedenen Menschen oder stets von ein und derselben Person? In welchem Zusammenhang fiel damals und heute die Kritik (während eines Streites, in einem freundschaftlichen Gespräch usw.)?
- Ist die andere Person voreingenommen oder hat sie ein bestimmtes Interesse, das ihre Objektivität in diesem Fall schmälern könnte?

Erst nachdem Sie all diese Informationen eingeholt haben, sind Sie in der Lage zu entscheiden, ob die Kritik Ihrer Meinung nach berechtigt war oder nicht. Menschen mit dem übersteigerten Wunsch nach Anerkennung gestehen oft anderen zu, ihre Interessen besser beurteilen zu können als sie selbst. Denken Sie daran, daß Sie selbst sich am besten kennen und mehr über sich wissen als jeder andere Mensch auf dieser Welt. Meinungen anderer Menschen sind Informationen, die Sie für sich selbst auswerten und anschließend entweder akzeptieren oder verwerfen können.

Wenn Sie das Gefühl haben, daß die geäußerte Kritik nicht berechtigt war, können Sie sie getrost verwerfen und sich anderen Dingen zuwenden. Wenn Sie das Gefühl haben, daß die Kritik berechtigt war, gehen Sie weiter zum letzten Schritt.

4. Schritt: Sich für eine Reaktion entscheiden

Die abschließende Aufgabe besteht darin, die angemessene Reaktion auf eine berechtigte Kritik zu bestimmen. In dieser Situation ist es sinnvoll, sich die folgenden Fragen zu stellen:
- Wie wichtig ist die kritisierte Verhaltensweise für mich und für die Person, die mich kritisiert hat?
- Wie zufrieden bin ich mit der gegenwärtigen Situation?
- Wie schwierig wäre es, die vorgeschlagenen Verhaltensänderungen zu realisieren?
- Welchen Nutzen hätte ich von einer solchen Verhaltensänderung?

– Würde sich die Situation dadurch tatsächlich verbessern?
– Wie groß sind die Erfolgschancen, wenn ich die erforderliche Zeit und Energie auf diese Verhaltensänderung verwende?

Falls Sie zu dem Schluß kommen, daß eine Verhaltensänderung den Einsatz der erforderlichen Zeit und Energie nicht wert wäre, nutzen Sie einen positiven rationalen inneren Dialog, um diesen Aspekt Ihres Verhaltens zu akzeptieren. Ergeben sich verschiedene Handlungsalternativen, sollten Sie die oben aufgelisteten Fragen auf jede einzelne getrennt anwenden.

Tun Sie das, was Sie tun wollen – nicht das, was andere von Ihnen erwarten

Haben Sie auch schon mal einem Vorschlag zugestimmt und dann später gemerkt, daß Sie ihm eigentlich gar nicht zustimmen wollten? Menschen mit einem übersteigerten Bedürfnis nach Anerkennung machen diese Erfahrung recht häufig. Die Angst vor Mißbilligung und Ablehnung macht es ihnen schwer, nein zu sagen. Wer sein Leben jedoch damit verbringt, andere zufriedenzustellen, verliert leicht die Fähigkeit, überhaupt zu erkennen, was er selbst eigentlich will. Persönliche Bedürfnisse und Wünsche zu ignorieren, wird zu einem automatischen Verhaltensmuster.

Um dieser Tendenz entgegenzuwirken, gibt es zwei praktische Verhaltensmöglichkeiten: Erstens sollten Sie spontane Entscheidungen tunlichst vermeiden. Verschieben Sie Entscheidungen, indem Sie antworten: „Ich möchte es mir noch einmal überlegen", „Ich muß erst in meinem Terminkalender nachschauen", „Ich sage Ihnen später Bescheid." Zweitens sollten Sie sich angewöhnen, sich selbst zu fragen: „Was will ich wirklich in dieser Situation?"

Diese beiden Maßnahmen reichen oft schon aus, um zu bewußteren Entscheidungen zu kommen. Manchen Menschen fällt es dennoch schwer, sich über die eigenen Wünsche klarzuwerden. Üben Sie, Entscheidungen zu verschieben und sich selbst zu fragen, was Sie wirklich wollen, bis Sie merken, daß Sie in den meisten alltäglichen Situationen Ihre eigenen Wünsche deutlich spüren. Es kann sein, daß Sie dafür nur eine Woche brauchen; bei vielen dauert es jedoch mehrere Monate, bis dieser Prozeß abgeschlossen ist.

Um die eigenen Wünsche und Bedürfnisse bestimmen zu können, müssen Sie in der Lage sein, Ihre Gefühle präzise zu beschreiben. In Lektion 4 haben wir erläutert, daß positive Gefühle ein Ausdruck für die Tatsache sind, daß ein Bedürfnis oder ein Wunsch befriedigt wurde, während negative Gefühle anzeigen, daß eine Bedrohung oder gar ein Verlust zu befürchten ist. Üben Sie, Ihre emotionalen Reaktionen mit einfachen Worten wie „glücklich", „erleichtert", „aufgeregt", „ängstlich", „wütend" oder „traurig" zu beschreiben. Wenn Sie sich fragen: „Was will ich in dieser Situation wirklich?", können Sie dann mit Hilfe einer Beschreibung Ihrer Gefühle entscheiden, ob Ihre Bedürfnisse befriedigt oder bedroht sind. Für eine gute Entscheidung ist diese Information wesentlich.

Das bisher Gesagte läßt sich an Bettys Beispiel anschaulich illustrieren: Eine Kollegin fragte Betty, ob sie Lust habe, mit ihr zu Mittag zu essen. Bettys übliche Reaktion hätte darin bestanden, sofort zuzusagen. Da sie jedoch gerade an dieser Lektion arbeitete, sagte sie: „Momentchen, ich schaue in meinem Terminkalender nach und sage dir in ein paar Minuten Bescheid." Betty fragte sich: „Möchte ich wirklich heute mit dieser Kollegin zum Mittagessen gehen?" Als sie sich diese Frage stellte, merkte sie, daß sie sowohl beunruhigt als auch ein wenig gereizt war. Sie wußte, dies bedeutete, daß sie eine Bedrohung wahrnahm, also fragte sie sich: „Inwiefern fühle ich mich bedroht, wenn ich mit meiner Kollegin zum Mittagessen gehe?" Betty dachte daran, daß ihre Kollegin eine chronische Nörglerin war. Betty wurde sich all der negativen Gefühle bewußt, die sie in der Vergangenheit gehabt hatte, wenn sie mit ihrer Kollegin beim Mittagessen gesessen hatte und sich die ganze Zeit über deren Klagen über ihren Chef und die gesamte Firma anhören mußte. Betty kam zu dem Schluß, daß sie keine Lust verspürte, mit ihrer Kollegin zum Mittagessen zu gehen und sagte ihr: „Es tut mir leid, aber ich habe gesehen, daß ich schon andere Pläne habe."

Praktischer Teil zu Lektion 8

Einen rationalen, realistischen Standpunkt entwickeln

In dieser Lektion beschrieben wir zahlreiche irrationale Vorstellungen, die das übersteigerte Bedürfnis nach Anerkennung begleiten, sowie praktische Handlungsmöglichkeiten, mit deren Hilfe sich diese Vorstellungen überwinden lassen. Lesen Sie den Text dieser Lektion noch einmal aufmerksam durch und wählen Sie die Argumente aus, die Ihnen angesichts Ihrer eigenen irrationalen Überzeugungen am stichhaltigsten erscheinen. Schreiben Sie diese Argumente auf eine Karteikarte und lesen Sie sie im Laufe dieser Woche mindestens einmal am Tag gründlich durch, bis Sie sich den Inhalt gründlich eingeprägt haben. Um ein praktisches Beispiel zu haben, können Sie sich an Bettys Karte orientieren:

- Zurückweisungen gehören zum Leben.
- Auch wenn es mir lieber wäre, daß mich alle Menschen mögen – eine Zurückweisung ist kein Weltuntergang.
- Mißbilligung und Ablehnung haben selten wirklich mit mir zu tun – meist ist die andere Person krank, hungrig, erschöpft oder frustriert und ist deshalb so gereizt und wütend.
- Es kann vorkommen, daß andere Menschen mich aus irrationalen Gründen ablehnen – in Wirklichkeit sind sie auf etwas anderes wütend, oder sie übertragen Gefühle aus der Vergangenheit auf mich und die Gegenwart.
- Es wird immer einige Menschen geben, die mich gern haben, ganz egal, was ich mache.
- In gesunden Beziehungen tritt Mißbilligung nur vorübergehend auf.
- Wenn sich jemand so fordernd verhält, daß ich mich erniedrigen muß, um es ihm recht zu machen, breche ich die Beziehung von mir aus ab, weil sie mir meine Zeit und Energie einfach nicht wert ist.
- Ich brauche nicht perfekt zu sein. Ich weiß, daß jeder Mensch Fehler macht und sich gelegentlich unangemessen verhält. Ich verzeihe mir meine Fehler und versuche, das irrationale Bedürfnis, perfekt zu sein, hinter mir zu lassen.

Weiterhin die Blockmethode üben

Nehmen Sie sich auch weiterhin an jedem zweiten Tag fünf bis zehn Minuten Zeit, um die Blockmethode zu üben. Achten Sie dabei besonders auf negative innere Dialoge, die von irrationalen Vorstellungen über Anerkennung und Zurückweisung geprägt sind. Falls Sie sich nicht mehr ganz sicher sind, wie die Blockmethode im einzelnen funktioniert, lesen Sie noch einmal die Anweisungen im praktischen Teil von Lektion 5.

Mit Kritik konstruktiv umgehen lernen

Erstellen Sie eine Liste mit positiven Aussagen, die Sie nutzen können, um objektiv zu bleiben, wenn Sie mit Kritik konfrontiert sind. Lernen Sie diese Liste auswendig. Üben Sie anschließend mit Hilfe der in dieser Lektion vorgestellten vierstufigen Methode, Kritik objektiv auszuwerten und umzusetzen. Wann immer Sie das Gefühl haben, daß Sie sich die kritische Bemerkung eines anderen Menschen zu sehr zu Herzen nehmen, kehren Sie zu diesem Abschnitt zurück und wenden Sie die vierstufige Methode an.

Das tun, was Sie wirklich tun wollen – nicht das, was andere von Ihnen erwarten

Gewöhnen Sie sich an, Entscheidungen kurzfristig zu verschieben und sich selbst zu fragen, was Sie wirklich wollen. Versuchen Sie gleichzeitig, Ihre Gefühl mit einfachen Worten zu beschreiben, um sich selbst den Entscheidungsprozeß zu erleichtern.

Über Ernährung und sportliche Aktivitäten nachdenken

In Lektion 2 haben wir die Bedeutung einer ausgewogenen Ernährung und regelmäßiger sportlicher Aktivitäten beschrieben. Überprüfen Sie Ihren Ernährungsplan und stellen Sie sicher, daß Ihr Körper alles bekommt, was er braucht, um sich wohl zu fühlen. Ein gesunder Körper macht die Arbeit an Verhaltensänderungen sehr viel leichter.

Falls Sie bisher noch nicht regelmäßig Sport treiben, überlegen Sie, wie Sie auch in diesem Bereich etwas verbessern können. Sportliche Aktivitäten stärken nicht nur Ihre körperliche Konstitution, sondern wirken sich auch auf Ihre psychische Verfassung äußerst positiv aus. Erkundigen Sie sich nach den Angeboten örtlicher Vereine und Volkshochschulen und überlegen Sie, welche Sportart am besten zu Ihnen paßt. Ob

Sie ein intensives Kraftraining oder regelmäßige Wanderungen bevorzugen, ist dabei völlig egal – Hauptsache, Sie haben Spaß daran.

Wenn Sie bisher keinen Sport getrieben haben, beginnen Sie langsam und mit leichten Aufgaben. Beharrlichkeit und das Gefühl für das richtige Maß sind die Schlüssel zum Erfolg. Ehe Sie mit einer völlig neuen Sportart beginnen, sollten Sie sich unter Umständen vorher mit Ihrem Arzt beraten.

Vor Überanstrengung hüten

Betrachten Sie Ihren Körper als Maschine mit begrenztem Energievorrat. In den vor Ihnen liegenden Wochen und Monaten werden Sie immer wieder in Streßsituationen geraten. Manche dieser Streßsituationen sind voraussehbar, andere treten überraschend ein. Auch freudige Ereignisse wie ein größerer Geldgewinn, eine Beförderung oder die Geburt eines Kindes können mit Streß verbunden sein. Setzen Sie in solchen Situationen Prioritäten, schrauben Sie Ihr Aktionsprogramm so weit wie möglich zurück und konzentrieren Sie Ihre Energie auf die Bewältigung der Streßfaktoren. Lesen Sie dazu noch einmal den Abschnitt über Anzeichen körperlicher Erschöpfung im praktischen Teil zu Lektion 5 und die Richtlinien zur Streßbewältigung in Lektion 3.

Verweilen Sie mindestens eine Woche lang bei dieser Lektion und arbeiten Sie sie so gründlich wie möglich durch. Wenn das Bedürfnis nach Anerkennung bei Ihnen sehr groß ist, gehen Sie erst nach einer weiteren Woche zur nächsten Lektion über.

LEKTION 9

DESTRUKTIVE VERHALTENSWEISEN ÜBERWINDEN

Die Überwindung von Angstproblemen erinnert ein wenig an die Arbeit an einem Puzzle: So wie jedes neue Puzzleteil den anderen, angrenzenden Teilen eine neue Bedeutung verleiht, stärkt jede neu erlernte Fähigkeit Ihre schon erworbenen Kenntnisse. Inzwischen können Sie wahrscheinlich schon einen großen Teil Ihres ganz persönlichen „Angstpuzzles" überblicken. Um das Bild zu vervollständigen, wollen wir uns nun mit einem weiteren Teilstück befassen: den destruktiven Verhaltensweisen, die mit Ihren Angstproblemen verbunden sind.

Verhaltenstherapeutische Ansätze

Die Verhaltenstherapie ist ein Teilbereich der Psychologie und zielt auf die *Veränderung von Verhaltensmustern* ab. Welche *Ursachen* diesen Verhaltensmustern zugrunde liegen, spielt dabei eine untergeordnete Rolle.

Wenn Sie das verhaltenstherapeutische Verfahren nutzen wollen, müssen Sie zunächst all die problematischen Verhaltensweisen benennen, die Sie überwinden wollen. Anschließend können Sie dann alternative Zielvorstellungen entwickeln.

Problematische Verhaltensweisen benennen

Für Menschen mit Angstproblemen stellt das Vermeiden angstauslösender Situationen, Orte oder Gegenstände sicherlich die problematischste Verhaltensweise dar. Stellen Sie daher eine Liste all der Situationen, Orte oder Gegenstände zusammen, die Sie aufgrund Ihrer Angst tunlichst vermeiden. Bewerten Sie die jeweiligen Eintragungen mit Hilfe der folgenden Skalen:

Bewertung der Situation	Häufigkeit des Vermeidungsverhaltens
1 – Angenehm	1 – Nie
2 – Wenig angenehm	2 – Selten
3 – Unangenehm	3 – Manchmal
4 – Sehr unangenehm	4 – Häufig
5 – Extrem unangenehm	5 – Ständig

Als konkretes Beispiel mag die folgende Liste eines Betroffenen dienen:

Situation	Bewertung	Häufigkeit
Auf einen Anrufbeantworter sprechen	2	2
Neue Leute kennenlernen	3	3
In einer Schlange anstehen	4	4
In einem Wartezimmer sitzen	4	3
Allein ins Restaurant oder Theater gehen	5	5
Mit einem Freund ins Restaurant/Theater gehen	3	4
Auf der Autobahn fahren	5	5
Beim Autofahren links abbiegen	4	5
Allein die Straße hinuntergehen	4	5
Sich mehr als 20 km von zu Hause entfernen	5	5

Die folgende Liste wurde von einer Person mit einer schweren sozialen Phobie erstellt:

Situation	Bewertung	Häufigkeit
Ins Restaurant oder Theater gehen	3	4
Gesprächspartnern in die Augen sehen	4	5
In einer Schlange anstehen	2	3
Zu einem Rendezvous gehen	5	5
Neue Menschen kennenlernen	4	4
Partys oder andere gesellige Zusammenkünfte	5	5

Manche Ängste werden nicht von äußeren Situationen oder Gegenständen, sondern von zwanghaften *Gedanken* ausgelöst. Es handelt sich dabei um immer wiederkehrende Vorstellungen, Bilder oder Impulse, die keinen eigentlichen Sinn ergeben, das Bewußtsein jedoch unwillkürlich durchdringen. Dahinter steckt die Angst, soziale Normen zu verletzen, sich selbst oder anderen zu schaden sowie wichtige Dinge zu vergessen. (Weitere Beispiele finden Sie in Lektion 1.)

Zwanghafte Gedanken werden meist von zwanghaften Handlungen begleitet. Hier lassen sich zwei hauptsächliche Kategorien unterscheiden: Die erste betrifft Handlungen, die darauf ausgerichtet sind, ein Ereignis oder eine Situation herbeizuführen oder zu vermeiden, auch wenn die zwanghafte Handlung mit diesem Ereignis oder dieser Situation in keinem realistischen Zusammenhang steht. Die zweite umfaßt normale, rationale Handlungen, die jedoch deutlich übertrieben werden. Beide Arten von zwanghaftem Verhalten werden auch Rituale genannt. Typische Beispiele sind zwanghaftes Händewaschen, Zählen, Überprüfen und Berühren.

Um die eigenen Zwänge wirksam überwinden zu können, ist es sinnvoll, zunächst eine Liste Ihrer persönlichen zwanghaften Gedanken und Handlungen zu erstellen. Notieren Sie auch, wie lange Sie täglich mit diesen Gedanken und Handlungen beschäftigt sind und wie häufig Sie bestimmte Rituale ausführen. Falls Ihre zwanghaften Gedanken und Handlungen mit einem gewissen Vermeidungsverhalten verbunden sind, notieren Sie die Situationen oder Orte, die Sie vermeiden, und schätzen Sie ein, wie stark das jeweilige Vermeidungsverhalten ist. Die folgende Liste wurde von einem Menschen erstellt, der unter der zwanghaften Vorstellung litt, er könne mit Krankheitserregern in Berührung kommen und sich infizieren.

Zwanghafte Gedanken: Ich denke mindestens zwei Stunden am Tag an die Möglichkeit, mit Krankheitserregern in Berührung zu kommen und mich zu infizieren. Manchmal, wenn ich unter Menschen oder auf Reisen bin, kann es auch auch vorkommen, daß diese Gedanken noch häufiger auftreten.

Zwanghafte Handlungen (Rituale): Wenn ich mit einem verschmutzten Gegenstand in Berührung komme, wasche ich mir anschließend mindestens zweimal die Hände. Wenn ich mich in einer größeren Menschenmenge aufgehalten habe, ziehe ich anschließend frische Kleider an. Außerdem dusche oder bade ich mindestens zweimal am Tag.

Vermeidungsmuster:

Situation	Bewertung	Häufigkeit
Hände schütteln	4	5
Partys	3	4
Menschenmengen	4	4
Öffentliche Verkehrsmittel	4	4

Falls Ihre Angst allein durch zwanghafte Gedanken und Verhaltensweisen ausgelöst wird und es keine Vermeidungsmuster gibt, können Sie sich darauf beschränken, die Häufigkeit dieser Verhaltensweisen zu notieren. Hierzu einige Beispiele:

„Wenn ich an einen Menschen denke, wiederhole ich in Gedanken dreimal seinen Namen."
„Ich überprüfe elektrische Geräte mindestens fünfmal, um ganz sicher zu sein, daß ich sie auch ausgeschaltet habe."
„Ich wasche mir drei- bis fünfmal pro Stunde die Hände."

Falls Ihnen keine Ereignisse einfallen, die bei Ihnen wiederholt Angst auslösen, sind die in dieser Lektion beschriebenen Ansätze für Sie wahrscheinlich nicht relevant. Ehe Sie jedoch zur nächsten Lektion übergehen, sollten Sie mehrere Tage lang beobachten, wann und wo Sie Angst bekommen. Tragen Sie einen kleinen Notizblock bei sich und notieren Sie alle Gedanken oder Ereignisse, die bei Ihnen Angst auslösen. Lassen sich keine konkreten Auslöser erkennen, beschreiben Sie einfach, wo Sie waren und was Sie gerade taten, als Sie Angst bekamen. Bei jeder Eintragung sollten Sie außerdem versuchen, den Grad Ihrer Angst einzuschätzen. Benutzen Sie dafür die am Anfang dieses Abschnitts angegebene Skala.

Es ist möglich, daß Sie auf diese Weise Muster erkennen, die Ihnen bis dahin gar nicht bewußt waren. Deshalb sollten Sie auch den Text dieser Lektion auf jeden Fall aufmerksam durchlesen. Wenn sich auch nach einer Woche keine Ereignisse herauskristallisieren, die bei Ihnen wiederholt Angst auslösen, können Sie jedoch getrost zur nächsten Lektion übergehen.

Konkrete Ziele entwickeln

Nachdem Sie nun möglichst genau beschrieben haben, welche Ihrer Verhaltensweisen problematisch sind, ist es an der Zeit, konkrete Zielvorstellungen zu entwickeln. Denken Sie an die Maxime: „Nur wer ein Ziel hat, kommt voran."

Gehen Sie zunächst noch einmal alle Situationen, Gegenstände, Menschen, Ereignisse oder Gedanken durch, die Ihnen Schwierigkeiten bereiten. Stellen Sie für jeden einzelnen Punkt auf Ihrer Liste ein Ziel auf, das Sie gern erreichen würden. Dieses Ziel sollte eine konkrete, klar umrissene Verhaltensweise oder Fähigkeit beschreiben. Vage, allgemein formulierte Ziele helfen Ihnen wenig weiter. Die folgenden Beispiele sollen den Unterschied zwischen allgemeinen und konkreten Zielen deutlich machen:

Allgemeines Ziel	Konkretes Ziel
Ich will allein ausgehen können.	Ich will allein einen fünfminütigen Spaziergang machen. *Oder* Ich will zu einem drei Kilometer entfernten Einkaufszentrum fahren und mindesten eine Stunde lange allein dort einkaufen gehen.
Ich möchte unter Menschen sein können.	Ich möchte mich mit einem Freund zum Kino verabreden. *Oder*

Ich möchte zu einer Party gehen und mindestens zwei Stunden lang dort bleiben.

Ich möchte weniger häufig an Krankheitserreger und Infektionen denken.

Ich will in einem Kaufhaus einkaufen gehen, ohne hinterher zu duschen oder zu baden.
Oder
Ich möchte anderen Menschen die Hand geben und Türklinken berühren, ohne mir hinterher die Hände zu waschen.

Nachdem sie nun eine Liste Ihrer Ziele zusammengestellt haben, schreiben Sie all die Vorteile auf, die Sie genießen werden, wenn Sie Ihre Ziele erreicht haben. Hier einige Beispiele, die sich auf die obigen Ziele beziehen:

Ich werde in der Lage sein

mit meiner Familie in den Urlaub zu fahren,
an Partys und anderen Zusammenkünften teilzunehmen,
hinzufahren, wohin ich möchte,
mich um meine eigenen, lange Zeit vernachlässigten Bedürfnisse zu kümmern.

Ich werde in der Lage sein

mich mit anderen zu verabreden und an Partys teilzunehmen,
auszugehen und neue Freunde zu gewinnen.

Ich werde in der Lage sein

anderen Menschen unbefangener gegenüberzutreten,
effektiver zu arbeiten,
mich freier zu bewegen, da ich hinterher nicht gleich duschen oder baden muß.

Sich diese Vorteile stets vor Augen zu halten, wird Ihnen dabei helfen, kontinuierlich zu üben und die eigenen Ziele schließlich auch zu erreichen. Fallen Ihnen für ein bestimmtes Ziel keine wichtigen Vorteile ein, ist es die nötige Zeit und Energie möglicherweise nicht wert. Diese Feststellung ist besonders für Menschen mit Angstproblemen äußerst wichtig, neigen sie doch dazu, jede Einschränkung oder ungewöhnliche Eigenschaft als ein Problem anzusehen. In Wirklichkeit unterliegen jedoch alle Menschen gewissen Einschränkungen, und jeder hat persönliche Marotten. Erst wenn sie den eigenen Wünschen und Lebenszielen entgegenstehen, sind sie als problematisch zu bezeichnen.

Ein typisches Beispiel für diese Tatsache ist Alice. Alice kann nicht Auto fahren. Sie hat aber auch gar nicht den Wunsch, Auto zu fahren, und würde aus dieser Fähigkeit keinen echten Nutzen ziehen. In Zeiten, in denen Alices Angstprobleme stärker werden, könnte sie den fehlenden Führerschein als Problem erachten. Sie könnte ihre mangelnde Fähigkeit auf diesem Gebiet als weiteren Beweis für ihr persönliches Unvermögen und menschliches Versagen ansehen.

Probleme, die Ihr Leben nicht wirklich beeinträchtigen und deren Bewältigung Ihnen keine wirklichen Vorteile brächte, sind keine echten Probleme. Streichen Sie sie von ihrer Liste und konzentrieren Sie sich auf die Ziele, die Ihnen echte Vorteile bringen.

Graduelle Konfrontation

Die wirksamste verhaltenstherapeutische Methode zur Überwindung der in dieser Lektion beschriebenen Probleme ist die graduelle Konfrontation. Sie beruht auf einem einfachen Prinzip: *Sie konfrontieren sich solange mit einer angstauslösenden Situation oder einem angstauslösendem Objekt, bis Sie sich daran gewöhnt haben und die Angst verschwindet.* Die Konfrontation kann sowohl im realen Leben als auch in der Vorstellung stattfinden. Beides geschieht entweder durch einen langsamen, allmählichen Prozeß, den man „systematische Desensibilisierung" nennt, oder durch den sehr viel rascheren Prozeß der „Überflutung".

Die Konfrontation mit angstauslösenden Situationen und Objekten im realen Leben hat sich bei der Überwindung von Angstproblemen als besonders wirksam erwiesen. Im folgenden wollen wir die verschiedenen Stufen dieses Prozesses beschreiben.

Setzen Sie sich ein Ziel und unterteilen Sie es in kleine Einzelschritte

Schauen Sie sich die Liste der Ziele an, die Sie in dieser Lektion zusammengestellt haben, und ordnen Sie sie in einer ganz bestimmten Reihenfolge: Setzen Sie das Ziel, das Ihnen am leichtesten zu erreichen erscheint, an die erste, und das, das an Ihnen am schwersten zu erreichen erscheint, an die letzte Stelle. Alle anderen Zielen ordnen Sie je nach Schwierigkeitsstufe dazwischen an. Bei der graduellen Konfrontation beginnt man stets mit dem einfachsten Ziel und arbeitet sich dann langsam vorwärts bis zum schwierigsten. Der Erfolg, den Sie mit einfacheren Zielen erreichen, vermittelt Ihnen das für den Erfolg bei schwierigen Zielen nötige Selbstvertrauen.

Falls Ihnen das erste Ziel zu schwierig erscheint, unterteilen Sie es in mehrere Einzelschritte. Dies können wir am Mikes Beispiel illustrieren. Mike litt an einer so starken Panikstörung, daß er das Haus nicht allein verlassen konnte. Als sein erstes Ziel nannte er die Fähigkeit, zu dem etwa 20 Meter von seiner Haustür entfernten Briefkasten zu gehen. Da ihm selbst dieses Ziel noch sehr schwierig erschien, unterteilte er es in die folgenden Einzelschritte:

1. Bei geöffneter Tür auf der Terrasse stehen.
2. Bei geschlossener Tür auf der Terrasse stehen.
3. Von der Terrasse zum Gartentor und wieder zurück gehen.
4. Den halben Weg zum Briefkasten und wieder zurück gehen.
5. Zum Briefkasten und wieder zurück gehen.

Auch Kathy litt unter einer Panikstörung, wies jedoch nur ein von ihr als problematisch empfundenes Vermeidungsmuster auf: Seitdem Sie während einer Fahrt auf der Autobahn eine Panikattacke bekam, traut sie sich nicht mehr, allein Auto zu fahren. Da sie inzwischen gelernt hatte, ihre Angstsymptome wirksam zu reduzieren, entschloß sie sich, an diesem Problem zu arbeiten. Kathys erstes Ziel bestand darin, allein zu einem nahegelegenen Einkaufszentrum zu fahren. Da selbst dieses Ziel ihr Angst einflößte, unterteilte sie es in die folgenden Einzelschritte:

1. Fünfzehn Minuten lang allein hinterm Steuerrad sitzen.
2. Das Auto von der Garage bis zur Einfahrt und wieder zurück fahren.
3. Das Auto aus der Einfahrt auf die Straße und wieder zurück fahren.
4. Bis zum Ende der Straße und wieder zurück fahren.
5. Einmal um den Block fahren.
6. Um zwei Blocks fahren.
7. Zum vier Blocks entfernten Einkaufszentrum und wieder zurück fahren.

Auch Ziele, die mit zwanghaften Handlungen und Ritualen zusammenhängen, können auf ähnliche Weise in Einzelschritte unterteilt werden. Dennis z. B. entwickelte die folgenden Schritte, um sein ritualisiertes Händewaschen zu überwinden, das mit der Angst vor Krankheitserregern und Ansteckung verbunden war.

1. Eine Türklinke berühren, ohne mir anschließend die Hände zu waschen.
2. Den Fußboden berühren, ohne mir anschließend die Hände zu waschen.
3. Schuhe berühren, ohne mir anschließend die Hände zu waschen.
4. Gras berühren, ohne mir anschließend die Hände zu waschen.
5. Ein Auto berühren, ohne mir anschließend die Hände zu waschen.
6. Den Bürgersteig berühren, ohne mir anschließend die Hände zu waschen.

Wenn Sie ein Ziel auf Ihrer Liste erreicht haben, gehen Sie das nächste Ziel auf die gleiche Weise an. Je schwieriger Ihnen ein Ziel erscheint, desto wichtiger ist es, es in kleine Schritte zu unterteilen. Falls Sie bei der Arbeit an einem Ziel nicht vorankommen, bedeutet dies lediglich, daß Sie die Einzelschritte nicht klein genug gewählt haben.

Angstauslösende Gefühle und Gedanken benennen

Erinnern Sie sich an Situationen, die der, die Sie üben wollen, ähnlich waren. Erstellen Sie eine Liste aller unangenehmen körperlichen Empfindungen, die Sie mit diesen Situationen in Verbindung bringen. Anschließend listen Sie alle angstauslösenden Gedanken auf, an die Sie sich erinnern können. Am Ende besitzen Sie eine Liste aller Angstsymptome und angstauslösenden Gedanken, mit denen Sie es zu tun haben könnten. Nun können Sie einen Plan entwickeln, um diese Symptome und Gedanken zu bewältigen. Mike z. B. stellte die folgende Liste zusammen:

Körperliche Symptome	Gedanken
Schwindel	Ich werde noch verrückt.
Herzklopfen	Das ist so furchtbar, ich halte das nicht aus.
Schweißausbruch	Wenn das so weiter geht, werde ich noch in eine geschlossene Anstalt eingeliefert.
Das Gefühl, ohnmächtig zu werden	Wer mich jetzt sieht, hält mich bestimmt für verrückt. Wenn ich ohnmächtig werde, falle ich und tu mir weh. Wenn ich ohnmächtig werde, bekomme ich nicht mehr mit, was die anderen Menschen tun oder sagen.

Fügen Sie im Laufe des Übungsprozesses alle neuen Symptome oder Gedanken hinzu, die Ihnen Probleme bereiten. Nehmen Sie sich genug Zeit, um einen konkreten Plan zur Bewältigung dieser Symptome und Gedanken aufzustellen.

Bewältigungsstrategien entwickeln

Für diesen Plan können Sie sich die in der ersten Hälfte dieses Buches beschriebenen Bewältigungsstrategien zunutze machen:

Entspannungsübungen

Falls Sie noch nicht mit dem Üben der signalgeprägten Entspannung begonnen haben, wird es nun allerhöchste Zeit, handelt es sich doch um eine äußerst wirksame Methode der Angstbewältigung, die sich in fast allen Situationen problemlos anwenden läßt. Manchmal besteht jedoch auch die Möglichkeit, eine ausführlichere Entspannungsmethode anzuwenden. Die im praktischen Teil dieser Lektion beschriebene Muskelentspannung ist in diesem Zusammenhang besonders nützlich.

Zwerchfellatmung

Für viele Menschen stellt die Zwerchfellatmung eine der wichtigsten Methoden zur Reduzierung Ihrer Angstsymptome dar. Falls Sie sie noch nicht sicher beherrschen, kehren Sie noch einmal zu dem entsprechenden Abschnitt in Lektion 2 zurück.

Positive Selbstaussagen

Falls Sie bisher in angstauslösenden Situationen noch keine positiven Selbstaussagen eingesetzt haben, schauen Sie sich noch einmal den entsprechenden Abschnitt in Lektion 3 an und stellen Sie eine Liste persönlicher Aussagen zusammen. Nutzen Sie die Gelegenheit, diese nützliche Methode noch einmal zu üben und die Liste Ihrer positiven Selbstaussagen zu aktualisieren.

Rationaler innerer Dialog

Von allen in diesem Abschnitt genannten Methoden ist der rationale innere Dialog sicherlich am schwersten zu erlernen. Wird sie jedoch erst einmal beherrscht, ist diese Methode äußerst erfolgreich. Gehen Sie noch einmal die in Lektion 4 und 5 gegebenen Erläuterungen durch.

Ablenkung

In Lektion 3 werden verschiedene Methoden der Ablenkung beschrieben. Diese lassen sich am besten bei intensiven, kurzfristigen Angstgefühlen einsetzen, z. B., wenn Sie zum ersten Mal mit einer angstauslösenden Situation konfrontiert sind.

Während Sie üben, sollten Sie eine kleine Karteikarte bei sich tragen, auf der Sie all die Methoden auflisten, die Sie als besonders nützlich empfinden. Auf diese Weise können Sie sich stets selbst daran erinnern, diese Methoden auch einzusetzen. Als anschauliches Beispiel sei hier Mikes Karte wiedergegeben:

- Zwerchfellatmung
- Muskelentspannung
- Positive Selbstaussagen
- Ablenkung (Externalisierung, genaue Beobachtung oder Gespräch)
- Negativen inneren Dialog eindämmen
- Auf negative Denkmuster (vor allem Übertreibung, Wahrsagerei und Etikettierung) achten

Darüber hinaus ist es wichtig, die angstauslösenden Gedanken zu bekämpfen, die Sie im vorherigen Schritt aufgelistet haben. Eine Möglichkeit besteht darin, sie sofort durch positive Selbstaussagen zu ersetzen. Mike fand es schwierig, sich in der jeweiligen Situation an passende positive Aussagen zu erinnern, daher trug er folgende Karte bei sich:

- Angst ist nicht gefährlich, nur unangenehm. Auch wenn ich Angst habe, komme ich über die Runden.
- Ich unternehme einen Schritt nach dem anderen. Es besteht kein Grund zur Eile.
- Die Angst wird bald vorübergehen. Ich halte das aus.
- Meine Symptome werden meist durch Hyperventilation ausgelöst. Sie sind nicht gefährlich und werden zurückgehen, sobald ich die Zwerchfellatmung einsetze.
- Ich brauche nicht perfekt zu sein. Es ist nicht verwerflich, Angst zu haben.
- Durch Übung wird alles leichter. Vieles ist schon leichter geworden.
- Ich brauche die Angst nicht zwanghaft zu bekämpfen. Sie entsteht durch alte, konditionierte Reaktionen, die einen Adrenalinstoß auslösen. Nach einer Weile werden diese Gefühle wieder verschwinden.

Eine zweite Möglichkeit, angstauslösende Gedanken zu bekämpfen, besteht darin, einen an der konkreten Situation ausgerichteten rationalen inneren Dialog einzusetzen. Gehen Sie zu diesem Zweck Ihre Liste mit angstauslösenden Gedanken noch einmal durch und versuchen Sie, negative Denkmuster zu benennen, die hinter den jeweiligen Gedanken stecken. (Unter Umständen müssen Sie dafür die in Lektion 7 beschriebene vierstufige Analyse einsetzen.) Nachdem Sie Ihren rationalen Dialog zusammengestellt haben, üben Sie ihn solange, bis Sie ihn auswendig können. Dies kann mehrere Tage dauern. Anschließend können Sie dann mit Hilfe der rationalen Dialoge Ihre Angstsymptome wirksam überwinden. Mike entwickelte die folgenden rationalen inneren Dialoge für seine Liste angstauslösender Gedanken:

Beispiel: „Ich werde noch verrückt" (Etikettierung).
Mikes rationaler innerer Dialog: „Ich werde nicht verrückt. Ich erlebe bloß einen Adrenalinstoß und interpretiere ihn falsch. Ich bin völlig normal und werde diese Situation meistern, auch wenn ich mich zunächst etwas unwohl fühle."

Beispiel: „Das ist so schrecklich, ich halte das nicht aus" (Übertreibung).
Mikes rationaler innerer Dialog: „So schlimm ist es gar nicht. Es gibt sehr viel größeres Leid auf dieser Welt. Die Situation ist bloß unangenehm. Ich halte es aus. Ich lebe, und ich werde es überleben."

Beispiel: „Wer mich jetzt sieht, hält mich bestimmt für verrückt" (Gedankenlesen und Wahrsagerei).
Mikes rationaler innerer Dialog: „Die meisten Menschen merken gar nicht, was in mir vorgeht. Außerdem ist es den meisten ohnehin egal. Selbst wenn jemand bemerkt, daß ich mich unwohl fühle, wird er es wahrscheinlich innerhalb von fünf Minuten vergessen haben. Außerdem ist das, was andere Leute denken, völlig unwichtig. Wichtig ist nur, was ich selbst denke."

Beispiel: „Wenn das so weitergeht, werde ich noch in eine geschlossene Anstalt eingeliefert" (Übertreibung).
Mikes rationaler innerer Dialog: „Das ist reine Phantasie. Im schlimmsten Fall werde ich ohnmächtig und muß von einem Notarzt behandelt werden. Bei ihm wäre ich in guten Händen."

Beispiel: „Wenn ich ohnmächtig werde, falle ich und tu mir weh" (Wahrsagerei und Übertreibung).
Mikes rationaler innerer Dialog: „Ich bin noch nie ohnmächtig geworden, daher ist es sehr unwahrscheinlich, daß ich ausgerechnet jetzt ohnmächtig werde. Wenn ich die Zwerchfellatmung einsetze, ist es sogar noch unwahrscheinlicher. Wenn mir aus irgendeinem Grund schwummrig wird, kann ich mich sicherlich irgendwo hinsetzen. Die Menschen um mich herum werden mich entweder ignorieren oder mir helfen. Nachdem ich ein paar Minuten lang meine Zwerchfellatmung eingesetzt habe, wird es mir wieder besser gehen. Die Situation wäre mir peinlich, aber damit kann ich fertig werden. Durch Peinlichkeit ist noch niemand gestorben. Es wäre unangenehm, aber so schlimm wäre es nun auch wieder nicht."

Beispiel: „Wenn ich ohnmächtig werde, bekomme ich nicht mehr mit, was die anderen Menschen tun oder sagen" (Übertreibung).

Mikes rationaler innerer Dialog: „Dies ist eine wahre Aussage, auf die ich reagiere wie auf eine Katastrophe. Es gibt zwei grundlegende Ängste, die diese eher unwahrscheinliche Möglichkeit so katastrophal erscheinen lassen: Erstens habe ich Angst, die Kontrolle zu verlieren; deshalb will ich unbedingt die totale Kontrolle sowohl über mich selbst als auch über meine Umwelt behalten. Im Leben gibt es jedoch immer das Risiko, daß etwas schiefgeht. Die Möglichkeit, daß ich in Ohnmacht falle, ist, seitdem ich die Zwerchfellatmung beherrsche, geringer als 1%. Das heißt, ich habe die mehr als 99%ige Chance, die Situation unbeschadet zu überstehen. Und selbst wenn ich ohnmächtig würde, wäre das längst nicht so schlimm, wie ich es mir ausmale.

Meine zweite Angst gründet sich auf das übertriebene Bedürfnis nach Bestätigung. Ich habe Angst, daß mich die anderen Menschen verachten, wenn ich in Ohnmacht falle. Dabei ist das völliger Blödsinn. Die meisten Menschen wären besorgt um mich und würden versuchen, mir zu helfen. Und selbst wenn meine Ohnmacht dazu führen würde, daß mich einige Menschen ablehnen, kann mir das eigentlich egal sein. Ich brauche nicht von allen Menschen gemocht zu werden. Ich habe viele gute Freunde, die mich trotz meiner Fehler mögen. Und am wichtigsten ist, daß ich mich selber mag."

Sich der angstauslösenden Situation bewußt aussetzen

Nachdem Sie nun alle nötigen Vorbereitungen getroffen haben, können Sie damit beginnen, sich Schritt für Schritt der angstauslösenden Situation auszusetzen. Dabei ist es sinnvoll, die eigenen Erfahrungen schriftlich festzuhalten, denn auf diese Weise können Sie sowohl Ihre Fortschritte als auch verbesserungswürdige Probleme besser erkennen. Welche äußere Form Sie Ihren Notizen geben, ist dabei nebensächlich. Am Beispiel von Mikes Übungsbericht können Sie einen typischen Übungsablauf nachvollziehen.

Übungsziel: Zum Briefkasten und wieder zurück gehen.

Mittwoch, den 11. 9., 14 bis 15 Uhr: Beim ersten Versuch schaffte ich nur die Hälfte des Weges, dann geriet ich in Panik und kehrte wieder um. Ich machte eine Entspannungsübung (Muskelentspannung), ging noch einmal meine Bewältigungsstrategien durch und unternahm dann einen neuen Anlauf. Ich fühlte mich ängstlich, schaffte es aber tatsächlich dreimal bis zum Briefkasten und wieder zurück in meine Wohnung.

Donnerstag, den 12. 9., 14 Uhr 15 bis 15 Uhr: Diesmal bin ich achtmal zum Briefkasten und wieder zurück gegangen. Zum Anfang war ich ziemlich nervös, aber es war bei weitem nicht so schlimm wie gestern. Bei den letzten Versuchen habe ich nur noch ein leichtes Unbehagen verspürt. Ich habe bewußt mit dem Zwerchfell geatmet und zwischendurch immer wieder Entspannungsübungen gemacht.

Freitag, den 13. 9., 13 Uhr 30 bis 14 Uhr 15: Bin heute zehnmal bis zum Briefkasten und wieder zurück gegangen. Meine positiven Selbstaussagen habe ich dabei fast automatisch eingesetzt, und sie besaßen auch größere Überzeugungskraft. Da ich nur wenig Angst hatte, blieb ich jedesmal eine Weile beim Briefkasten stehen, ehe ich zurückging. Zwischen den einzelnen Spaziergängen zum Briefkasten habe ich Entspannungs- und Atemübungen gemacht.

Samstag, den 14. 9., 13 bis 14 Uhr: Hatte beim ersten Versuch große Schwierigkeiten, so daß ich nach einem Drittel der Strecke wieder umkehren mußte. Das Wetter war schön, es waren mehrere Leute auf der Straße, und ich hatte das Gefühl, daß sie mich beobachteten und sich über mich amüsierten. Ich machte eine ausführliche Entspannungsübung, ging noch einmal meine rationalen inneren Dialoge zu den Themen „Gedankenlesen" und „übersteigertes Bedürfnis nach Bestätigung" durch und versuchte es dann noch einmal. Insgesamt bin ich siebenmal zum Briefkasten und wieder zurück gegangen. Zum Schluß hatte ich nur noch wenig Angst.

Sonntag, den 15. 9., 14 bis 15 Uhr: Bin ohne Probleme achtmal zum Briefkasten und wieder zurück gegangen. Danach fühlte ich mich so gut, daß ich noch ein bißchen in den Garten ging und mit meinem Nachbarn plauderte. Ich brauchte noch nicht einmal meine rationalen inneren Dialoge oder andere Bewältigungsstrategien einzusetzen. Meine Angst war mäßig bis gering.

Falls Sie eine körperliche Erkrankung haben, die eine Konfrontation mit angstauslösenden Situationen möglicherweise riskant erscheinen läßt, sollten Sie Ihre Übungspläne mit Ihrem Arzt absprechen und ein entsprechend langsames Übungstempo wählen. Für die allermeisten Menschen ist die Konfrontation mit Angstgefühlen jedoch nicht gefährlich; sie ist bloß unangenehm.

Übungsrichtlinien

Die folgenden Richtlinien sollen Ihren Übungserfolg unterstützen. Rufen Sie sich die einzelnen Ratschläge während der Übungsphasen immer wieder ins Gedächtnis.

Regelmäßig üben

Die einzige Möglichkeit, sich selbst davon zu überzeugen, daß Sie die Situation, vor der Sie Angst haben, bewältigen können, besteht darin, ihre Bewältigung zu üben. Auf diese Weise können Sie sich selbst beweisen, daß Sie die gefürchtete Situation meistern, auch wenn Sie sich zum Anfang äußerst unbehaglich fühlen. Die meisten Angstgefühle beruhen auf konditionierten Reaktionen; es dauert einfach seine Zeit, bis man diese *er*lernten Reaktionen wieder *ver*lernt hat. Üben Sie daher von Anfang an so oft und so regelmäßig wie möglich. Warten Sie nicht, bis

Sie sich der Situation von sich aus gewachsen fühlen. Natürlich gibt es Zeiten, in denen Krankheit, Arbeit oder familiäre Probleme Sie vom Üben abhalten. Hüten Sie sich jedoch davor, mit Hilfe fauler Ausreden das Üben zu vermeiden. Stellen Sie es im Gegenteil auf Ihrer Prioritätenliste ganz nach oben.

Fassen Sie den festen Vorsatz, mindestens eine Stunde pro Tag zu üben – wenn es Ihre Zeit und Energie erlaubt, sogar noch häufiger. *Sie können nicht zuviel üben.* Jede zusätzliche Übungsstunde kommt Ihrem neugewonnenen Selbstvertrauen zugute.

Die eigene Streßtoleranz erhöhen

Angstgefühle sind unangenehm, aber weder psychisch noch physisch wirklich gefährlich. Sie brauchen nicht zu befürchten, „wahnsinnig" zu werden oder körperlich Schaden zu nehmen. Wahrscheinlich haben Sie längst das höchste Maß an Angst erlebt, das Sie je erfahren werden.

Erinnern Sie sich an die schlimmste Panikattacke, die Sie je hatten. Damals hatten Sie höchstwahrscheinlich keine Ahnung, was mit Ihnen geschah, und diese Unsicherheit hat Ihre Angst immens verstärkt. Auch die in den bisherigen Lektionen dieses Buches erworbenen Fähigkeiten standen Ihnen damals noch nicht zur Verfügung. Inzwischen wissen Sie, wie Ihre Angstgefühle entstehen und wie Sie mit ihnen fertigwerden. Es ist daher äußerst unwahrscheinlich, daß Ihre Angstgefühle in der Zukunft die gleiche Intensität erreichen werden wie in der Vergangenheit. Doch selbst wenn sie ebenso stark wären, bräuchte Sie das nicht zu schrecken. Sie wissen ja, daß Sie selbst starke Angstgefühle ertragen können, denn Sie haben sie auch in der Vergangenheit ertragen. Und Sie wissen, daß diese Angstgefühle nur begrenzte Zeit anhalten und nach einer Weile anderen Gefühlen weichen.

Auf die Angst einstellen

Stellen Sie sich darauf ein, daß Sie in neuen, ungewohnten Situationen zunächst ein wenig ängstlich reagieren. Das ist völlig normal. Sobald Sie sich mit der Situation vertraut gemacht haben, schwinden auch die Angstgefühle. Versuchen Sie, diese anfänglichen Angstgefühle zu akzeptieren und setzen Sie die bisher beschriebenen Bewältigungsstrategien ein, um die Angstsymptome zu reduzieren. Vergessen Sie nicht: Ein großer Teil dieser Symptome beruht auf *konditionierten Reaktionen.* Je häufiger Sie üben, desto stärker wird auch der Effekt der Desensibilisierung; die Methoden der Angstbewältigung greifen immer stärker, und selbst extreme Angstgefühle können rasch reduziert werden.

Angstgefühle als Zeichen der inneren Aufregung auffassen

Bei Angst und innerer Aufregung sind die körperlichen Reaktionen gleich. Der einzige Unterschied besteht in der *Interpretation* dieser Körperempfindungen. Ein hervorragendes Beispiel hierfür ist das „Lampenfieber" von Musikern oder Schauspielern. Während unerfahrene Künstler dazu neigen, dieses Gefühl als Ängstlichkeit zu bezeichnen, freuen sich erfahrenere Darsteller über die innere Erregung, die sie verspüren. Beide Aussagen gehen auf die gleiche körperliche Reaktion (eine erhöhte Adrenalinausschüttung) zurück, die nur unterschiedlich bewertet wird.

Wird die körperliche Reaktion als Zeichen der Angst aufgefaßt, kommt es zu einer Beeinträchtigung der eigenen Leistungskraft. Wertet man sie als Zeichen der inneren Erregung, kann sie zu einer Quelle der verstärkten Leistungskraft werden. Versuchen Sie daher, Ihre körperlichen Empfindungen während der Übungsphasen als Ausdruck innerer Erregung aufzufassen.

Bei dieser „Umwertung" handelt es sich um mehr als um ein bloßes Gedankenspiel. In neuen, ungewohnten Situationen ist stets eine gewisse Aufregung im Spiel. Erinnern Sie sich daran, wie aufgeregt Sie als Kind bei Ihrem ersten Ausflug in den Zoo, den Zirkus oder ins Kino waren. Versuchen Sie, sich auch Ihre damaligen körperlichen Empfindungen möglichst genau ins Gedächtnis zu rufen. Menschen, die unter Angstproblemen leiden, neigen dazu, jede ganz normale Aufregung als Zeichen der Angst zu interpretieren. Dabei hat die innere Aufregung auch Ihre positiven Aspekte: Körper und Geist sind wacher als sonst, und Sie sind zu intensiveren Empfindungen und Reaktionen fähig. Diese positiven Aspekte können Sie nutzen, wenn es Ihnen gelingt, nicht krampfhaft gegen die Aufregung anzukämpfen, sondern sich diese Gefühle in den einzelnen Übungsphasen zum Verbündeten zu machen.

Vorübergehende Rückschläge einkalkulieren

Stellen Sie sich von vornherein darauf ein, daß es Tage gibt, an denen Sie in Ihre alten Verhaltensweisen zurückverfallen werden und Situationen, von denen Sie dachten, Sie hätten sie längst bewältigt, Ihnen plötzlich wieder unüberwindbar erscheinen. Solche vorübergehenden Rückschlage sind ganz normale Bestandteile jedes Lernprozesses. Setzen Sie im Bedarfsfall die in Lektion 5 beschriebene Checkliste ein, um herauszufinden, was hinter dem Rückfall in alte Muster steckt und was Sie daraus lernen können. Anschließend fahren Sie mit Ihren Übungen fort. Meist sind Krankheit und Erschöpfung an solchen Rückschlägen beteiligt; erinnern Sie sich immer wieder daran, daß Ihr Körper nur begrenzte Energiereserven besitzt.

Falls Sie durch Krankheit oder Erschöpfung kurzfristig wieder in alte Verhaltensweisen zurückverfallen, machen Sie kein Drama daraus. Sehen Sie es vielmehr als Zeichen dafür an, daß Sie sich stärker um die Bedürfnisse Ihres Körpers kümmern und die erlernten Methoden zur Streßbewältigung noch sorgfältiger einsetzen sollten. Unterteilen Sie Ihre Übungsziele in noch kleinere Einzelschritte und denken Sie daran, daß jede komplexe Fähigkeit, die Sie bisher in Ihrem Leben gelernt haben – vom Laufen bis zum Aufsagen des kleinen Einmaleins – an einen langwierigen Lernprozeß gekoppelt war.

Den eigenen Perfektionismus überwinden

Bei manchen Menschen stellt sich nach den Übungsphasen ein Gefühl der Unzulänglichkeit ein, weil sie nicht alles erreichen konnten, was sie sich vorgenommen hatten. Traten beim Üben Angstsymptome auf, werden diese leicht als Zeichen einer „Verschlimmerung" gewertet. Diese Reaktionen beruhen auf perfektionistischen Erwartungen.

Weder Sie selbst noch irgend jemand anders kann voraussagen, wie rasch Sie mit Ihrer Arbeit an problematischen Verhaltensweisen voranschreiten werden. Das für Sie richtige Tempo können Sie nur durch Ausprobieren herausbekommen. Aber auch eine Übungsstunde, in der Sie nicht alles erreichen konnten, hat ihren Nutzen: Jeder Teilerfolg bringt Sie ein kleines Stück weiter voran.

Versuchen Sie, perfektionistische Tendenzen rechtzeitig zu erkennen und zu überwinden. Typisch sind Aussagen oder Gedanken wie: „Ich hätte das besser machen müssen", oder „Ist es nicht schrecklich, daß ich meine eigenen Übungspläne nicht einhalten kann?" Machen Sie sich klar, daß es sich bei einer verpatzten Übungsstunde keinesfalls um einen Mißerfolg handelt – im Gegenteil, sie gab Ihnen die Chance, Ihre momentanen Grenzen zu erkennen und Ihre zukünftigen Übungspläne danach auszurichten. Schließlich hat es wenig Zweck, wenn Sie von sich mehr verlangen, als Sie gegenwärtig leisten können. Falls perfektionistische Tendenzen für Sie noch immer ein großes Problem darstellen, nehmen Sie sich eine zusätzliche Woche Zeit und befassen Sie sich noch einmal gründlich mit Lektion 6.

Positive Begleitumstände schaffen

Wenn Sie damit beginnen, neue Aktivitäten zu üben, sollten Sie die Begleitumstände so günstig wie möglich gestalten. Wer z. B. übt, allein auf der Autobahn zu fahren, sollte beim ersten Mal eine Zeit und einen Autobahnabschnitt wählen, bei dem möglichst wenig Verkehr zu erwarten ist. Es wäre äußerst unklug, gleich mitten im dicksten Berufsverkehr mit dem Üben anzufangen. Erst wenn Sie mehrmals unter günstigen Bedingungen geübt haben, sollten Sie schwierigere Situationen in Angriff nehmen.

Auch Ihren physischen und psychischen Zustand beim Üben sollten Sie nicht außer acht lassen. Denken Sie stets daran, daß Sie nur über einen begrenzten Energievorrat verfügen. Wenn Sie den größten Teil Ihrer Energie dazu verwenden müssen, mit einer Erkältung, einem familiären Problem oder einem Konflikt bei der Arbeit zurechtzukommen, bleibt für Ihre praktischen Übungen weniger Raum als in Zeiten, in denen Sie gesund und relativ streßfrei sind. Um nicht den roten Faden zu verlieren, sollten Sie auch in Streßphasen weiterüben, die eigenen Erwartungen aber herunterschrauben und einfachere Übungen wählen. Falls Sie sehr krank sind oder unter großem Streß stehen, können Sie das Üben auch um ein paar Tage verschieben, um erstmal wieder neue Kräfte zu sammeln.

Auf keinen Fall ratsam ist es jedoch, die Übungen mit irgendwelchen Besorgungen oder beruflichen Aufgaben zu verknüpfen. Üben Sie nur um des Übens willen. Dann brauchen Sie nicht an all das zu denken, was Sie außerdem noch tun „sollten" oder „müßten".

Beim ersten Anzeichen von Ängstlichkeit bewährte
Bewältigungsstrategien einsetzen

In Lektion 2 haben wir ausführlich erklärt, daß Bewältigungsstrategien grundsätzlich am wirksamsten sind, wenn sie beim allerersten Anzeichen von Ängstlichkeit angewendet werden. Schauen Sie sich zu Beginn jeder Übungsstunde noch einmal die Karteikarte an, auf der Sie Ihre bewährten Methoden zur Angstbewältigung aufgelistet haben, und stellen Sie sich jetzt schon innerlich darauf ein, sie im Bedarfsfall auch tatsächlich einzusetzen.

Sich selbst zum Weitermachen ermuntern

Verharren Sie nicht tage- oder wochenlang bei einer Übung, weil Sie glauben, Sie müßten alles 100%ig beherrschen, ehe Sie zum nächsten

Schritt übergehen. Schreiten Sie statt dessen kontinuierlich voran, sobald die Angst, die Sie beim Üben verspüren, auf ein erträgliches Maß gesunken ist. Ermuntern Sie sich selbst dazu, sich stets ein wenig weiter vorzuwagen. Fällt Ihnen eine bestimmte Übung überraschend leicht, verlängern Sie entweder die Zeit, die Sie auf die betreffende Aktivität verwenden, oder gehen Sie ein Stück weiter, als Sie es ursprünglich geplant hatten. Wer Tag für Tag Aktivitäten wiederholt, die gar keine oder nur sehr geringe Angstgefühle hervorrufen, übt nicht wirklich – er *unter*fordert sich. Wer dagegen Tag für Tag starke Panik empfindet, geht zu forsch voran und *über*fordert sich; in diesem Fall ist es ratsam, das eigene Übungsziel noch einmal zu überdenken und es in kleinere, leichter zu bewältigende Einzelschritte zu unterteilen.

Andere Formen der Desensibilisierung

Die meisten Menschen empfinden die systematische Desensibilisierung als wirksamste verhaltenstherapeutische Methode, doch können bei manchen auch andere Formen erfolgreich sein. Lesen Sie sich die folgenden Beschreibungen in Ruhe durch und entscheiden Sie selbst, ob Sie auch diese Methoden ausprobieren wollen.

Überflutung

Das Prinzip der Überflutung besteht darin, sich der angstauslösenden Situation direkt auszusetzen oder sich mit einem angstauslösenden Objekt zu konfrontieren, um über die maximale Angsterfahrung bestehende Probleme zu überwinden.

Alexas Beispiel mag die Methode der Überflutung anschaulich illustrieren: Alexa hatte Angst, mit öffentlichen Verkehrsmitteln zu fahren. Da sie sich kein Auto leisten konnte, stellte diese Angst für sie ein großes Problem dar. Sie überwand ihre Angst, indem sie drei Tage lang mit den verschiedensten Bussen kreuz und quer durch die Stadt fuhr. Als sie am Morgen des ersten Tages in einen Bus stieg, hatte sie schreckliche Angst. Als der Bus die Haltestelle verließ, wurde ihre Angst noch stärker. Nach etwa 30 Minuten erreichte die Angst ihren Höhepunkt, danach wurde sie langsam schwächer; drei Stunden später hatte sie keine Panikgefühle mehr. Auch am nächsten Tag verspürte sie noch starke Angst, als sie morgens den Bus bestieg, doch gingen diese Gefühle sehr viel schneller zurück als am ersten Tag. Am dritten Tag verspürte sie nur noch sehr wenig Angst. Sie fuhr von nun an regelmäßig mit dem Bus und hatte keine weiteren Probleme mehr.

Die Methode der Überflutung mag auf den ersten Blick abschreckend wirken. Ihr Vorteil wird klarer, wenn man an verschiedene Methoden zur Entfernung eines Verbandspflasters von einem behaarten Körperteil denkt: Man kann es entweder schnell hinter sich bringen und das Pflaster mit einem Mal herunterreißen, oder man kann das Pflaster langsam, Haar für Haar, herunterziehen. Manchen Menschen liegt es eher, sich gleich zu Anfang starken Angstgefühlen auszusetzen, und sie fahren mit der Methode der Überflutung sehr gut. Die meisten ziehen die systematische Desensibilisierung vor.

Gedankliche Desensibilisierung

Die gedankliche Desensibilisierung wurde ursprünglich von Joseph Wolpe entwickelt und umfaßt die folgenden fünf Schritte:

Ein Arbeitsziel wählen

Beginnen Sie mit dem ersten Ziel auf Ihrer Liste. Sobald es Ihnen keine Schwierigkeiten mehr bereitet, gehen Sie zum nächsten Ziel über.

Entspannungsübungen einsetzen

Setzen Sie Ihre gewohnten Übungen ein, um einen Zustand tiefer Entspannung zu erzielen. Falls Sie noch keine effektive Entspannungsübung beherrschen, wählen Sie aus dem Anhang eine der dargestellten Methoden aus und üben Sie sie so lange, bis Sie sich willentlich entspannen können.

Sich in Gedanken in die gefürchtete Situation versetzen

Stellen Sie sich die gefürchtete Situation so lebhaft vor wie irgend möglich. Ziehen Sie möglichst viele Einzelheiten heran und setzen Sie alle Ihre Sinne ein, um die Vorstellung real erscheinen zu lassen. Anschließend versetzen Sie sich selbst in die vorgestellte Situation und verhalten sich dabei so, wie es Ihren Wünschen für die Zukunft entspricht.

Aufhören, sobald Angstgefühle entstehen

Falls Sie Angstgefühle verspüren, halten Sie einen Moment lang inne und setzen Sie Ihre Entspannungsübung ein, bis Sie sich wieder beruhigt haben. Wiederholen Sie einige positive Selbstaussagen und rationale innere Dialoge, um mögliche negative Denkmuster zu bekämpfen.

Wiederholen der obigen Schritte

Wiederholen Sie die obigen Schritte, bis Sie sich ohne Angstgefühle mindestens drei Minuten lang in der gewählten Situation vorstellen können.

Falls Sie während der Übung starke Angstgefühle verspüren, probieren Sie die folgenden Möglichkeiten:

Ziehen Sie sich selbst aus der Situation zurück

Stellen Sie sich die betreffende Situation oder Aktivität vor, ohne daß Sie selbst darin eine Rolle spielen. Erst wenn Ihnen dies ohne Angstgefühle möglich ist, versetzen Sie sich wieder selbst in die Situation.

Ersetzen Sie sich selbst durch ein imaginäres Modell

Stellen Sie sich jemanden, der Ihnen ähnlich ist und das gleiche Geschlecht hat wie Sie, in der gewählten Situation vor. Lassen Sie diese Person so handeln und fühlen, wie Sie es selbst gern tun würden. Erst wenn Ihnen dies ohne Angstgefühle möglich ist, versetzen Sie sich wieder selbst in die Situation.

Verlängern Sie allmählich die Übungszeit

Stellen Sie sich selbst zunächst nur wenige Sekunden lang in der jeweiligen Situation vor und führen Sie dann eine Entspannungsübung durch. Erhöhen Sie den Zeitraum, den Sie gedanklich in der gewählten Situation verbringen, allmählich auf drei Minuten.

Wählen Sie eine einfachere Situation

Falls diese Vorschläge alle nicht helfen, wählen Sie eine einfachere Situation aus. Überprüfen Sie noch einmal Ihr selbstgesetztes Ziel und unterteilen Sie es in kleinere Einzelschritte.

Wer die gedankliche Desensibilisierung als alleinige Methode zur Überwindung seiner Angstprobleme wählt, wird nur allmählich Fortschritte verzeichnen. Aus diesem Grunde empfiehlt es sich, sie mit der systematischen Desensibilisierung zu kombinieren, indem man sie z. B. als Vorbereitung für schwierige Übungen im realen Leben einsetzt.

Harolds Geschichte ist ein gutes Beispiel für die erfolgreiche Kombination von gedanklicher und systematischer Desensibilisierung. Harold litt unter einer Hundephobie. In einer allerersten Übung verbrachte er etwa 30 Minuten damit, sich gehende, fressende oder schlafende Hunde vorzustellen. Als nächstes stellte er sich Situationen vor, in denen sich ein Hund in seiner Nähe aufhielt, später Situationen, in denen ein Hund ihn intensiv berührte. Ganz zuletzt kam die Vorstellung, einen Hund auf dem Schoß zu halten. Zum Abschluß dieser Übungsreihe war Harold in der Lage, sich alle Situationen ohne Angstgefühle vorzustellen. Nun wurde ein echter Hund ins Zimmer gebracht. Er wurde zunächst am entgegengesetzten Ende des Zimmers festgehalten und dann im Laufe der nächsten 30 Minuten immer näher gebracht, bis er schließlich auf Harolds Schoß saß. Am Ende der Übung war Harold in der Lage, den Hund auf dem Schoß zu halten und zu streicheln, ohne dabei Angst zu empfinden.

Der für die Überwindung der eigenen Angstgefühle notwendige Zeitraum ist natürlich von Fall zu Fall unterschiedlich. Manche Menschen verbringen mehrere Übungsstunden mit der gedanklichen Desensibilisierung, ehe sie zu praktischen Übungen im realen Leben übergehen.

Gedankliche Überflutung

Die gedankliche Überflutung wird meist in Gegenwart eines Therapeuten durchgeführt, da es den meisten schwer fällt, sie allein anzuwenden. Zuerst wird gefragt, welche Vorstellung dem Betreffenden am meisten Angst macht. Dann leitet der Therapeut die Person zu einer gedanklichen Konfrontation mit diesen Ängsten an.

Sandra z. B. hatte Angst, allein auf der Autobahn zu fahren. Sie wurde gebeten, sich vorzustellen, mitten im Berufsverkehr auf ein Autobahnkreuz zuzufahren. Das Gedränge der Autos, die Abgase und der Lärm wurden im Detail beschrieben. Dies wurde solange fortgeführt, bis ihre Angst abgebaut war.

Reaktionsblockade

Bei dieser Methode werden bestimmte zwanghafte Verhaltensweisen über einen bestimmten Zeitraum blockiert. Händewaschen und wiederholtes Überprüfen sind Beispiele für zwanghafte Verhaltensweisen, die mit Hilfe der Reaktionsblockade überwunden werden können. Da Zwänge meist mit Vermeidungsmustern verbunden sind, kommt die Reaktionsblockade oft in Kombination mit einer Desensibilisierung zur Anwendung. Das folgende Beispiel zeigt, wie Norma mit Hilfe der systematischen Desensibilisierung und Reaktionsblockade ihr zwanghaftes Verhalten überwand.

Normas übertriebenes Händewaschen beruhte auf der Angst, die anderen Familienmitglieder mit Krankheitserregern zu infizieren, was schließlich zu deren Tod führen könnte. Wenn Sie etwas berührte, das sie als „schmutzig" empfand, mußte sie sich sofort die Hände waschen. Auch in ihrem Haushalt führte sie völlig übertriebene Reinigungsrituale aus. Normas oberstes Ziel bestand darin, sich die Hände in Zukunft nur noch vor dem Essen, nach Benutzung der Toilette und bei anderen angemessenen Gelegenheiten zu waschen. Da sie sich zu dem Zeitpunkt, als sie mit den Übungen begann, etwa alle fünf oder zehn Minuten die Hände wusch, erschien ihr dieses Ziel wie ein illusorischer Traum.

Norma erstellte eine Liste aller Gegenstände, die sie als „schmutzig" empfand, und ordnete sie je nach dem Grad ihrer „Verschmutzung" in eine bestimmte Reihenfolge. Dann legte sie täglich eine zweistündige Übungsphase ein. Während dieser Zeit „beschmutzte" sie ihre Hände, ohne sie jedoch hinterher zu waschen. Sie begann damit, Gegenstände zu berühren, die sie als am wenigsten „schmutzig" empfand. In ihrem Fall waren dies Lichtschalter. Als diese ihr keine Schwierigkeiten mehr bereiteten, ging sie zu anderen Gegenständen über, die sie als noch „schmutziger" empfand, z. B. den Fußboden. Nachdem sie drei Wochen lang an fünf Wochentagen jeweils zwei Stunden geübt hatte, war sie in der Lage, selbst die Gegenstände, die sie zuvor als „besonders schmutzig" eingestuft hatte, zu berühren, ohne sich hinterher die Hände waschen zu müssen.

Normas nächstes Ziel bestand darin, ihre übertriebenen Reinigungsrituale im Haushalt zu überwinden. Dies tat sie auf die gleiche Weise wie oben beschrieben. Sie erstellte eine Liste der verschiedenen Stellen in ihrem Haus und ordnete sie je nach ihrer Wichtigkeit in eine bestimmte Reihenfolge. Dann beschmutzte sie mutwillig eine Stelle, ohne anschließend in ihr übertriebenes Reinigungsritual zu verfallen.

Auch nachdem Norma ihre zwanghaften Verhaltensweisen eigentlich schon längst überwunden hatte, verspürte sie gelegentlich den Drang, zu ihnen zurückzukehren. Wenn dies eintrat, beschmutzte sie sofort sich selbst oder die betreffende Stelle im Haushalt und praktizierte die Reaktionsblockade. Die Notwendigkeit, diese Kombination zwischen Reaktionsblockade und Desensibilisierung anzuwenden, trat zuerst alle paar Wochen auf. Nach einem halben Jahr kam es nur noch alle paar Monate vor.

Hier eine Zusammenfassung aller wichtigen Punkte, die es zu bedenken gilt, wenn Sie die Methode der Reaktionsblockade anwenden wollen:
- Bei Zwängen ist im allgemeinen eine längere Übungszeit nötig als bei einfachen Vermeidungsmustern. Planen sie mindestens drei Übungseinheiten pro Woche, die jeweils anderthalb Stunden dauern.

- Liegen mehrere Zwänge vor, muß jeder einzeln bearbeitet werden.
- Handelt es sich um schwerwiegende Zwänge, kann es mehrere Tage dauern, ehe sich die Angstgefühle legen. In diesem Fall ist es ratsam, das Verfahren von einem Therapeuten anleiten zu lassen, der sich auf die Behandlung von zwanghaften Verhaltensweisen spezialisiert hat.
- Wird das zwanghafte Verhalten von längeren oder schweren Depressionen begleitet, sollte unbedingt ein Psychotherapeut herangezogen werden. Es gibt deutliche Hinweise darauf, daß Menschen, die sowohl unter Zwangsstörungen als auch unter Depressionen leiden, eine angeborene Veranlagung zu Depressionen besitzen. Liegt eine solche Neigung vor, ist es wichtig, das unterschwellige biologische Problem zu behandeln, um die Verhaltensprobleme erfolgreich in den Griff zu bekommen.
- Auch wenn Sie Ihre zwanghaften Verhaltensweisen eigentlich schon längst überwunden haben, kann es vorkommen, daß Sie den Drang verspüren, zu diesen Verhaltensweisen zurückzukehren, wenn Sie mit einem bestimmtem Signalreiz (einem Ereignis oder Gegenstand) in Berührung kommen. In diesem Fall sollten Sie sofort eine Kombination von Reaktionsblockade und Desensibilisierung anwenden.

In Lektion 1 haben wir darauf hingewiesen, daß man zwanghafte Gedanken und Verhaltensweisen als eine Art neurologischen „Schluckauf" verstehen kann: Das Gehirn bleibt an sonst ganz normalen Prüfungs- und Denkvorgängen hängen und wiederholt sie ständig. Dennoch kann die verhaltenstherapeutische Methode, die wir in diesem Absatz beschrieben haben, bei vielen Menschen mit zwanghaften Gedanken und Verhaltensweisen äußerst wirksam sein. Wenn Sie allerdings mehrere Wochen lang mit diesen Methoden gearbeitet haben, ohne nennenswerte Erfolge zu erzielen, kann es notwendig sein, sich an einen erfahrenen Therapeuten zu wenden. In manchen Fällen kann auch eine Kombination mit medikamentösen Maßnahmen zum Erfolg führen. In aktuellen Versuchen haben zwei Medikamente, Fluoxetin und Chlorimipramin, bei der Behandlung von Zwangsstörungen vielversprechende Ergebnisse gezeigt. Wenn Sie sich für eine medikamentöse Behandlung entscheiden, suchen Sie sich unbedingt einen Arzt, der in der Behandlung von Zwangsstörungen Erfahrung hat und mit dem aktuellen Stand der Forschung vertraut ist.

Soziales Rollenspiel

Das soziale Rollenspiel stellt eine Sonderform der Desensibilisierung dar. Besonders hilfreich erweist es sich bei Menschen, die unter sozialen Phobien leiden und entweder nicht genug soziale Fertigkeiten besitzen oder diese nicht angemessen einsetzen können. Im sozialen Rollenspiel können soziale Fertigkeiten mit einem vertrauten Menschen – einem Freund, einem Mitpatienten oder einem Therapeuten – geübt werden, bis man sich auf dem „sozialen Parkett" sicherer fühlt. Dabei kann es sich unter anderem um die folgenden Fertigkeiten handeln:

Begrüßungen: Hier reicht die Bandbreite sozialer Verhaltensweisen von einem einfachen Lächeln bis zu üblichen Floskeln wie „Guten Tag" und „Nett, Sie kennenzulernen".

Kommentare zu gemeinsamen Erlebnissen: Sie dienen oft dazu, sich selbst oder anderen die Befangenheit zu nehmen und ein freundliches Gespräch zu beginnen. Die gemeinsamen Erfahrungen können sich auf das Wetter, die Temperatur im Zimmer, die gemeinsame Wartezeit auf einen Bus, die Ausstattung eines Zimmers oder die umgebende Landschaft beziehen.

Meinungsäußerungen: Gewöhnen Sie sich an, eine Tageszeitung zu lesen oder einmal am Tag die Fernsehnachrichten zu sehen. Wählen Sie täglich ein Ereignis aus und üben Sie, eine Meinung über dieses Ereignis zu formulieren. Hören Sie den Gesprächen anderer Menschen zu, um eine Vorstellung darüber zu bekommen, wie andere ihre Ideen und Meinungen in Worte fassen. Eignen Sie sich die Elemente an, von denen Sie meinen, daß sie am besten zu Ihnen passen.

Geschichten erzählen: In geselligen Situationen erzählen Menschen oft Geschichten über sich selbst oder andere. Wählen Sie zwei oder drei eigene Erlebniss aus und üben Sie, darüber Geschichten zu erzählen. Es spielt keine Rolle, wie lange die Erlebnisse zurückliegen.

Bewußtes Zuhören: Das bewußte Zuhören stellt eine sehr wichtige soziale Fertigkeit dar, mit der die meisten Menschen jedoch große Schwierigkeiten haben.

Körpersprache und Stimme: Auch eine selbstbewußtere Körperhaltung und eine klare, energische Ausdrucksweise lassen sich üben.

Soziale Fertigkeiten kann man jedoch nicht nur im Rollenspiel, sondern auch allein vor einem Spiegel oder im stillen Zwiegespräch üben. Auch die gedankliche Desensibilisierung kann zu diesem Zweck eingesetzt werden. Letztendlich jedoch müssen die erlernten Fertigkeiten in realen Lebenssituationen zur Anwendung kommen.

Praktischer Teil zu Lektion 9

Negative Verhaltensweisen bekämpfen

Setzen Sie die in dieser Lektion beschriebenen Ansätze zur Bekämpfung negativer Verhaltensweisen ein. Sind diese Verhaltensweisen stark ausgeprägt, kann es sein, daß sie mehrere Wochen, möglicherweise sogar mehrere Monate dafür benötigen werden. Die grundlegenden Prinzipien können Sie jedoch schon nach ein oder zwei Wochen beherrschen. Auch nachdem Sie zu den folgenden Lektionen übergegangen sind, sollten Sie regelmäßig weiterüben und sich auch die Übungsrichtlinien immer wieder ins Gedächtnis rufen. Falls Sie bei den Übungen größere Schwierigkeiten haben, empfiehlt es sich, die gesamte Lektion noch einmal durchzugehen und zu prüfen, ob Sie auch alle Anweisungen genau befolgen. Falls Sie nach Abschluß der Arbeit an allen Lektionen das Gefühl haben, bei der Anwendung der verhaltenstherapeutischen Techniken weitere Hilfestellung zu benötigen, wenden Sie sich an einen erfahrenen Therapeuten.

Während der Arbeit an dieser Lektion sollten Sie besonders darauf achten, auch die empfohlenen schriftlichen Arbeiten zu erledigen. Je hartnäckiger Ihre negativen Verhaltensweisen, desto wichtiger die schriftliche Fixierung von Zielen, Symptomen und Bewältigungsstrategien. Das schriftliche Material bildet den Angriffsplan zur Bekämpfung unerwünschter Verhaltensweisen. Je präziser und detaillierter der Angriffsplan, desto erfolgreicher Ihre Bemühungen.

Angstreduzierung durch Muskelentspannung

Wenn Sie ängstlich sind, verspannen sich automatisch Ihre Muskeln; wenn Sie entspannt sind, empfinden Sie weniger Angst. Deshalb ist es sehr wichtig, eine wirksame Entspannungstechnik zu erlernen. Um Ihre Muskeln bewußt zu entspannen, halten Sie sich an die folgenden Schritte:
1. Atmen Sie ein und halten Sie den Atem an.
2. Spannen Sie Ihre Muskeln an.
3. Atmen Sie aus und lösen Sie gleichzeitig die Muskelspannung.
4. Atmen Sie zweimal tief ein (Zwerchfellatmung). Versuchen Sie, beim Ausatmen die Schultern ein wenig lockerer herunterfallen zu lassen und auch die anderen Muskeln Ihres Körpers zu entspannen.

Dieses einfache Verfahren können Sie fast überall anwenden. Ist ein bestimmter Körperteil besonders angespannt, können Sie sich bei der

Übung auch auf diesen Teil konzentrieren. Wenn Sie genügend Zeit haben, können Sie auch die verschiedenen Körperteile nacheinander an- und entspannen (weitere Erläuterungen zur progressiven Muskelentspannung im Anhang). Auch ein sanftes Massieren der angespannten Körperteile kann hilfreich sein.

Richtlinien für Menschen, die Ihnen bei den praktischen Übungen helfen

Die folgenden Richtlinien beschreiben, wie man einem Menschen mit Angstproblemen während der praktischen Übungsphasen am wirksamsten zur Seite stehen kann.

Vor den praktischen Übungen:

— Lesen Sie den Text dieser Lektion gründlich durch, um sich über die eingesetzten verhaltenstherapeutischen Techniken zu informieren.
— Besprechen Sie mit Ihrem Freund oder Verwandten, welche Ziele und Bewältigungsstrategien er für sich benannt hat, damit Sie wissen, worauf es ihm ankommt und welche Methoden der Angstbewältigung bei ihm am wirksamsten sind.
— Seien Sie realistisch. Versprechen Sie nicht mehr, als Sie halten können; machen Sie von Anfang an deutlich, wieviel Zeit Sie für die Hilfestellung aufbringen können.
— Wenn Sie sich gleich am Anfang zuviel vornehmen, kann es sein, daß Sie sich plötzlich überlastet fühlen und aufgeben oder ärgerlich werden, was sich auf die Übungsatmosphäre äußerst negativ auswirken kann.
— Bemühen Sie sich um Zuverlässigkeit. Für den Menschen, dem Sie helfen, sind diese Übungen äußerst wichtig. Sagen Sie ihm, was Sie tun werden und zu tun bereit sind. Andernfalls kann es zu Kränkungen und Enttäuschungen kommen.
— Wenn es dem Betreffenden recht ist, können Sie ihm auch bei der Planung der Übungseinheiten zur Seite stehen. Ihre Objektivität kann dabei nur nützlich sein.

Während der Übungen:

— Denken Sie daran, daß der Betroffene am besten beurteilen kann, was er tun kann und was nicht. Ihre Rolle besteht darin, ihm zu helfen und ihn zu unterstützen.
— Geben Sie nicht vor, mehr zu wissen, als dies in Wirklichkeit der Fall

ist. Menschen mit Angstproblemen sind meist leicht beeinflußbar und stellen Zusammenhänge her, wo in Wirklichkeit keine Zusammenhänge existieren. Geben Sie keine Ratschläge über Medikamente, Vitamine oder andere Hilfsmittel, die Sie vom Hörensagen kennen. Halten Sie sich an die in diesen Lektionen oder von dem beteiligten Therapeuten empfohlenen Prinzipien.

– Versuchen Sie, so ruhig wie möglich zu bleiben. Ihre Ruhe kann zur Minderung der Angstsymptome maßgeblich beitragen.

– Enthalten Sie sich jeder Kritik. Menschen mit Angstproblemen sind für Kritik meist überempfindlich, insbesondere während praktischer Übungsphasen. Belobigen Sie jeden Versuch und jeden noch so kleinen Schritt in die richtige Richtung.

– Erinnern Sie Ihren Freund oder Verwandten daran, die vorher besprochenen Bewältigungsstrategien einzusetzen, wenn Sie beobachten, daß er ängstlich wird.

– Nehmen Sie es nicht persönlich, falls Ihr Freund während einer Übung wütend wird. Denken Sie daran, daß Angst und Verspannung dazu führen können, daß ein Mensch weniger rational denkt als sonst. Falls dieses Problem bei Ihnen immer wieder eine Rolle spielt, lesen Sie den Text von Lektion 12, in dem es um den positiven Umgang mit der eigenen Wut geht.

– Rechnen Sie fest damit, daß es Höhen und Tiefen geben und zu völlig unerwarteten Entwicklungen kommen wird. Es kann sein, daß die eine Übungsstunde gut verläuft, die nächste jedoch von Rückschlägen gekennzeichnet ist. Das ist völlig normal. Nach einer schwierigen Übungseinheit sollten Sie gemeinsam mit Ihrem Freund oder Verwandten die Checkliste in Lektion 5 durchgehen. Erinnern Sie Ihren Freund oder Verwandten daran, daß die Schwierigkeiten nur vorübergehend auftreten werden.

– Ermutigen Sie Ihren Freund oder Bekannten dazu, neu erworbene Fähigkeiten wiederholt zu üben.

Was tun, wenn Ihr Freund oder Verwandter während einer Übung in Panik gerät?

– Bleiben Sie ruhig und schlagen Sie einen zuversichtlichen Tonfall an. Ihre Ruhe stellt die wichtigste Form der Unterstützung dar.

– Falls Sie außerhalb der eigenen vier Wände üben, verhelfen Sie Ihrem Freund oder Verwandten zu einem würdigen Abgang und suchen Sie einen Ort, an dem Sie unbehelligt sitzen oder stehen können, bis die Panikgefühle abgeflaut sind.

- Erinnern Sie Ihren Freund oder Verwandten daran, daß er die geplante Aktivität nicht abschließen muß, um erfolgreich zu sein. Auch ein Teilerfolg ist ein Schritt in die richtige Richtung.
- Sprechen Sie in diesem Moment nicht über die auftretenden Angstsymptome, da sie dadurch meist nur noch verstärkt werden.
- Erinnern Sie Ihren Freund oder Verwandten daran, seine Bewältigungsstrategien einzusetzen. Nennen Sie konkrete Strategien, da Sie Ihrem Freund in der Aufregung womöglich nicht einfallen. Dann sprechen Sie über ein neutrales Thema, bis die Panikgefühle abgeflaut sind.
- Wenn die Panik nachgelassen hat, schlagen Sie vor, gemeinsam an den Ort zurückzukehren, an dem die Panikgefühle aufgetreten sind. Zwingen Sie den Betreffenden jedoch nicht dazu, diesen Ort wieder aufzusuchen, sondern ermuntern Sie ihn beharrlich und bleiben Sie dabei stets positiv und zuversichtlich. Die erneute Konfrontation kann der Tendenz, diesen Ort in Zukunft zu meiden, wirksam entgegentreten.

Andere Möglichkeiten der Hilfe:

- Helfen Sie Ihrem Freund oder Verwandten über „Engpässe" hinweg, indem Sie nach kleineren Zwischenschritten suchen. Da Sie die gesamte Situation objektiver betrachten können als er, wird Ihnen dies sicherlich leichter fallen.
- Wenn Sie beobachten, daß eine alte, negative Verhaltensweise, die Sie eigentlich schon überwunden glaubten, erneut auftritt, regen Sie eine unmittelbare Konfrontation mit dem Problem oder eine Reaktionsblockade an. Warten Sie nicht, bis die gesamte Symptomatik wieder aufgetreten ist.
- Falls nach mehreren Wochen noch kein Fortschritt eingetreten ist, schlagen Sie vor, sich um therapeutische Hilfe zu bemühen.

> Dies ist eine sehr wichtige Lektion. Falls Ihr Leben stark von negativen Verhaltensweisen beeinträchtigt wird, verbringen Sie zwei Wochen mit den vorgestellten Inhalten und Übungen.

LEKTION 10

SICH SELBST VERÄNDERN

Veränderung ist immer schwierig, auch wenn sie letztendlich zu einem angenehmeren und erfolgreicheren Leben führt. In dieser Lektion werden Sie die eigenen Widerstände gegen mögliche Veränderungen, aber auch verschiedene Maßnahmen zu deren Überwindung kennenlernen.

Erlernte Hilflosigkeit, Selbstwirksamkeit und Veränderung

In den späten 60er Jahren führte man ein Experiment durch, in dem Hunde willkürlich elektrischen Schlägen ausgesetzt wurden, denen sie nicht entfliehen konnten. Sie entwickelten eine *erlernte Hilflosigkeit:* Nachdem sie einmal gelernt hatten, daß sie nichts gegen die Stromschläge tun konnten, wurden sie passiv und gaben jede Gegenwehr auf. Auch als man sie später in eine andere Situation brachte, in der sie den Schlägen leicht hätten entfliehen können, unternahmen sie keinen Versuch mehr, ihnen zu entkommen.

Spätere Experimente mit Menschen führten Albert Bandura, einen bekannten Psychologen an der Stanford University, dazu, das Konzept der *Selbstwirksamkeit* zu entwickeln. Das Wort „Wirksamkeit" bezieht sich auf die Kraft oder Fähigkeit, ein erwünschtes Ergebnis herbeizuführen. Der Begriff „Selbstwirksamkeit" beschreibt, wie man den eigenen Erfolg bei der Bewältigung einer bestimmten Situation einschätzt. Wenn Sie zuversichtlich sind und meinen, eine bestimmte Situation leicht meistern zu können, haben Sie ein starkes Gefühl der Selbstwirksamkeit.

Ein und derselbe Mensch kann jedoch in bezug auf die eine Situation ein starkes, in bezug auf eine andere Situation ein schwaches Gefühl der Selbstwirksamkeit haben. Nehmen wir als Beispiel einen erfahrenen Musiker. Er kann sich ziemlich sicher sein, während eines Konzerts eine gute Leistung zu erbringen, die eigene Fähigkeit, während eines Festbanketts eine kurze Rede zu halten, jedoch sehr kritisch einschätzen.

Das eigene Gefühl der Selbstwirksamkeit beeinflußt unser Verhalten auf verschiedene Weise. Es bestimmt darüber, welche Aktivitäten wir uns zutrauen, und ist auch direkt mit dem Ausmaß von Angst verbunden, das wir in verschiedenen Situationen empfinden.

Die Begriffe *erlernte Hilflosigkeit* und *Selbstwirksamkeit* machen verständlicher, wie die mit vielen Angstproblemen verbundenen negativen Verhaltensweisen entstehen und wie man sie überwinden kann. Lassen Sie uns dies an einem praktischen Beispiel nachvollziehen: Gail bekam während des Autofahrens eine Panikattacke. Sie verstand nicht, was mit ihr geschah, und erkannte nicht, wie ihre negativen Denkmuster die Angst verstärkten. Da sie nicht wußte, wie sie die Panikattacken überwinden sollte, gab sie das Autofahren ganz auf. Gail verlor ihr Gefühl der Selbstwirksamkeit und befand sich in einem Zustand der erlernten Hilflosigkeit.

Bei der Arbeit mit diesem Programm lernte Gail, durch den Einsatz rationaler innerer Dialoge und anderer Bewältigungsstrategien Panikattacken zu vermeiden. Dies begann, ihr Gefühl der Selbstwirksamkeit zu stärken. Als sie mit Hilfe der systematischen Desensibilisierung das Autofahren übte, bekam sie nach und nach immer mehr Selbstvertrauen in die eigene Fähigkeit, mit den Angstgefühlen während des Autofahrens konstruktiv umzugehen. Gail hatte ihr Gefühl der Selbstwirksamkeit wiedergewonnen und den Zustand der erlernten Hilflosigkeit überwunden.

Objekte und Situationen sind nicht von sich aus angsterregend. Erst wenn wir die eigene Fähigkeit, mit ihnen fertigzuwerden, negativ einschätzen, kommt es zu Angstgefühlen. Das eigene Gefühl der Selbstwirksamkeit ist das Ergebnis eines *Lernprozesses*. Viel Zeit und Energie sowie eine effektive Lernmethode sind notwendig, um alte Lerninhalte durch neue zu ersetzen, aber es ist ein gangbarer, erfolgversprechender Weg. Indem Sie Ihr Gefühl der Selbstwirksamkeit stärken, verringern Sie die eigene Neigung zur Ängstlichkeit.

Rationalisierung und Leugnung

Negative Verhaltensweisen bleiben oft nur deshalb bestehen, weil konstruktive Veränderungen vermieden werden. Ein Beispiel hierfür ist ein Mensch, der zwar ständig über notwendige Veränderungen spricht, seine Energie jedoch aufs Fernsehen, Lösen von Kreuzworträtseln oder andere unproduktive Aktivitäten richtet und dadurch wenig Zeit und Energie für das Erlernen und Anwenden neuer Fertigkeiten übrig hat. Die menschliche Neigung, sich gegen Veränderungen zu sträuben, ist weit verbreitet. Überlegen Sie, auf welche Weise diese Neigung bei Ihnen zum Tragen kommt. Natürlich ist es übertrieben, von sich selbst zu erwarten, daß man *jede* Gelegenheit zur Veränderung beim Schopfe faßt und *jeden* Tag ohne Ausnahme übt. Es gibt Tage, an denen Krankheit oder Streß den größten Teil der eigenen Energie in Anspruch nehmen, und es ist durchaus ratsam, an solchen Tagen die eigenen Aktivitäten einzuschränken und sich auf die wichtigsten Aufgaben zu konzentrieren. Auch die Zeit für Spiel und Entspannung sollte nicht zu kurz kommen. Gibt es jedoch ein immer wiederkehrendes Muster, das dafür spricht, daß Sie dem Erlernen von Fertigkeiten, die Sie für die Überwindung Ihre Angstprobleme brauchen, wiederholt aus dem Weg gehen, deutet dies darauf hin, daß Sie sich – wie viele andere Menschen auch – gegen Veränderungen sträuben.

Eine weitverbreitete Form des Widerstands gegen jegliche Veränderung ist die *Rationalisierung*. Scheinbar rationale und allgemein akzeptable Erklärungen werden eingesetzt, um den eigenen Mangel an Engagement zu „rechtfertigen". Stellen wir uns z. B. einen Menschen vor, der unter großen Angstproblemen leidet, die Lektionen in diesem Buch jedoch nur flüchtig überfliegt, willkürlich einige Übungen herausgreift und nach kurzem Ausprobieren wieder fallenläßt. Dieses Verhalten könnte er rechtfertigen, indem er sagt: „Was dort steht, weiß ich längst, und außerdem trifft es auf mich sowieso nicht zu." Diese Rationalisierung erlaubt es ihm, sich nicht ernsthaft um die Überwindung seiner Angstprobleme zu bemühen, gleichzeitig jedoch sich selbst und anderen das Gefühl zu geben, es zumindest „versucht" zu haben.

Eine weitere wichtige Form des Widerstands gegen Veränderungen ist das *Verleugnen*. In extremen Fällen behaupten die Betreffenden, in Wirklichkeit hätten sie überhaupt keine Angstprobleme. In abgeschwächter Form äußert sich diese Form des Widerstands dadurch, daß die Existenz des Problems zwar eingestanden, seine Bedeutung jedoch heruntergespielt wird. Häufig werden die Maßnahmen, die zu einer konstruktiven Veränderung führen könnten, mit Hilfe von Rationalisierungen, Witzeleien und sarkastischen Bemerkungen als unwichtig, ineffektiv, unsinnig oder gar gefährlich hingestellt.

Der Schlüssel zu Überwindung des eigenen Widerstands gegen konstruktive Veränderungen besteht in der Erkenntnis, daß Rationalisierung und Verleugnung zum menschlichen Wesen gehören. Wie alle anderen menschlichen Eigenschaften sind sie manchmal für das Überleben wichtig – man denke z. B. an einem Häftling in einem Konzentrationslager oder an ein Kind in einer schwer gestörten Familie.

Von Zeit zu Zeit weigert sich jeder einmal, ein Problem anzuerkennen, oder er vermeidet es, an der Überwindung negativer Verhaltensweisen zu arbeiten, weil er entweder mit wichtigeren Lebensfragen beschäftigt ist oder ihm die anstehenden Veränderungen allzu große Angst einflößen. Hat man diese Tatsache erst einmal akzeptiert, wird es einfacher, das eigene Verhalten objektiver zu prüfen und die eigenen Widerstände zu erkennen. Hüten Sie sich jedoch in jedem Fall vor Selbstvorwürfen und denken Sie daran, daß es sich um eine allgemein menschliche Neigung handelt, die sich allerdings wirksam überwinden läßt. Die Informationen im nächsten Abschnitt sollen Ihnen dazu die erforderliche Hilfestellung geben.

Sechs häufige Gründe dafür, sich gegen Veränderungen zu sträuben

Es gibt verschiedene Gründe dafür, warum wir uns gegen Veränderungen sträuben und damit unserem eigenen Wachstum immer wieder im Wege stehen. Im folgenden werden die häufigsten Gründe beschrieben und Methoden zu ihrer Überwindung aufgezeigt. Lesen Sie diesen Abschnitt aufmerksam durch und kreuzen Sie die Gründe an, die auf Sie am ehesten zuzutreffen scheinen. Dann wenden Sie sich den Vorschlägen zu deren Überwindung zu.

Veränderungen sind oft unangenehm

Neue Denkmuster und Verhaltensweisen werden zunächst meist als unangenehm und „fremd" empfunden. Dies gilt besonders dann, wenn es sich um größere Veränderungen handelt. Es ist dabei ähnlich wie beim Kauf neuer Schuhe: Am Anfang scheinen die neuen Gedanken und Verhaltensweisen nicht richtig zu „passen": sie erscheinen fremdartig und fügen sich nicht ohne weiteres in Ihre Gesamtpersönlichkeit ein.

Dieses Hindernis läßt sich zum Glück leicht überwinden, indem Sie sich von Anfang an darauf einstellen, daß sich die neuen Verhaltensweisen fremd anfühlen werden. Denken Sie daran, wie unsicher einem anfangs zumute ist, wenn man andere neue Fähigkeiten wie Skifahren, Nähen oder Klavierspielen lernt. Ähnlich ist es mit dem Erlernen neuer Denkmuster und Verhaltensweisen. Viel Zeit und Übung sind notwendig, bis sie vollständig verinnerlicht sind, aber nach einer Weile werden sie zu einem festen Bestandteil der eigenen Persönlichkeit und sind genauso bequem wie ein Paar alte Lieblingsschuhe.

Die Konsequenzen neuer Denkmuster und Verhaltensweisen sind unbekannt und unvorhersehbar

Wenn Sie alte, vertraute Denkmuster und Verhaltensweisen anwenden, können Sie sich über den Ausgang der Sache ziemlich sicher sein – mag er auch mit noch so viel Leid verbunden sein. Was vorhersehbar ist, verleiht uns ein Gefühl der Sicherheit. Neue Denkmuster und Verhaltensweisen hingegen werden auch von neuen Gefühle begleitet. Die Menschen um Sie herum reagieren anders auf Sie, und die Ereignisse nehmen einen ungewohnten Verlauf. Dies kann am Anfang beängstigend wirken, weil Sie zunächst nicht genau wissen, was geschehen wird.

Eine Möglichkeit, dieses Hindernis zu überwinden, besteht darin, sich den Sachverhalt klarzumachen und eine bewußte Entscheidung zu treffen:

Möchte ich auf dem jetzigen Stand stehenbleiben und mich an vorhersehbare und vertraute Denkmuster und Verhaltensweisen halten, obgleich dies, wie ich weiß, mit unangenehmen Gefühlen verbunden ist?

Oder

Möchte ich statt dessen neue Verhaltensweisen und Denkmuster ausprobieren, die zwar anfangs etwas unangenehm und beängstigend sein mögen, langfristig jedoch ein erfreulicheres und erfüllteres Leben versprechen?

In dieser Entscheidungssituation ist es auch sinnvoll, sich bewußt zu machen, daß Sie, wenn Sie die neuen Verhaltensweisen oder Denkmuster beherrschen, jederzeit zu Ihren alten Angewohnheiten zurückkehren können. Sich auf diese Weise ein „Hintertürchen" offenzuhalten, kann sich beruhigend auswirken, auch wenn es in den seltensten Fällen tatsächlich zum Einsatz kommt, denn wenn Sie erst einmal die Lebensfreude und Erfüllung erlebt haben, die mit positiven Veränderungen verbunden sind, werden Sie kaum zu den alten, negativen Verhaltensweisen zurückkehren wollen.

Eine andere Möglichkeit, diesen Widerstand zu überwinden, besteht darin, sich vor Augen zu führen, daß die unangenehmen Gefühle beim Erlernen neuer Verhaltensweisen nur kurze Zeit anhalten werden. Das Unvertraute wird rasch vertraut; selbst Ereignisse, die auf den ersten Blick angsterregend wirken, können rasch zur Routine werden. Werten Sie Ihre körperlichen Empfindungen als Zeichen der inneren Erregung und fassen Sie die anstehenden Veränderungen als aufregendes Abenteuer auf – ein wertvolles Geschenk, das darauf wartet, erforscht zu werden.

Ein erfolgreicher Lernprozeß setzt eine effektive Lernmethode voraus

Das alte Sprichwort „Übung macht den Meister" stimmt leider nicht ganz. Um zur Meisterschaft zu gelangen, muß man auch die richtige Lernmethode kennen. Stellen wir uns einen Menschen vor, der versucht, das Gitarrespielen zu erlernen. Hält dieser Mensch die Gitarre falsch, und benutzt er falsche Fingersätze, schleifen sich schlechte Angewohnheiten ein, die das Erlernen des Gitarrenspiels sogar behindern können. Ähnlich steht es mit dem Erlernen neuer Verhaltensweisen. Ohne die richtige Methode kommt man kaum zum angestrebten Erfolg.

Schwierigkeiten in dieser Hinsicht sind sehr leicht zu überwinden. Die in diesem Buch beschriebenen Methoden haben sich in der Praxis vielfach als effektiv erwiesen. Allerdings sind sie nutzlos, wenn sie nicht aktiv eingesetzt werden. Falls Sie bisher keine deutlichen Fortschritte machen konnten, kann dies einfach daran liegen, daß Sie die Anweisungen nicht sorgfältig genug befolgt haben. Sollte dies der Fall sein, fahren Sie ruhig mit dem Programm fort, aber geben Sie sich in Zukunft mehr Mühe, den Empfehlungen genau zu folgen. Wenn Sie Lektion 15 erreicht haben, gehen Sie die früheren Lektionen noch einmal durch und legen Sie bei dieser Wiederholung die Betonung besonders auf jene Übungen, die Sie entweder übersprungen oder nur oberflächlich durchgeführt haben, und achten Sie diesmal peinlich genau auf die Einhaltung aller Anweisungen.

Verhaltensänderungen erfordern Arbeit

Es kostet Zeit und Mühe, das eigene Denken und Handeln zu verändern. Dies trifft besonders auf jene Verhaltensweisen zu, die so oft wiederholt wurden, daß sie mehr oder weniger automatisch abgespult werden. Nehmen Sie als Beispiel Ihre Technik beim Zähneputzen. Es handelt sich dabei um ein sehr einfaches Gewohnheitsmuster, doch da Sie es seit Jahren Tag für Tag wiederholt haben, müßten Sie erhebliche Mühe aufbringen, um es zu verändern. Vor jedem Zähneputzen müßten Sie sich selbst an die neue Methode erinnern. Während des Putzens könnten Ihre Gedanken abschweifen, und Sie könnten sich dabei ertappen, in alte Gewohnheiten zu verfallen. Sie müßten sich wieder an die neue Methode erinnern, würden sie womöglich später noch einmal vergessen ... Und so würde es weitergehen, bis Sie schließlich so lange genug geübt haben, daß Ihnen die neue Methode völlig natürlich erscheint und ebenso automatisch abgespult wird wie vormals die alte.

Der Schlüssel zur Überwindung dieses Widerstandes besteht darin, den festen Vorsatz zu fassen, die erforderliche Mühe aufzubringen. Erinnern Sie sich während des Veränderungsprozesses immer wieder an diesen Vorsatz. Denken Sie daran, daß jeder Erfolg im Leben auf Mühe und Arbeit beruht. Konzentrieren Sie sich auf die Erfolge, die Sie bereits erzielt haben, und erinnern Sie sich an die Vorteile, die Ihnen Ihre Mühe einbringen wird.

Negative Verhaltensweisen führen oft zu sekundären Gewinnen

Negative Verhaltensweisen sind zwar meist mit negativen Gefühlen verbunden, tragen aber in vielen Fällen auch dazu bei, daß direkt oder indirekt andere Bedürfnisse befriedigt werden. In diesen Fällen spricht man von einem *sekundären Gewinn.*

Der Begriff „sekundär" deutet an, daß die Bedürfnisbefriedigung nicht durch einen bewußten, willentlichen Prozeß zustandekommt. Im Gegenteil, die betreffenden Verhaltensweisen werden oft unbewußt eingesetzt, um ein bestimmtes Ziel zu erreichen.

Um diesen Vorgang zu verstehen, erinnern Sie sich an eine Zeit, in der Sie eine Verletzung oder Krankheit hatten, z.B. ein gebrochenes Bein oder eine starke Erkältung. Denken Sie an alle Vorteile, die Sie – trotz aller Nachteile – durch Ihre Krankheit hatten: Mitleid, Aufmerksamkeit, Befreiung von unangenehmen Aufgaben und der täglichen Arbeit ... Aller Wahrscheinlichkeit nach haben Sie sich nicht selbst verletzt oder sind willentlich krank geworden, um diese Vorteile genießen zu können. Doch haben Sie aus einer Situation, in der die negativen Aspekte überwogen, auf indirekte Weise doch einen gewissen Nutzen gezogen.

Je länger eine unerwünschte Situation andauert, desto größer wird auch die Bedeutung sekundärer Gewinne. Manchmal werden sie so wichtig, daß die negativen Verhaltensweisen beibehalten werden, um die sekundären Gewinne nicht zu verlieren. Dies trifft besonders dann zu, wenn die betreffenden Bedürfnisse nicht auf andere Weise gestillt werden können.

Um herauszubekommen, ob Sie durch ein problematisches Verhalten sekundäre Gewinne erzielen, fragen Sie sich selbst: „Welche Vorteile habe ich von meinem problematischen Verhalten oder von der problematischen Situation?" Überlegen Sie, auf welche Weise Ihre Angst oder die damit verbundenen Verhaltensweisen dazu beitragen, daß Sie Aufmerksamkeit, Sicherheit oder irgendwelche anderen Vorteile bekommen. Fragen Sie sich anschließend: „Wie würde sich mein Leben verändern, wenn dieses problematische Verhalten auf magische Weise einfach verschwände?" Achten Sie dabei auf Gefühle des Bedauerns, des Verlusts oder der Trauer. Auch Angstgefühle weisen in diesem Zusammenhang meist darauf hin, daß ein sekundärer Gewinn vorhanden ist.

Wenn Sie einen sekundären Gewinn erkannt haben, überlegen Sie, wie Sie die gleichen Vorteile auf andere Weise erlangen könnten. Frank z. B. war ein sehr nervöser Mensch mit großem Ehrgeiz, tat aufgrund seiner Angstsymptome jedoch wenig, um seine ehrgeizigen Träume zu verwirklichen. Darüber hinaus ließ sich Frank im Gespräch häufig über „Katastrophen" aus, die er erlebt hatte, um so von anderen Aufmerksamkeit zu bekommen.

Als Frank überlegte, wie sein Leben sich verändern würde, wenn er plötzlich „stark" wäre, erkannte er, daß die Vorstellung, unabhängig und selbstbewußt zu sein, ihm große Angst machte. Durch weitere Überlegungen erkannte er zwei Quellen der Angst: Die Vorstellung, einige seiner Träume tatsächlich zu verwirklichen, und ein gewisser Zweifel, ob die Menschen in Zukunft noch immer freundlich zu ihm wären und genausoviel Zeit mit ihm verbrächten. Frank wurde klar, daß seine Nervosität und Ängstlichkeit ihm dazu dienten, Risiken zu vermeiden. Er konnte „in Sicherheit" bleiben und seinen mangelnden Einsatz auf die Angstsymptome schieben.

Frank überwand sein Dilemma, indem er sich vor die Entscheidung stellte, entweder Risiken einzugehen oder sich weiterhin in „Sicherheit" zu wiegen. Er entwickelte einen rationalen inneren Dialog, der sich auf Argumente aus den Lektionen 6 und 7 stützte. Immer wenn er merkte, daß er seine mangelnde Risikobereitschaft auf seine Angstssymptome schob, setzte er diesen Dialog ein und machte auf diese Weise bald erstaunliche Fortschritte.

Ein weiterer sekundärer Gewinn, den Frank aus dem Erzählen tragischer Geschichten zog, war die Aufmerksamkeit anderer Menschen. Um diese Situation zu überwinden, setzte er zwei verschiedene Methoden ein. Zuerst überzeugte er sich mit Hilfe eines rationalen inneren Dialoges, daß die mitleidige Aufmerksamkeit, die er durch seine Geschichten bekam, eigentlich gar nicht das war, was er sich von anderen Menschen wünschte. Schlimmer noch: Die anderen Menschen waren seine Horrorgeschichten bald leid und begannen, ihm aus dem Weg zu gehen. Frank entschloß sich daher, seine sozialen Fertigkeiten zu stärken und mit Hilfe dieser Fähigkeiten Freundschaften zu entwickeln, in denen eine positive Aufmerksamkeit im Vordergrund stand.

Positive Möglichkeiten, die gleichen Vorteile zu erringen, wie sie auf Umwegen durch problematische Verhaltensweisen erzielt werden, finden sich eigentlich immer. Es kostet zwar etwas Mühe, ist aber in jedem Fall lohnenswert, entfällt doch dadurch ein wichtiger Grund, an negativen Verhaltensweisen festzuhalten und sich gegen positive Veränderungen zu wehren.

Irrationale Denkmuster üben noch immer einen großen Einfluß aus

Es ist unmöglich, negative Verhaltensweisen zu verändern, solange die irrationalen Überzeugungen, die diesen Verhaltensweisen zugrundeliegen, noch immer einen großen Einfluß auf Ihr Leben ausüben. Irrationale Denkmuster, die mit dem Widerstand gegen Veränderungen verbunden sind, können auf folgende Weise erkannt und bekämpft werden: Schauen Sie zurück und versuchen Sie, sich an mehrere Situationen zu erinnern, in denen Sie Rationalisierung oder Verleugnung benutzt haben, um konstruktiven Veränderungen aus dem Weg zu gehen. Überlegen Sie, welche inneren Dialoge dabei eine Rolle spielten. Analysieren Sie Ihre irrationalen Denkmuster und entwickeln Sie dann rationale Reaktionen, um sie zu bekämpfen. Am besten gelingt dies mit der in Lektion 5 beschriebenen Blockmethode. Benennen Sie darüber hinaus Worte, Handlungen, Gefühle oder Situationen, die mit dem Widerstand gegen Veränderungen zusammenhängen und in Zukunft als eine Art Signal eingesetzt werden können, um Sie auf Widerstände aufmerksam zu machen.

Pam erkannte während der Arbeit an dieser Lektion, daß sie sich oft gegen Veränderungen sperrte. Sie verbrachte dann den Großteil des Tages vor dem Fernseher oder starrte einfach an die Wand. Sie dachte an schreckliche Erlebnisse aus der Vergangenheit oder sorgte sich um die Zukunft. Pam setzte die Blockmethode ein und listete alle Gedanken, an die sie sich erinnern konnte, auf einem Zettel auf. Als nächstes ging sie die Lektionen 4 und 5 noch einmal durch und benannte die wichtigsten negativen Denkmuster, die für diese Phasen kennzeichnend waren: „Soll/Muß"-Denken (besonders in Form von „Alles-oder-Nichts"-Denken), unzulässige Verallgemeinerung, Übertreibung und Wahrsagerei. Dann entwickelte sie rationale Reaktionen, hielt sie schriftlich fest und übte sie regelmäßig.

Darüber hinaus überflog Pam noch einmal den Text der Lektionen 6 bis 8 und erkannte besonders die in Lektion 7 beschriebene negative Antizipation und Opferrolle als zutreffende Beschreibungen ihres Verhaltens. Besonders gut gefiel Pam der Abschnitt über die Orientierung an der Gegenwart in Lektion 7. Sie hatte diesen Abschnitt nicht besonders beachtet, als sie diese Lektion zum ersten Mal durchgearbeitet hatte. Also ging sie noch einmal zurück und nahm die Gelegenheit wahr, in Verbindung mit der aktuellen Lektion daran zu arbeiten.

Immer wenn Pam sich nun dabei ertappte, daß sie stundenlang vor dem Fernseher saß oder an die Wand starrte, wußte sie, es war an der Zeit, ihre Gedanken und Gefühle zu überprüfen. Die beiden Verhaltensweisen wurden zu Signalen, die Pam bewußt machten, daß sie sich wieder einmal gegen Veränderungen sträubte. Sie setzte dann die Blockmethode ein, wiederholte ihre schriftlich festgehaltenen rationalen inneren Dialoge und überwand so langsam die irrationalen Denkmuster, die ihrer eigenen Veränderung im Wege standen.

Praktischer Teil zu Lektion 10

Widerstände gegen Veränderungen erkennen

In dieser Lektion haben wir erläutert, daß der innere Widerstand gegen Veränderungen zum menschlichen Wesen gehört. Durch die folgende Übung wird Ihnen klar werden, wie stark der Widerstand gegen Veränderungen verbreitet ist. Beginnen Sie, indem Sie mindestens zwei Beispiele auflisten, in denen Ihre Mutter, Ihr Vater oder andere, Ihnen nahestehende Personen sich gegen etwas Neues oder Andersartiges gesträubt haben. Beobachten Sie während der nächsten Woche, wie die Menschen um Sie herum sich gegen Veränderungen sträuben. Sagen Sie nichts über das, was Sie beobachten, und versuchen Sie auch nicht, die Gründe für dieses Verhalten zu erforschen. Ihr Ziel besteht einfach darin, wahrzunehmen, wie häufig Menschen sich Veränderungen widersetzen. Diese Beobachtung wird Ihnen helfen, die eigenen Widerstände objektiver zu sehen und die in dieser Lektion vorgestellten Möglichkeiten zur Überwindung dieser Widerstände wirksam einzusetzen.

Lernen Sie „loszulassen"

Überlegen Sie in dieser Woche, von welchen Aspekten Ihres Lebens Sie sich möglicherweise verabschieden müssen, um Ihre Angstprobleme zu überwinden. Dabei kommen z. B. in Frage:

- Alte, unproduktive Einstellungen.
- Ständige Sorgen über die eigene psychische und physische Gesundheit.
- Negative Ausdrucksweisen und Denkmuster.
- Alte „Soll/Muß"-Regeln, die nichts mit der Realität zu tun haben.
- „Ich kann nicht"-Denken anstelle aktiver Entscheidungen.
- Negative Denkmuster wie Wahrsagerei und Übertreibung.
- Unproduktive Beziehungen.
- Ständige Sorge über die Gedanken und Meinungen anderer.
- Das Bedürfnis, perfekt oder besser zu sein, als Sie es tatsächlich sind.

Welche der obigen Punkte geben Ihnen noch immer ein unangenehmes Gefühl, und an welchen müssen Sie noch arbeiten? Denken Sie daran: Der Schlüssel zum Erfolg liegt darin, alte, unproduktive Muster abzustreifen und neue, produktive Muster anzunehmen. Lassen Sie das Alte los und machen Sie Platz für das Neue.

Die eigenen Widerstände erkennen und wirksam bekämpfen

Die folgenden Fragen beziehen sich auf Widerstände, die für Menschen, die dieses Programm benutzen, typisch sind. Lesen Sie jede einzelne Frage sorgfältig durch und beantworten Sie sie mit „Ja", „Manchmal" oder „Nein".

- Habe ich mich um die mit der Überwindung meiner Angstprobleme verbundene *Arbeit* gedrückt, indem ich die Lektionen nur flüchtig durchgegangen bin und auf eine „sofortige Heilung" hoffte?
- Ist mein Denken noch immer von irrationalen „Soll/Muß"-Mustern geprägt, anstatt reale, bewußte Entscheidungen in den Vordergrund zu stellen?
- Weigere ich mich noch immer, die Angst als das zu sehen, was sie ist: ein Gewohnheitsmuster, in das ich hineingerutscht bin, weil ich unangenehme Symptome falsch interpretiert und im stillen diese falschen Interpretationen immer wiederholt habe? Habe ich wirklich verstanden, was die Angst *nicht* ist: eine „psychische Krankheit", ein unveränderlicher Teil meines Charakters oder mein persönliches Schicksal?
- Hat die Befürchtung, meine Angstprobleme niemals überwinden zu können, dazu geführt, daß es immer nur bei dem Wunsch blieb, daß alles anders wäre? Hat mich diese Befürchtung auch davon abgehalten, ernsthaft an diesem Programm zu arbeiten?

— Hat sich meine Identität im Laufe der Zeit so stark mit meiner Angst verbunden, und bin ich so daran gewöhnt, Angst zu haben und in meinen Aktionsradius beschränkt zu sein, daß mir andere Gefühle einfach „fremd" vorkommen?

— Verschafft mir meine Angst eine besondere Position oder besondere Behandlung in meiner Familie, bei meiner Arbeit oder im Freundeskreis und würde ich diese Position verlieren, wenn ich meine Angstprobleme überwinden könnte?

— Bekomme ich von anderen aufgrund meiner Angst Aufmerksamkeit, die ich ohne meine Probleme nicht bekäme (auch wenn diese Aufmerksamkeit eher negativer Natur ist)?

— Wie würde mein Leben aussehen, wenn meine Angst plötzlich für immer verschwinden würde? Erschreckt mich dieser Gedanke? Oder bringt mich die Angst vor einem Fehlschlag dazu, es gar nicht erst zu versuchen und in den alten Verhaltensmustern zu verharren?

Falls Sie auf eine oder mehrere dieser Fragen mit „Ja" oder „Manchmal" geantwortet haben, gehen Sie den Abschnitt über „Widerstände gegen Veränderungen" noch einmal durch. Setzen Sie die in diesem Abschnitt empfohlenen Methoden ein, um Ihre Widerstände gezielt zu überwinden.

„Seltsame" oder „ungewöhnliche" Gedanken

Gelegentlich „seltsame" oder „ungewöhnliche" Gedanken zu haben, ist weit verbreitet und normal. Die Angst, wahnsinnig zu werden oder sich in aller Öffentlichkeit zu blamieren, geht vielen Menschen gelegentlich durch den Kopf. Auch makabere oder groteske Gedanken sind keine Seltenheit. Meist treten sie auf, wenn man müde, hungrig, krank oder auf andere Weise gestreßt oder erschöpft ist. Sie gehören zu den in der Checkliste in Lektion 5 aufgeführten Symptomen für körperliche Erschöpfung.

Gedanken dieser Art verschwinden meist ganz von allein, sobald es einem körperlich und psychisch wieder besser geht. Falls Sie manchmal „seltsame" oder „ungewöhnliche" Gedanken haben, machen Sie sich darüber keine Sorgen. Messen Sie ihnen keine weitere Bedeutung bei, sondern versuchen Sie, unangenehme Gedanken durch positive zu ersetzen und Ihre rationalen inneren Dialoge zu wiederholen. Denken Sie stets daran, daß Ihrem Körper nur ein begrenzter Energievorrat zur Verfügung steht und Sie diesen Vorrat immer wieder auffüllen müssen.

Nehmen Sie sich Zeit für Ruhe und Erholung, dann verschwinden diese Gedanken bald von selbst.

Sich selbst als normal ansehen

Ein weitverbreitetes Hindernis bei der Überwindung von Angstproblemen ist die Tendenz, sich ständig selbst zu beobachten und die eigenen Reaktionen als unnormal oder krankhaft anzusehen. In Wirklichkeit gibt es jedoch keine verbindliche „Norm", der alle Menschen zu entsprechen hätten. Schon bei den körperlichen Eigenschaften gibt es große individuelle Unterschiede – der eine ist muskulös und groß, der andere eher klein und zierlich, ohne daß man einen der beiden als unnormal bezeichnen könnte. Ähnlich ist es auch bei den persönlichen Charakterzügen und Verhaltensweisen. Die Bandbreite ist ebenso groß, und individuelle Unterschiede sind als normale Variationen anzusehen.

Versuchen Sie, sich selbst und die eigenen Reaktionen mit positiven Begriffen zu belegen. Sind Sie z.B. leichter erregbar als andere Menschen, bezeichnen Sie sich selbst nicht als „übersensibel", sondern als „temperamentvoll" oder „energiegeladen" und nehmen Sie auf diese Weise gegenüber den eigenen Charakterzügen einen gesunden Standpunkt ein. Es handelt sich dabei um mehr als reine Gedankenspielerei. Jeder Charakterzug hat eine positive und eine negative Seite: Er führt manchmal zu Problemen, erweist sich aber in anderen Situationen als vorteilhaft.

Halten Sie in dieser Woche alle Aspekte Ihrer Persönlichkeit fest, die Sie in der Vergangenheit als „unnormal" oder „krankhaft" angesehen haben. Schreiben Sie dann auf, welche Vorteile Ihnen diese Charakterzüge in der Vergangenheit gebracht haben. Überlegen Sie auch, wie sich die gleichen Züge bei anderen Menschen äußern, und versuchen Sie, das eigene Verhalten als normale Variation menschlicher Verhaltensmöglichkeiten anzusehen.

An den verhaltenstherapeutischen Methoden aus Lektion 9 weiterarbeiten

Wenden Sie auch weiterhin die in Lektion 9 erlernten verhaltenstherapeutischen Methoden zur Überwindung destruktiver Verhaltensweisen an. Treten dabei Probleme oder Fragen auf, lesen Sie die entsprechenden Abschnitte in Lektion 9 noch einmal durch. Setzen Sie die Übungen bis zum Ende dieses Programms fort.

Die eigenen Widerstände gegen konstruktive Veränderungen zu bekämpfen, ist ein wichtiger Schlüssel zur Überwindung Ihrer Angstprobleme. Arbeiten Sie mindestens eine Woche lang an dieser Lektion.

LEKTION 11

DAS EIGENE SELBSTWERT-GEFÜHL STÄRKEN

Haben Sie sich je gefragt, warum ein Mensch mit durchschnittlichen Fähigkeiten erfolgreich und glücklich sein kann, während ein anderer Mensch mit außergewöhnlichen Fähigkeiten wenig Erfolge hat und über ein unerfülltes Leben klagt? Die Antwort auf diese Frage liegt meist im unterschiedlichen Grad an Selbstachtung, den diese Menschen besitzen. Selbstachtung und Selbstakzeptanz sind für das individuelle Lebensgefühl von ausschlaggebender Bedeutung. Es ist daher an der Zeit, über diese beiden Begriffe nachzudenken und zu lernen, wie sich das eigene Selbstwertgefühl wirksam stärken läßt.

Wie sich unser Selbstbild zusammensetzt

Während des persönlichen Reifungsprozesses hat jeder von uns eine ganze Reihe von Einstellungen und Überzeugungen über sich selbst und seinen Platz in der Welt entwickelt. Die Gesamtheit dieser Einstellungen und Überzeugungen nennt man *Selbstkonzept*. Dazu gehören unsere Ansichten über die eigenen Stärken und Schwächen sowie eine Reihe von Charakterzügen, durch die wir uns der eigenen Einschätzung nach von unseren Mitmenschen unterscheiden. Das eigene Selbstkonzept beeinflußt all unsere Hoffnungen, Wünsche, Stimmungen und Handlungen.

Die *Selbstachtung* nimmt innerhalb des Selbstkonzepts eine Schlüsselrolle ein. Sie bestimmt darüber, welchen Wert wir uns selbst beimessen und wieviel Respekt wir uns selbst entgegenbringen. Menschen mit hoher Selbstachtung stehen den eigenen Bedürfnissen positiv gegenüber und setzen sich für ihre Rechte ein. Weil sie sich selbst respektieren, respektieren sie auch ihre Mitmenschen und können diesen viel Liebe und Zuneigung geben. Menschen mit geringer Selbstachtung hingegen behandeln sich selbst mit wenig Respekt. Sie ignorieren und unterdrücken persönliche Bedürfnisse. Häufig stellen sie die Bedürfnisse und Wünsche anderer Menschen an die erste Stelle, oder sie ziehen sich in sich selbst zurück. Sie glauben, anderen nicht viel bieten zu können, und erwarten sich auch von der Hilfe anderer nicht viel, weil sie sich selbst nur allzu oft als „hoffnungslosen Fall" erachten. Die Fähigkeit, Liebe zu geben und zu empfangen, kann dadurch stark beeinträchtigt sein.

Auch der *Selbstakzeptanz* kommt für das eigene Selbstkonzept eine große Bedeutung zu. Unter Selbstakzeptanz verstehen wir die Fähigkeit, sich mit allen positiven und negativen Seiten selbst anzunehmen und zu akzeptieren. Dies läßt sich an einem ganz alltäglichen Beispiel illustrieren: Wir akzeptieren die Existenz von Sonne und Mond; wir versuchen nicht, ihre Existenz zu leugnen oder zu ignorieren, aber wir denken auch nicht groß darüber nach oder ergehen uns in Einzelheiten. Sonne und Mond sind einfach da, und wir akzeptieren sie als natürliche Bestandteile unserer Umwelt. Auf die gleiche Weise akzeptieren Menschen mit hoher Selbstachtung alle ihre Eigenschaften – seien sie nun körperlicher, geistiger oder emotionaler Natur – als natürliche Bestandteile des menschlichen Daseins. Diese objektive Akzeptanz erlaubt es ihnen, aus ihren Stärken das Beste zu machen und ihre Schwächen nicht überzudramatisieren.

Selbstachtung und Selbstakzeptanz befreien uns nicht von der Notwendigkeit, an uns selbst zu arbeiten. Die Motivation für diese Arbeit kann jedoch je nach Grad der Selbstachtung höchst unterschiedlich sein. Wer eine niedrige Selbstachtung besitzt, möchte „besser" oder „wertvoller" werden. Menschen mit hoher Selbstachtung wissen, daß die Entwicklung positiverer und realistischerer Verhaltensweisen und Denkmuster nur einen Zweck haben kann – sie hilft ihnen dabei, ihr Leben effektiver zu gestalten und mehr Lebensfreude zu erfahren. Der Wert des jeweiligen Menschen wird dadurch nicht berührt.

Wie Selbstachtung und Selbstakzeptanz entstehen

Grundlegende Ansichten über die eigene Persönlichkeit entwickeln sich in der frühen Kindheit. Menschen mit geringer Selbstachtung und Selbstakzeptanz haben in ihrer Kindheit meist einen realen oder zumindest subjektiv wahrgenommenen Mangel an Akzeptanz erfahren. Dieser Mangel kann von Eltern, Geschwistern, Lehrern, Gleichaltrigen oder Verwandten ausgegangen sein.

Am schmerzlichsten wird der Mangel erfahren, wenn die Eltern so stark mit ihren eigenen Sorgen und der eigenen Unfähigkeit, das Leben zu meistern, beschäftigt sind, daß sie ihren Kindern die nötige Wärme, Liebe und Akzeptanz nicht geben können. In extremen Fällen kann es in solchen Situationen zu den in Lektion 1 beschriebenen Formen des Mißbrauchs oder der Vernachlässigung kommen. Kinder, die mit solchen Problemen aufwachsen, haben meist bedeutende Probleme im Bereich der Selbstachtung und Selbstakzeptanz.

Ein ebenso einflußreicher Mangel an Akzeptanz kann aber auch dadurch entstehen, daß die Eltern (oder zumindest ein Elternteil) unrealistisch hohe Erwartungen an ihre Kinder haben – sei es, weil sie selbst zum Perfektionismus neigen oder weil sie einfach nicht wissen, zu welchen Leistungen Kinder verschiedener Altersstufen überhaupt fähig sind. Kinder, die auf diese Weise ständig überfordert werden, entwickeln rasch ein negatives Bild von sich selbst.

Aber auch Eltern, die eigentlich die besten Absichten haben, können die Selbstachtung ihrer Kinder negativ beeinflussen, z. B. durch folgende Kommentare, die man in dieser oder ähnlicher Form überall dort, wo Eltern und Kinder zusammen sind, nur allzu oft aufschnappen kann:

Susi ist so ein Tolpatsch.
Ronald ist der Langsame in der Familie.
Warum kannst du nicht so brav sein wie Mary?
Sean hat das so schön gemacht. Warum kriegst du das nie so hin?
Schau dir nur die guten Noten von Betty an! Wenn du mehr arbeiten würdest, könntest du das auch schaffen.
Edward ist jetzt schon acht, aber er macht noch immer fast jede Nacht ins Bett (beiläufige Bemerkung in Edwards Gegenwart).
Deine Jacke ist falsch zugeknöpft. Du hast aber auch wirklich zwei linke Hände.
Du bist so faul, du wirst es nie zu etwas bringen.

Negative Etikettierungen, Vergleiche, Erniedrigungen und Negativkritiken, wie sie in den obigen Bemerkungen zum Ausdruck kommen, werden von Eltern häufig eingesetzt, wenn sie ihren Kinder etwas besonders Wichtiges beibringen wollen. Unglücklicherweise erreicht man mit diesen entmutigenden Kommentaren jedoch meist genau das Gegenteil von dem, was man ursprünglich beabsichtigt hatte. Kinder sind keine kleinen Erwachsenen. Sie verfügen über wenig Erfahrungen, und ihr Denken ist egozentrisch geprägt. Sie übernehmen die Urteile und Etikettierungen der Erwachsenen, ohne sie näher zu hinterfragen. Negative Vergleiche und Herabsetzungen führen daher meist zu einer geringen Selbstachtung und Selbstakzeptanz.

Auch die Zurückweisung durch Gleichaltrige kann die eigene Selbstachtung beeinträchtigen. In vielen Fällen beruht sie auf einer körperlichen oder geistigen Behinderung bzw. rassischen, religiösen, politischen oder sozialen Unterschieden. Kinder können bekanntlich sehr grausam sein und am Spott über ein „andersartiges" Kind viel Vergnügen haben.

Im Grunde ist es ziemlich unerheblich, ob die empfundene Ablehnung auf realen Erlebnissen oder der falschen Interpretation realer Erlebnisse beruht – im Laufe der Zeit weckt sie das Gefühl, aus irgendeinem Grund weniger akzeptabel, liebenswert oder wertvoll zu sein als andere. Geringe Selbstachtung und Selbstakzeptanz sowie ein übersteigertes Bedürfnis nach Bestätigung (siehe Lektion 8) sind die logischen Folgen.

Kinder mit negativem Selbstkonzept haben darüber hinaus meist mindestens ein Elternteil mit auffällig geringer Selbstachtung und Selbstakzeptanz. So wie das Kind die Worte und Verhaltensweisen der Eltern kopiert, spiegelt es auch das elterliche Gefühl der Unzulänglichkeit wider.

Die Angst vor der eigenen Unfähigkeit

Ein negatives Selbstkonzept wird oft von der irrigen Annahme begleitet, man sei in irgendeiner Weise unfähig und könne sich mit anderen Menschen nicht messen. Diese Annahme kann zu einer bedeutsamen Quelle der Angst werden. Dahinter steht meist eine Kindheit, in der es wenig Erfolgserlebnisse und Beispiele für die geglückte Bewältigung von Problemen gab. In vielen Fällen waren die Eltern überkritisch, verglichen die Geschwister ständig miteinander und überforderten ihre Kinder mit perfektionistischen Erwartungen. Oder die Eltern gaben die eigene negative Selbsteinschätzung an ihre Kinder weiter.

Menschen, die an den eigenen Fähigkeiten zweifeln, haben meist ein mulmiges Gefühl, wenn sie mit Menschen sprechen, die sie für besonders fähig halten, z. B. Arbeitgebern, Vorgesetzten, Gleichaltrigen oder gar Fremden. Sie befürchten eine Bloßstellung der eigenen Unfähigkeit und suchen ständig nach Anzeichen dafür. Auch die Angst, selbstgesetzte Ziele nicht erreichen zu können, ist weit verbreitet und kann zu Zögerlichkeit, mangelnder Risikobereitschaft oder starker Abhängigkeit führen. Manche bringt die Angst vor der eigenen Unfähigkeit auch dazu, humorvolle Aussagen anderer wörtlich zu nehmen. Sie sehen sich selbst als kleine Kinder in einer Welt übermächtiger Erwachsener oder als ein verängstigtes Tier, das ständig auf der Hut sein muß, um nicht von stärkeren Tieren zerfleischt zu werden.

Falls einige der obigen Beschreibungen auch auf Sie zutreffen, ist es möglich, daß die Angst vor der eigenen Unfähigkeit in Ihrem Leben eine nicht unbedeutende Rolle spielt. In Lektion 6 haben wir erklärt, wie sich die irrige Annahme, der Wert eines Menschen werde durch seine Leistung bestimmt, bekämpfen läßt. Setzen Sie die in Lektion 6 aufgezählten Argumente ein, um die Überbetonung der eigenen Leistung zu überwinden, und versuchen Sie, mit Hilfe der im nächsten Abschnitt vorgestellten Methoden Ihre Selbstakzeptanz zu stärken.

Wie man Selbstachtung und Selbstakzeptanz stärken kann

In diesem Abschnitt wollen wir acht Methoden beschreiben, mit denen sich Selbstachtung und Selbstakzeptanz stärken lassen. Sie werden rasch feststellen, daß diese Methoden auf bereits erlernten Techniken aufbauen und die Arbeit früherer Lektionen vertiefen.

Mehr positive Aussagen über sich selbst treffen

Wenn Sie eine bestimmte Ansicht ständig wiederholen, wird sie zu einem Teil Ihres Wertesystems. Die meisten Ihrer Ansichten, ob bewußt oder unbewußt, haben Sie durch Wiederholung erworben. Was Sie als Kind immer wieder gehört haben, wurde schließlich zu einem festen Bestandteil Ihrer Gedankenwelt, den Sie bei entsprechender Gelegenheit automatisch abspulen. Dieses Prinzip wirkt oft auf destruktive Weise. Ein Beispiel hierfür ist die Neigung, sich in negativen Selbsteinschätzungen förmlich zu „suhlen". Indem Sie sich ständig an eine kritische Bemerkung erinnern, ihre Bedeutung ins Unermeßliche übertreiben und sie ständig wiederholen, machen Sie sie zu einem allgegenwärtigen Bestandteil der eigenen Realität. Dies schwächt Selbstachtung und Selbstakzeptanz und führt dazu, daß Sie wertvolle Chancen für Wachstum und Lebensfreude verpassen.

Indem man jedoch bewußt mehr positive Aussagen über sich selbst trifft, kann man sich das Wiederholungsprinzip auf konstruktive Weise zunutze machen. Dabei gibt es drei Möglichkeiten:

Konzentrieren Sie sich auf kleine Erfolge und positive Erfahrungen

Halten Sie bei jeder Handlung, so unbedeutend sie Ihnen auf den ersten Blick auch erscheinen mag, einen Moment lang inne, um nach einem positiven Aspekt zu suchen, und konzentrieren Sie sich dann auf diesen Aspekt. Falls Sie in der Vergangenheit dazu neigten, sich auf kleine Fehler und Mängel zu konzentrieren, kann es sein, daß Ihnen diese Technik zum Anfang schwerfällt; mit ein wenig Übung wird sie Ihnen jedoch in Fleisch und Blut übergehen.

Erinnern Sie sich regelmäßig an Ihre Stärken

Erstellen Sie eine Liste eigener Eigenschaften oder Fähigkeiten, die Sie als positiv erachten. Als Beispiel sei hier Ruths Liste angeführt:

Ich habe ein sehr schönes Lächeln.
Ich bin über aktuelle Fragen gut informiert.
Ich bin eine ausgezeichnete Köchin.
Ich kann sehr gut Billard spielen.
Ich bin warmherzig und freundlich.

Menschen mit geringer Selbstachtung und Selbstakzeptanz haben oft Schwierigkeiten, an sich selbst auch nur zwei oder drei positive Eigenschaften zu entdecken. Falls dies auch auf Sie zutrifft, verbringen Sie mehrere Tage damit, Ihre Liste zu vervollständigen, bis sie fünf bis zehn Eigenschaften enthält. Vielleicht können Sie sich dabei auch von einem Freund oder Verwandten beraten lassen.

Nachdem Sie Ihre Liste aufgestellt haben, lesen Sie sie drei Wochen lang zwei- bis dreimal täglich durch. Am wirksamsten ist es, wenn Sie diese Wiederholung zu einem festen Bestandteil Ihres Tagesablaufs machen. Z. B. könnten Sie die Liste in Gedanken durchgehen, während Sie morgens zur Arbeit fahren und abends von der Arbeit nach Hause zurückkehren. Falls es Ihnen schwer fällt, sich die einzelnen Eigenschaften zu merken, schreiben Sie die Liste auf eine Karteikarte, die Sie mit sich herumtragen können, oder pinnen Sie sie an eine Wand. Immer wenn Ihnen eine zusätzliche positive Eigenschaft einfällt, fügen Sie sie Ihrer Liste hinzu. Nach ein paar Tagen Übung können Sie außerdem dazu übergehen, kleine Erfolge auf Ihre Positivliste zu setzen. Jeder noch so kleine Erfolg sollte dabei berücksichtigt werden. Nach einer Weile werden Sie in der Lage sein, viele positive Eigenschaften, Fähigkeiten und Erfolge aufzuzählen, ohne auf Ihre Liste zurückgreifen zu müssen.

Führen Sie „Spiegelgespräche"

Erstellen Sie, wie oben beschrieben, eine Liste Ihrer positiven Eigenschaften und Fähigkeiten. Wiederholen Sie die einzelnen Punkte einmal am Tag laut vor dem Spiegel. Am einfachsten ist dies in einer Situation, in der Sie sowieso vorm Spiegel stehen, z. B., wenn Sie sich morgens die Haare kämmen, sich rasieren oder schminken. Zählen Sie alle positiven Eigenschaften und Fähigkeiten auf und fügen Sie hinzu: „Und ich mag mich." Ruths „Spiegelgespräch" lautete:

> „Ich habe ein sehr schönes Lächeln. Und ich mag mich."
> „Ich bin über aktuelle Fragen gut informiert. Und ich mag mich."
> „Ich bin eine ausgezeichnete Köchin. Und ich mag mich."
> „Ich kann sehr gut Billard spielen. Und ich mag mich."
> „Ich bin warmherzig und freundlich. Und ich mag mich."

Viele Menschen kommen sich albern vor oder finden es schwierig, sich selbst im Spiegel anzuschauen und laut ihre guten Eigenschaften zu wiederholen. Je schwieriger Ihnen diese Übung erscheint, desto wichtiger ist es, daß Sie sie konsequent durchführen, bis Ihnen ohne Schwierigkeiten positive Eigenschaften, Fähigkeiten und Erfolge einfallen, Sie sich ohne Probleme selbst im Spiegel ansprechen können, alle Ihre Aussagen ehrlich und natürlich klingen und Sie sogar Spaß an dieser Übung haben.

Weniger negative Aussagen über sich selbst treffen

Beantworten Sie schriftlich die folgenden Fragen:

- In welchen Situationen haben Sie ein besonders negatives Selbstwertgefühl?

- Gibt es etwas, das Sie schon immer machen wollten, aber nicht versucht haben, weil Sie Angst hatten, Sie könnten es nicht gut genug tun?

- Welche Begegnungen mit anderen Menschen in den letzten Wochen oder Monaten ließen bei Ihnen ein negatives Selbstwertgefühl zurück?

Als nächstes listen Sie alle negativen Aussagen und Werturteile auf, die Ihnen während dieser Ereignisse durch den Kopf gingen. Formulieren Sie kurze, einprägsame Sätze, z. B.:

> „Ich bin schwach."
> „Ich bin zu passiv."
> „Ich kann aber auch gar nichts richtig machen."
> „Ich stelle mich an wie der letzte Idiot."

Gehen Sie nun noch einmal den Abschnitt über Etikettierungen in Lektion 5 durch. Fügen Sie alle negativen Etikettierungen, die dort auftauchen, Ihrer Liste hinzu. Nachdem Sie nun Ihre Liste vervollständigt haben, gehen Sie sie noch einmal durch und verkehren jede einzelne negative Etikettierung oder Aussgae in ihr positives Gegenteil. Benutzen Sie Sätze, die mit „Ich bin…", „Ich werde…", „Ich lerne…" oder „Ich kann…" beginnen. Hier einige Beispiele für die ersten beiden Sätze auf der obigen Liste:

„Ich bin schwach."	wird zu:	„Ich bin stark."
		„Ich werde stark sein."
		„Ich lerne, stark zu sein" oder
		„Ich kann stark sein."
„Ich bin zu passiv."	wird zu:	„Ich bin aktiv."
		„Ich werde aktiv sein."
		„Ich lerne, aktiv zu sein" oder
		„Ich kann aktiv sein."

Von nun an halten Sie jedesmal, wenn Sie bemerken, daß Sie negative Aussagen über sich selbst treffen, inne und ersetzen diese Aussagen durch neue, positive Sätze. Damit die Methode funktioniert, muß es sich um positive Aussagen handeln, an die Sie auch tatsächlich glauben. Es klingt unehrlich, wenn Sie sagen: „Ich bin stark", und sich gleichzeitig schwach fühlen. Sätze wie „Ich lerne, stark zu sein" oder „Ich kann stark sein" klingen glaubhafter. Natürlich können Sie auch andere Sätze als die hier vorgeschlagenen benutzen. Wichtig ist nur, daß es sich um positive Aussagen handelt, an die Sie tatsächlich glauben können.

Anderen aufrichtige Komplimente machen

Anderen aufrichtige Komplimente zu machen, ist eine einfache Methode zur Stärkung der eigenen Selbstachtung und Selbstakzeptanz, führt es doch zu einer realistischeren Einschätzung menschlicher Stärken und Schwächen. Wichtig ist dabei vor allem die Unterscheidung zwischen einem aufrichtigen Kompliment und einem meist sehr allgemein oder übertrieben formulierten Lob. Die Unterscheidung wird an den folgenden Beispielen deutlich:

Beispiele für Lob:
Du bist die beste Köchin der Welt.
Ich wüßte nicht, was ich ohne deine Hilfe tun sollte.
Du bist der bestgekleidete Mensch, den ich kenne.
Du bist immer so nett und großzügig.
Du bist so gut.

Stellen Sie sich vor, wie Sie sich fühlen würden, wenn jemand über Sie die obigen Aussagen träfe. Einerseits würden Sie sich geschmeichelt fühlen. Andererseits ist das Lob so absolut, daß Sie wissen: Das kann nicht wahr sein. Die hohen Erwartungen, die den Aussagen unterliegen, könnten für Sie sogar zur Belastung werden. Darüber hinaus ist das Lob so vage, daß Sie nicht genau wüßten, welche Ihrer Handlungen oder Eigenschaften tatsächlich Anklang fanden.

Die folgenden Beispiele aufrichtiger Komplimente beziehen sich im Gegensatz dazu auf kleine, spezifische Begebenheiten. Sie sind sehr viel leichter zu akzeptieren als ein generelles Lob.

Beispiele für aufrichtige Komplimente:
Deine Spaghetti haben mir sehr gut geschmeckt.
Daß du den Rasen gemäht hast, war wirklich eine große Hilfe für mich.
Dieses Hemd steht dir ausgezeichnet.
Danke für die Blumen, die du mir gestern geschickt hast; ich habe mich sehr gefreut.
Dein Besuch hat mir sehr gut getan.

Vielen Menschen ist es unangenehm, wenn sie Komplimente bekommen. Dies kann an den Komplimenten selber liegen, wenn sie unaufrichtig wirken oder mit allzu hohen Ansprüchen verbunden sind. Manchmal mangelt es den Betreffenden aber auch an Erfahrung mit Komplimenten, und sie wissen nicht, wie sie reagieren sollen. In den meisten Fällen liegt das Unbehagen jedoch in geringer Selbstachtung und Selbstakzeptanz begründet. Der Betreffende hat das Gefühl, das Kompliment nicht „verdient" zu haben, empfindet er sich selbst doch stets als „nicht gut genug".

Falls Sie Komplimente nur mit Mühe annehmen können, überlegen Sie, welche der aufgeführten Gründe auf Sie zutreffen könnten. Setzen Sie rationale innere Dialoge ein, um sich selbst klarzumachen, daß Sie Komplimente sehr wohl verdient haben. Nehmen Sie sich vor, beim nächsten Mal, wenn Sie ein Kompliment bekommen, einfach „danke" zu sagen, nichts weiter. Anfangs mag Ihnen das schwer fallen, mit ein wenig Übung wird es jedoch immer leichter werden, und am Ende werden Sie sich über Komplimente sogar freuen können.

Die Fähigkeit, anderen Komplimente zu machen und selbst Komplimente annehmen zu können, hat viele Vorteile. Sie werden aufmerksamer für die positiven Seiten anderer, und auch bei sich selbst lassen Sie eher einmal positive Aspekte gelten. Insgesamt wird eine optimistischere Weltsicht gefördert, was für das eigene Selbstwertgefühl nur förderlich sein kann.

Eine realistischere Weltsicht gewinnen

Die Perspektive eines positiven Realismus zieht sich wie ein Leitgedanke durch alle Lektionen dieses Buches. Im folgenden Abschnitt beschreiben wir fünf Möglichkeiten, diesem Ziel näherzukommen, und verweisen jeweils auf ausführlichere Erläuterungen in früheren Lektionen:

Den eigenen Wert schätzen lernen

Sie sind ein einzigartiges Individuum. Niemand hat die gleiche Lebenserfahrung wie Sie, niemand kann die Welt mit Ihren Augen sehen. Führen Sie sich in rationalen inneren Dialogen immer wieder die Stärken und positiven Aspekte Ihrer Persönlichkeit vor Augen.

Nehmen Sie sich außerdem Zeit, Ihre philosophischen und moralischen Überzeugungen zu prüfen und zu klären. Wie sehen Sie sich selbst und Ihren Platz in dieser Welt? Worin besteht der Sinn des Lebens? Was macht einen Menschen wirklich glücklich? Solche Überlegungen werden in einer modernen Welt, die nach sofortiger Befriedigung aller Bedürfnisse und dem uneingeschränkten Konsum materieller Dinge strebt, oft abgetan. Sie sind jedoch unerläßlich, um einen festen Standpunkt zu finden und der eigenen Lebenserfahrung Bedeutung zu verleihen.

Falls Sie sich bereits auf starke religiöse oder philosophische Überzeugungen stützen können, wissen Sie, wieviel Kraft sich daraus ziehen läßt. Falls Sie Überzeugungen, die Ihnen in der Vergangenheit geholfen haben, in letzter Zeit vernachlässigt haben, greifen Sie diesen Faden wieder auf. Wenn Sie bisher über diesen Aspekt Ihres Daseins wenig nachgedacht haben, überlegen Sie, wie Sie Ihr inneres Bedürfnis nach einem tieferen Sinn stillen können.

Erkennen, daß man für die emotionalen Reaktionen anderer nicht verantwortlich ist

Die Reaktionen anderer Menschen gehen auf deren Überzeugungen und Interpretationen der Wirklichkeit zurück. Nicht Sie machen andere Menschen glücklich oder unglücklich; diese Menschen sind selbst für ihre Reaktionen verantwortlich. Sie selbst tragen nur für Ihre eigenen Gefühle und Handlungen Verantwortung. Falls Sie Schwierigkeiten haben, diese Tatsache zu akzeptieren, vertiefen Sie sich noch einmal in Lektion 4 und machen Sie sich die dort aufgeführten Argumente zu eigen.

Sich an Tatsachen, nicht an Meinungen halten

Es kommt nicht darauf an, wer recht hat, sondern was der Wahrheit entspricht. Bemühen Sie sich, präzise Informationen über sich selbst und Ihre Umwelt zu erlangen. Nehmen Sie sich Zeit, rational und logisch über Ihre Probleme nachzudenken. Übernehmen Sie nicht unhinterfragt die Meinungen und Überzeugungen anderer. Überprüfen Sie alle Ansichten sorgfältig auf ihren rationalen und realistischen Kern. Falls Ihnen dieses Vorgehen Schwierigkeiten bereitet, arbeiten Sie noch einmal den Abschnitt über den konstruktiven Umgang mit Kritik in Lektion 8 durch.

Negative Denkmuster bekämpfen

Je erfolgreicher Sie negative Denkmuster bekämpfen, desto größer wird auch Ihr Erfolg beim Einsatz der obigen Methoden sein. Befassen Sie sich noch einmal ausführlich mit den entsprechenden Abschnitten der Lektionen 4 bis 8.

Eigene Schwächen und Fehler akzeptieren

Wenn Sie sich selbst wegen einer persönlichen Schwäche oder eines Fehlers verdammen, erinnern Sie sich daran, daß Ihre Persönlichkeit nicht mit Ihren Fehlern gleichzusetzen ist. Es besteht ein großer Unterschied zwischen Ihrem „Selbst" und Ihrem „Verhalten". Halten Sie sich außerdem vor Augen, daß der Wert eines Menschen nicht von seinen Leistungen abhängt. Nutzen Sie die in dem Abschnitt über den objektiven Umgang mit Fehlern in Lektion 6 genannten Argumente, um sich klarzumachen, daß Fehler nicht nur menschlich und unvermeidlich sind, sondern meist auch große Lernchancen in sich bergen.

Lernen Sie außerdem, über Ihre Fehler und Dummheiten zu lachen. Humor ist einer Ihrer größten Verbündeten, wenn Sie lernen wollen, sich selbst stärker zu akzeptieren. Die Fähigkeit, Ihren Humor positiv einzusetzen, erhöht die Chance, Irrtümer und Fehler als Quellen der Weisheit zu nutzen.

Sich nicht mit anderen vergleichen

Viele Menschen fühlen sich elend und unzulänglich, weil sie sich ständig mit anderen vergleichen. Dieser Neigung liegt die irrige Überzeugung zugrunde, daß sich der Wert eines Menschen durch seine Leistung bestimmt. Nutzen Sie die in Lektion 6 aufgezählten Argumente, um sich klarzumachen, daß Ihr grundsätzlicher Wert als Mensch mit dem, was

Sie tun, nichts zu tun hat. Wenn Sie z. B. nicht so gut tanzen oder kochen können wie andere, heißt das nicht, daß Sie als Mensch weniger wert sind. Prägen Sie sich darüber hinaus die folgenden Aussagen ein und wiederholen Sie sie mehrmals am Tag:

> Ich bin nicht unterlegen. Ich bin nicht überlegen. Ich bin einfach ich.

Wenn Sie sich dabei ertappen, daß Sie sich mit anderen vergleichen, erinnern Sie sich an diese Aussagen. Dann setzen Sie den zu diesem Zweck entwickelten rationalen inneren Dialog ein, um sich daran zu erinnern, daß Ihr Wert als Mensch in keinerlei Beziehung zu anderen Menschen steht. Sie sind einzigartig, und schon deshalb ist es unmöglich, daß Sie etwas genauso tun wie irgendein anderer. Sie können nur auf Ihre Weise handeln und dabei Ihr Bestes geben. Das ist gut genug. Wenn jemand anders Ihren Wert und Ihre Einzigartigkeit nicht schätzt, dann ist das sein Problem und sein Verlust.

Die eigene Unentschlossenheit überwinden

Unentschlossenheit ist oft das Ergebnis übertriebener Sorge darüber, was die anderen Menschen über die eigene Entscheidung denken könnten. Wer große Angst hat zu versagen, glaubt, Fehler vermeiden zu können, indem er einfach keine Entscheidungen trifft. Folgende Schritte können Ihnen zu mehr Entschlußkraft verhelfen:

– Entwickeln Sie eine realistische Einschätzung Ihrer eigenen Fehler. Setzen Sie die in Lektion 6 aufgeführten Argumente ein, um irrige Annahmen über die Bedeutung von Fehlern und ihre Beziehung zu Ihrem Wert als Menschen zu widerlegen.

– Falls Sie dazu neigen, Ihre Reaktion auf andere Menschen vorher sorgfältig zu proben, üben Sie das Improvisieren. Sagen Sie, was Ihnen als erstes durch den Kopf geht. Beginnen Sie diese Übung mit Menschen, denen Sie vertrauen und in deren Gegenwart Sie sich wohl und sicher fühlen. Dehnen Sie sie dann auf andere Lebensbereiche aus.

– Arbeiten Sie daran, die eigene Selbstkritik zu reduzieren und nehmen Sie die Einstellung an: „Was ist, das ist." Falls Ihnen dies schwierig erscheint, gehen Sie noch einmal den Abschnitt über den Unterschied zwischen Verantwortung und Schuld in Lektion 7 durch.

– Sprechen Sie ein wenig lauter als gewöhnlich. Es mag Ihnen zunächst seltsam vorkommen, und vielleicht haben Sie am Anfang das Gefühl, andere anzuschreien. Den meisten Menschen wird es jedoch gar nicht auffallen. Wenn Sie üben, lauter und mit entschiedenerer Stimme zu

sprechen, werden Sie feststellen, daß Sie auch entschiedener handeln und darüber hinaus von anderen ernster genommen werden.
- Teilen Sie Ihren Mitmenschen mit, wie Sie sich fühlen und was Ihnen an ihrem Verhalten gefällt oder nicht gefällt. Auf diese Weise werden Sie sich der eigenen Gefühle bewußter und stärken Ihre Selbstakzeptanz.

Gehen Sie weniger Verpflichtungen ein

Menschen, die ein übertriebenes Bedürfnis nach Bestätigung haben, verfallen oft in die Angewohnheit, auf jede Bitte, die man an sie richtet, ja zu sagen. Auf diese Weise geraten sie rasch in eine Situation, in der sie entweder all den Verpflichtungen, die sie eingegangen sind, gar nicht nachkommen können, oder ihre eigenen Bedürfnisse und Wünsche opfern müssen, um alle Versprechungen einzuhalten. Dies führt zu Selbstverleugnung und einem weiteren Verlust von Selbstachtung und Selbstakzeptanz.

Falls Sie dazu neigen, allzuviele Verpflichtungen einzugehen, üben Sie, nein zu sagen. Gehen Sie Verpflichtungen nur dann ein, wenn Sie sich sicher sind, daß Sie ihnen auch entsprechen *können* und *wollen*. Ist die Tendenz, zu allem ja zu sagen, bei Ihnen sehr groß, beschränken Sie sich zum Anfang auf eine Verpflichtung pro Tag. Versuchen Sie dann, allmählich herauszufinden, wie viele Verpflichtungen Sie eingehen können, ohne es später bedauern zu müssen. Natürlich brauchen Sie nicht alle Wünsche anderer Menschen rigoros abzulehnen; es geht nur darum, ein vernünftiges Gleichgewicht zu finden.

Phantasie einsetzen

Positive Erfahrungen können Ihr Selbstbild auf dramatische Weise verbessern. Ein wichtiger Unterschied zwischen Menschen mit geringer und hoher Selbstachtung besteht darin, welche Erinnerungen sie mit Vorliebe aus ihrem Gedächtnis abrufen. Menschen mit geringer Selbstachtung verweilen oft bei negativen Erfahrungen und Fehlern, während Menschen mit hoher Selbstachtung sich eher an positive Erinnerungen halten. Nehmen Sie sich jeden Tag fünf bis zehn Minuten Zeit, um sich an positive Dinge und persönliche Erfolge zu erinnern. Rufen Sie diese Erinnerungen so ausführlich und so oft wie möglich wach. Gratulieren Sie sich zu Ihren Erfolgen, indem Sie sich selbst aufrichtige Komplimente machen. Fahren Sie mit dieser Übung fort, bis es Ihnen leicht fällt, sich an Erfolge zu erinnern und die eigenen Komplimente anzunehmen.

Praktischer Teil zu Lektion 11

Argumente zur Stärkung von Selbstachtung und Selbstakzeptanz

Während Sie den Text dieser Lektion noch einmal durchgehen, stellen Sie eine Liste all jener Argumente zusammen, die dazu geeignet sind, Ihre Selbstachtung und Selbstakzeptanz stärken, und fassen Sie sie auf einer Karteikarte zusammen. Gehen Sie diese Argumente mindestens einmal täglich durch, bis Sie sie auswendig können. Hier ein Beispiel für eine solche Karteikarte:

Selbstachtung und Selbstakzeptanz

- Ich bin nicht unterlegen. Ich bin nicht überlegen. Ich bin einfach ich.
- Ich bin nur für mich selbst verantwortlich. Was andere tun oder denken, ist nicht mein Problem.
- Ich arbeite an mir selbst, weil ich dadurch mehr Lebensfreude und Erfüllung erfahre – nicht, weil ich dadurch zu einem besseren Menschen werde.
- Als Kind habe ich mich oft im Stich gelassen gefühlt. Meine Eltern haben mich geliebt, aber sie waren durch eigene Probleme belastet. Ich bin ein guter Mensch, der das Beste verdient.
- Ich habe mich oft unfähig gefühlt. Die Reaktionen meiner Vorgesetzten und die Kommentare anderer Menschen zeigen jedoch, daß ich viele Dinge sehr wohl meistern kann.

Die letzten Punkte auf der obigen Liste betreffen sehr persönliche Themen. Falls bestimmte Situationen oder Personen aus der Vergangenheit Ihr Leben negativ beeinflussen, entwickeln Sie klare, direkte Aussagen, mit deren Hilfe Sie diesen Einflüssen entgegentreten können.

Irrationale Überzeugungen überwinden

In dieser Lektion haben wir ausführlich beschrieben, wie die in früheren Lektionen dargestellten irrationalen Überzeugungen zu einem negativen Selbstkonzept beitragen können. Gehen Sie noch einmal die Karten durch, die Sie für die Lektionen 6, 7 und 8 vorbereitet haben. Kreuzen Sie die Argumente an, von denen Sie das Gefühl haben, daß sie

Ihnen auch im Zusammenhang mit dieser Lektion hilfreich sein können, und wiederholen Sie sie mehrmals täglich.

Das eigene Selbstkonzept aktiv stärken

Führen Sie regelmäßig alle in dieser Lektion beschriebenen Übungen durch. Da ein negatives Selbstkonzept meist von einem übersteigerten Bedürfnis nach Bestätigung begleitet wird, sollten Sie in dieser Woche mindestens eine halbe Stunde damit verbringen, Lektion 8 noch einmal durchzulesen. Viele der dort empfohlenen Übungen lassen sich sinnvoll mit den Übungen dieser Lektion kombinieren. Spielen geringe Selbstachtung und Selbstakzeptanz in Ihrem Leben eine große Rolle, verweilen Sie mindestens zwei Wochen lang bei dieser Lektion.

Die Blockmethode bewußt einsetzen

Nehmen Sie sich zwei- bis dreimal pro Woche zehn Minuten Zeit, um die Blockmethode weiter zu üben. Achten Sie beim Analysieren Ihrer Gedanken auf Anzeichen für die in dieser und in früheren Lektionen besprochenen irrationalen Überzeugungen. Falls Sie die Blockmethode noch nicht sicher beherrschen, gehen Sie noch einmal die Anweisungen im praktischen Teil zu Lektion 5 durch.

Verhaltenstherapeutische Techniken einsetzen

Wenden Sie auch weiterhin die in Lektion 9 beschriebenen verhaltenstherapeutischen Techniken an, um negative Verhaltensweisen zu überwinden. Falls Sie an mehreren problematischen Verhaltensweisen gleichzeitig arbeiten, nehmen Sie sich gelegentlich Zeit, Lektion 9 noch einmal durchzulesen. Arbeiten Sie auch in den kommenden Wochen weiter mit diesen Techniken.

Den eigenen Fortschritt wertschätzen

Nehmen Sie sich in dieser Woche ein paar Minuten Zeit, um einmal in aller Ruhe zu überlegen, ob und wie Sie sich seit dem Tag, an dem Sie dieses Buch zum ersten Mal aufgeschlugen, verändert haben. Am besten wählen Sie dafür einen Tag, an dem Sie sich besonders gut fühlen, damit Sie vernünftig und objektiv urteilen können. Auf keinen Fall sollten Sie über den eigenen Fortschritt nachdenken, wenn Sie krank, hungrig oder müde sind bzw. unter großem Streß stehen. Stellen Sie sich die folgenden Fragen:

- Wie haben sich Ihre Einstellungen zu anderen Menschen, sich selbst und dem Leben überhaupt verändert?
- Wie hat sich Ihr Umgang mit Problemen verändert?
- Gibt es Dinge, die Sie sich vor vier Monaten noch nicht zugetraut haben, inzwischen aber sicher bewältigen?

Gratulieren Sie sich selbst zu allen positiven Veränderungen und Erfolgen!

„Normale" Angst erkennen und akzeptieren

Ein Schlüssel zum effektiven Umgang mit den eigenen Angstgefühlen besteht darin, „normale" Angst zu erkennen und zu akzeptieren. Menschen mit Angstproblemen haben oft eine so große „Angst vor der Angst", daß sie jede Art von Angstreaktion für unnormal halten. An diesem Punkt des Programms sind jedoch die meisten, wenn nicht alle Angstgefühle, die Sie erleben, angemessene Reaktionen auf reale Lebenssituationen. Diese Gefühle haben nichts mit Ihren alten, destruktiven Verhaltensmustern zu tun. Erinnern Sie sich selbst daran, daß Angstgefühle nun einmal zum Leben gehören. Ihr Ziel kann nicht darin bestehen, sie auszuschalten. Vielmehr geht es darum, übertriebene Angstgefühle zu überwinden und normale, alltägliche Angstgefühle effektiv zu bewältigen, so daß Sie Ihr Leben nach den eigenen Wünschen frei gestalten können.

Achten Sie in dieser Woche darauf, wie oft die Menschen um Sie herum ängstlich reagieren. Und wenn Sie selbst ängstlich sind, überlegen Sie, ob diese Gefühle nicht zu einem großen Teil völlig normal und natürlich sind.

Probleme mit Hilfe der bewährten Checkliste lösen

Wie wir in früheren Lektionen bereits mehrmals betont haben, kann es durchaus vorkommen, daß Sie vorübergehend in alte Verhaltensmuster zurückverfallen. Die in Lektion 5 vorgestellte Checkliste zur Problemlösung hat sich in solchen Situationen vielfach bewährt. Überlegen Sie, wie Sie die Probleme bisher bewältigt haben und welche Methoden dabei erfolgreich waren. Denken Sie daran: Neue Verhaltensmuster zu entwickeln, dauert seine Zeit, aber mit der entsprechenden Übung schleifen sie sich ganz automatisch ein. Sie haben bisher erst relativ kurze Zeit an der Veränderung problematischer Denk- und Verhaltensmuster gearbeitet, während Sie Ihr gesamtes bisheriges Leben Zeit hatten, diese Muster zu entwickeln. Unter diesen Umständen ist es völlig klar, daß Sie gelegentlich in alte Muster zurückverfallen, und es gibt keinen Grund, sich deshalb Sorgen zu machen. Allerdings wissen Sie jetzt, daß Sie Ihre Bemühungen auf dem betreffenden Gebiet noch verstärken müssen. Es ist aber auch möglich, daß Sie erschöpft sind und sich stärker um Ihre körperlichen Bedürfnisse kümmern sollten.

Die eigenen psychischen Themen erkennen

Psychologinnen und Psychologen sprechen oft von der Notwendigkeit, Fragen und Probleme zu „lösen". Durch diesen Sprachgebrauch konnte der Eindruck entstehen, dieser Lösungsprozeß gleiche einem Arztbesuch bei einer Erkältung oder einem verstauchten Knöchel: Der Arzt verbindet die Wunde oder verschreibt Ihnen ein Medikament, und nach kurzer Zeit ist das Problem wie weggeblasen. Psychische Fragen und Probleme lassen sich jedoch nicht auf diese Weise „lösen".

Im Leben jedes Menschen gibt es ganz bestimmte individuelle Themen, die während seines Lebens immer wieder eine Rolle spielen. Wer z. B. in der Zeit der wirtschaftlichen Depression aufgewachsen ist, entwickelt später meist ein großes Sicherheitsbedürfnis und neigt zu rigiden „Soll/Muß"-Regeln. Diese Themen werden ihn ein Leben lang begleiten, ohne seine Fähigkeit, ein erfolgreiches und glückliches Leben zu führen, unbedingt beeinträchtigen zu müssen.

Wenn Sie die bisherigen Lektionen wie empfohlen durchgearbeitet haben, konnten Sie bereits mit vielen Ihrer ganz persönlichen Themen Bekanntschaft schließen: Vielleicht reagiert Ihr Körper besonders intensiv auf Streß, oder Sie haben ein starkes Bedürfnis nach Bestätigung, neigen zum Perfektionsimus, hegen bestimmte negative Denkmuster oder zeigen irgendwelche destruktiven Verhaltensweisen … Die eigenen psychischen Themen werden Sie nie ganz loswerden können; sie werden in Ihrem Leben immer wieder eine Rolle spielen, und zwar besonders dann, wenn Sie krank, hungrig oder müde sind bzw. unter großem Streß stehen. Manchmal werden sie auch durch andere Menschen oder Ereignisse ausgelöst, durch die Sie an Ihre Vergangenheit erinnert werden; in diesem Fall handelt es sich um eine konditionierte Reaktion, wie wir sie in Lektion 2 beschrieben haben.

Die Tatsache, daß diese Probleme gelegentlich wieder auftauchen, ist an sich völlig unerheblich. Wichtig ist nur, daß Sie Ihre persönlichen Themen erkennen. Mit Hilfe einprägsamer Signale können Sie sich selbst dann in einer entsprechenden Situation darauf aufmerksam machen, daß alte Verhaltensmuster im Spiel sind, und Maßnahmen ergreifen, die dafür sorgen, daß diese Ihr Leben nicht mehr negativ beeinflussen können.

Ihre persönlichen psychischen Themen werden Sie ein Leben lang begleiten. Es wird immer wieder Ereignisse geben, die alte Gefühle und Reaktionen auslösen. Der entscheidende Trick besteht darin, den Einfluß dieser Probleme rechtzeitig zu erkennen und zu unterbinden.

Selbstachtung und Selbstakzeptanz spielen nicht nur bei Angstproblemen, sondern auch bei vielen negativen Verhaltensweisen eine Schlüsselrolle. Arbeiten Sie mindestens eine Woche lang an dieser Lektion.

LEKTION 12

DIE EIGENE WUT ZUM VERBÜNDETEN MACHEN

Woran denken Sie, wenn Sie das Wort „Wut" hören? Bei den meisten Menschen weckt diese Frage zahlreiche negative Assoziationen wie Frustration, Schmerz, Verlust der Selbstkontrolle oder Angst. Das ist bedauerlich, denn die Wut kann eine positive, konstruktive Kraft in Ihrem Leben sein, wenn sie nur in die richtigen Bahnen gelenkt wird. In dieser Lektion lernen Sie, diese Bahnen zu finden und sich Ihre Wut zum Freund und Verbündeten zu machen.

Was ist Wut?

In Lektion 4 wird beschrieben, wie Gefühle im einzelnen entstehen. Dabei wird der folgende, vierstufige Prozeß zugrundegelegt:

Ereignis $\longrightarrow$ Deutung $\longrightarrow$ Gefühl $\longrightarrow$ Handlung

In Lektion 4 wird außerdem die Rolle der Gefühle bei der Auslösung von Handlungen beschrieben: Sie setzen physische Reaktionen in Gang und rufen spezifische Wünsche hervor. Wut ist eine emotionale Reaktion, die durch die Deutung ausgelöst wird, daß eine Bedrohung vorhanden ist oder vorhanden sein könnte. Einmal ausgelöst, aktiviert die Wut die Kampf- oder Fluchtreaktion und bereitet den Körper auf eine Handlung vor. Diese physische Reaktion wird von dem Wunsch begleitet, die Ursache der Bedrohung zu beseitigen.

Wie alle Gefühle kann die Wut in unterschiedlicher Intensität auftreten. Leider erkennen viele Menschen nicht, daß es sich bei Unmut, Gereiztheit oder Mißbehagen einfach um mildere Formen der Wut handelt. Sie denken bei dem Wort „Wut" nur an dramatische Ausdrucksformen wie etwa Zornesausbrüche oder Raserei. Da diese intensiveren Formen der Wut mit unerwünschten Handlungen einhergehen, wird die Wut oft als unerwünschtes und daher negatives Gefühl angesehen. Die Wut ist aber die treibende Kraft hinter vielen positiven Handlungen. Wenn Sie z. B. eine Person bitten, eine Handlung zu unterlassen, die Sie wütend macht, steht eine milde Form der Wut dahinter. Auch wenn Sie sich gegen andere durchsetzen, ist es Wut, die Ihnen die erforderliche Kraft und Motivation für Ihr Handeln verleiht.

Wut steht in enger Beziehung zur Angst, da beide durch eine wahrgenommene Bedrohung hervorgerufen werden und eine Kampf- oder Fluchtreaktion auslösen. Sie unterscheiden sich darin, daß die Wut den Wunsch erzeugt, sich der Bedrohung zu stellen und sie auszuschalten, während die Angst den Wunsch hervorruft, der Bedrohung zu entfliehen oder ihr auszuweichen. Weil Wut und Angst so eng miteinander verbunden sind, haben viele Menschen die Erfahrung gemacht, daß die Umwandlung von milder Angst in Wut ihnen hilft, ineffektive Verhaltensweisen zu überwinden. Auf diese Weise eingesetzt, schafft die Wut eine größere Motivation, sich Bedrohungen zu stellen und sie zu bezwingen. Werden die durch Angst hervorgerufenen körperlichen Symptome als Ausdruck der Wut verstanden, können körperliche Symptome als Quelle der Stärke und nicht als Zeichen von Schwäche gelten.

Bedrohungen, die Angst und Wut erzeugen

Wir Menschen unterscheiden uns von allen anderen Lebewesen unter anderem dadurch, daß wir keine instinktiven Ängste kennen. Wir haben erst im Laufe unserer persönlichen Entwicklung *gelernt*, uns von bestimmten Personen, Ereignissen oder Situationen bedroht zu fühlen. Ob wir auf eine solche Bedrohung mit Angst oder Wut reagieren, hängt davon ab, wie wir unsere Fähigkeit, mit der Bedrohung zurechtzukommen, in der jeweiligen Situation einschätzen. Auch diese Einschätzung wird wiederum von *erlernten* Überzeugungen und Denkmustern geprägt. Erscheint uns die Bedrohung unkontrollierbar, verspüren wir Angst, wirkt sie kontrollierbar, steht die Wut im Vordergrund.

Eine bemerkenswerte Ausnahme ist eine Situation, in der die Bedrohung unkontrollierbar erscheint, aber keine Flucht möglich ist. Die Reaktion auf eine solche Situation ist individuell sehr unterschiedlich. Während der eine lähmende Angst empfindet, regt sich beim anderen intensiver Zorn. Niemand weiß genau, wie oder warum diese Reaktionen auftreten; wahrscheinlich haben sie tiefe biologische Wurzeln in unserer evolutionären Vergangenheit. Wir reagieren in diesen Situationen wie ein in die Enge getriebenes Tier: Wir erstarren oder wir greifen an.

Ein weiterer interessanter Gesichtspunkt des Deutungsvorgangs, in dem Wut oder Angst entsteht, ist die Art der Bedrohung in unserer modernen Welt. Unsere Vorfahren hatten es meist mit körperlichen Bedrohungen zu tun; diese waren konkret, man konnte sie sehen, berühren, riechen oder fühlen, wie z. B. die Bedrohung durch ein wildes Tier, einen feindlichen Nachbarstamm oder eine lange Trockenheit. Konkrete Gefahren – z. B. den Arbeitsplatz zu verlieren oder auf offener Straße von einem Auto überfahren zu werden – gibt es immer noch. Die meisten Bedrohungen, denen wir in unserer modernen Gesellschaft ausgesetzt sind, betreffen jedoch psychische Bedürfnisse, z. B. das Bedürfnis nach Zuneigung, Selbstachtung und Geborgenheit. Auf diesen Aspekt wollen wir später im Zusammenhang mit unangemessener Wut noch einmal etwas ausführlicher eingehen.

Handlungen, die durch Wut entstehen

Im folgenden sind verschiedene Reaktionen wütender Menschen aufgelistet. Die Aufzählung beginnt mit den meist am wenigsten erwünschten Reaktionsmustern und endet mit denen, die sich im täglichen Leben als produktiv erwiesen haben. Denken Sie beim Durchlesen dieser Liste daran, daß alle durch Wut veranlaßten Reaktionen *erlernte* Verhaltensmuster sind. Da sie uns in Fleisch und Blut übergegangen sind, wirken sie auf den ersten Blick unveränderbar. Alles was man *er*lernt hat, kann man aber auch wieder *ver*lernen und durch andere Muster ersetzen. Man braucht dazu nur eine wirksame Lernmethode und den festen Willen, an sich selbst zu arbeiten.

– Gewalttätige und zerstörerische Handlungen
– Wutanfälle (verbal oder gewalttätig)
– Verletzende oder kritische Bemerkungen, Sarkasmus, Spötteleien
– Beleidigtsein, Schmollen
– Passiv-aggressives Verhalten (ein Verhalten, das der Person, auf die Sie wütend sind, Probleme bereitet, aber unbeabsichtigt wirkt, z. B. wenn Sie etwas Wichtiges vergessen oder zu spät kommen)
– Aggressive Phantasien (Sie stellen sich vor, was Sie der Person, auf die Sie wütend sind, am liebsten antun würden)

- Unterdrückung (Sie wissen, daß Sie wütend sind, tun aber so, als ob dem nicht so wäre)
- Verdrängung (Sie sind verärgert, sich Ihres Ärgers aber nicht bewußt)
- Konstruktive Handlung (eine Handlung, die die Bedrohung verringert oder ganz ausschaltet, gleichzeitig aber Ihnen und anderen sowenig Schaden wie möglich verursacht)

Energie und Motivation, die durch Wut entstehen und in den oben aufgelisteten Handlungen ihren Ausdruck finden, können in verschiedene Richtungen gelenkt werden:
- Sie können durch Unterdrückung oder Verdrängung ignoriert werden.
- Sie können sich auf eine erkannte äußere Bedrohung richten.
- Sie können nach innen, d. h. auf eine tatsächliche oder eingebildete persönliche Schwäche oder Unzulänglichkeit gelenkt werden.

Die folgende Situation mag die verschiedenen Möglichkeiten illustrieren: Vier Menschen – Don, Deborah, Mark und Linda – büßen bei der Betätigung eines defekten Automaten Geld ein. Don, der sich nie erlaubt, wütend zu werden, unterdrückt seinen Ärger, geht einfach weg und bemüht sich, ruhig zu bleiben, obwohl er sehr ungehalten ist. Deborah richtet ihren Zorn zunächst gegen den Automaten und versetzt ihm einen kräftigen Tritt. Dann macht sie sich auf die Suche nach jemandem, der ihr das Geld erstatten kann. Mark richtet seinen Ärger nach innen und ergeht sich in Selbstvorwürfen: „Ich bin zu blöd, um einen einfachen Automaten zu bedienen. Bei mir funktioniert nie etwas." Linda schließlich kehrt wütend an ihren Arbeitsplatz zurück und fährt wenige Minuten später einen Kollegen, der dies gar nicht verdient hat, mit einer brüsken Bemerkung an.

Angemessene und unangemessene Wut

Wut ist angemessen, wenn eine reale Bedrohung existiert. Die durch die Wut ausgelöste Handlung ist angemessen, wenn sie zur Verminderung oder Beseitigung der Bedrohung führt sowie anderen möglichst wenig Schaden zufügt. Als unangemessen kann eine wütende Reaktion beschrieben werden, wenn keine reale Bedrohung vorliegt (z. B. jemand macht Ihnen mit besten Absichten ein Kompliment über ein neues Hemd, und Sie werden daraufhin ärgerlich) oder wenn die Intensität der

Wut zu dem Grad der Bedrohung in keinem Verhältnis steht (z. B. ein Wutanfall wegen eines zerrissenen Schnürsenkels).

Unangemessene Wut resultiert in den meisten Fällen aus irrationalen Denkstrukturen. Diese wiederum beruhen auf irrationalen Überzeugungen oder einer zeitweiligen Verminderung der Fähigkeit zum logischen und rationalen Denken. Beide Probleme wollen wir im nächsten Abschnitt näher behandeln. Handlungen, die aus Wut entstehen, erachten wir dann als unangemessen, wenn sie Ihnen oder anderen unnötigen Schaden zufügen.

Unangemessene Wut wirksam reduzieren

In diesem Abschnitt stellen wir sechs Methoden vor, mit deren Hilfe sich unangemessene Wutgefühle wirksam reduzieren lassen. Wenn Sie diese Methoden konsequent anwenden, sind Sie dem Ziel, sich Ihre Wut zum Freund und Verbündeten zu machen, einen bedeutenden Schritt nähergekommen.

Die eigene Fähigkeit zu logischem und rationalem Denken wahren

Eine Hauptursache für unangemessene Wut ist der Verlust der Fähigkeit, rational zu denken. Bedenken Sie: Alles was die Funktionsfähigkeit des Gehirns stört, beeinträchtigt auch Ihre Fähigkeit, die Ereignisse in Ihrer Umwelt objektiv zu interpretieren. Alltägliche Gründe für eine vorübergehende Störung der Funktionstüchtigkeit des Gehirns sind Hunger, Müdigkeit, Krankheit und Streß. Liegt einer dieser Gründe vor, ist eine unangemessene wütende Reaktion sehr wahrscheinlich. Hinweise dazu, wie man auch in streßreichen Zeiten funktionsfähig bleiben kann, werden in Lektion 3 gegeben. Es kommt darauf an, Prioritäten zu setzen und die eigenen Bedürfnisse nicht zu vernachlässigen. Auf diese Weise können Sie auch Ihre Fähigkeit, logisch zu denken und mögliche Gefahren realistisch einzuschätzen, wirksam bewahren.

Das Wesen der Wut verstehen und akzeptieren

Zwei irrige Ansichten zum Thema Wut sind in unserer Gesellschaft besonders weit verbreitet: Wut ist „schlecht", und sie hat immer unerwünschte Verhaltensweisen zur Folge. Manchmal sind diese irrigen Ansichten ein direktes Ergebnis der eigenen Erziehung. Kindern wird häufig der Eindruck vermittelt, Wut sei kein akzeptables Gefühl. Hier ein paar Beispiele für typische Äußerungen:

„Du sollst nicht immer gleich wütend werden!"
„Sei doch nicht so böse zu deinem Bruder/deiner Schwester."
„Es schickt sich für ein Mädchen nicht, ein so böses Gesicht zu machen."

Manchmal wird der Zorn eines Kindes aber auch einfach ignoriert oder mit Bemerkungen wie „In Wirklichkeit bist du doch gar nicht böse" heruntergespielt. Außerdem können Kinder auch zu dem falschen Schluß kommen, daß Wut etwas „Schlechtes" oder „Gefährliches" ist, weil die Eltern oder zumindest ein Elternteil den eigenen Ärger ständig unterdrücken und selten Verärgerung zeigen.

Andere Kinder, deren Eltern eher aufbrausend waren, mußten lernen, ruhig zu bleiben, um dem Zorn der Erwachsenen zu entgehen. Oder sie beschlossen bewußt, nie so zu werden wie die Eltern, und entwickelten die Angewohnheit, ihren Zorn zu unterdrücken. Falls eine dieser Beschreibungen auf Ihre Kindheit zutrifft und Sie große Probleme haben, die eigene Wut zuzulassen, wiederholen Sie täglich folgende Aussagen, bis Sie sie vollständig verinnerlicht haben:

– Es wird immer wieder Ereignisse geben, die mich wütend machen. Das ist normal.
– Wut ist die angemessene Reaktion auf eine reale Bedrohung.
– Gefühle sind einfach da, es ist nicht wichtig, *was* ich fühle, sondern wie ich *reagiere*.
– Wut kann positiv wirken und zu konstruktivem Handeln führen.

Negative Denkmuster bekämpfen

Jedes der in Lektion 5 ausführlich beschriebenen Denkmuster kann dazu führen, daß Sie sich bedroht fühlen, auch wenn keine reale Bedrohung existiert. Das gilt besonders für Vorkommnisse, die eine Verletzung Ihrer persönlichen „Soll/Muß"-Regeln darstellen. Roy ist dafür ein gutes Beispiel. Er vertrat die starre Ansicht, alle Menschen müßten stets gerecht sein. Immer wenn Roy in eine Situation kam, in der jemand ungerecht handelte, wurde er extrem wütend, auch wenn die Situation an sich eher unbedeutend war. Indem Roy lernte, seine starre „Soll/Muß"-Regel in Frage zu stellen, konnte er sich zunehmend der Frage zuwenden, welche alternativen Reaktionen es auf ungerechtes Verhalten gab. Ähnlich wird auch Ihre unangemessene Wut abnehmen, wenn es Ihnen gelingt, Ihre persönlichen negativen Denkmuster mehr und mehr zu überwinden.

Die eigene Selbstachtung stärken

Falls es Ihnen schwerfällt, Ihre menschlichen Schwächen und Grenzen zu akzeptieren, nehmen diese rasch die Form einer Bedrohung an und erzeugen unangemessene Wut. Dieser Tatsache kommen Sie am besten bei, indem Sie die in den Lektionen 8 und 11 beschriebenen Methoden anwenden, um die eigene Selbstachtung und Selbstakzeptanz zu stärken. Menschen mit hoher Selbstachtung, die ihre eigenen Schwächen akzeptieren, fühlen sich nicht bedroht, wenn ihre Grenzen offenkundig werden. Sie konzentrieren sich darauf, was sie tun können, und verfallen nicht in Selbstvorwürfe, weil sie zu irgendetwas nicht fähig sind.

Tabus überwinden

Es kommt häufig vor, daß bestimmte Gefühle oder Empfindungen mit einem Tabu belegt werden, d. h., man verbietet sich selbst, diese Gefühle zu haben. Janet z. B. hatte das starke Bedürfnis, sich in jeder Situation unbedingt unter Kontrolle zu haben. Sich schwach oder hilflos zu fühlen, war für sie tabu. Jedesmal wenn sie sich selbst als hilflos oder unbeherrscht erlebte, wurde Janet wütend. Für die Situation war das wenig hilfreich. Aber das körperliche Gefühl der Kraft, das durch die Wut hervorgerufen wurde, schuf die Illusion, daß sie stark und selbstbeherrscht war. Janet konnte ihre Schwäche und ihre Unzulänglichkeit ignorieren, weil sie damit beschäftigt war, wütend zu sein. Zu den Gefühlen, die sich häufig auf diese Weise hinter der Wut verstecken, gehören Angst, Schuldgefühle, Scham, Verlegenheit und sexuelles Verlangen.

Tabuisierte Gefühle lassen sich auch hinter anderen Empfindungen verstecken, z. B. hinter Angst und Depression. John z. B. besaß starke sexuelle Tabus und wurde jedesmal ängstlich, wenn er sexuelle Empfindungen spürte. Seine Angst half ihm, sich von seinen sexuellen Bedürfnissen abzulenken. Immer wenn tabuisierte Gefühle von einer anderen Empfindung überdeckt werden, ist die Fähigkeit, rational zu denken, stark beeinträchtigt. Da der größte Teil der Energie dazu gebraucht wird, die sekundäre Empfindung zu erzeugen und aufrechtzuerhalten, bleibt nur wenig Energie übrig, um mit der Welt realitätsbezogen umzugehen, und es kommt zu impulsivem, ineffektivem Handeln.

Überlegen Sie, welche Situationen bei Ihnen immer wieder zu Wut führen, und versuchen Sie, dahinterliegende, „verbotene" Gefühle zu benennen. Dazu gibt es zwei Möglichkeiten:
– Betrachten Sie die immer wiederkehrende Situation möglichst objektiv und vervollständigen Sie den Satz: „Ich handle dann so, als ob...".

Möglicherweise kommen Sie so versteckten Gefühlen auf die Spur. Vielleicht hilft es Ihnen aber auch, so zu tun, als beobachteten Sie einen Schauspieler in einem Film und versuchten zu erraten, was die dargestellte Figur in dieser Situation fühlt und denkt.

– Versuchen Sie herauszufinden, welches Gefühl Sie unmittelbar vor der Wut verspürt haben. Dies ist sowohl in der jeweiligen Situation als auch im nachhinein möglich. Aller Wahrscheinlichkeit nach ist das Gefühl, das Sie unmittelbar vor der Wut verspürten, nicht das verbotene Gefühl, nach dem Sie suchen. Es kann Ihnen aber dabei helfen, das tabuisierte Gefühl zu ermitteln. Fragen Sie sich: „Woran erinnert mich dieses Gefühl?" Möglicherweise fällt Ihnen daraufhin eine frühere schmerzliche Erfahrung ein. In diesem Fall ist es sehr wahrscheinlich, daß Sie einem Gefühl ausweichen, das mit dieser Erfahrung zusammenhängt.

Craig lebte mit seiner Frau im Ausland. In den ersten Monaten bemerkte er, daß er jedesmal ärgerlich wurde, wenn sie zusammen einkaufen gingen. Mit Hilfe der oben beschriebenen Methoden analysierte Craig sein Verhalten und stellte fest, daß er so tat, als müsse seine Frau die Gepflogenheiten des Landes kennen. Das Gefühl, das er unmittelbar vor seiner Wut empfand, erinnerte ihn an ein persönliches Gefühl der Verlegenheit, wie er es als Kind und junger Erwachsener sehr häufig erlebt hatte. Craig war also verlegen, weil er die Sitten und Gebräuche seines Gastlandes nicht kannte. Jetzt brauchte Craig sich nur noch der Verlegenheit bewußt zu werden, die er empfand, wenn er mit seiner Frau einkaufen ging, und sein unangemessener Zorn verschwand. Zwar fühlte er sich immer noch verlegen, war aber jetzt in der Lage, auf angemessene Weise zu reagieren. Er versuchte aktiv, sich mit den Gepflogenheiten seines Gastlandes vertraut zu machen, und im Laufe der Zeit verschwand auch die Verlegenheit.

Wenn Ihr Zorn „verraucht", können Sie sicher sein, das richtige dahinterliegende Gefühl erkannt zu haben. Es tritt nun einfach an die Stelle der Wut. Zum Anfang mag Ihnen das unangenehm sein, aber Sie haben jetzt die Chance, die Situation konstruktiv zu beeinflussen und mit ihr effektiver umzugehen.

Versuchen Sie auch, der Frage nachzugehen, welche irrationalen Überzeugungen zu der Tabuisierung bestimmter Gefühle geführt haben. Haben Sie diese irrationalen Überzeugungen erst einmal erkannt und mit Hilfe rationaler innerer Dialoge in Frage gestellt, wird das Gefühl für Sie auch eher akzeptabel. Wenn Sie dies lange genug üben, werden Sie „verbotene" Gefühle nicht mehr in Wut verwandeln müssen.

Den eigenen Groll „loslassen"

Wut ist eigentlich eine spontane Reaktion. Sie kann sich aber auch über längere Zeit hinziehen und sich in unseren Gedanken regelrecht „festsetzen". Wir erinnern uns dann in gewissen Abständen an eine vergangene Kränkung und spulen dabei einen inneren Dialog ab, der uns ein ums andere Mal wütend macht. Dieser innere Groll bindet viel kostbare Energie, die wir viel konstruktiver nutzen können, wenn es uns gelingt, uns von unserem Groll zu trennen. Außerdem drängt uns der innere Groll in eine ewige Opferrolle. Wer ihn überwindet, gewinnt statt dessen das Gefühl von Freiheit und Selbstbestimmung.

Sobald Sie merken, daß Sie sich in Gedanken mit einem alten Groll befassen, sollten Sie sich nacheinander die folgenden Fragen stellen. Bestimmt birgt mindestens eine von ihnen den Schlüssel zur Auflösung Ihres Grolls.

Ist es das Ereignis wirklich wert, daß ich weiter an meinem Groll festhalte?

So berechtigt Ihre negativen Gefühle im ersten Augenblick auch gewesen sein mögen, an ihnen festzuhalten, sie zu nähren und immer wieder zu durchleben, ist für Sie mit enormen physischen und emotionalen Belastungen verbunden. Im Prinzip sind Sie nun selbst die einzige Quelle Ihrer Verzweiflung. Außerdem erreicht der Groll nur in den seltensten Fällen die Person, gegen die er sich ursprünglich richtete. Mit großer Wahrscheinlichkeit sind Sie die einzige Person, die unter den negativen Konsequenzen leidet.

Wie könnte ich die Ausgangssituation verbessern bzw. das unbefriedigte Bedürfnis stillen, aus dem mein Groll entstanden ist?

Betrifft Ihr Groll eine Person, mit der Sie regelmäßig zu tun haben, deutet alles darauf hin, daß ein wichtiges Bedürfnis ständig unerfüllt bleibt. Versuchen Sie herauszufinden, um welches Bedürfnis es sich handelt, und überlegen Sie, was Sie unternehmen könnten, um Ihren Groll aus der Welt zu schaffen. Vielleicht wäre es ratsam, auf die betreffende Person zuzugehen und mit ihr über eine mögliche Verbesserung der Situation zu diskutieren? Oder es gibt symbolische Möglichkeiten, Ihren Gefühlen Ausdruck zu verleihen, indem Sie z. B. einen Brief schreiben, den Sie nicht abschicken? Prüfen Sie alle Handlungsmöglichkeiten, die sich Ihnen bieten, und wägen Sie die Vorteile und Risiken gegeneinander ab. Scheint Ihnen eine dieser Möglichkeiten Aussicht auf Erfolg zu haben, entwickeln Sie einen konkreten Plan, wann und wo Sie sie in die Tat umsetzen wollen.

Wie stellt sich die Situation aus der Sicht der anderen Person dar? Gab es für ihr Verhalten vielleicht einen guten Grund?

War die andere Person körperlich krank oder müde? War sie durch wichtige Sorgen oder Probleme belastet, die nichts mit Ihnen zu tun hatten, die andere Person jedoch daran hinderten, rational und objektiv vorzugehen? Ist es möglich, daß die andere Person alte Verhaltensmuster aus der eigenen Vergangenheit wiederholte? Hegt sie irrationale Überzeugungen und Erwartungen, die zu irrationalen Verhaltensweisen führen?

Waren meine eigenen Überzeugungen und Erwartungen rational und realistisch?

Wie hätte das betreffende Ereignis Ihrer Meinung nach ablaufen „sollen"? Stellen Sie sich eine ideale Situation vor. Setzen Sie dabei die folgenden Fragen ein, um etwaige irrationale Überzeugungen und Erwartungen dingfest zu machen: Will ich unbedingt, daß sich andere Menschen „korrekt" verhalten oder Ereignisse „fair" ablaufen? Bin ich deshalb so wütend, weil mein übersteigertes Bedürfnis nach Bestätigung oder meine perfektionistischen Neigungen nicht zum Zuge gekommen sind? Akzeptieren ich andere Menschen und Ereignisse so, wie sie sind, und entscheide dann, wie *ich* darauf reagiere, oder weigere ich mich, die Realität zu akzeptieren und fordere, daß die Menschen und Ereignisse irgendwie anders sein sollen, als sie es nun einmal sind? Spielen die in früheren Lektionen erörterten negativen Denkmuster eine Rolle bei meinem Groll?

Ziehe ich aus meinem Groll irgendeinen sekundären Gewinn?

Nutzen Sie Ihren Groll, um einen anderen Menschen indirekt zu bestrafen, oder erreichen Sie durch ihn einen bestimmten Vorteil, von dem Sie meinen, daß Sie ihn auf direktem Wege nicht bekommen könnten? Ist es Ihnen lieber, anderen die Schuld an Ihrer Verzweiflung zu geben und sich in die Opferrolle zu flüchten, anstatt die Verantwortung für Ihre eigenen Gefühle zu akzeptieren? Kann es sein, daß Ihr Groll Ihnen erlaubt, sich in Selbstmitleid zu suhlen, anstatt aktiv eine Veränderung der Situation herbeizuführen und die Schuld an der Misere nicht nur der anderen Person in die Schuhe zu schieben?

Praktische Schritte im Umgang mit der eigenen Wut

Mit Hilfe der folgenden, vierstufigen Methode können Sie den konstruktiven Umgang mit der eigenen Wut systematisch üben. In den meisten Situationen läßt sich diese Methode innerhalb einer Minute realisieren. Wenn Sie mit der Umsetzung der folgenden Anweisungen Schwierigkeiten haben, versuchen Sie herauszufinden, welche Schritte Sie am ehesten überspringen oder ignorieren. Dann üben Sie besonders diese Schritte täglich, bis sie zu einem natürlichen Bestandteil Ihres Verhaltens geworden sind.

Innehalten und sich beruhigen

Wer in Zorn entflammt, büßt viel von seiner Fähigkeit ein, logisch und rational zu denken; die erste, impulsive Reaktion erweist sich meist als ineffektiv. Der uralte Ratschlag, langsam bis zehn zu zählen, wenn man wütend ist, hat sich in vielen Situationen bewährt. Zum Glück dauert es häufig nur einige wenige Sekunden, bis die Fähigkeit zum rationalen Denken wiederkehrt. Wenn Sie sehr wütend sind, sollten Sie sich eine „Auszeit" nehmen, sich entschuldigen und kurz den Raum verlassen, bis Sie sich wieder so weit beruhigt haben, daß Sie rational denken können.

Die Quelle der Wut benennen

Meist reicht die Frage:„Warum bin ich wütend?" aus, um die Quelle der eigenen Wut zu benennen. Falls dies nicht funktioniert, fragen Sie sich: „Was will ich?" oder „Wodurch fühle ich mich bedroht?"

Die Angemessenheit der Wut prüfen

In den meisten Fällen liegt eine Mischung aus angemessener und unangemessener Wut vor, wobei eine Komponente überwiegt. Fragen Sie sich: „Ist meine Wut der Situation angemessen?" „Liegt eine echte Bedrohung vor?" und „Entspricht die Intensität meiner Wut der Stärke der Bedrohung?" Wie bereits erwähnt, ist unangemesse Wut häufig auf Krankheit, Erschöpfung, Hunger oder übermäßigen Streß zurückzuführen. Zögern Sie in einem solchen Fall Ihre Reaktion hinaus, bis Sie genug Zeit hatten, um die Quelle ihrer unangemessenen Wut in Ruhe zu analysieren. Ist Ihre Wut größtenteils angemessen, gehen Sie zum nächsten Schritt über.

Eine positive Handlung ergreifen

Ihr Ziel besteht darin, die vorliegende Bedrohung zu reduzieren oder ganz auszuschalten und sich selbst und anderen dabei möglichst wenig Schaden zuzufügen. Eine positive Handlung könnte darauf abzielen, daß Sie sich selbst schützen, ein bestimmtes Bedürfnis oder einen Wunsch befriedigen, sich ein neues Ziel setzen oder sich selbst behaupten. Jeder dieser möglichen Handlungsschritte wird in den folgenden Lektionen noch ausführlich besprochen.

Ratschläge für Menschen, die dazu neigen, ihre Wut zu unterdrücken

Ihre Wut erfüllt zwei wichtige Funktionen: Sie sagt Ihnen, wann wichtige Bedürfnisse bedroht sind oder unerfüllt bleiben, und sie liefert die nötige Energie und Motivation, um diese Bedrohung zu überwinden und die eigenen Bedürfnisse zu befriedigen. Wenn Sie Ihre Wut ständig unterdrücken, wird Ihnen meist gar nicht bewußt, daß bestimmte Bedürfnisse nicht zum Zuge kommen, und Sie können daher auch keine Maßnahmen ergreifen, um für deren Erfüllung zu sorgen. Wie in Lektion 3 erläutert, erzeugen auf Dauer unbefriedigte Bedürfnisse starke Emotionen, die körperliche Beschwerden, eine unangemessene emotionale Reaktion oder destruktive Verhaltensweisen zur Folge haben.

Typisch für destruktive Verhaltensweisen, die durch die Unterdrückung der eigenen Wut entstehen, sind plötzliche Zornesausbrüche. Indem Sie Ihre Wut unterdrücken, ignorieren Sie wichtige Bedürfnisse. Die durch diese unbefriedigten Bedürfnisse erzeugten Gefühle werden dann mit der Zeit so stark, daß es zu einem explosionsartigen Gefühlsausbruch kommt. Nicht zu Unrecht spricht man von einen „Faß, das durch einen Tropfen zum Überlaufen gebracht wird". Leider führen heftige Wutausbrüche meist zu ineffektiven Handlungen. Unterdrückte Wut kann sich aber auch in anderen negativen Reaktionen äußern. Groll, Angst, Depression und passiv-aggressives Verhalten sind andere mögliche Konsequenzen.

Immer wiederkehrende, unterdrückte Wut aktiviert die Flucht- oder-Kampf-Reaktion. Bleibt diese Reaktion über längere Zeit aktiviert, können die damit zusammenhängende Muskelanspannung und Hormonproduktion normale Körperfunktionen wie Verdauung oder Immunsystem beeinträchtigen. Auch Schulter-, Kopf- und Rückenschmerzen gehören zu den häufigen Folgen.

Natürlich ist die Unterdrückung von Gefühlen nicht in jedem Fall nachteilig. Im Laufe der Menschheitsgeschichte hat die Fähigkeit, bestimmte grundlegende Bedürfnisse zu ignorieren und Gefühle zu unterdrücken, vielen Menschen geholfen, ungünstige Lebensbedingungen zu überstehen. Da in der Vergangenheit die meisten Menschen in relativ jungen Jahren starben und hauptsächlich mit dem Kampf ums körperliche Überleben beschäftigt waren, spielten die negativen Auswirkungen der Unterdrückung von Gefühlen keine so große Rolle. Eine Pionierfamilie im amerikanischen Westen, Leibeigene, die das Land ihres Grundherrn bestellten, oder eine Gruppe nomadischer Jäger waren gezwungen, den größten Teil ihrer Zeit und Energie auf das körperliche Überleben zu richten. Arbeitsteilung und Erfüllung körperlicher Bedürfnisse waren wichtiger als irgendwelche emotionalen Befindlichkeiten.

Erst in letzter Zeit – und das auch nur in den reichen Ländern dieser Welt – erfreuen sich die Menschen einer besseren Gesundheit und Langlebigkeit sowie eines relativ hohen Maßes an wirtschaftlicher und politischer Freiheit. Sie brauchen nicht mehr soviel Zeit und Energie auf die Erfüllung körperlicher Bedürfnisse zu verwenden wie ihre Vorfahren. Ja, die Befriedigung emotionaler Bedürfnisse und das Erreichen einer bestimmten „Lebensqualität" spielen für sie oft eine wichtigere Rolle als die Erfüllung körperlicher Bedürfnisse. Unter diesen Lebensbedingungen hat die Unterdrückung von Gefühlen mehr negative als positive Folgen.

Auch in unserer heutigen, modernen Welt kann es in bestimmten Fällen natürlich nützlich sein, bestimmte Gefühle zumindest zeitweilig zu unterdrücken, um besonders dringliche Situationen wie einen medizinischen Notfall oder wichtige geschäftliche Verhandlungen effektiv zu meistern. In solchen Situationen sind rasche Entscheidungen und entschlossene Taten gefragt; mit den Gefühlen, die sie auslösen, beschäftigt man sich am besten später. Wichtig ist, daß es sich um eine zeitweilige, durch die Situation bedingte Unterdrückung von Gefühlen handelt. Werden Gefühle ständig unterdrückt, hat dies fast immer negative Konsequenzen.

Falls Sie dazu neigen, Ihre Wut zu unterdrücken, sollten Sie sich die in Lektion 3 beschriebenen Methoden zum effektiven Umgang mit Gefühlen aneignen. Hier noch einige weitere Anregungen:

Die eigenen Gefühle präzise bestimmen

Fragen Sie sich regelmäßig: „Welches Gefühl habe ich?" Tun Sie dies solange, bis es Ihnen leichtfällt, die verschiedensten Gefühle genau auseinander zu halten. Vermeiden Sie Begriffe, die Ihren *psychischen Zustand* beschreiben, z. B. „frustriert", „hilflos", „verwirrt" oder „gestreßt". Verwenden Sie stattdessen Worte, die Ihre *Gefühle* beschreiben. Hier einige Beispiele:

Worte, die positive Gefühle beschreiben: wohlig, ruhig, angenehm, erfreut, aufgeregt, froh, glücklich, liebevoll, freudig, leidenschaftlich, vergnügt, stolz, erleichtert, befriedigt.

Worte, die negative Gefühle beschreiben: wütend, ängstlich, besorgt, gelangweilt, deprimiert, enttäuscht, verlegen, erschrocken, bedauernd, gekränkt, verletzt, gereizt, traurig, angewidert.

Falls es Ihnen schwer fällt, Ihre Gefühle genau zu beschrieben, nehmen Sie körperliche oder verhaltensbezogene Signale zur Hilfe. Als körperliches Signal kann jede wiederkehrende körperliche Reaktion angesehen werden, die durch ein Gefühl ausgelöst wird. Typische Signale für Wut sind verspannte Schultern, zusammengebissene Zähne und starke Erregung. Verhaltensbezogene Signale lassen sich ermitteln, indem man sich daran erinnert, wie man sich in der Vergangenheit verhalten hat, wenn man wütend war. Typische Beispiele sind Gereiztheit gegenüber geliebten Menschen, Rückzug und erhöhte oder nachlassende Produktivität. Stellen Sie eine Liste Ihrer persönlichen Signale zusammen und prägen Sie sich diese Liste ein.

Die eigenen Bedürfnisse und Wünsche benennen

Wer seine Wut häufig unterdrückt, weiß, wenn er vor eine Entscheidung gestellt wird, oft nicht, was er eigentlich will. Verschieben Sie in einem solchen Fall die Entscheidung. Fragen Sie sich ganz in Ruhe: „Was will ich eigentlich?" Gehen Sie in Gedanken verschiedene Alternativen durch und achten Sie darauf, welche Gefühle sie jeweils verspüren.

Für die eigenen Bedürfnisse und Wünsche einstehen

Wer dazu neigt, die eigene Wut zu unterdrücken, hat oft Schwierigkeiten damit, für die eigenen Bedürfnisse und Wünsche einzustehen. Bei vielen liegt es daran, daß Sie sich schlecht gegenüber anderen behaupten oder durchsetzen können. Falls dies auch auf Sie zutrifft, verwenden Sie besonders viel Zeit auf die folgenden beiden Lektionen, in denen es vor allem um die eigene Selbstbehauptung geht. Aber auch eine geringe Selbstachtung sowie ein übersteigertes Bedürfnis nach Anerkennung tragen zu einem mangelnden Durchsetzungsvermögen bei. Falls diese beiden Faktoren auch für Ihr Leben wichtig sind, empfiehlt es sich, die entsprechenden Abschnitte der Lektionen 8 und 11 noch einmal durchzugehen.

Ratschläge für Menschen, die leicht in Wut geraten

Die Tendenz, leicht in Wut zu geraten, stellt ein *erlerntes Verhalten* dar, mit dem sich über andere Menschen relativ leicht Macht erlangen läßt: Mit einer Person, die leicht in Wut gerät, vermeidet man Konflikte, daher setzt sie sich meist mit ihren Ansichten durch. Allerdings belastet die Neigung zu Wutanfällen zwischenmenschliche Beziehungen nicht unerheblich. Um einen Zeitgenossen, der leicht in Wut gerät, machen die meisten Menschen einen großen Bogen, was zu sozialer Isolation und einem angeknacksten Selbstwertgefühl führen kann.

Die Neigung zu Wutanfällen wurde meist in der Kindheit von einem Erwachsenen „abgeguckt". In einer familiären Umgebung, in der man sich lautstark durchsetzen muß, kann dies durchaus notwendig sein. Aber auch bei Kindern mit schwachen oder allzu nachsichtigen Eltern kann sich ein gewisser Hang zum Jähzorn entwickeln, da diese Kinder die Erfahrung machen, daß sie mit Wutanfällen alles erreichen können. Wird diese Verhaltensweise mit ins Erwachsenenalter hinübergenommen, bekommt sie destruktive Züge. Falls Sie leicht in Wut geraten, sollten Sie die folgenden drei Ratschläge befolgen:

Erst beruhigen, dann reagieren

Halten Sie inne und nehmen Sie sich Zeit, um sich zu beruhigen, ehe Sie reagieren. Je wütender Sie sind, desto mehr Zeit ist dafür notwendig. Denken Sie daran: Sie können sich beherrschen, wenn Sie es wirklich wollen.

Tabus überwinden

Lesen Sie den Abschnitt mit der Überschrift „Die eigenen Gefühle präzise bestimmen" in den Ratschlägen für Menschen, die dazu neigen, ihre Wut zu unterdrücken. Überlegen Sie, welche Gefühle Sie als Zeichen der Schwäche ansehen. Arbeiten Sie anschließend den Abschnitt über tabuisierte Gefühle durch. Menschen, die rasch in Wut geraten, halten

„schwache" Gefühle wie Verwirrtheit, Hilflosigkeit und Traurigkeit oft für inakzeptabel. Setzen Sie rationale innere Dialoge ein, um sich davon zu überzeugen, daß diese Tabu-Gefühle völlig normal und natürlich sind. Auf diese Weise können Sie die Bandbreite Ihrer emotionalen Reaktionen vergrößern und brauchen nicht auf jede unangenehme Situation mit Wut zu reagieren.

Sich auch ohne Wutanfälle selbst behaupten

Es gibt einen großen Unterschied zwischen Selbstbehauptung und Aggression. Wenn Sie dazu neigen, rasch in Wut zu geraten, kann es sein, daß Sie die beiden möglicherweise verwechseln. Wenn Sie sich bei der Konfliktlösung oft auf aggressives Verhalten verlassen, ist es an der Zeit, andere Methoden der Selbstbehauptung zu erlernen, die zudem viel effektiver sind. Solche Methoden werden wir in den folgenden beiden Lektionen ausführlich beschreiben.

Was tun, wenn andere auf mich wütend sind?

Wer mit der Wut anderer Menschen vernünftig umgehen will, muß als erstes lernen, diese Wut *nicht* als persönlichen Angriff zu werten. Was Ihnen an Wut entgegenschlägt, hat meist wenig oder gar nichts mit Ihnen zu tun. In den meisten Fällen geht die Wut anderer Menschen auf einen der folgenden Faktoren zurück:
- Eine vorübergehende Minderung der Fähigkeit zum rationalen Denken durch Hunger, Erschöpfung oder Krankheit.
- Tiefsitzende irrationale Überzeugungen und Erwartungen.
- Aufgestaute Wut, die eigentlich jemand anderem gilt und nur auf Sie übertragen wird.

Der übertragenen Wut begegnet man am besten, indem man sich zurückhält und sich auf diese Weise als Zielscheibe verweigert. Eine andere Möglichkeit besteht darin, in einem bestimmten, aber ruhigen Tonfall zu beschreiben, wie man selbst die Situation wahrnimmt. So könnten Sie z. B. einem Kollegen, der nach einer schwierigen Besprechung mit Ihrem gemeinsamen Chef Ihnen gegenüber aggressiv auftritt, erklären: „Ich weiß, daß der Chef dir heute morgen die Hölle heiß gemacht hat, aber ich habe den Eindruck, du läßt deine Wut an mir aus, obwohl ich eigentlich auf deiner Seite stehe." Die meisten Menschen reagieren auf einen solchen Hinweis positiv.

Haben Sie tatsächlich einmal etwas getan, das für einen anderen Menschen eine echte Bedrohung darstellte oder mit Unannehmlichkeiten verbunden war, trennen Sie Ihr Verhalten – also das, was Sie getan haben – von dem, wofür Sie als Mensch stehen. Auf diese Weise können Sie objektiver und problemzentrierter denken. Überlegen Sie im stillen, welche Ihrer Bedürfnisse betroffen sind, und stellen Sie sie vorübergehend zurück, bis sich die andere Person wieder beruhigt hat. Denken Sie daran: Wer wütend ist, denkt und handelt meist irrational.

Mit Hilfe der folgenden Methode können Sie von der Wut und den Vorwürfen eines anderen Menschen zu einer problemzentrierten Diskussion überleiten. Sie eignet sich sowohl für Situationen, in denen Sie jemanden tatsächlich gekränkt oder bedroht haben, als auch für Fälle von übertragener Wut. Auch hier kommt es wiederum darauf an, die Wut des anderen nicht persönlich zu nehmen.

Lassen Sie die andere Person zunächst ihre Wut frei äußern

Nehmen Sie eine verständnisvolle und urteilsfreie Haltung ein. Unterbrechen Sie die andere Person nicht und geben Sie auch keine Widerworte. Verteidigen, rechtfertigen oder rationalisieren Sie Ihre Handlungen nicht, sondern konzentrieren Sie sich zunächst ganz auf den Standpunkt der anderen Person. Auf diese Weise kann die andere Person ihrer Wut „Luft machen" und allmählich wieder rationaler werden, und Sie können sich bereits im stillen fragen, ob die Kritik des anderen ganz oder teilweise berechtigt ist.

Erklären Sie nun Ihre eigenen Gefühle

Erklären Sie mit ruhiger Stimme, was in Ihnen vorgegangen ist und welchen Eindruck Sie von der Situation haben. Treffen Sie dabei ausschließlich Aussagen über sich selbst. Versuchen Sie nicht, das Verhalten der anderen Person zu interpretieren oder ihr Vorwürfe zu machen.

Gehen Sie zur Problemlösung über

Häufig besteht gar kein Bedarf mehr an einer weiteren Problemlösung – vor allem dann, wenn die Wut der anderen Person durch etwas ausgelöst wurde, das wenig mit Ihnen zu tun hatte. Besteht jedoch tatsächlich ein Problem zwischen Ihnen, und Ihr Gegenüber ist sehr wütend, brechen Sie die Diskussion ab und verschieben Sie sie auf einen späteren

Zeitpunkt. Damit bekommt die andere Person Gelegenheit, sich zu beruhigen und rationaler zu denken.

Die soeben beschriebene Methode hat sich in alltäglichen Auseinandersetzungen vielfach bewährt. Falls Sie es im Kollegenkreis oder in der Familie langfristig mit jemandem zu tun haben, der häufig wütend oder aggressiv wird, ist es sinnvoll, an die folgenden Punkte zu denken:

- Wie wichtig ist mir diese Beziehung? Habe ich Alternativen?
- Gibt es eine Möglichkeit, den Kontakt zu dieser Person zu reduzieren?
- Falls Sie dieser Person nicht aus dem Weg gehen können, kann es sinnvoll sein, sie mit ihrer Wut einfach „stehenzulassen". Drehen Sie sich um und gehen Sie weg, wenn diese Person aggressiv wird. Setzen Sie sich grundsätzlich nur dann mit ihr auseinander, wenn sie ruhig ist und rational argumentiert. Erklären Sie Ihr Verhalten in einem bestimmten, aber ruhigen Tonfall mit einer Aussage wie: „Ich bin nicht bereit, mit dir zu sprechen, wenn du so wütend bist. Ich werde später mit dir darüber diskutieren, wenn wir uns beide etwas beruhigt haben."

Wenn Sie es mit jemandem zu tun haben, der bei Auseinandersetzungen gewalttätig wird, bringen Sie sich zunächst unbedingt in Sicherheit. Rufen Sie die Polizei oder wenden Sie sich an öffentliche Beratungsstellen oder kommunale Einrichtungen, die Ihnen in einem solchen Fall helfend zur Seite stehen werden. Die Adressen können Sie z. B. bei Ihrer Stadt- oder Gemeindeverwaltung erfragen. Zögern Sie nicht, Hilfe und Beistand zu suchen. Körperliche oder seelische Gewalt braucht niemand hinzunehmen. Stehen Sie für sich selbst ein!

Die Angst vor Kontrollverlust

Die Angst vor Kontrollverlust kann viele verschiedene Formen annehmen. Bei Menschen, die von einer Autoritätsperson dominiert werden und aufgrund dieses Einflusses Dinge tun, die sie eigentlich nicht tun wollen, äußert sich die Angst vor Kontrollverlust manchmal als Angst vor Autoritätspersonen. In Umgebungen mit starker Hierarchie entsteht durch sie manchmal sogar eine Art Sklavenmentalität: Ein Vorgesetzter oder Lehrer wird als Tyrann angesehen, den man entweder beschwichtigen oder stürzen muß. Andere Erscheinungsformen beziehen sich auf die Angst vor Kontrollverlust durch Krankheit, Beziehungen oder finanzielle Probleme.

Die Angst vor Kontrollverlust ist ein wichtiger Faktor bei der Entwicklung vieler Vermeidungsreaktionen sowie des eingangs beschriebenen Angst-Teufelskreises. Meist ist es gar nicht so sehr die Panikattacke, vor der sich die Betreffenden fürchten, sondern die Möglichkeit, während dieser Attacke die Kontrolle zu verlieren.

Die übersteigerte Sorge um die eigene Kontrolle und Selbstbeherrschung entsteht oft durch eine familiäre Umgebung, in der Hilflosigkeit und Kontrollmangel eine große Rolle spielten. Häufig hat sich zumindest ein Elternteil als sehr dominant erwiesen. Auch Kinder, deren Eltern in ihrem Erziehungsverhalten ausgesprochen inkonsequent waren, entwickeln eine große Unsicherheit. Dies trifft besonders auf Kinder aus Familien zu, in denen es zum Mißbrauch von Alkohol oder Drogen kam. Im Erwachsenenleben fällt es ihnen dann sehr schwer, Unsicherheiten und Mehrdeutigkeiten auszuhalten. Die Angst vor Kontrollverlust kann auch auf körperlichen, sexuellen oder psychischen Mißbrauch oder auf andere traumatische Kindheitserfahrungen z. B. durch Krieg oder soziale Unruhen zurückgehen.

Wut stellt nur eine mögliche Reaktion auf die Angst vor Kontrollverlust dar. Viele Menschen vermeiden einfach Situationen, in denen sie eine mangelnde Kontrolle verspüren. Andere folgen einem rigiden Regelsystem, an dem sie ihr Verhalten ausrichten. Andere haben übersteigert genaue Vorstellungen von geselligen Situationen, die sich sowohl auf die äußere Umgebung (Beleuchtung, Tischdekoration usw.) als auch auf den Gesprächsstoff beziehen können. Daher gelten solche Menschen auch oft als herrisch und dominant. Eine kleine Anzahl Betroffener gewinnt vermeintliche Sicherheit, indem sie jegliche Kontrolle und Verantwortung für das eigene Leben aufgibt.

Viele Arten von irrationalen Überzeugungen können die Angst vor Kontrollverlust schüren. Hier einige Beispiele für innere Dialoge, in denen sich diese irrationalen Ansichten widerspiegeln können. Kreuzen Sie alle Aussagen an, die Ihnen selbst auch schon durch den Kopf gegangen sind:

– Ich muß mein eigener Herr sein. Regeln und Vorschriften engen mich ein.

– Ich muß frei sein. Ich kann es nicht ausstehen, wenn mir andere sagen, was ich tun soll.

– Ich muß alles richtig machen (perfekt sein), nur dann habe ich alles unter Kontrolle.

- Um Hilfe zu bitten, ist ein Zeichen von Schwäche und mangelnder Selbstbeherrschung.
- Wenn ich jemanden zu nahe an mich heranlasse, kann es sein, daß er versucht, mich zu manipulieren.
- Andere versuchen ständig, über mich zu bestimmen.
- Wenn ich einmal nachgebe, gewinnen die anderen Oberhand und versuchen, mich zu kontrollieren.
- Wer sich anpaßt, verliert die Kontrolle über das eigene Leben.
- Man muß unabhängig bleiben, sonst gerät man in Gefahr, die Kontrolle über das eigene Leben zu verlieren.

Lesen Sie die folgende Liste rationaler Argumente sorgfältig durch und wählen Sie diejenigen aus, die die obigen irrationalen Überzeugungen Ihrer Meinung nach am besten widerlegen können. Schreiben Sie diese Argumente auf eine Karteikarte und lernen Sie sie auswendig. Selbstverständlich können Sie auch eigene Argumente hinzufügen.

- Es gibt keine absolute Kontrolle. Jedes Ereignis wird durch viele verschiedene Faktoren beeinflußt. Manche Faktoren üben einen größeren Einfluß aus als andere, aber kein Faktor ist allein verantwortlich.
- Ein gesunder, rational denkender Erwachsener kann sich, wenn er es will, in normalen Situationen dem Einfluß anderer Menschen jederzeit widersetzen.
- Meine rationalen inneren Dialoge und mein positiver Realismus erlauben es mir, anderen Menschen offen entgegenzutreten und eigenständige Entscheidungen zu treffen. Auf diese Weise wahre ich die Kontrolle über mein eigenes Leben.
- Es gibt keine Erfolgsgarantien. Die Erfolgs*chancen* sind jedoch in vielen Fällen groß.
- Alles kann einmal schiefgehen. Aber wenn ich ein 10%iges Risiko einkalkuliere, bedeutet das eine 90%ige Chance auf Erfolg.
- Wahre Freiheit setzt die Fähigkeit voraus, im Einklang mit den Regeln von Natur und Gesellschaft zu handeln. Ein erfahrener Musiker z. B. hat sein Instrument und die Regeln der Musik so gründlich erlernt, daß er zu jedem Stück etwas improvisieren kann, und ein erfahrener Politiker weiß, wie er innerhalb des gegebenen politischen Systems agieren muß, um seine Ziele durchzusetzen.
- Jeder Mensch hat Grenzen und Schwächen. Wer weiß, wie man um Hilfe bittet und diese auch annimmt, wenn es erforderlich ist, hat die beste Aussicht zu bekommen, was er braucht.
- Wer die eigenen Grenzen erkennt und akzeptiert, ist auf dem besten

Wege, den Einfluß dieser Grenzen auf das eigene Leben einzudämmen.

- Blinde Rebellion gegen äußere Regeln oder soziale Konventionen schränkt im Endeffekt die Freiheit und Kontrolle über das eigene Leben ein.
- Regeln und soziale Konventionen sind dazu da, den Menschen ein vernünftiges Miteinander zu ermöglichen. Verkehrsregeln z. B. schaffen die Voraussetzung dafür, daß viele Menschen gleichzeitig öffentliche Verkehrswege benutzen.
- Oft erreicht man seine Ziele auf effektivste und bequemste Weise, wenn man sozialen Normen entspricht.
- Der erste Schritt auf dem Weg zur Freiheit besteht darin, sich von der Illusion zu verabschieden, daß man das eigene Leben völlig unter Kontrolle haben kann.
- Mit anderen Kompromisse zu schließen, ist oft der beste Weg, um die eigenen Bedürfnisse zu befriedigen.
- Wer menschliche Nähe erleben will, muß sich gelegentlich auch verletzlich zeigen können. Wer sich weigert, Schwächen zu zeigen, läuft Gefahr, zu vereinsamen.

Nachdem Sie nun rationale Argumente entwickelt haben, die Sie gegen Ihre irrationalen Überzeugungen ins Feld führen können, benennen Sie Signale – bestimmte Verhaltensweisen, Worte, Sätze oder Situationen –, an denen Sie erkennen können, daß die Angst vor einem Kontrollverlust Ihr Handeln zu beeinflussen beginnt. Hier einige Beispiele für Signale, die Laura bei sich erkannte:

Sätze:
Eigentlich müßte ich das auch alleine schaffen.
Soviel Nähe kann ich nicht ertragen.
Wie kommen diese Leute dazu, mir zu erzählen, wie ich das machen soll?
Ich muß das unbedingt 100%ig richtig machen.

Situationen/Verhaltensweisen:
Unangemessene Wut und Selbstvorwürfe, wenn ich eine Aufgabe, von der ich meine, daß sie unbedingt getan werden „muß", nicht erledigt habe.
Ängstlichkeit und ein Gefühl, mich zurückziehen zu müssen, wenn ich über persönliche Dinge spreche oder mich in vertraulichen Situationen befinde.
Ängstlichkeit, Wut oder Groll, wenn ich einmal bei der Arbeit etwas nicht weiß und andere um Hilfe bitten muß.

Immer wenn die genannten Sätze, Situationen oder Verhaltensweisen auftauchten, rief sich Laura ihre rationalen Argumente ins Gedächtnis. Auf diese Weise konnte sie sowohl ihre Angst als auch ihre unangemessene Wut wirksam reduzieren. Diese Methode half ihr auch dabei, eigene Grenzen und Ereignisse, auf die sie keinen Einfluß hatte, leichter zu akzeptieren.

Praktischer Teil zu Lektion 12

Welches Verhältnis habe ich zu meiner eigenen Wut?

Die folgenden Übung nimmt etwa 10 bis 20 Minuten in Anspruch. Sie sollten sie unbedingt schriftlich erledigen.

1. Wie haben sich Ihre Eltern verhalten, wenn sie einmal wütend waren?
2. Wie haben Ihre Eltern reagiert, wenn Sie als Kind wütend waren?
3. Haben Ihre Eltern auf die gleiche Weise reagiert, wenn Ihre Brüder und Schwestern wütend waren? Falls dies nicht der Fall war: Was haben Sie gedacht oder gefühlt, wenn Ihre Geschwister anders behandelt wurden? Haben Sie damals bewußt irgendwelche Vorsätze gefaßt? Sind diese Vorsätze noch immer gerechtfertigt, oder wirken sie sich auf Ihr jetziges Leben eher negativ aus?
4. Was hat Sie als Kind wütend gemacht? Was haben Sie getan, wenn Sie wütend wurden?
5. Was macht Sie als Erwachsener wütend? Was tun Sie, wenn Sie wütend werden?
6. Gibt es irgend etwas an Ihrem jetzigen Umgang mit der eigenen Wut, das Sie gern verändern würden? Welche der in dieser Lektion beschriebenen Methoden möchten Sie zur Erreichung dieses Zieles einsetzen?

Unangemessene Wut mit Hilfe rationaler innerer Dialoge überwinden

Die folgende Übung nimmt etwa 10 Minuten in Anspruch. Sie sollten sie unbedingt schriftlich erledigen.

1. Versuchen Sie, sich an ein Ereignis aus der jüngsten Vergangenheit zu erinnern, bei dem Sie unangemessene Wut verspürten. (Wut bezeichnen wir als „unangemessen", wenn ihre Intensität in keinem Verhältnis zu der aktuellen Bedrohung steht oder gar keine reale Bedrohung vorliegt.) Beschreiben Sie dieses Ereignis.
2. Versuchen Sie, sich an Ihre Gedanken in der damaligen Situation zu erinnern und halten Sie sie schriftlich fest.
3. Überprüfen Sie diese Gedanken auf negative Denkmuster oder irra-

tionale Überzeugungen. Entwickeln Sie anschließend entsprechende rationale Reaktionen.

4. Schreiben Sie zusätzlich alles auf, was Sie tun könnten, um die unangemessene Wut zu überwinden.

5. Nehmen Sie sich einen Moment lang Zeit, um sich möglichst bildhaft vorzustellen, wie Sie Ihre rationalen inneren Dialoge und zusätzlich aufgelisteten Verhaltensweisen in Zukunft in einer ähnlichen Situation anwenden. Dieser letzte Schritt ist am wichtigsten. Erwünschte Verhaltensweisen regelmäßig zu üben, erhöht die Chance, daß Sie sie in Zukunft auch tatsächlich anwenden werden.

Spezielle Themen

In dieser Lektion haben wir drei spezielle Themen angesprochen: die Neigung, Wut zu unterdrücken, die Neigung, leicht in Wut zu geraten, und die Angst vor Kontrollverlust. Falls eines dieser Themen auf Sie zutrifft, gehen Sie den betreffenden Abschnitt noch einmal durch und führen Sie alle empfohlenen Übungen durch.

Arbeiten Sie mindestens eine Woche lang an dieser Lektion. Falls Sie mit unterdrückter oder unangemessener Wut größere Probleme haben, nehmen Sie sich eine zusätzliche Woche Zeit, ehe Sie zur nächsten Lektion übergehen.

LEKTION 13

FÜR SICH SELBST EINSTEHEN

Konflikte entstehen, wenn die Befriedigung eigener Bedürfnisse den Wünschen anderer entgegensteht. Da jeder Mensch unterschiedliche Bedürfnisse und Wünsche hat, bilden Konflikte einen natürlichen und gesunden Bestandteil aller zwischenmenschlichen Beziehungen. In dieser Lektion werden Sie lernen, Konflikte auf effektive und zugleich befriedigende Weise zu lösen. Die eigene Fähigkeit, Konflikte positiv zu lösen, verringert die Angst und entlastet die zwischenmenschlichen Beziehungen.

Drei grundlegende Verhaltensmuster

In Konfliktsituationen unterscheidet man (1) Verhalten, mit dem man sich nicht durchsetzen kann (nachgiebiges Verhalten), (2) aggressives Verhalten und (3) Verhalten, mit dem man sich ohne Verletzung berechtigter Interessen anderer Menschen durchsetzen kann (beharrliches Verhalten). Wer den Unterschied zwischen diesen drei Verhaltensmustern versteht, hat den ersten Schritt zu einer effektiven Konfliktlösung bereits getan.

Nachgiebiges Verhalten

Beim nachgiebigen Verhalten steht der Wunsch, Konflikte um jeden Preis zu vermeiden, eindeutig im Vordergrund. Menschen, die sich nicht durchsetzen können, stellen die Belange anderer über die eigenen Wünsche und Bedürfnisse. Sie lassen zu, daß andere für sie Entscheidungen treffen und sie dabei möglicherweise übervorteilen. Begegnet jemand allen oder den meisten Konfliktsituationen mit nachgiebigem Verhalten, spricht man von einer allgemeinen Durchsetzungsunfähigkeit. Beschränkt sich das nachgiebige Verhalten auf eine begrenzte Anzahl von

Situationen, liegt eine situationsspezifische Durchsetzungsunfähigkeit vor. Sie tritt sehr viel häufiger auf und ist in den meisten Fällen an Autoritätspersonen wie Vorgesetzten, Lehrern und Eltern sowie nahestehenden Personen wie Freunden oder Partnern gekoppelt. Die weitverbreitete Vorstellung, es seien vor allem die „passiven" Menschen, die sich nicht durchsetzen könnten, trifft in dieser Form nicht zu. Zwar haben passive Menschen tatsächlich häufig große Schwierigkeiten damit, sich gegen andere durchzusetzen, doch kann dies auch auf Menschen zutreffen, die eher aktiv sind und gern mit anderen kommunizieren.

Halten Sie also einmal einen Moment inne und überlegen Sie, wie häufig es vorkommt, daß Sie sich nicht für Ihre Rechte, Bedürfnisse und Wünsche einsetzen, weil diese vermeintlich oder tatsächlich mit den Rechten, Bedürfnissen und Wünschen anderer Menschen in Konflikt stehen. Natürlich gibt es Situationen, in denen ein solches Verhalten angemessen ist; tritt es jedoch allzu häufig auf, führt es zu einem Verlust an Selbstachtung und Selbstwertgefühl. Es ist schwierig, von sich selbst eine gute Meinung zu haben, wenn die eigenen Bedürfnisse selten erfüllt werden und man stets hinter anderen zurücksteht.

Durchsetzungsunfähigkeit führt manchmal auch zu passiv-aggressivem Verhalten: Man „zahlt" es jemandem indirekt „heim", indem man z. B. ein Versprechen vergißt oder zu einer wichtigen Verabredung zu spät kommt. Wer wichtige Wünsche und Bedürfnisse nicht direkt erfüllen kann, nimmt manchmal Zuflucht zum Schmollen oder Weinen. Andere schwanken zwischen nachgiebigem und aggressivem Verhalten hin und her. Nachgiebige Menschen geben oft anderen die Schuld für ihre Probleme und weigern sich, die Verantwortung für das eigene Leben zu übernehmen. Es kann sogar soweit kommen, daß sie sich in die Rolle eines ewigen Märtyrers flüchten.

Wer sich nicht für seine Rechte und Bedürfnisse einsetzt, verlagert den Konflikt in sich selbst, anstatt ihn mit anderen auszufechten. Er löst bei anderen ein unerwünschtes Verhalten aus und blockiert die Verbesserung unbefriedigender Situationen. Es findet keine Veränderung statt. Beziehungen und Ereignisse verharren im *status quo.*

Aggressives Verhalten

Ziel des aggressiven Verhaltens ist es, Kontrolle oder Macht zu gewinnen. Wenn Sie aggressiv sind, drücken Sie Bedürfnisse und Wünsche offen, aber auf feindliche und taktlose Weise aus. Sie kämpfen für Ihre Rechte und setzen alles daran, Ihre Bedürfnisse und Wünsche zu befriedigen. Die Rechte, Bedürfnisse und Wünsche anderer Menschen werden dabei ignoriert.

In den meisten Situationen ist ein aggressives Verhalten ebenso destruktiv wie ein nachgiebiges Verhalten. Wem aggressives Verhalten entgegenschlägt, der fühlt sich persönlich angegriffen. Er läßt sich womöglich einschüchtern und tut, was die aggressive Person von ihm möchte. Es kann aber auch sein, daß er ebenso feindlich und aggressiv reagiert. In beiden Fällen besteht das Ergebnis meist darin, daß er in Zukunft um die aggressive Person einen großen Bogen macht. So kommt es, daß aggressive Menschen häufig das gleiche Problem haben wie schüchterne Menschen: Sie haben Schwierigkeiten, Freundschaften zu knüpfen und aufrechtzuerhalten. Nach aggressiven Auseinandersetzungen, die naturgemäß meist nicht zu einer befriedigenden Lösung führen, verspüren sie darüber hinaus oft Schuldgefühle und machen sich selbst heftige Vorwürfe.

Beharrliches Verhalten

Das Ziel des beharrlichen Verhaltens besteht darin, Konflikte auf eine Weise zu lösen, die von allen Beteiligten als befriedigend empfunden wird. Wer durchsetzungsfähig ist, trägt sowohl den eigenen als auch den fremden Belangen Rechnung. Der Schwerpunkt liegt darin, einen „vernünftigen Kompromiß" zu finden, nicht darin, sich um jeden Preis durchzusetzen. Es wird nach Lösungen gesucht, mit denen alle gut leben können.

Viele Menschen meinen, aggressives und beharrliches Verhalten seien identisch. Diese Verwechslung mag auf die Tatsache zurückgehen, daß im therapeutischen Umfeld immer wieder davon gesprochen wird, nachgiebiges in beharrliches Verhalten zu verwandeln, während die Verwandlung von aggressivem in beharrliches Verhalten wenig Beachtung findet. Durchsetzungsfähige und aggressive Menschen haben gemeinsam, daß sie sich offen ausdrücken und sich für ihre Rechte, Bedürfnisse und Wünsche einsetzen. Aggressive Menschen ignorieren jedoch die Rechte, Bedürfnisse und Wünsche anderer, während für durchsetzungsfähige Menschen das Gegenteil gilt.

Der konstruktiven Konfliktlösung steht oft die eigene Wut im Wege. Je wütender wir sind, desto aggressiver sind wir auch. Auch das irrationale Denken stellt ein großes Hindernis dar. Es gibt viele irrationale Überzeugungen über das eigene Durchsetzungsvermögen, die uns davon abhalten können, uns durchzusetzen. Im nächsten Abschnitt wollen wir auf diese Überzeugungen näher eingehen. Irrationale Denkmuster, die der eigenen Durchsetzungsfähigkeit entgegenstehen, können auch durch ein übersteigertes Bedürfnis nach Bestätigung, die Angst vor der eigenen Unfähigkeit oder die Angst vor Kontrollverlust hervorgerufen werden.

Zwar führt ein gehöriges Maß an Durchsetzungskraft meist zu den besten Resultaten, doch stellt es längst nicht in allen Situationen den besten Weg zur Konfliktlösung dar. Es gibt durchaus Situationen, in denen ein aggressives Verhalten angemessener ist, z. B., wenn eine unmittelbare Bedrohung von Leben oder Eigentum besteht, oder wenn die andere Person nur auf aggressives Verhalten reagiert. Ebenso gibt es Situationen, in denen ein nachgiebiges Verhalten angemessen ist, z. B., wenn der Preis für langwierige Verhandlungen (Zeit, Energie, mögliche negative Konsequenzen) in keinem Verhältnis zu den zu erwartenden Vorteilen steht.

Es kann also durchaus vorkommen, daß Sie Situationen erleben, in denen Ihre Bemühungen um eine konstruktive Konfliktlösung alles „nur noch schlimmer" machen oder keinerlei positive Wirkung zeigen. In den meisten Situationen ist ein beharrliches, aber nicht aggressives Verhalten jedoch am effektivsten und führt mit großer Sicherheit zu positiven Veränderungen. Und selbst wenn keine Veränderung stattfindet, fühlen Sie sich besser, weil Sie für sich selbst eingetreten sind.

Irrationale Ansichten über die eigene Durchsetzungskraft

Es gibt viele verschiedene Arten von irrationalen Überzeugungen, die einen Menschen davon abhalten können, sich für seine Bedürfnisse und Wünsche einzusetzen. Sie beziehen sich meist auf mögliche negative Folgen der eigenen Durchsetzungskraft. Im folgenden haben wir einige weitverbreitete Vorurteile aufgeführt. Die ersten sieben führen zu nachgiebigem, die letzten fünf zu aggressivem Verhalten. Kreuzen Sie alle Aussagen an, die Ihnen selbst in Konfliktsituationen auch schon durch den Kopf gegangen sind:

– Wenn ich mich durchsetze, werden die anderen wütend auf mich sein.

– Wenn ich mich durchsetze und die anderen auf mich wütend sind, verliere ich vielleicht die Kontrolle über die Situation.

– Es ist egoistisch, anderen eine Bitte abzuschlagen, und wer egoistisch handelt, ist ein „schlechter" Mensch.

- Wenn ich jetzt Fragen stelle oder von meinen eigenen Bedürfnissen spreche, finden mich die anderen vielleicht dumm oder lächerlich.
- Durchsetzungsfähige Menschen sind kalt und eigensüchtig. Wenn ich versuche, mich durchzusetzen, werde ich so unsympathisch sein, daß mich niemand mehr mag.
- Es ist mir lieber, wenn andere mit mir offen und ehrlich sind. Wenn ich jedoch selbst offen und ehrlich bin, werden die anderen gekränkt sein.
- Wenn das, was ich tue, andere verletzt, bin ich für ihre Gefühle verantwortlich, und zwar unabhängig von meinen ursprünglichen Absichten und konkreten Verhaltensweisen. Ich muß mich so verhalten, daß ich andere Menschen auf keinen Fall kränke.
- Wenn ich „nachgebe", bedeutet das, daß die andere Person „gewonnen" hat.
- Meine Vorschläge und Methoden sind die besten. Werden sie nicht akzeptiert, stehe ich als Versager da.
- Andere Menschen sind meine Gegner. Sie versuchen, mich niederzumachen und mir wegzunehmen, was mir gehört. Ich muß immer auf der Hut sein und für meine Rechte kämpfen.
- Ich muß immer stark sein. Wenn ich Kompromisse schließe, heißt das, daß ich schwach bin.
- Ich muß jede Situation unter Kontrolle haben. Wenn andere recht bekommen, werde ich die Kontrolle verlieren.

Ihre Ansichten über die eigene Durchsetzungskraft sind während Ihrer Kindheit entstanden. Beantworten Sie die folgenden Fragen, um besser zu verstehen, wie es zu dieser Entwicklung kam:

- Wie ist man in Ihrer Familie mit Konflikten umgegangen?
- Was haben Ihnen die Erwachsenen über den Umgang mit Konflikten beigebracht?
- Welche Aussprüche der Erwachsenen haben sich Ihnen eingeprägt (z.B. „Stifte keinen Unfrieden", „Gib keine Widerworte", „Wer unartig ist, den mag man nicht", usw.)?
- Sind Ihre Geschwister auf die gleiche Weise erzogen worden? Falls nicht, wo lagen die Unterschiede?
- Welche *direkten* Mittel haben Sie eingesetzt, um das zu bekommen, was Sie wollten (z.B. Bitten, Nehmen usw.)?
- Welche *indirekten* Mittel haben Sie eingesetzt, um das zu bekommen, was Sie wollten (z.B. Quengeln, Schmollen, jemand anderen vorschicken usw.)?

– Welche dieser Methoden setzen Sie noch heute ein?
– Welche Gedanken gehen Ihnen durch den Kopf, wenn Sie mit anderen Konflikte haben?

Entwickeln Sie rationale innere Dialoge, um Ihren irrationalen Überzeugungen entgegenzuwirken.

Ihre Rechte und Pflichten

Um für sich selbst einstehen zu können, müssen Sie fest an die eigenen Rechte sowie an die Rechte anderer Menschen glauben. Das Gleichgewicht zwischen Rechten und Pflichten ist in der folgenden Übersicht dargestellt. Lesen Sie die Liste in aller Ruhe durch und kreuzen Sie all die Aussagen an, die Ihnen Unbehagen bereiten oder die nicht Ihrem normalen Verhalten entsprechen.

– Ich habe das Recht, respektvoll behandelt zu werden.
Ich habe die Pflicht, anderen mit dem gleichen Respekt zu begegnen.
– Ich habe das Recht zu entscheiden, was für mich am besten ist.
Ich habe die Pflicht, anderen die Entscheidung darüber zu überlassen, was für sie am besten ist.
– Ich habe das Recht, meine eigenen Gefühle und Ansichten frei zu äußern.
Ich habe die Pflicht, meine Gefühle und Ansichten auf eine Weise zu äußern, die andere nicht beleidigt oder demütigt.
– Ich habe das Recht, um das, was ich will und brauche, zu bitten.
Ich habe die Pflicht, anderen die Entscheidung zu überlassen, ob sie meiner Bitte nachkommen wollen oder nicht, auch wenn das Ergebnis dieser Entscheidung mir nicht unbedingt gefällt.
– Ich habe das Recht, nein zu sagen, ohne mich schuldig zu fühlen.
Ich habe die Pflicht, anderen das Recht zuzugestehen, nein zu sagen.
– Ich habe das Recht, angehört und ernstgenommen zu werden.
Ich habe die Pflicht, anderen zuzuhören und sie ernstzunehmen.
– Ich habe das Recht, Fehler zu machen.
Ich habe die Pflicht, die Konsequenzen meiner Fehler zu akzeptieren.
– Ich habe das Recht auf alle meine menschlichen Schwächen und Grenzen, ohne mich dafür schuldig fühlen oder mich schämen zu müssen.
Ich habe die Pflicht, anderen ihre Schwächen zuzugestehen, ohne mich über sie lustig zu machen oder sie deshalb abzulehnen.

– Ich habe das Recht, alles zu tun, was notwendig ist, um meine körperliche und geistige Gesundheit zu bewahren, auch wenn dies manchmal aggressives Verhalten erfordert und anderen Unbehagen bereitet.
Ich habe die Pflicht, dies auf eine Weise zu tun, die sowohl mir als auch anderen den geringstmöglichen Schaden zufügt.

Falls Sie eine oder mehrere der obigen Aussagen angekreuzt haben, überlegen Sie, welche irrationalen Überzeugungen es Ihnen so schwer machen, sie zu akzeptieren. Entwickeln Sie anschließend einen rationalen inneren Dialog, um ihn diesen irrationalen Überzeugungen entgegenzusetzen. Falls Sie Schwierigkeiten haben, sich in Konfliktsituationen zu behaupten, lernen Sie die genannten Rechte auswendig und wiederholen Sie sie regelmäßig in Gedanken, bis Sie voll und ganz zu ihnen stehen können. Falls Sie häufig aggressiv sind, prägen Sie sich die oben genannten Pflichten ein.

Beschreiben, erklären, vorschlagen, verhandeln: eine effektive Methode zur Lösung von Konflikten

Wir wollen Ihnen nun eine vierstufige Methode vorstellen, mit deren Hilfe Sie die meisten Konfliktsituationen auf befriedigende Weise lösen können. Wichtig ist, daß Sie sich gleich von Anfang an die vier verschiedenen Schritte einprägen:

Beschreiben Sie die problematische Verhaltensweise oder Situation.
Erklären Sie Ihre Gefühle.
Machen Sie einen Vorschlag zur Verbesserung der Situation.
Verhandeln Sie um eine für alle Beteiligten befriedigende Lösung.

Ehe Sie sich äußern, fragen Sie sich: „Was will ich?" und „Was verhindert, daß ich es bekomme?" Wenn Sie diese Fragen beantwortet haben, können Sie mit dem ersten Schritt beginnen. Häufig brauchen Sie nur die ersten drei Stufen einzusetzen, um sich zu behaupten. In realen Situationen folgen die einzelnen Schritte natürlich direkt aufeinander. Der Einfachheit halber wollen wir sie jetzt jedoch erst einmal einzeln behandeln:

Die ersten drei Schritte: Beschreiben, erklären, vorschlagen

Beschreiben Sie die problematische Verhaltensweise oder Situation

Beschreiben Sie das Verhalten der anderen Person so objektiv wie möglich, z. B.: „Du bist in dieser Woche dreimal zu spät gekommen."
Vermeiden Sie schwammige Ausdrücke oder Beschreibungen, z. B.: „Du bist manchmal so richtig verantwortungslos."

Konzentrieren Sie sich auf klar umrissene Verhaltensweisen oder Probleme, über die Sie in diesem Moment sprechen möchten, und formulieren Sie kurze, einfache Sätze, z. B.: „Das Auto muß zur Inspektion."
Vermeiden Sie Verallgemeinerungen, z. B.: „Du kümmerst dich nie um das Auto."

Beschreiben Sie kurz und klar, wann und wo das Problem auftritt. Die Beschreibung sollte diese Situation klären, nicht verkomplizieren, z. B.: „Ich habe in der letzten Woche dreimal darum gebeten, daß mir jemand zeigt, wie der Fotokopierer bedient wird, aber bis heute hat es mir niemand gezeigt."
Vermeiden Sie Gedankenleserei und Psychologisierung, d. h., stellen Sie keine Mutmaßungen über die Motive, Ziele, Einstellungen oder Absichten der anderen Person an, z. B.: „Sie scheinen Angst davor zu haben, mir zu zeigen, wie man den Fotokopierer bedient. Sie möchten wohl der einzige sein, der weiß, wie er funktioniert."

Erklären Sie Ihre Gefühle

Machen Sie deutlich, daß es um Ihre Gefühle und Ansichten geht, ohne der anderen Person irgendeine Schuld zuzuweisen, z. B.: „Ich bin wirklich frustriert, wenn so etwas passiert."
Vermeiden Sie es, die eigenen Gefühle zu leugnen oder zu unterdrücken.

Wählen Sie zurückhaltende Formulierungen ohne dramatische Effekte, z. B.: „Das macht mich wirklich ärgerlich."
Vermeiden Sie Gefühlsausbrüche, z. B.: „Das macht mich wahnsinnig. Mit solchen Leuten sollte man kurzen Prozeß machen."

Sprechen Sie über Ihre eigenen Gefühle, z. B.: „Es macht mich unglücklich, wenn du dich weigerst, mit mir zu sprechen."
Vermeiden Sie Worte, die dazu geeignet sind, die andere Person lächerlich zu machen oder zu beschämen. Auch Schimpfwörter und beschuldigende Adjektive sollten Sie tunlichst vermeiden, z. B.: „Du bist grausam und herzlos. Du bist ein Schwein. Wie kannst du mich bloß so behandeln?"

Konzentrieren Sie sich auf die problematische Verhaltensweise, nicht auf die gesamte Person, z. B.: „Es ärgert mich, wenn an meinem Arbeitsplatz Unordnung entsteht."
Vermeiden Sie es, den Charakter oder die Persönlichkeit der anderen Person anzugreifen, z. B.: „Wenn Sie in der Lage wären, Ihre Arbeitszeit vernünftig aufzuteilen, würden Sie auch rechtzeitig fertig werden und Ihre Sachen würden nicht ständig an meinem Arbeitsplatz landen."

Machen Sie einen Vorschlag zur Verbesserung der Situation

Machen Sie einen klaren Vorschlag, der zu der gewünschten Verbesserung führen könnte, z. B.: „Es ist mir wichtig, daß du heute pünktlich um Viertel nach Drei hier bist."

Vermeiden Sie es, nur indirekt anzudeuten, daß Sie eine Veränderung wünschen, z. B.: „Es wäre so schön, wenn du mich heute einmal überraschen könntest."

Wenn es um Verhaltensweisen geht, schlagen Sie nur kleine Veränderungen vor, z. B.: „Es geht mir nur darum, daß die Ordnung an meinem Arbeitsplatz nicht durcheinander gerät."
Vermeiden Sie es, größere Änderungen im Charakter oder der Persönlichkeit einer anderen Person vorzuschlagen, z. B.: „Sie müssen lernen, Ordnung zu halten."

Schlagen Sie nur eine, höchstens jedoch zwei Veränderungen gleichzeitig vor, z. B.: „Kannst du mir fünf Minuten vorher Bescheid geben, ehe du gehst?"
Vermeiden Sie es, zu viele Veränderungen auf einmal vorzuschlagen, z. B.: „Ich möchte nicht, daß Sie mich im letzten Moment fragen, ob Sie gehen können. Und seien Sie in der Öffentlichkeit nicht immer so vorlaut. Das erinnert mich daran, ich wollte Ihnen auch noch sagen ... "

Beschreiben Sie, welche Verhaltensweisen Sie mißbilligen und welche Sie am liebsten an ihrer Stelle sähen, z. B.: „Bitte machen Sie morgen die Tür zu und seien Sie so still wie möglich."
Vermeiden Sie es, Veränderungen in vager, verallgemeinerter Form vorzuschlagen, z. B.:„Bitte seien Sie morgens doch ein bißchen rücksichtsvoller."

Überlegen Sie, ob die andere Person Ihrem Vorschlag entsprechen kann, ohne dabei allzuviel Nachteile hinnehmen zu müssen. Können Sie vernünftigerweise erwarten, daß die andere Person Ihrem Vorschlag entspricht? Z. B.: „Bitte rauchen Sie nicht im Auto, wenn wir gemeinsam zur Arbeit fahren."
Vermeiden Sie es, nur die Befriedigung eigener Bedürfnisse vorzuschlagen und die Bedürfnisse der anderen Person zu ignorieren, z. B.: „Sie müssen endlich aufhören zu rauchen."

Die Methode ist dann am wirkungsvollsten, wenn Ihre Aussage jeweils nur ein bis zwei Sätze lang ist. Ihr Ziel besteht darin, Ihre Wahrnehmungen und Gefühle so präzise wie möglich zu beschreiben und einen klaren Vorschlag zu machen. Die folgenden drei Beispiele zeigen, daß dies auch mit wenigen Worten möglich ist.

Beispiel 1: Um Hilfe bitten

Situation: Sophia hatte nach längerer Zeit der Arbeitslosigkeit wieder eine Stelle gefunden. Als sie arbeitslos war, hatte sie den größten Teil der Hausarbeiten übernommen. Nun litt sie unter der Doppelbelastung. Sophias Ziel bestand darin, ihren Ehemann zu mehr Mitarbeit im Haushalt zu bewegen.

1. Schritt (Beschreiben Sie die problematische Verhaltensweise oder Situation): „Seitdem ich vor zwei Wochen wieder angefangen habe zu arbeiten, hast du im Haushalt nicht mehr getan als in der Zeit, in der ich arbeitslos war."

2. Schritt (Erklären Sie Ihre Gefühle): „Ich fühle mich überfordert und kann nicht die gleichen Aufgaben übernehmen wie zur Zeit meiner Arbeitslosigkeit."

3. Schritt (Machen Sie einen Vorschlag zur Verbesserung der Situation): „Ich fände es schön, wenn du dich um das Geschirr kümmern, einmal in der Woche staubsaugen und die Blumen im Vorgarten gießen könntest. Wärst du bereit, diese Aufgaben zu übernehmen?"

Beispiel 2: Unvernünftiges Verhalten kritisieren

Situation: Ramon hatte eine Freundin, die ständig unangemeldet vorbeikam, obwohl Ramon sie mehrmals darauf hingewiesen hatte, daß es ihm lieber wäre, wenn sie vorher kurz anrufen würde.

1. Schritt (Beschreiben Sie die problematische Verhaltensweise oder Situation): „Im letzten Monat bist Du zwei- bis dreimal pro Woche unangemeldet hereingeschneit, ohne mich vorher anzurufen. Dann bist du zwei bis drei Stunden hier geblieben."

2. Schritt (Erklären Sie Ihre Gefühle): „Unsere Freundschaft ist mir sehr wichtig, aber ich bin frustriert und verärgert, weil ich nie weiß, wann du kommst, und es gibt Dinge, die ich erledigen muß, die dann einfach liegenbleiben."

3. Schritt (Machen Sie einen Vorschlag zur Verbesserung der Situation): „Es wäre mir lieb, wenn du anrufen könntest, ehe du kommst."

Beispiel 3: Um Verständnis bitten

Situation: Mia war gerade dabei, ihre Angstprobleme zu überwinden. Sie wendete regelmäßig verhaltenstherapeutische Übungen an und hatte den größten Teil ihrer Vermeidungsstrategien bereits überwunden. Sie war sehr stolz auf ihren Fortschritt, aber es gab noch immer ein großes Ziel, das sie bisher noch nicht angegangen hatte: allein Auto zu fahren. Mias Ehemann wollte, daß sie so bald wie möglich damit anfing und machte immer wieder kritische Bemerkungen darüber, daß es so lange dauerte, bis Mia sich endlich allein ins Auto setzte.

1. Schritt (Beschreiben Sie die problematische Verhaltensweise oder Situation): „In den letzten Wochen hast du mich mindestens einmal am Tag gefragt, wann ich endlich anfangen würde, allein Auto zu fahren."

2. Schritt (Erklären Sie Ihre Gefühle): „Ich habe das Gefühl, unter einem enormen Druck zu stehen, wenn wir über meine Angst vorm Autofahren sprechen. Ich fühle mich auch gekränkt, weil es mir dann so vorkommt, daß ich für all die Mühe, die ich mir gegeben habe, und für den Fortschritt auf anderen Gebieten keine Anerkennung bekomme."

3. Schritt (Machen Sie einen Vorschlag zur Verbesserung der Situation): „Es wäre mir lieb, wenn du aufhören könntest, mich ständig zu fragen, wann ich endlich wieder allein Auto fahre. Es ist mir wichtig, daß ich meinen Übungsplan in meinem eigenen, persönlichen Tempo absolviere. Auf diese Weise werde ich mein Ziel schneller erreichen, und es wird mir auch mehr Spaß machen, mit dir zusammenzusein."

Die drei ersten Schritte dienen oft als Vorbereitung auf den *vierten Schritt* – das *Verhandeln*. Dies wird besonders in den Beispielen 1 und 3 deutlich, während Beispiel 2 zeigt, daß der vierte Schritt nicht immer angezeigt ist (Ramon war nicht bereit, mit seiner Freundin über sein Bedürfnis, vor einem Besuch angerufen zu werden, zu verhandeln). In jedem Fall bieten die ersten drei Schritte eine sehr wirksame Methode, die eigenen Wahrnehmungen und Bedürfnisse klar und objektiv zum Ausdruck zu bringen.

Hat man es mit einfacheren Problemen zu tun, genügt es häufig, sich auf ein oder zwei Schritte zu beschränken. Eine einfache, direkte Beschreibung des Problems reicht aus, wenn die Lösung des Problems auf der Hand liegt. Wenn Sie z. B. sagen: „Die Tasse leckt", wird dies die meisten Menschen davon abhalten, die kaputte Tasse zu benutzen. Falls Sie gleichzeitig eine Alternative anbieten wollen, können Sie einen Vorschlag hinzufügen: „Diese Tasse leckt. Du kannst aber statt dessen die blaue benutzen." Die Kombination von einer klaren Beschreibung mit einem direkten, aber höflichen Vorschlag kann eingesetzt werden, um viele einfache alltägliche Situationen zu lösen. Hier zwei weitere Beispiele:

> „Dieses Hemd ist nicht gut verarbeitet (Beschreibung). Ich möchte es zurückgeben (Vorschlag)."
> „Auf der Hauptstraße gibt es eine Baustelle (Beschreibung). Laß uns eine andere Strecke nehmen (Vorschlag)."

Eine gute Möglichkeit, die beschriebene Methode zu üben, besteht darin, die verschiedenen Aussagen aufzuschreiben und auswendig zu lernen. Der Vorteil von schriftlichen Aussagen besteht darin, daß man sie anhand der beschriebenen Richtlinien überprüfen und verändern kann. Tun Sie beim Üben so, als sprächen Sie tatsächlich mit der anderen Person. Versuchen Sie, dabei so bestimmt wie möglich aufzutreten. Üben Sie solange, bis es Ihnen leicht fällt, entsprechende Aussagen für alle drei Schritte zu formulieren. Nach einer Weile werden Sie dann allen Ihren Aussagen in Konfliktsituationen unsere Methode zugrunde legen.

Das wichtigste Hindernis für eine konstruktive Konfliktlösung sind starke Gefühle. Wenn Sie sehr wütend oder aufgeregt sind, nehmen Sie sich genug Zeit, um sich zu beruhigen, so daß Sie wieder rational denken könne. In manchen Fällen kann es notwendig sein, kurz den Raum zu verlassen. Das oben beschriebene Vorgehen wird Ihnen helfen, Ihre Gedanken auf konstruktive Schritte zu konzentrieren.

Der letzte Schritt: Verhandeln

Der vierte und letzte Schritt wird notwendig, wenn Sie es mit einem besonders vielschichtigen oder hartnäckigen Problem zu tun haben. Sie werden effektiver verhandeln können, wenn Sie die folgenden Punkte bedenken:

Wie wichtig ist mir diese Sache?

Überlegen Sie, was eine Veränderung im Verhalten der anderen Person Ihnen wert ist. Welche Unannehmlichkeiten hätten Sie zu erleiden, wenn sich die Situation nicht änderte, und welche Vorteile hätten Sie, wenn Ihren Vorschlägen entsprochen würde?

Wozu sind Sie selbst bereit?

In den meisten Situationen ist es unvernünftig zu verlangen, daß nur die andere Person ihr Verhalten verändert. Ihre „Verhandlungsführung" wird vor allem dadurch bestimmt, zu welchen Zugeständnissen Sie selbst bereit sind.

Was könnte die andere Person vorschlagen?

Meistens kennen Sie die Person, mit der Sie verhandeln werden. Stellen Sie sich auf mögliche Vorschläge und Forderungen der anderen Person ein, damit Sie keine „bösen Überraschungen" erleben.

Wird die andere Person bereit sein, mit mir zu verhandeln? Falls nicht: Welche negativen Folgen (Strafen) könnte ich ankündigen?

Glücklicherweise ist der Einsatz negativer Folgen in den meisten Verhandlungen nicht notwendig. Sollte er doch einmal vonnöten sein, ist es wichtig, daß Sie nur solche Konsequenzen ankündigen, die Sie auch tatsächlich ausführen wollen und können. Übertriebene oder unrealistische Drohungen können leicht ins Auge gehen.

Nachdem Sie nun alle diese Punkte bedacht haben, können Sie in die Verhandlung eintreten. Der Verhandlungsprozeß besteht wiederum aus fünf Einzelschritten:

1. Schritt: Beschreiben Sie das Problem und machen Sie einen Vorschlag zur Verbesserung der Situation

Diesen Punkt haben Sie bereits erfüllt, wenn Sie die ersten drei Schritte der oben beschriebenen Methode angewendet haben.

2. Schritt: Finden Sie heraus, wie die andere Person die Situation einschätzt und welche Bedürfnisse und Wünsche sie hat

Geben Sie der anderen Person Gelegenheit, die eigene Wahrnehmung der Situation zu erläutern sowie Bedürfnisse und Wünsche zu äußern. Konzentrieren Sie sich ganz aufs Zuhören. Fragen Sie nach, wenn Sie etwas nicht verstanden haben, aber unterbrechen Sie die andere Person nicht und geben Sie keine persönlichen Kommentare ab.

Es ist wichtig, daß Sie während des Verhandlungsprozesses auch innerlich zwischen der eigenen Position und der Position Ihres Gegenübers unterscheiden. Beide Positionen sind gleichberechtigt. Behalten

Sie stets das Ziel der gemeinsamen Problemlösung vor Augen und lassen Sie sich nicht zu emotionalen, irrationalen Kommentaren hinreißen, die den Verhandlungsprozeß nur stören könnten.

3. Schritt: Entwickeln Sie verschiedene Lösungsmöglichkeiten

Nachdem nun die Bedürfnisse und Wünsche aller Beteiligten offen auf dem Tisch liegen, ist es an der Zeit, verschiedene Lösungsmöglichkeiten auszuarbeiten. Eine erfolgreiche Methode hierfür ist das „Brainstorming", eine Technik, die aus der Wirtschaft und Wissenschaft kommt. Alle Beteiligten nennen so viele Lösungsmöglichkeiten, wie ihnen einfallen. Dabei werden keine Werturteile oder Einschätzungen gegeben, sondern einfach so viele Ideen wie möglich gesammelt. Würde man die einzelnen Vorschläge bereits jetzt schon bewerten, würde dies den kreativen Prozeß der Problemlösung nur unnötig behindern.

4. Schritt: Sich auf die beste Lösung einigen

Nun können Sie daran gehen, die verschiedenen Vorschläge zu bewerten. Ausschlaggebend ist, ob sie praktikabel sind und wie weit sie den Bedürfnissen der einzelnen Beteiligten entgegenkommen. In dieser Phase sollten Sie sich auf keinen Fall ausschließlich auf die eigenen Belange konzentrieren. Behalten Sie die Bedürfnisse aller Beteiligten im Auge, so daß ein gesundes Gleichgewicht entsteht und niemand „um des lieben Friedens willen" wichtige Bedürfnisse leugnen muß.

Die beste Lösung ist natürlich immer diejenige, die alle Beteiligten zufriedenstellt. Vermeiden Sie Lösungen, die das Gefühl entstehen lassen, der eine hätte bei der Auseinandersetzung gewonnen und der andere verloren. Im Idealfall sollten sich alle als Gewinner fühlen. Dies ist natürlich nicht immer möglich; je näher Sie diesem Ziel kommen, desto größer ist jedoch die Chance, daß die gefundene Lösung in der Praxis auch tatsächlich funktioniert.

Eine Lösung, die alle Beteiligten zufriedenstellt, läßt sich am leichtesten erreichen, wenn man den Konflikt als einen „Wettstreit der Bedürfnisse" und nicht als einen „Wettstreit der Lösungen" betrachtet. Wer sich schon vor der Verhandlungsphase für die „einzig richtige" Lösung entschieden hat, nutzt die Gespräche dann nur noch dazu, dem anderen seine Lösung zu verkaufen. Daraus kann jedoch keine wirklich gemeinsame Lösung entstehen. Machen Sie sich daher immer wieder klar, daß es für ein Problem meist verschiedene „richtige" Lösungen gibt. Die gemeinsame Aufgabe besteht darin, unter allen möglichen Lösungen die auszuwählen, die von allen am ehesten akzeptiert werden kann.

Sollte keine der vorgeschlagenen Lösungen Ihren Vorstellungen entsprechen, können Sie es noch einmal mit einer Brainstorming-Phase probieren. Sie können auch eine Denkpause einlegen und das Gespräch später fortsetzen. Eine solche Denkpause ist besonders dann angezeigt, wenn die Situation sehr gefühlsgeladen ist.

Manchmal muß die andere Person erst zur konstruktiven Zusammenarbeit und Verhandlung motiviert werden. Am leichtesten gelingt dies, wenn man versucht, ihr die positiven Konsequenzen schmackhaft zu machen, die eine Lösung des Problems für sie mit sich bringt. In einer geschäftlichen Besprechung können Sie z. B. auf mögliche Einsparungen oder eine höhere Produktivität verweisen, in persönlichen Beziehungen auf größere Nähe oder mehr gemeinsame Freizeit. In manchen Fällen läßt sich vielleicht sogar eine Belohnung für die gewünschte Veränderung anbieten, z. B. indem Sie versprechen, der anderen Person Arbeit abzunehmen. Wichtig ist, daß sich die Belohnungen an den tatsächlichen Bedürfnissen der anderen Person orientieren. Eine Belohnung, die nur Sie selbst als wünschenswert erachten, wäre ebenso nutzlos wie ein Versprechen, das Sie hinterher nicht halten können. Falls Ihnen selbst nichts einfällt, können Sie die andere Person fragen, worin ihrer Meinung nach eine angemessene Belohnung besteht.

Zu negativen Konsequenzen sollten Sie nur dann Zuflucht nehmen, wenn Sie mit positiven Mitteln keine konstruktive Zusammenarbeit erlangen können. Kündigen Sie nur Konsequenzen an, die Sie auch tatsächlich ziehen können und wollen. Weigert sich die andere Person unter diesen Umständen immer noch, mit Ihnen an einer gemeinsamen Lösung zu arbeiten, kann es sein, daß die hier dargestellte Methode das vorhandene Problem nicht lösen kann.

5. Schritt: Formulieren Sie eine gemeinsame Vereinbarung

Nachdem Sie sich auf eine Lösung geeinigt haben, sollten Sie eine gemeinsame Vereinbarung formulieren, damit auch wirklich allen Beteiligten bewußt ist, worin die Einigung besteht. Vor allem in gefühlsgeladenen Situationen sollten Sie sich nicht dazu verleiten lassen, die Verhandlungsphase allzu schnell abzuschließen. Es kann sonst vorkommen, daß die Beteiligten mit jeweils unterschiedlichen Vorstellungen von der gemeinsamen Vereinbarung auseinandergehen.

Falls Sie Grund zu der Befürchtung haben, die andere Person könnte später einen Rückzieher machen, halten Sie die gemeinsame Vereinbarung schriftlich fest, dann können sich später alle Beteiligten auf den genauen Wortlaut der Übereinkunft beziehen.

Vergessen Sie nicht, der anderen Person zum Abschluß für ihre Bereitschaft zur gemeinsamen Problemlösung zu danken, und schlagen Sie vor, mögliche zukünftige Konflikte auf ähnliche Weise zu lösen. Bringen Sie aber zu diesem Zeitpunkt keine neuen Probleme ins Spiel, um den gerade errungenen Erfolg nicht aufs Spiel zu setzen.

Ich-Aussagen treffen

Wenn Sie die verschiedenen Beispiele in dieser und der folgenden Lektion durchgehen, werden Sie feststellen, daß durchsetzungsfähige Menschen meist „Ich-Aussagen" treffen, d. h., sie sprechen über sich selbst und sagen ihrem Gegenüber, was sie sehen, denken, fühlen oder wünschen, ohne ihm die Schuld daran zu geben oder es persönlich anzugreifen. Hier einige Beispiele, die den Unterschied verdeutlichen:

– *Aussage über die andere Person:* „Du machst so einen Krach, das macht mich wahnsinnig. Warum kannst du nicht mehr Rücksicht nehmen?"

– *Aussage über sich selbst:* „Ich würde gern für eine Weile meine Ruhe haben. Kannst du vielleicht in ein anderes Zimmer gehen?"

– *Aussage über die andere Person:* „Schau dir das Chaos in der Küche an. Du bist eine unmögliche Schlampe. Wirst du denn nie Vernunft annehmen?"

– *Aussage über sich selbst:* „Du mußt deine Sachen in der Küche wegräumen, damit ich kochen kann."

Praktischer Teil zu Lektion 13

Irrationale Vorstellungen über die eigene Durchsetzungskraft überwinden

Überlegen Sie, welche irrationalen Vorstellungen über Konfliktsituationen und das eigene Durchsetzungsvermögen Sie hegen, und entwickeln Sie rationale innere Dialoge, mit denen Sie diese Vorstellungen bekämpfen können. Falls es Ihnen schwerfällt, rationale innere Dialoge zu entwickeln, lesen Sie die entsprechenden Abschnitte in früheren Lektionen durch. Halten Sie die Dialoge schriftlich fest, lernen Sie sie auswendig und setzen Sie sie ein, sobald Sie in eine Konfliktsituation geraten.

Falls Sie sich im allgemeinen schlecht durchsetzen können und zu passivem Verhalten neigen, prägen Sie sich die in dieser Lektion aufgeführte Liste eigener Rechte ein und wiederholen Sie sie täglich, bis sie zu einem festen Bestandteil Ihrer Anschauungen geworden ist. Werden Sie leicht aggressiv, lernen Sie die Liste der Pflichten auswendig und wiederholen Sie sie täglich, bis es Ihnen leichter fällt, die Rechte anderer zu respektieren.

Die vierstufige Methode zur Konfliktlösung üben

Denken Sie sich in dieser Woche mindestens fünf Beispiele für Aussagen zu den ersten drei Schritten der Konfliktslösungsmethode aus. Es ist egal, ob Sie sich dabei auf aktuelle Situationen oder vergangene Probleme beziehen. Wichtig ist nur, daß Sie Ihre Aussagen schriftlich festhalten, damit Sie sie mit den in dieser Lektion beschriebenen Richtlinien vergleichen können. Stimmen sie mit den Richtlinien nicht überein, nehmen Sie entsprechende Veränderungen vor.

Legen Sie besondere Übungsphasen ein, in denen Sie so tun, als stünden Sie Ihrem Konfliktpartner persönlich gegenüber. Je schwerer Ihnen diese Übung fällt, desto notwendiger ist sie. Sie können sie in allen möglichen alltäglichen Situationen durchführen, z. B. beim Autofahren, bei der Hausarbeit usw. Üben Sie Ihre Aussagen aber auch regelmäßig vor dem Spiegel, damit Sie selbst kontrollieren können, wie Sie auf andere Menschen wirken. Am besten wäre es natürlich, wenn Sie einen Übungspartner finden könnten. Achten Sie darauf, daß Ihr Tonfall und Ihre Körpersprache zu den klaren, ruhigen Aussagen passen. Auf diese Weise gewöhnen Sie sich an ein ihn beharrliches Verhalten, das Ihnen dann nach einer Weile weder fremd noch beängstigend erscheint.

Beginnen Sie noch nicht damit, die hier beschriebene Methode in realen

Situationen einzusetzen. Warten Sie damit, bis Sie Lektion 14 durchgearbeitet haben. In dieser Lektion liegt das Hauptgewicht darauf, klare, möglichst objektive Aussagen über die Konfliktsituation zu treffen. Wenn Sie dies für möglichst viele unterschiedliche Beispiele üben, sind Sie für Lektion 14 bestens vorbereitet.

Das eigene Verhandlungsgeschick einschätzen

Erinnern Sie sich an verschiedene Situationen, in denen Sie mit einer anderen Person über Verhaltensänderungen verhandelt haben. Gehen Sie dann noch einmal den in dieser Lektion beschriebenen Verhandlungsprozeß durch und kreuzen Sie die Schritte an, von denen Sie meinen, daß Sie sie noch nicht ausreichend beherrschen. Üben Sie die einzelnen Schritte allein oder mit einem Übungspartner, bis sie Ihnen in Fleisch und Blut übergegangen sind.

Anmaßende Äußerungen angemessen parieren

Wir alle werden immer wieder mit Äußerungen konfrontiert, die auf subtile Weise unsere Rechte und unsere Würde verletzen. Wer wenig Durchsetzungskraft besitzt, erkennt sie häufig nicht und empfindet nur ein dumpfes Unbehagen. Doch selbst wer sie erkennt, finden es oft schwierig, eine angemessene Antwort zu finden. In der folgenden Tabelle finden Sie eine Reihe von Beispielen. Beachten Sie beim Lesen, daß die vorgeschlagenen Reaktionen weder aggressiv noch feindselig sind, sondern der anderen Person auf ruhige und höfliche Weise deutlich machen, daß Sie nicht zulassen werden, daß man Ihre Rechte oder Ihre Würde mißachtet.

Art der anmaßenden Äußerung	Beispiel	Erwiderung	Beispiel
Sie werden in Verlegenheit gebracht	„Hast du heute Abend schon etwas vor?"	Antworten Sie mit einer Gegenfrage	„Warum fragst du?"
Sie bekommen ungebetene Ratschläge	„Wenn ich du wäre, würde ich ...?"	Erklären Sie, daß Sie allein entscheiden, was am besten für Sie ist	„Du bist aber nicht ich." „Für dich mag das richtig sein, aber ..."

Art der anmaßenden Äußerung	Beispiel	Erwiderung	Beispiel
Sie werden in eine bestimmte „Schublade" gesteckt	„Typisch Frau!"	Pochen Sie auf Ihre Individualität	„Keine Verallgemeinerungen! Ich bin ich."
Ihre Privatsphäre wird verletzt	„Ich weiß, so etwas fragt man nicht, aber ..."	Ziehen Sie eine klare Grenze oder stellen Sie eine Gegenfrage	„Darüber möchte ich lieber nicht sprechen." „Warum willst du das wissen?"
Sie werden mit globaler Kritik konfrontiert	„Du bist in letzter Zeit unmöglich."	Pochen Sie auf konkretere Aussagen	„Da mußt du schon etwas präziser werden."
Ihr Verhalten wird mit negativen Etiketten belegt	„Das war eine unglaublich dumme Entscheidung von dir."	Weigern Sie sich, die Etikettierung zu akzeptieren	„Das finde ich ganz und gar nicht."
Ihre Enscheidung wird in Frage gestellt	„Meinst du wirklich, daß dir dieses neue Hemd steht?"	Unterstreichen Sie Ihr Recht auf Ihr eigenes Urteil	„Mir gefällt es." „Ich finde, es steht mir ausgezeichnet."
Sie werden mit negativen Voraussagen konfrontiert	„Für den Job bist du nicht geeignet."	Fragen Sie nach den Gründen für diese Aussage oder verweisen Sie auf Ihre Fähigkeit, die eigenen Stärken und Schwächen realistisch einzuschätzen	„Wie kommst du darauf?" „Ich glaube, ich werde das schon schaffen."

Falls Sie große Schwierigkeiten haben, sich in solchen Situationen zu behaupten, ist das folgende Vorgehen empfehlenswert:
– Erstellen Sie eine Liste von Aussagen, mit denen Sie in der Vergangenheit konfrontiert wurden und die Sie gekränkt oder in Ihrer Würde verletzt haben. Notieren Sie auch, wie Sie auf diese Aussagen reagiert haben.

– Falls Sie mit der eigenen Reaktion nicht zufrieden sind, entwickeln Sie mit Hilfe der Vorschläge in der Tabelle eine angemessenere Reaktion. Beobachten Sie außerdem, wie durchsetzungsfähige Menschen in Ihrer Umgebung auf solche Aussagen reagieren, vielleicht kommen Sie auch auf diese Weise auf die eine oder andere Idee. Wenn Sie jemanden kennen, den Sie für durchsetzungsfähig halten, fragen Sie ihn, wie er auf Situationen reagieren würde, die Sie als schwierig empfinden. Überlegen Sie, ob eine solche Reaktion für Sie passend wäre.

Diese Vorschläge sind allerdings nur für Situationen gedacht, in denen Ihre Rechte und Ihre Würde verletzt wurden. In komplexeren Konfliktsituationen müssen Sie die in dieser Lektion vorgestellte vierstufige Methode zur Konfliktlösung anwenden.

Nehmen Sie sich Zeit und arbeiten Sie die Übungen in dieser Lektion so gründlich wie möglich durch, ehe Sie zur nächsten Lektion übergehen.

LEKTION 14

NICHT VOM EIGENEN KURS ABBRINGEN LASSEN

Nachdem Sie in der vorigen Lektion gelernt haben, auf möglichst objektive Weise zu beschreiben, was Sie sehen, fühlen und wünschen, ist es nun an der Zeit zu lernen, wie Sie sich nicht vom eigenen Kurs abbringen lassen, wenn andere sich gegen Ihre Bemühungen um eine Konfliktlösung sträuben.

Was tun, wenn andere Ihre Bemühungen um eine konstruktive Konfliktlösung sabotieren?

Selbstverständlich kann es vorkommen, daß andere auf Ihre Bemühungen um eine konstruktive Problemlösung nicht eingehen wollen. In den meisten Fällen wird dies nicht offen zugegeben, sondern es wird zu einer der in diesem Abschnitt beschriebenen Taktiken Zuflucht genommen. Bewußte Bösartigkeit ist dabei selten im Spiel. Im Gegenteil, es handelt sich um einen unbewußten Mechanismus, der dem Selbstschutz dient.

Beispiel 1: Die andere Person weicht einer Diskussion über Ihren Vorschlag aus

Die einfachste Möglichkeit, sich um ein ernsthaftes Gespräch zu drükken, besteht darin, es auf unbestimmte Zeit zu verschieben. Dieser Taktik können Sie zwei verschiedene Reaktionen entgegensetzen: Sie können erstens darauf bestehen, daß das Gespräch sofort stattfindet, oder zweitens eine feste Uhrzeit verabreden, zu der das Gespräch fortgesetzt wird. In beiden Fällen ist es sinnvoll, mit „Ja, aber..."-Sätzen zu antworten: Signalisieren Sie Verständnis für die Belange Ihres Gegenübers, um dann im zweiten Teil des Satzes Ihr Bedürfnis nach einer Klärung zu unterstreichen. Manchmal nützt es auch, kurz aufzuzeigen, welche Konsequenzen es hätte, wenn es nicht zur Klärung käme. Hier mehrere Beispiele für mögliche Reaktionen:

„Ein andermal. Ich habe zu tun."	„Ich weiß, daß du viel zu tun hast. Aber diese Sache ist mir sehr wichtig, und es wird nicht lange dauern."
„Ich bin jetzt zu müde zum Reden."	„Das kann ich verstehen, aber bevor wir auseinandergehen, muß ich wissen, wann wir über dieses Problem sprechen und eine Lösung suchen können."
„Ich habe jetzt keine Zeit, darüber nachzudenken."	„Es wird nicht lange dauern, und wenn wir jetzt nicht darüber sprechen, werden wir viel Zeit verlieren, weil daraus neue Probleme entstehen."

Eine weitere Taktik der Gesprächsvermeidung besteht darin, die Diskussion durch abwegige Bemerkungen oder Fragen in andere Bahnen zu lenken. Es gibt drei verschiedene Möglichkeiten, dieser Taktik zu begegnen: Sie können die Ablenkung ignorieren, die Bemerkung als abwegig bezeichnen oder mit einer knappen Antwort parieren. Anschließend können Sie dann Ihren konkreten Vorschlag wiederholen.

„Du bist wunderschön, wenn du wütend bist."	(Ignorieren der Bemerkung) „Worüber ich mit dir sprechen wollte... "
„Übrigens, Herr Müller war gestern da... "	„Das ist doch jetzt unwichtig. Wie ich schon sagte, wir müssen dringend darüber reden, ... "
„Mußt du denn nicht arbeiten?"	„Ja, aber das kann warten, bis wir fertig sind. Wie ich bereits sagte... "

Beispiel 2: Die andere Person zweifelt Ihre Beschreibung an

Manche Menschen versuchen, von einer Problemlösung abzulenken, indem sie Ihre Beschreibung des problematischen Verhaltens anzweifeln. Konzentrieren Sie sich daher bei der Beschreibung auf ganz konkrete Beobachtungen und stellen Sie keine Spekulationen an. Lassen Sie sich keinesfalls durch eine Diskussion darüber ablenken, wer von Ihnen beiden „recht hat". Stellen Sie statt dessen in ruhigem Tonfall fest, daß Ihre Wahrnehmung sich offenbar von der Wahrnehmung der anderen Person unterscheidet und wiederholen Sie dann Ihren Vorschlag. Auch hier sind „Ja, aber..."-Sätze angebracht.

„Die Sache war doch ganz anders."	„Ich sehe, daß wir verschiedene Vorstellungen darüber haben, was vorgefallen ist. Ich schlage jedenfalls vor, ... "
„Du hast das alles in den falschen Hals gekriegt."	„Mag sein, aber ich denke trotzdem, daß es wichtig ist, ... "

Beispiel 3: Die andere Person weigert sich, Verantwortung zu übernehmen

Eine weitere Möglichkeit, sich um eine Diskussion zu drücken, besteht darin, die Verantwortung für das Problem oder eine mögliche Problemlösung von sich zu weisen. Dies kann verschiedene Formen annehmen:

Schuldzuweisung

Es gibt zwei Arten der Schuldzuweisung: Entweder gibt man Ihnen die Schuld an der problematischen Situation, oder eine dritte Person wird für den mißlichen Zustand verantwortlich gemacht. Diese Taktik ähnelt der vorher beschriebenen, da auch sie sich auf Ihre Beschreibung der problematischen Situation bezieht. Indem es Ihnen oder einer dritten Person die Schuld gibt, weist Ihr Gegenüber jede Verantwortung für eine mögliche Konfliktlösung von sich. Die wirksamste Reaktion auf diese Taktik liegt darin, nicht die Schuldfrage, sondern Ihren konkreten Vorschlag in den Mittelpunkt zu stellen.

„Du hast mir gar nicht gesagt, daß ich das tun soll."	„Das stimmt, aber trotzdem müssen wir jetzt einen Weg finden, um ..."
„Du hast vergessen, mich daran zu erinnern."	„Darum geht es nicht. Was ich vorschlagen möchte, ist ... "
„Mit dieser Firma hat es schon immer Schwierigkeiten gegeben."	„Ich kenne die Probleme, aber trotzdem sollten wir ... "

„Das machen doch alle so"

Das Argument, die problematische Verhaltensweise sei „allgemein üblich", rechtfertigt die Weigerung, auf Ihre Probleme ernsthaft einzugehen. „Ja, aber..."-Sätze können eingesetzt werden, um diese Taktik auf zweierlei Weise zu kontern: erstens, indem Sie diese Bemerkung zur Kenntnis nehmen, ohne Sie ausdrücklich zu billigen, und dann Ihren Vorschlag wiederholen, oder zweitens, indem Sie die Situation noch einmal hinsichtlich Ihrer ganz persönlichen Bedürfnisse beschreiben.

„Alle Leute fahren so schnell." „Mag sein, aber ich fühle mich äußerst unwohl, wenn du so rast, und deshalb wäre es mir lieb, ..."

„Sie sind der erste, der sich über meine Handschrift beschwert." „Mag sein, aber ich habe wirklich große Schwierigkeiten, Ihre Handschrift zu lesen, und es wäre mir lieb, ..."

Relativierung

Manchmal kommt es vor, daß Ihr Gegenüber die problematische Situation auf neue Weise interpretiert, so daß es so aussieht, als hätten Sie die Situation mißverstanden oder seien nicht ausreichend informiert. In einem solchen Fall führt der einfache Austausch von Meinungen oder Informationen meist zum gewünschten Ziel. Es kann aber auch sein, daß Ihr Gegenüber das eigene Verhalten neu interpretiert, indem es seine guten Absichten in den Vordergrund stellt. Auch in diesem Fall sollten Sie „Ja, aber..."-Sätze anwenden, um die guten Absichten Ihres Gegenübers anzuerkennen und gleichzeitig auf Ihren Veränderungsvorschlag hinzuweisen.

„Das habe ich nicht wirklich ernst gemeint." „Mag sein, aber ich habe das Gefühl, ..."

„Ich wollte dir doch nur helfen." „Ich glaube dir gern, daß dies deine Absicht war, aber ich finde, daß..."

Psychologisieren

Eine besonders geschickte Taktik zur Vermeidung einer konstruktiven Diskussion besteht darin, die gesamte Situation so umzudeuten, als sei sie nur auf ein „psychisches Problem" Ihrerseits zurückzuführen. Dies kann besonders dann vorkommen, wenn die andere Person Sie sehr gut kennt oder über gewisse psychologische Grundkenntnisse verfügt. Solche Deutungsversuche sind jedoch in den meisten Fällen unzutreffend und dienen nur dem Zweck, Ihnen auf subtile Art eine Abfuhr zu erteilen. Leider läßt man sich durch diese Taktik leicht ablenken; schließlich kann die angebotene Erklärung auf den ersten Blick logisch klingen oder bei Ihnen einen wunden Punkt ansprechen. Vermeiden Sie es, sich in eine Diskussion über psychologische Erklärungen verwickeln zu lassen. Betonen Sie, daß Sie sehr wohl in der Lage sind, Ihre eigenen Handlungen einzuschätzen, und wenden Sie sich dann wieder Ihrem konkreten Vorschlag zu.

„Du scheinst ganz schön paranoid zu sein."	„Ich halte meine Reaktion für völlig normal. Wie auch immer, mir wäre es lieb, ... "
„Seitdem du an diesem Programm gegen Angstprobleme arbeitest, bist du richtig anmaßend geworden."	„Es fällt mir leichter, meine Bedürfnisse in Worte zu fassen. Ich wollte sagen, ... "
„Du hast wohl Minderwertigkeitskomplexe."	„Ich kann verstehen, wieso du so denkst, aber ich glaube trotzdem, wir sollten ... "

Beispiel 4: Die andere Person versucht, Ihnen Schuldgefühle zu machen

Mit Hilfe verschiedener Taktiken kann Ihr Gegenüber versuchen, Ihnen Schuldgefühle zu machen:

Tränen

Tränen können ein wirksames Mittel der Manipulation sein. Lassen Sie nicht zu, daß man Ihnen auf diese Weise Schuldgefühle macht, bloß weil Sie für Ihre Rechte einstehen. Wenn Sie damit rechnen müssen, daß es zu Tränen kommen wird, können Sie Ihre Aussagen zu den ersten drei Schritte der Konfliktlösungsmethode auch schriftlich niederlegen und der anderen Person in Form eines kurzen Briefes zukommen lassen.

„Wenn du so mit mir redest, habe ich das Gefühl, alles falsch zu machen."	„Es tut mir leid, daß du dich so fühlst, aber es geht mir um folgenden, ganz konkreten Punkt ... "

Moralische Vorwürfe

Schuldgefühle lassen sich mit Hilfe moralischer Vorwürfe erzeugen, indem man Ihr Verhalten als „gemein" oder „grausam" hinstellt. Weigern Sie sich, diese Interpretation zu akzeptieren. Versuchen Sie, das eigene Verhalten möglichst objektiv zu beschreiben, und fahren Sie dann in Ihren Bemühungen um eine konstruktive Konfliktlösung fort. Lassen Sie sich nicht durch eine Diskussion über ihre Motive ablenken und konzentrieren Sie sich ganz auf den Konfliktlösungsprozeß.

„Es ist gemein von dir, mich so anzugreifen."

„Ich bin nicht gemein, und ich greife dich auch nicht persönlich an. Ich beschreibe nur, was ich wahrnehme, und ich möchte vorschlagen, ..."

Körperliche Beschwerden

Es kann vorkommen, daß Ihr Gegenüber körperliche Beschwerden als Ausrede benutzt, um einer Diskussion auszuweichen. Wenn Sie die Verantwortung für die körperlichen Beschwerden eines anderen Menschen übernehmen, werden Ihre Schuldgefühle Sie auch in Zukunft davon abhalten, diese Person mit Ihren Veränderungswünschen und Bedürfnissen zu konfrontieren. Begegnen Sie dieser Taktik auf gleiche Weise wie allen anderen Versuchen, vom Thema abzulenken: Verabreden Sie einen späteren Zeitpunkt für die Diskussion oder drängen Sie trotz der körperlichen Symptome auf eine sofortige Klärung. Müssen Sie damit rechnen, daß körperliche Beschwerden Ihre Bemühungen um eine konstruktive Konfliktlösung behindern, legen Sie Ihre Aussagen schriftlich nieder, so daß die andere Person sie in Ihrer Abwesenheit lesen kann.

„Ich kann jetzt nicht mit dir sprechen, ich bekomme wieder diese schrecklichen Kopfschmerzen."

„Wann, meinst du, wirst du dich besser fühlen?"
oder
„Es tut mir sehr leid, daß du Schmerzen hast, aber das Gespräch wird gar nicht lange dauern."

Übertriebene Entschuldigungen

Lassen Sie sich auch dann keine Schuldgefühle einreden, wenn die andere Person auf Ihre Beschreibung mit übertriebenen Entschuldigungen reagiert. Nehmen Sie die Entschuldigungen freundlich zur Kenntnis und fahren Sie dann mit dem Konfliktlösungsprozeß fort.

„Es tut mir so leid! Ich hätte es niemals soweit kommen lassen dürfen. Wie konnte ich nur so gedankenlos sein."	„Ich bin froh, daß es dir leid tut, und ich nehme deine Entschuldigung an. Aber ich finde, wir sollten uns grundsätzlich einigen, … "

Einschüchterung

Die Taktik der Einschüchterung ist relativ schwierig anzugehen, weil sie oft starke negative Gefühle auslöst, was dazu führen kann, daß Sie sich entweder von Ihrem Verhandlungsziel abbringen lassen oder ein aggressives Verhalten an den Tag legen, das unweigerlich zum Streit führt. In beiden Fällen bekommen Sie nicht das, was Sie wollen. Wenn Sie es mit einem Menschen zu tun haben, der dazu neigt, andere in Konfliktsituationen einzuschüchtern, nehmen Sie sich vor dem Treffen ein paar Minuten Zeit. Erinnern Sie sich an Ihre Rechte und Pflichten, entwickeln Sie rationale innere Dialoge, die Sie den irrationalen Gedanken, die mit dieser Person verbunden sind, entgegensetzen können, entwickeln und üben Sie Aussagen zu den ersten drei Schritten der in der letzten Lektion vorgestellten Methode zur Konfliktlösung und überlegen Sie, welche der in dieser Lektion vorgeschlagenen Reaktionen bei dieser Person am wirksamsten wären. Im folgenden wollen wir fünf Arten der Einschüchterung beschreiben:

Verbale Attacken und Beschimpfungen

Verbale Attacken können viele Formen annehmen: Sarkasmus, Kritik, Zynismus, Beleidigungen, Beschimpfungen usw. Am vernünftigsten ist es, Beschimpfungen zu ignorieren und möglichst ruhig mit dem Konfliktlösungsprozeß fortzufahren. Falls Sie eine unzutreffende oder verleumderische Bemerkung korrigieren wollen, achten Sie auf einen möglichst ruhigen Tonfall und klare, objektive Aussagen. Versuchen Sie, einen Streit zu vermeiden, da er Sie von einer konstruktiven Konfliktlösung nur ablenken würde.

„Du hast wohl den Verstand verloren."	(Ignorieren der Bemerkung) „Außerdem finde ich … "
„Wie kommt ein Schwachkopf wie du dazu, mir zu sagen, was ich tun und lassen soll?"	„Ich möchte dir nicht sagen, was du tun und lassen sollst. Ich versuche bloß, ein Problem zu lösen, nämlich … "

„Du willst dich wohl hier als die große Superfrau aufspielen."	„Du kannst denken, was du willst. Ich möchte mit dir über folgendes Problem sprechen ... "

Feindselige Körpersprache

Nicht nur Worte, sondern auch der Gesichtsausdruck, die Körperhaltung oder der Tonfall können deutlich machen, daß Ihre Argumente auf wenig Gegenliebe stoßen. Reagieren Sie auf diese Taktik, indem Sie die nonverbale Botschaft entweder sachlich kommentieren oder einfach ignorieren und dann unbeirrt mit Ihren Bemühungen um eine konstruktive Konfliktlösung fortfahren.

Die andere Person sieht sehr aufgeregt oder unglücklich aus.	(Ignorieren der nonverbalen Botschaft) „Um auf mein Anliegen zurückzukommen ... "
Die andere Person runzelt die Stirn und sieht wütend aus.	„Was ich gesagt habe, scheint dich wütend zu machen."

Kreuzverhör

Manche Menschen haben ein besonderes Talent, ihr Gegenüber mit ablenkenden Fragen aus dem Konzept zu bringen. Es gibt zwei Möglichkeiten, damit umzugehen: Sie können eine kurze Antwort geben oder die Frage als irrelevant oder unwichtig abtun. In jedem Fall sollten Sie sofort wieder zu Ihren Vorschlägen überleiten.

„Meinst du wirklich, daß das notwendig ist?"	„Ja. Was ich sagen wollte, ist... "
„Warum ist das so wichtig für dich?"	„Ich muß meine Gefühle nicht rechtfertigen." oder „Das ist nun mal mein Gefühl."

Debattieren

Manche Menschen versuchen, einer konstruktiven Diskussion auszuweichen, indem sie überlegenes Wissen ausspielen oder mit logischen Argumenten kontern. Es gibt jedoch etwas, das in dieser Situation wichtiger ist als Wissen und Logik: Ihre Gefühle. Sie brauchen sie nicht zu rechtfertigen oder logisch zu erklären. Geben Sie ruhig zu, daß Ihre Ausführungen möglicherweise unlogisch klingen, aber bestehen Sie darauf, daß Ihre Gefühle ernst genommen werden, und fahren Sie dann mit dem Konfliktlösungsprozeß fort.

„Das ist alles völlig unlogisch." „Ja, es mag unlogisch klingen. Aber ich habe trotzdem das Gefühl,..."

Hinausschieben der Entscheidung

Auch wenn die andere Person bereit ist, Ihnen zuzuhören, und auch einer Verhandlung über eine mögliche Lösung zustimmt, sind noch nicht alle Gefahren gebannt. Erst wenn es um Entscheidungen über zukünftige Veränderungen geht, müssen die Beteiligten wirklich Farbe bekennen. Manche Menschen zeigen sich bis zu diesem Punkt durchaus kooperativ, versuchen dann jedoch, die Entscheidung hinauszuschieben. Falls Sie sich nicht sicher sind, ob das Hinausschieben der Entscheidung sachlich gerechtfertigt oder in Wirklichkeit nur Teil einer Verzögerungstaktik ist, stimmen Sie einer einmaligen Verschiebung zu und greifen Sie dann zu einer der beiden folgenden Maßnahmen.

Eine Frist setzen

Läßt die andere Person die gesetzte Frist ungenutzt verstreichen, können Sie sich sicher sein, daß sie versucht, sich um eine echte Verhandlung zu drücken. Im nächsten Abschnitt geben wir einige Hinweise, wie man mit Menschen umgehen kann, die sich einer echten Verhandlung verweigern.

Bestehen Sie auf einer vorläufigen Vereinbarung

Erklären Sie Ihrem Gegenüber: „Ich möchte, daß wir jetzt zumindest eine vorläufige Vereinbarung treffen. Falls wir dann später nicht zu einer anderen Lösung kommen, tritt die jetzt getroffene Vereinbarung in Kraft." Eine andere Möglichkeit ist ein vorbehaltlicher Vertrag. Dies ist besonders dann sinnvoll, wenn die andere Person darauf besteht, sich zuvor noch mit jemand anderem, z. B. einem Experten, abzusprechen. Überlegen Sie gemeinsam, welche anderen Stellungnahmen eingeholt werden könnten, und planen Sie entsprechende Maßnahmen. („Meint der Experte X, werden wir..., meint er Y, werden wir..."). Vereinbaren Sie einen bestimmten Zeitpunkt, bis zu dem der Ratschlag eingeholt werden muß, und legen Sie eine Frist für die letztendliche Entscheidung fest. Denken Sie daran, daß Sie das Recht haben, bei jedem Gespräch, in dem es um Sie geht, dabeizusein und die Meinung des Experten direkt zu hören, und nicht indirekt über die Person, mit der Sie gerade in Konflikt stehen.

Der „Verhandlungsmuffel"

Die meisten Menschen werden auf die hier dargestellten Methoden der konstruktiven Konfliktlösung positiv reagieren. Wer jedoch ständig die in dieser Lektion beschriebenen Taktiken einsetzt, um Ihre Bemühungen um eine Konfliktlösung zu sabotieren, muß als „Verhandlungsmuffel" angesehen werden. Zusätzlich zu den bereits vorgestellten Taktiken können hartgesottene Verhandlungsmuffel auch zu den folgenden vier Taktiken Zuflucht nehmen.

„Es gibt gar kein Problem"

Viele Verhandlungsmuffel leugnen die Existenz eines Problems. Bestehen Sie darauf, daß Ihre Gefühle ernst genommen werden und betonen Sie, wie wichtig das Problem für Sie ist.

„Ich verstehe gar nicht, was das ganze Theater soll."	„Ich weiß, daß das Ganze für dich kein so großes Problem darstellt, aber ich habe Schwierigkeiten mit der Situation, und mein Gefühl sagt mir, daß..."

An allen Lösungsmöglichkeiten gibt es etwas auszusetzen

Ein Verhandlungsmuffel kann sich auch dadurch zu erkennen geben, daß er an allen vorgeschlagenen Lösungsmöglichkeiten etwas auszusetzen hat. Schieben Sie die Aufgabe, eine akzeptable Lösung zu finden, der anderen Person zu. Setzen Sie eine Frist, innerhalb derer sie „bessere" Lösungsmöglichkeiten vorschlagen soll, die Sie dann gemeinsam diskutieren können.

„Deine Vorschläge passen mir alle nicht."	„Also gut. Am besten, wir machen eine Pause, und du denkst dir ein paar bessere Vorschläge aus. Wie wär's, wenn wir uns nach dem Mittagessen wiederträfen, um darüber zu diskutieren?"

Unerfüllbare Bedingungen

Sehr aggressive oder feindselige Menschen knüpfen an die Erfüllung Ihrer Vorschläge manchmal unannehmbare Bedingungen. Versuchen Sie, der anderen Person klarzumachen, daß ihre Forderungen inakzeptabel sind. Betonen Sie gleichzeitig, wie wichtig das Problem für Sie ist.

„Wenn der Bericht rechtzeitig fertig werden soll, brauche ich noch folgende Unterlagen."

„Sie stellen eine Bedingung auf, die ich nicht erfüllen kann. Es handelt sich um ein sehr wichtiges Problem, bei dessen Lösung wir zusammenarbeiten müssen."

Strikte Verweigerung

Manche Verhandlungsmuffel weigern sich grundsätzlich, über Ihr Problem zu diskutieren. Wenden Sie in diesem Fall die in dieser und der vorigen Lektion erörterten Methoden zur Selbstbehauptung ein, um die andere Person von der Notwendigkeit eines klärenden Gesprächs zu überzeugen.

Falls alle Bemühungen erfolglos bleiben und sich die andere Person auch weiterhin einer Klärung verschließt, bleiben Ihnen zwei Möglichkeiten: Sie können einen aggressiveren Ansatz wählen und negative Konsequenzen androhen, oder Sie können versuchen, das Problem mit Hilfe einer der im nächsten Abschnitt beschriebenen Methoden zu lösen. Falls Sie sich für negative Konsequenzen entscheiden, sollten Sie sichergehen, daß Sie sowohl dazu bereit als auch in der Lage sind, Ihre Ankündigungen auch tatsächlich in die Tat umzusetzen.

Fünf grundlegende Ansätze zur Lösung von Problemen und Konflikten

Im Umgang mit Problemen und Konflikten gibt es grundsätzlich fünf verschiedene Verhaltensmöglichkeiten. Eine davon ist durch das beharrliche Verhalten gekennzeichnet, das wir in Lektion 13 beschrieben haben. Es gibt jedoch auch Situationen, in denen eher ein aggressives oder nachgiebiges Verhalten angezeigt ist. Um mit Problemen und Konflikten effektiv umgehen zu können, müssen Sie zwischen den verschiedenen Möglichkeiten die jeweils richtige auswählen. Es kommt häufig vor, daß man einen bestimmten Ansatz nur deshalb nicht wählt, weil man ihn nicht beherrscht. In anderen Fällen stehen irrationale Überzeugungen der Entscheidung für einen bestimmten Ansatz im Wege. Wird ein Ansatz gewählt, der der jeweiligen Situation nicht angemessen ist, kommt es zu unnötigem Streß und einer Verschlechterung der Konfliktsituation. Judy z. B. weigerte sich, sich aus einer sehr unbefriedigenden Arbeitssituation zu lösen, obgleich man ihr andere Jobs anbot, die ebensogut bezahlt wurden. Es stellte sich heraus, daß sie den Wechsel der

Arbeitsstelle als persönliches Versagen wertete und er deshalb für sie nicht in Frage kam. Sie machte lieber weiter und versuchte, Ihre Arbeitsbedingungen zu verbessern, obgleich sie schon im voraus wußte, daß alle ihre Bemühungen auf taube Ohren stoßen und der damit verbundene Streß ihr körperliche Beschwerden bereiten würden.

Lesen Sie die folgenden Beschreibungen sorgfältig durch und achten Sie darauf, wie Sie innerlich darauf reagieren. Falls sich bei Ihnen negative Gefühle einstellen, nehmen Sie sich einen Moment Zeit, um zu überlegen, welche irrationalen Überzeugungen hinter dieser Reaktion stecken könnten. Falls Sie feststellen, daß Sie einen oder mehrere der folgenden Ansätze selten oder nie benutzen, versuchen Sie, dafür eine schriftliche Begründung zu geben. Später können Sie dann überlegen, welche irrationalen Überzeugungen hinter dieser Begründung stehen, und rationale innere Dialoge entwickeln, mit deren Hilfe Sie diese überwinden können.

Sich Anpassen

Die erste Möglichkeit der Konfliktlösung besteht in der Anpassung: Sie willigen in die Forderungen anderer Menschen ein und fügen sich in die Situation, ohne sich um eine Veränderung zu bemühen. Der Weg der Anpassung ist dann der beste, wenn das Unbehagen, das Sie verspüren, nur gering und das Bemühen, sich durchzusetzen, wenig erfolgversprechend ist oder mehr Streß und Konflikte mit sich bringen würde als eine Nichterfüllung Ihrer Bedürfnisse. Drei typische Beispiele für Situationen, in denen der Weg der Anpassung ratsam ist, sind:

1. „No-win"-Situationen, in denen keine Aussicht auf Erfolg besteht (z. B. im Umgang mit inflexiblen Bürokratien).
2. Konflikte mit Personen, die einen höheren Rang oder gesellschaftliche Autorität besitzen (z. B. Richter).
3. Situationen, in denen Ihnen die Freundschaft der anderen Person wichtiger ist als das Thema des Konflikts.

Wenn Sie sich dafür entscheiden, sich anzupassen, können Sie Ihr Unbehagen mindern, indem Sie Ihre Erwartungen an die Situation noch einmal überprüfen und einen übergeordneteren, „philosophischen" Standpunkt einnehmen. Häufig ist es in diesem Zusammenhang notwendig, „Soll/Muß"-Regeln zu erkennen und zu überwinden. Während die Anpassung in manchen Situationen die beste Möglichkeit zur Konfliktlösung darstellt, kann sie selbstzerstörerische Tendenzen annehmen, wenn sie Ihre wichtigste oder gar einzige Methode im Umgang mit Konfliktsituationen darstellt. Wer die eigenen Bedürfnisse und Wünsche ständig ignoriert, erlebt mehr und mehr Frustration, Wut und Ablehnung. Kommen diese Gefühle nicht direkt zum Ausdruck, brechen sie sich indirekt Bahn oder schaffen einen inneren Streß, der physisch und psychisch destruktiv wirkt.

Sich zurückziehen

Die zweite Möglichkeit der Konfliktlösung besteht im Rückzug: Sie lösen sich aus der problematischen Situation und unternehmen keine weiteren Versuche, den Konflikt zu lösen. Dieser Weg ist angezeigt, wenn andere Ansätze sich als erfolglos erwiesen haben und der erlittene Streß in Ihrem täglichen Leben zu einer destruktiven Kraft wird.

Falls es Ihnen Schwierigkeiten bereitet, sich aus „No-win"-Situationen zurückzuziehen, setzen Sie rationale innere Dialoge ein, um sich selbst davon zu überzeugen, daß der Rückzug oft die beste Möglichkeit ist, ein Problem zu lösen, das auf andere Weise nicht gelöst werden kann. Machen Sie sich klar, daß es unmöglich ist, jede Situation zu meistern und jedes Problem erfolgreich zu überwinden. Überprüfen Sie gleichzeitig Ihre Ansichten zu diesem Thema. Es ist möglich, daß Sie sich deshalb schlecht aus „No-win"-Situationen zurückziehen können, weil Sie den Rückzug als Zeichen des Versagens erachten. Diese negative Einstellung entsteht häufig aus einer Kombination aus Perfektionismus, „Alles oder Nichts"-Denken und der irrigen Annahme, der Wert eines Menschen werde durch seine Leistung bestimmt. Eine erneute Beschäftigung mit Lektion 6 wird Ihnen helfen, diese negativen Denkmuster wirksam zu bekämpfen und sich klarzumachen, daß es ein Zeichen der Weisheit ist, wenn man weiß, wo die eigenen Grenzen liegen und wann es sinnvoll ist, sich zurückzuziehen.

Falls der Rückzug aus der problematischen Situation Ihre wichtigste oder gar einzige Methode der Konfliktlösung darstellt, versuchen Sie, sich stärker für die eigenen Rechte stark zu machen. Prägen Sie sich noch einmal die in Lektion 13 aufgelisteten Rechte ein, bis Sie sie wirklich verinnerlicht haben, und üben Sie den in Lektion 13 beschriebenen Konfliktlösungsprozeß.

Ein Ersatzziel wählen

Ein dritter möglicher Umgang mit Konfliktsituationen besteht in der Wahl eines Ersatzziels: Wenn es notwendig wird, sich aus einer „Nowin"-Situation zurückzuziehen, oder das Ziel Ihrer Konfliktlösungsbemühungen nicht erreichbar ist, wählen Sie ein neues Ziel. Dies klingt sehr einfach, fällt vielen Menschen jedoch äußerst schwer, weil sie zu Perfektionismus, „Alles oder Nichts"-Denken und „Soll/Muss"-Regeln neigen, so daß ihnen alles, was nicht ihrer ersten Wahl entspricht, inakzeptabel erscheint.

Die Wahl eines Ersatzziels ist oft der beste Weg, wenn man es mit einem Verhandlungsmuffel zu tun hat und nicht in der Lage oder nicht bereit ist, negative Konsequenzen zu ziehen. Terrys Kollege z. B. besaß eine sehr mangelhafte Disziplin, mit der er auch Terrys Arbeit beeinträchtigte. Der Kollege weigerte sich jedoch, die Existenz des Problems anzuerkennen und mit Terry über Möglichkeiten der Konfliktlösung zu sprechen. Terry wollte die Sache nicht zu hart angehen, weil er von seinem Vorgesetzten keine Rückendeckung zu erwarten hatte. Er beschloß daher, sich auf ein neues Ziel zu konzentrieren: sich vor seinem Kollegen zu schützen. Er tat dies, indem er seinem Kollegen möglichst aus dem Wege ging und sich mehr und mehr unabhänige Arbeitsbereiche schuf. Auf diese Weise konnte er sich dem negativen Einfluß seines Kollegen weitgehend entziehen.

Aggressiv auftreten

Auch aggressives Verhalten ist in manchen Konfliktsituationen angebracht – vor allem, wenn das eigene Leben oder Eigentum bedroht ist und Sie es mit jemandem zu tun haben, der irrational oder emotional unreif ist und nur auf aggressives Verhalten reagiert. Leider wird aggressives Verhalten von vielen Menschen entweder zu häufig oder in den falschen Situationen eingesetzt. Für einige ist es die wichtigste oder gar einzige Methode, um alltägliche Bedürfnisse durchzusetzen und Konflikte zu lösen. Andere schwanken zwischen aggressivem und passivem Verhalten hin und her: Sie verleugnen die eigenen Bedürfnisse solange, bis die daraus entstandene Frustration übergroß geworden ist und es zu einer Explosion kommt. Manchmal wird aggressives Verhalten eingesetzt, um „Sündenböcke" zu bestrafen.

Falls das aggressive Verhalten Ihre wichtigste oder gar einzige Methode zur Konfliktlösung darstellt, gehen Sie noch einmal die Abschnitte der Lektionen 12 und 13 durch, in denen verschiedene Methoden der Selbstbehauptung und konstruktiven Konfliktlösung vorgestellt werden. Falls Sie zwischen passivem und aggressivem Verhalten hin- und her schwanken, konzentrieren Sie sich darauf, Ihre Selbstachtung zu stärken, mit Ihren Gefühlen in Kontakt zu kommen und die in den Lektionen 11, 12 und 13 dargestellten Methoden der Konfliktlösung zu entwickeln.

Konflikte konstruktiv lösen

In den meisten Situationen ist es am besten, auf höfliche, direkte Weise die eigenen Wünsche vorzutragen und Konflikte durch den in Lektion 13 beschriebenen Verhandlungsprozeß zu lösen. Die Arbeit mit den Richtlinien und Übungen in dieser Lektion reicht den meisten Menschen aus, um ein stärkeres Durchsetzungsvermögen zu entwickeln. Falls es Ihnen trotz intensiven Übens noch immer schwer fällt, sich durchzusetzen, sollten Sie dieses Thema in entsprechenden Kursen oder gar einer Therapie weiterverfolgen.

Wann ist die konstruktive Konfliktlösung am wirksamsten?

Um zu entscheiden, ob die Methode der konstruktiven Konfliktlösung in einer konkreten Situation Erfolg verspricht, ist es sinnvoll, sich zu überlegen, wieviel „Macht" man hat. Unter Macht verstehen wir in diesem Zusammenhang die Fähigkeit, andere so zu beeinflussen, daß sie ihr Verhalten ändern.

Am erfolgreichsten ist die konstruktive Konfliktlösung in Situationen, in denen Sie mehr Macht besitzen als Ihr Gegenüber. Dies betrifft z. B. Menschen, die eine Dienstleistung anbieten oder Ihnen etwas verkaufen wollen.

Schwieriger wird die Situation, wenn Sie es mit Menschen zu tun haben, die ebenso viel Macht besitzen wie Sie selbst. Beispiele hierfür sind Freunde und Verwandte, aber auch Fremde, die sich in einer Schlange vordrängeln oder in einem stickigen Raum rauchen. Es kann manchmal schwierig sein, mit solchen Menschen umzugehen. Die meisten werden jedoch positiv reagieren, wenn Sie Ihre Wünsche höflich und direkt formulieren.

Am schwierigsten wird es, wenn die andere Person mehr Macht hat als Sie. Dies betrifft meist Respektspersonen im öffentlichen Recht, in der Wirtschaft oder in der Regierung wie Richter, Polizisten, Lehrer, Beamte oder Ärzte. Zwar kann es sehr frustrierend sein, mit solchen Personen Konflikte austragen zu müssen, doch reagieren auch sie meist positiv auf konstruktive Bemühungen um eine echte Konfliktlösung.

Falls Sie sich selbst nicht sicher sind, ob es in einer bestimmtem Situation ratsam ist, für Ihre Bedürfnisse einzustehen, stellen Sie sich die folgenden Fragen:

Fühle ich mich sehr gestört?

Nehmen Sie sich ein paar Minuten Zeit, um in sich selbst hineinzuhorchen und zu bestimmen, wie groß Ihr Unbehagen tatsächlich ist. Denken Sie daran, daß ein solches Unbehagen meist darauf hinweist, daß ein Wunsch oder ein Bedürfnis frustriert oder bedroht wird. Je stärker Ihr Unbehagen, desto wichtiger das betreffende Bedürfnis und die Notwendigkeit zum Handeln.

Was stört mich genau?

Der nächste Schritt besteht darin herauszufinden, welcher Wunsch oder welches Bedürfnis frustriert oder bedroht wird und wo die Quelle dieser Frustration oder Bedrohung liegt. Falls Sie sich in diesem Punkt nicht ganz sicher sind, verschieben Sie Ihre Reaktion, da sie, wenn sie nicht zielgerichtet ist, mehr schaden als nutzen kann.

Was kann ich tun, um meinen Wunsch oder mein Bedürfnis zu befriedigen?

Nachdem Sie nun wissen, worin Ihr Bedürfnis besteht, überlegen Sie, wer genügend Macht hat, um Ihnen dabei zu helfen, es zu erreichen. Als nächstes entscheiden Sie, welche Methode der Konfliktlösung am erfolgversprechendsten ist. Dies ist der Punkt, an dem sich viele Menschen ablenken lassen – z. B. durch den Wunsch, die Person, die an der mißlichen Situation vermeintlich schuld hat, zu bestrafen oder durch das Bedürfnis, im Konfliktfall unbedingt den Sieg davonzutragen. Beide Ablenkungen haben jedoch eher destruktive Folgen. Denn selbst wenn es Ihnen gelingt, den vermeintlichen Übeltäter zu bestrafen oder in der Auseinandersetzung den Sieg davonzutragen, können Sie Ihr ursprüngliches Bedürfnis wahrscheinlich nicht befriedigen. Der Neigung, sich ablenken zu lassen, können Sie entgegenwirken, indem Sie sich das Ziel Ihrer Bemühungen um eine konstruktive Konfliktlösung ständig vor Augen halten. Fragen Sie sich: „Was will ich? Und wie kann ich es am besten erreichen?"

Was tun, wenn andere sich nicht an Vereinbarungen halten?

Manchmal glaubt man, einen bestimmten Konflikt gemeinsam mit allen Beteiligten gelöst zu haben, nur um später festzustellen, daß sich die anderen nicht an die getroffenen Vereinbarungen halten. Beantworten Sie in einem solchen Fall die folgenden Fragen:

Reichten die in Aussicht gestellten Belohnungen oder negativen Konsequenzen aus, um die andere Person zu motivieren?

Falls Sie nur Belohnungen in Aussicht gestellt haben, kann es notwendig sein, diese Belohnungen zu verstärken oder die Androhung negativer Konsequenzen ins Auge zu fassen. Falls Sie bereits negative Folgen angedroht haben, setzen Sie sie jetzt in die Tat um. Manche Menschen handeln erst, wenn sie sich davon überzeugt haben, daß Sie es tatsächlich ernst meinen.

Müssen Sie Erinnerungshilfen geben, weil die andere Person vergeßlich oder sehr beschäftigt ist?

Wenn es um Themen geht, die für Sie selbst sehr wichtig, für andere jedoch relativ unbedeutend sind, kann es sein, daß Sie Ihren Verhandlungspartner an die gemeinsame Vereinbarung erinnern müssen. Dies ist besonders dann der Fall, wenn er von Natur aus vergeßlich oder sehr beschäftigt ist. Erinnern Sie ihn freundlich an Ihre Abmachung, ohne ihm das Gefühl zu geben, ihn zu bestrafen oder ihm Vorwürfe machen zu wollen. Im günstigen Fall wird er sich nach einer Weile von selbst an Ihre Vereinbarungen erinnern, und weitere Gedächtnishilfen werden überflüssig sein.

Gibt es verinnerlichte Verhaltensweisen, die die andere Person davon abhalten, sich an die Vereinbarung zu halten?

Diese Frage ist besonders wichtig, wenn Ihre Vereinbarung darauf abzielt, eingefleischte Verhaltensweisen zu verändern, z. B. wenn Sie die andere Person gebeten haben, in Ihrer Gegenwart nicht zu rauchen oder zu fluchen. Legen Sie in diesem Fall eine tolerante Einstellung an den Tag. Hat die andere Person sich in bester Absicht Mühe gegeben, belohnen Sie auch die teilweise Erfüllung Ihrer Vereinbarung. Halten Sie sich vor Augen, wie schwierig es ist, tief verwurzelte Verhaltensweisen zu ändern. Bei der Arbeit an diesem Programm haben Sie dies am eigenen Leibe erfahren. Ist nach einer angemessenen Zeitspanne noch kein ausreichender Fortschritt erzielt worden, überlegen Sie, ob die andere Person bereit ist, die für die Veränderung nötige Zeit und Energie aufzubringen, und ob Sie selbst die Zeit, Energie und Bereitschaft haben, ihr in diesem Prozeß weiter zur Seite zu stehen. Falls nicht, erwägen Sie eine andere Lösung.

Haben Sie einen Faktor übersehen, der die Fähigkeit der anderen Person, die gemeinsame Vereinbarung einzuhalten, stark beeinträchtigt?

Krankheit, berufsbedingte Belastungen und persönliche Beziehungen sind typische Faktoren, die einen Menschen davon abhalten können, sich an Vereinbarungen zu halten. Falls Sie einen solchen Faktor erkennen, analysieren Sie das Problem noch einmal, entwickeln Sie eine neue Problemlösung und versuchen Sie es mit einer neuen Vereinbarung.

Falls Sie alle diese Punkte berücksichtigt und dennoch keine nennenswerten Fortschritte erzielt haben, haben Sie es wahrscheinlich mit einem Verhandlungsmuffel zu tun. Hüten Sie sich vor Vereinbarungen mit jemandem, dessen bisherige Geschichte nahelegt, daß er nicht vertrauenswürdig ist und sich kaum an Absprachen hält. Überlegen Sie in einem solchen Fall schon vorher, was Sie tun werden, falls diese Person ihre Versprechungen nicht erfüllt.

Praktischer Teil zu Lektion 14

Konstruktives Konfliktlösungsverhalten üben

Üben Sie auch weiterhin die in Lektion 13 dargestellte Methode zur konstruktiven Konfliktlösung. Verweilen Sie besonders bei den Punkten, bei denen Sie sich noch unsicher fühlen.

Falls es Ihnen noch immer schwerfällt, sich in konfliktträchtigen Situationen selbst zu behaupten, lesen Sie täglich die in Lektion 13 aufgelisteten Rechte und Pflichten durch. Entwickeln Sie außerdem rationale innere Dialoge, mit deren Hilfe Sie irrationale Vorstellungen über den Umgang mit Konfliktsituationen bekämpfen können.

Auf negative Taktiken positiv reagieren

Versuchen Sie, sich an vergangene Situationen zu erinnern, in denen es Ihnen schwerfiel, sich selbst zu behaupten, und überlegen Sie, welche Taktiken die anderen Beteiligten einsetzten, um Ihre Bemühungen um eine konstruktive Lösung zu sabotieren. Überlegen Sie, welche der in dieser Lektion beschriebenen Gegenmaßnahmen angemessen gewesen wären, entwickeln Sie entsprechende Dialoge und üben Sie sie.

Diese Übung können Sie jederzeit im stillen durchführen, z. B. beim Autofahren, bei der Hausarbeit, in einem Wartezimmer usw. Noch besser geht es natürlich, wenn Sie einen Übungspartner finden, mit dem Sie konkrete Situationen durchspielen können. Auch vor dem Spiegel zu üben, kann sinnvoll sein, weil Sie gleichzeitig überprüfen können, ob Ihre Gesten und Gesichtsausdrücke die Ernsthaftigkeit Ihres Anliegens unterstreichen.

Die neugewonnenen Fertigkeiten praktisch umsetzen

Beginnen Sie nun damit, die neugewonnenen Fähigkeiten praktisch umzusetzen. Nehmen Sie sich anfangs möglichst einfache Situationen vor. So wie ein Klavierschüler zunächst mit einfachen Tonleitern beginnt und dann zu schwierigeren Stücken übergeht, beginnen Sie mit kleineren Konflikten und arbeiten sich dann langsam zu komplexeren Konfliktsituationen vor.

Am Ende jeden Tages über aufgetretene Probleme und Konflikte nachdenken

Verbringen Sie jeden Abend einige Minuten damit, die am Tage aufgetretenen Konflikte und die eigene Reaktion darauf noch einmal zu durchdenken. Überlegen Sie, wie Sie ähnliche Konfliktsituationen in Zukunft noch effektiver lösen können. Üben Sie besonders die Methoden, die Sie bisher noch nicht angewandt haben, in Zukunft jedoch gern benutzen würden.

Auf keinen Fall sollten Sie diese Reflexionsphase jedoch zum Anlaß nehmen, sich selbst Vorwürfe zu machen, weil Sie womöglich nicht gleich auf Anhieb die „beste" Lösung gefunden haben, das Problem nicht so angegangen sind, wie Sie es angehen „sollten", oder gar gänzlich „versagt" haben. Denken Sie daran: Sie haben in jeder Situation Ihr Bestes gegeben. Wir alle vergessen von Zeit zu Zeit, unser neuerworbenes

Wissen umzusetzen; das ist nur menschlich und im Grunde auch gar nicht anders zu erwarten.

> Wirksame Methoden zur Selbstbehauptung zu erlernen, dauert seine Zeit und erfordert viel Übung. Arbeiten Sie mindestens eine Woche lang an dieser Lektion. Falls Sie Schwierigkeiten haben, sich in Konfliktsituationen zu behaupten, befassen Sie sich noch ein wenig länger mit diesem Thema.

LEKTION 15

DAS ERREICHTE FORTFÜHREN

Wir kommen nun zur letzten Lektion unseres Programms. Das heißt jedoch nicht, daß wir bereits alle Möglichkeiten zur Überwindung Ihrer Angstprobleme ausgeschöpft hätten. Wenn Sie sich für einen der in dieser Lektion vorgestellten Übungspläne entscheiden, werden Sie aller Wahrscheinlichkeit nach feststellen, daß Ihre Fähigkeit, mit den eigenen Angstgefühlen positiv umzugehen, in den nächsten Monaten noch weiter wachsen wird. Sie sind also nicht am Ende Ihrer Reise, sondern am Anfang eines neuen Lebens angekommen.

Den eigenen Fortschritt einschätzen

Das Verhältnis zu den eigenen Angstproblemen ist in dieser Phase individuell sehr unterschiedlich. Manche haben schon jetzt das Gefühl, negative Denkmuster und Verhaltensweisen vollständig überwunden zu haben und mit ihrer Angst effektiv umzugehen, während andere gerade die ersten Fortschritte verspüren und sich die Mehrheit irgendwo in der Mitte zwischen diesen beiden Polen befindet. Damit Sie das Erreichte in jedem Fall fortführen und kontinuierlich weiterentwickeln können, haben wir für Ihr weiteres Wachstum drei verschiedene Pläne aufgestellt. Ehe Sie sich genauer mit diesen Plänen befassen, sollten Sie jedoch erst einmal den Fragebogen zur Nach-Einschätzung am Ende dieser Lektion ausfüllen. Das Ergebnis der systematischen Einschätzung wird Ihnen dabei helfen, sich für den richtigen Plan zu entscheiden.

Drei Pläne für Ihr weiteres persönliches Wachstum

Nachdem Sie den eigenen Fortschritt mit Hilfe unseres Fragebogens eingeschätzt haben, lesen Sie nun bitte die folgenden Beschreibungen aufmerksam durch und kreuzen Sie diejenige an, die Ihrer gegenwärtige Situation am nächsten kommt. Falls Sie sich nicht entscheiden können, welche Beschreibung am besten zu Ihnen paßt, lesen Sie die Erläuterungen der einzelnen Pläne durch und wählen Sie den aus, der am ehesten Ihren Bedürfnissen entspricht.

– *Plan A:* Übersteigerte Angst spielt in meinem Leben keine Rolle mehr. Ich habe meine Angst auf ein Ausmaß reduziert, mit dem ich gut umgehen kann. Außerdem habe ich die meisten oder gar alle negativen Denkmuster und Verhaltensweisen überwunden, die mit meiner Angst zusammenhingen. Die verbliebenen Angstprobleme sind von untergeordneter Bedeutung und beeinträchtigen meine Fähigkeit, aktiv zu leben und das Leben zu genießen, nicht.

– *Plan B:* Ich habe große Fortschritte gemacht und einen Teil meiner Angstprobleme überwunden. Ich beobachte bei mir jedoch immer noch negative Denkmuster und Verhaltensweisen sowie Angstreaktionen, die meine Fähigkeit, aktiv zu leben und das Leben zu genießen, beeinträchtigen.

– *Plan C:* Ich habe bei der Überwindung meiner Angstprobleme nur geringe Erfolge erzielt oder nach anfänglichen Fortschritten keine wesentlichen Verbesserungen mehr erreichen können.

Plan A: Für Menschen, die das Gefühl haben, daß die Angst ihr Leben nicht mehr ernsthaft beeinträchtigt

Manche Menschen haben diesen Punkt schon nach dem ersten Durcharbeiten aller fünfzehn Lektionen erreicht, andere brauchen mehrere „Durchgänge" oder gar die Hilfe eines Therapeuten, um ihre Angstgefühle endgültig zu überwinden. In diesem Moment ist es jedoch völlig egal, wie lang es gedauert hat oder ob Sie unser Programm allein oder mit einem Freund, einer Gruppe oder einem Therapeuten durchgearbeitet haben – Sie sind an einem Punkt angekommen, an dem die Angst Ihr Leben nicht mehr ernsthaft beeinträchtigt. Halten Sie inne und beglückwünschen Sie sich selbst! Sie haben eine der schwierigsten Aufgaben im Leben erfolgreich bewältigt: die Veränderung des eigenen Denkens und Handelns.

Sie werden feststellen, daß die erlernten Techniken und Methoden im Laufe der Zeit immer effektiver werden. Dies bedeutet nicht, daß Sie schließlich alle Probleme und Konflikte perfekt lösen werden – schließlich ist auf dieser Welt niemand vollkommen. Aber Sie haben ein sehr viel größeres Verständnis für die eigenen Bedürfnisse gewonnen und eine große Bandbreite neuer Fähigkeiten zur Bewältigung verschiedenster Lebenssituationen gewonnen. Verwenden Sie immer wieder Zeit und Energie darauf, die neuen Verhaltensweisen, Einstellungen und Denkmuster zu stärken, um so das Erreichte fortzuführen und weiterzuentwickeln. Auf diese Weise beugen Sie der Stagnation vor und vermeiden es, in alte Muster zurückzuverfallen.

Gehen Sie die verschiedenen Lektionen in monatlichen Abständen noch einmal durch

Nehmen Sie sich pro Monat ein paar Stunden Zeit, um die einzelnen Lektionen noch einmal durchzugehen. überlegen Sie dabei, an welchen Techniken und Fähigkeiten Sie noch arbeiten müssen, und bemühen Sie sich in den restlichen Wochen des Monats bewußt darum, schwache Bereiche durch die in der jeweiligen Lektion empfohlenen Übungen zu stärken. Am Anfang des nächsten Monats gehen Sie dann zur nächsten Lektion über.

Nutzen Sie Ihre Karteikarten, sobald sich alte Verhaltensmuster bemerkbar machen

Heben Sie die verschiedenen Karteikarten auf, die Sie während der Arbeit an den einzelnen Lektionen erstellt haben. Wenn Sie merken, daß Sie in alte Verhaltensmuster zurückverfallen, gehen Sie die Karten durch, die sich auf diese Verhaltensweisen oder Denkmuster beziehen.

Lesen Sie andere Bücher zum Thema

Schauen Sie sich in Ihrer Bibliothek oder Ihrem Buchladen nach anderen Büchern zum Thema um. Wählen Sie besonders solche Titel aus, die sich mit Ihren schwachen Punkten befassen. Lassen Sie sich beim Lesen dieser Bücher genug Zeit, um neugewonnene Erkenntnisse in die Praxis umzusetzen.

Nehmen Sie an Kursen, Seminaren oder Selbsthilfegruppen teil

Eine Gruppe Gleichgesinnter wird Sie dabei unterstützen, die erworbenen Kenntnisse und Fähigkeiten weiter zu stärken. Volkshochschulen, Kirchenkreise und viele andere Institutionen bieten entsprechende Gruppen und Seminare an. Falls Sie als Kind körperlich, sexuell oder emotional mißbraucht wurden oder aus einer Familie stammen, in der Alkohol- und Drogenmißbrauch eine Rolle spielten, falls Sie ein traumatisches Erlebnis hatten oder ein akutes emotionales oder körperliches Problem haben, kann es außerdem sinnvoll sein, sich einer Selbsthilfegruppe anzuschließen.

Nach einer Weile werden Sie für Ihr persönliches Wachstum immer weniger Zeit und Energie einsetzen müssen. Im Normalfall müßte es genügen, wenn Sie sich an die oben genannten vier Punkte halten. Falls Sie in alte Muster verfallen oder bemerken, daß Sie die neuerlernten Fähigkeiten zu wenig oder gar nicht anwenden, sollten Sie sich noch einmal etwas ausführlicher mit den entsprechenden Lektionen befassen. Halten Sie sich stets vor Augen, daß die dafür aufgebrachte Zeit und Energie nicht verloren sind – ein aktives Leben voller Lebensfreude wird der Lohn für Ihre Bemühungen sein.

Plan B: Für Menschen, die einen gewissen Fortschritt erzielt haben, jedoch noch immer unter Angstproblemen leiden

Falls Sie enttäuscht sind oder sich als Versager fühlen, weil Sie alle Lektionen durchgearbeitet haben, aber immer noch unter Angstproblemen leiden, halten Sie einen Moment lang inne, um die perfektionistischen Denkmuster zu erkennen, die sich hinter diesen Gefühlen verbergen. Viele Menschen haben das Gefühl, daß Ihr Leben auch nach der Arbeit an diesem Programm durch Angstprobleme ernsthaft beeinträchtigt wird. Das liegt einfach daran, daß sich diese Angstprobleme aus vielen verschiedenen, tiefverwurzelten Überzeugungen, Denkmustern und Verhaltensweisen speisen und sich im Laufe vieler Jahre entwickelt und eingeschliffen haben. Ein langjähriger Lernprozeß läßt sich eben nicht innerhalb weniger Wochen umkrempeln. Häufig dauert es ein Jahr oder gar noch länger, bis die Inhalte aus allen fünfzehn Lektionen vollständig verinnerlicht sind. Viele müssen die Lektionen zwei- oder dreimal durcharbeiten. Dies trifft besonders auf die Menschen zu, die als Kind körperlich, emotional oder sexuell mißhandelt wurden.

Prüfen Sie kritisch Ihre Gedanken über den eigenen Fortschritt und achten Sie dabei besonders auf negative Denkmuster wie „Soll/Muß"-Regeln, unzulässige Verallgemeinerungen und Übertreibungen. Konzentrieren Sie sich auf den Fortschritt, den Sie tatsächlich erzielt haben, und erinnern Sie sich stets daran, daß es keinen bestimmten Zeitpunkt gibt, an dem Sie alle Ihre problematischen Verhaltensweisen überwunden haben „sollten" oder „müßten". Es kommt darauf an, Ihr ganz persönliches Tempo zu finden. Mit ein wenig Geduld werden Sie weitere Fortschritte erzielen und Ihren Erfolg weiter ausbauen können. Denken Sie daran, daß es immer eine gewisse Zeit braucht, neue Kenntnisse und

Fähigkeiten zu erlernen. Veränderung ist ein langsamer Prozeß. Das zeigt auch die folgende kleine Geschichte:

Veränderung – ein Drama in fünf Akten*

1. Akt:	Ich gehe eine Straße hinunter. Im Bürgersteig ist ein tiefes Loch. Ich falle hinein. Es dauert ewig, bis ich wieder herauskomme. Es ist alles meine Schuld.
2. Akt:	Ich gehe die gleiche Straße hinunter. Ich falle wieder in das Loch. Es dauert immer noch sehr lange, bis ich wieder herauskomme. Es ist *nicht* meine Schuld.
3. Akt:	Ich gehe die gleiche Straße hinunter. Ich falle wieder in das Loch. Es wird zur Angewohnheit. Es *ist* meine Schuld. Ich komme sofort wieder heraus.
4. Akt:	Ich gehe die gleiche Straße hinunter und sehe das tiefe Loch. Ich gehe um das Loch herum.
5. Akt:	Ich gehe eine andere Straße hinunter.

Entwickeln Sie einen rationalen inneren Dialog, um ihn den negativen Gedanken und Gefühle über Ihren bisherigen Fortschritt entgegenzusetzen, und fassen Sie den festen Vorsatz, Ihre Reise fortzusetzen. Plan B ist sehr einfach: Beginnen Sie mit Lektion 1 und arbeiten Sie alle Lektionen in der vorgegebenen Reihenfolge noch einmal durch. Verfolgen Sie dabei zwei grundsätzliche Ziele: 1. Arbeiten Sie daran, Ihr Verständnis für Vorstellungen zu vertiefen, die Sie beim ersten Mal entweder übergangen oder nicht vollständig verstanden haben. 2. Üben Sie Fertigkeiten, die Sie entweder übersprungen haben oder aus Mangel an Zeit, Verständnis oder Engagement nicht gründlich genug geübt haben. Diese Ziele erreichen Sie am ehesten, wenn Sie die folgenden Vorschläge beherzigen:
– Nehmen Sie sich für jede Lektion ausreichend Zeit. Falls nötig, arbeiten Sie zwei oder drei Wochen an jeder Lektion.

---

* Autor unbekannt, erschienen im Mitteilungsblatt der Selbsthilfeorganisation ABIL (Agorophobics Building Independent Lives), Richmond, Virginia

– Lesen Sie den Text jeder Lektion mindestens dreimal durch. Wenn Ihnen einzelne Bereiche Schwierigkeiten bereiten, sogar noch öfter.
– Konzentrieren Sie sich vor allem auf die Übungen, die Sie beim ersten Mal ausgelassen haben. Wiederholen Sie auch die Übungen, die Sie beim ersten Mal besonders schwierig fanden.
– Wird in einer Lektion ein Thema angesprochen, das Ihnen besonders große Probleme bereitet, schauen Sie sich in Ihrer Bibliothek oder Buchhandlung nach einem Werk um, das sich speziell mit diesem Thema befaßt.

Viele haben Schwierigkeiten, den obigen Richtlinien zu folgen, weil sie zu beschäftigt sind oder es ihnen schwerfällt, sich mit schriftlichen Texten zu befassen. Trifft dies auch für Sie zu, befolgen Sie die folgenden Ratschläge:
– Legen Sie eine tägliche Übungszeit fest. Dieser Termin sollte einen ebenso wichtigen Stellenwert einnehmen wie die täglichen Mahlzeiten. Falls Sie einen Terminkalender führen, tragen Sie Ihre Übungszeiten für mehrere Wochen im voraus ein.
– Denken Sie daran, daß die größten Fortschritte möglich sind, wenn es Ihnen gut geht und Ihr Leben in ruhigen Bahnen verläuft. Es fällt Ihnen dann leichter, sich selbst objektiv zu sehen und die empfohlenen Übungen durchzuführen. Nutzen Sie diese Phasen für intensive Übungen!
– Falls es Ihnen schwerfällt, mit schriftlichen Texten umzugehen, sprechen Sie einzelne, für Sie besonders wichtige Passagen auf Band, so daß Sie sie anschließend abhören können. Suchen Sie sich einen Übungspartner oder eine Gruppe, mit der sie die einzelnen Lektionen gemeinsam durchsprechen können.
– Erwägen Sie, sich einen Therapeuten zu suchen, der auf Angstprobleme spezialisiert ist.

Wer Plan B befolgt, ist meist überrascht, wie viele Informationen ihm beim ersten oder gar zweiten Durchlesen entgangen sind. Dafür gibt es verschiedene Gründe: Man kann in einem vorgegebenen Zeitraum nicht unendlich viele Informationen aufnehmen bzw. Fertigkeiten erlernen. Je stärker die Angst das eigene Leben beeinträchtigt, desto schwieriger ist es, die in den einzelnen Lektionen dargestellten Inhalte zu verinnerlichen. Da Ihre Angst inzwischen schon deutlich geringer geworden ist, haben Sie beim zweiten oder dritten Durchgang eine größere Chance, alle wichtigen Einzelheiten aufzunehmen.

Die einzelnen Lektionen enthalten mehr Informationen, als sich in ein bis zwei Wochen bewältigen lassen. Sie wurden absichtlich so abgefaßt, um den großen individuellen Unterschieden unter den Leserinnen und Lesern gerecht zu werden. Da sich auch Ihre Situation inzwischen deutlich gewandelt hat, werden Sie die Texte beim zweiten oder dritten Mal „mit anderen Augen" lesen.

Weil die auf verschiedene Lektionen aufgeteilten Inhalte in Wirklichkeit alle miteinander zusammenhängen, kann es leicht vorkommen, daß man einzelne Teile übergeht oder nicht völlig begreift, weil wichtige Vorkenntnisse oder Einsichten fehlen. Inzwischen haben Sie jedoch auch die in den späteren Lektionen vorgestellten Techniken und Methoden kennengelernt, so daß Sie meist mit den in den ersten Lektionen beschriebenen Übungen besser zurechtkommen werden. Ihre Fähigkeit, neuerworbene Kenntnisse in die Praxis umzusetzen, wird auf diese Weise ständig weiter gestärkt.

Plan C: Für Menschen, die noch immer starke Angstprobleme haben und keine wesentlichen Fortschritte mehr verspüren

Plan C ist für Menschen gedacht, die entweder von Anfang an wenig Fortschritte erzielen konnten oder anfänglich gut vorangekommen, dann aber an irgendeinem Punkt „steckengeblieben" sind. Um den Grund für diese Probleme ermitteln zu können, beantworten Sie bitte zunächst die folgenden Fragen:

– Haben Sie an jeder Lektion mindestens eine Woche lang gearbeitet?
– Haben Sie die Lektionen in der richtigen Reihenfolge durchgearbeitet und jede mindestens dreimal durchgelesen?
– Haben Sie die Mehrzahl der empfohlenen Übungen durchgeführt?
– Haben Sie beim Üben alle Anweisungen genau befolgt?

Falls Sie auf eine oder mehrere der obigen Fragen mit nein geantwortet haben, ist Ihr mangelnder Fortschritt aller Wahrscheinlichkeit nach darauf zurückzuführen, daß Sie das Programm falsch angewendet haben. Dies ist jedoch noch lange kein Grund, sich schlecht zu fühlen und sich Selbstvorwürfe zu machen. Schließlich geht es vielen Menschen so, die das Programm zum ersten Mal durcharbeiten; sie haben bisher kaum mit schriftlichen Selbsthilfeprogrammen gearbeitet, und es fehlt ihnen an Erfahrung beim praktischen Umsetzen schriftlicher Anweisungen. Falls Sie zu dieser Gruppe gehören, folgen Sie Plan B und arbeiten Sie die Lektionen noch einmal durch.

Häufig steckt hinter den beschriebenen Schwierigkeiten aber auch ein starker Widerstand gegen Veränderungen. Falls Sie das Gefühl haben, daß Sie sich im Grunde gegen Veränderungen sträuben, gehen Sie Lektion 10 noch einmal durch und versuchen Sie, die Quelle Ihres Widerstandes zu benennen. Folgen Sie dann den in Lektion 10 aufgeführten Vorschlägen zur Überwindung dieser Probleme.

Falls keiner der obigen Gründe auf Sie zuzutreffen scheint und Sie das Gefühl haben, keinerlei Fortschritt gemacht zu haben, sollten Sie sich an einen erfahrenen Psychotherapeuten wenden.

Persönliche Nacheinschätzung

Schreiben Sie alle Medikamente auf, die Sie zur Zeit einnehmen:

Medikament: Tägliche Dosierung:

Geben Sie mit Hilfe der folgenden Skala an, wie groß Sie die Kontrolle über Ihr eigenes Leben zur Zeit einschätzen (kreuzen Sie eine Zahl an):

(Keine Kontrolle)   1 2 3 4 5 6 7 8 9 10   (Völlige Kontrolle)

Lesen Sie die folgenden Liste von Symptomen aufmerksam durch und wählen Sie aus jeder der drei Kategorien eine Zahl aus, mit der Sie angeben, wie häufig dieses Problem in den letzten Monaten bei Ihnen aufgetreten ist (Häuf.), wie intensiv es war (Intens.) und wie sehr es Ihr Leben beeinträchtigt hat (Beeintr.). Falls eines der angegebenen Symptome bei Ihnen in den letzten Monaten gar nicht aufgetreten ist, kreuzen Sie die Antwort „n.a." („nicht aufgetreten") an.

Häufigkeit (Häuf.)	Intensität (Intens.)	Beeinträchtigung (Beeintr.)
1 – nie	1 – kaum spürbar	1 – keine Beeinträchtigung
2 – selten (höchstens einmal im Monat)	2 – wenig intensiv	2 – leichte Beeinträchtigung
3 – manchmal (etwa einmal pro Woche)	3 – deutlich spürbar	3 – mittlere Beeinträchtigung
4 – häufig (mehrmals pro Woche, aber nicht täglich)	4 – sehr intensiv	4 – starke Beeinträchtigung
5 – ständig (einmal oder mehrmals täglich)	5 – Panik auslösend	5 – extreme Beeinträchtigung

A. Körperliche Symptome

Körperliche Symptome	N.a.	Häuf.	Beeintr.	Intens.
Kurzatmigkeit, Atemnot oder Erstickungsgefühle				
Würgen oder Schluckbeschwerden				
Herzklopfen, Herzjagen oder beschleunigter Puls				
Schmerzen in der Brust				

Schwitzen, Schweißausbrüche				
Schwindel, Gleichgewichsstörungen oder Ohnmachtsgefühle				
Übelkeit oder Bauchschmerzen				
Taubheit oder Kribbeln in Fingern, Zehen oder Lippen				
Hitzewallungen oder Frösteln				
Weitere				
Weitere				
Weitere				

B. Ängste

Benutzen Sie nun die gleiche Skala, um die auf Sie zutreffenden Ängste
einzuschätzen. In den ersten drei Zeilen der Tabelle sind bereits einige
Beispiele aufgeführt. Verwenden Sie die freien Zeilen, um Ihre persönlichen Ängste und Befürchtungen aufzuführen.

Ängste	N.a.	Häuf.	Beeintr.	Intens.
Angst vor schwerer Krankheit oder Tod				
Angst, verrückt zu werden				
Angst, die Selbstbeherrschung zu verlieren				
Weitere				
Weitere				

C. Panikattacken

Panikattacken sind intensive Angstzustände, die sich meist durch vier
oder mehr der unter A und B aufgelisteten Symptome oder Ängste ausdrücken (z. B. Kurzatmigkeit, beschleunigter Puls, Schwindelgefühl und
die Angst zu sterben). Falls Sie in den letzten Monaten Panikattacken

erlebt hatten, benutzen Sie die obige Skala, um deren Häufigkeit, den Grad der Unannehmlichkeit und der Beeinträchtigung anzugeben.

N. a.   Häufigkeit   Intensität   Beeinträchtigung

D. Starke Angstzustände

Starke Angstzustände unterscheiden sich von Panikattacken dadurch, daß bei ihnen nur drei oder weniger der unter A und B angegebenen Symptome und Ängste auftreten. Benutzen Sie auch hier die obige Skala zur Einschätzung.

N. a.   Häufigkeit   Intensität   Beeinträchtigung

E. Angstauslösende Situationen

Listen Sie alle Ereignisse oder Situationen auf, die während der letzten Monate bei Ihnen Angstzustände ausgelöst haben. Danach benutzen Sie die obige Skala, um für jede Situation Häufigkeit, Intensität und Grad der Beeinträchtigung anzugeben. Falls Sie es sich zur Angewohnheit gemacht haben, einige Situationen möglichst zu vermeiden, geben Sie bitte an, wie oft Sie sie vermieden haben. Benutzen Sie dazu die folgende Vermeidungs-Skala (Verm.).

1 – nie vermieden	3 – manchmal (in bis	5 – immer (in bis zu 100%
2 – selten (in bis zu 25%	zu 50% aller Fälle)	aller Fälle)
aller Fälle)	4 – häufig (in bis zu	
	75% aller Fälle)	

Falls Sie bestimmte Situationen während der letzten Monate ständig vermieden haben, schätzen Sie deren Intensität ein, indem Sie sich vorstellen, der Situation ausgesetzt zu sein. Den Grad der Beeinträchtigung bemessen Sie bitte danach, wie stark das Vermeiden der Situation Ihr Leben beeinträchtigt hat.

Situation	Verm.	Häuf.	Beeintr.	Intens.

F. Zwänge

Menschen mit Angstproblemen entwickeln häufig Zwänge. Diese äußern sich durch Handlungen, die in der Absicht, eine befürchtete Situation zu neutralisieren oder ihr vorzubeugen, in ritualisierter Form ständig wiederholt werden. Das zwanghafte Verhalten steht jedoch mit der
Situation, die neutralisiert oder vermieden werden soll, in keinerlei rea-
listischem Zusammenhang, sondern wirkt eindeutig übertrieben. Ständiges Händewaschen als Reaktion auf die Angst, sich selbst oder andere
anzustecken, ist ein Beispiel für eine besonders weitverbreitete Zwangshandlung. Andere häufig vorkommende Zwänge äußern sich durch
Zählen, Kontrollieren und ständiges Berühren. Tragen Sie in der folgenden Liste Ihre Zwänge ein und geben Sie bitte an, wie häufig Sie die
zwanghafte Handlung in der vergangenen Woche *täglich* vorgenommen
haben. Schätzen Sie bitte auch ein, wie stark die jeweiligen Zwänge Ihr
Leben beeinträchtigen. Falls Sie bei sich selbst keine zwanghaften
Handlungen feststellen können, lassen Sie diese Liste offen.

Zwänge	Häuf. (pro Tag)	Beeintr.

G. Globale Einschätzung: Angstprobleme

Mit Hilfe der folgenden Skala können Sie einschätzen, welche Fortschritte Sie *insgesamt* bei der Überwindung Ihrer täglichen Angstprobleme (Punkte A, C und D) erzielen konnten. Kreuzen Sie die Beschreibung an, die der gegenwärtigen Einschätzung Ihres Gesamtfortschrittes
am ehesten entspricht. Vergleichen Sie die Ergebnisse von Vor- und
Nacheinschätzung, ehe Sie Ihre Bewertung vornehmen.

1 — Vollständige Verbesserung

2 — Große Verbesserung

3 — Verbesserung

4 — Leichte Verbesserung

5 — Keine Verbesserung

H. Globale Einschätzung: Destruktive Verhaltensweisen

Mit Hilfe der folgenden Skala können Sie einschätzen, welche Fortschritte Sie *insgesamt* bei der Überwindung destruktiver Verhaltensweisen (Punkte B, E und F) erzielen konnten. Kreuzen Sie die Beschreibung an, die der gegenwärtigen Einschätzung Ihres Gesamtfortschrittes am ehesten entspricht. Vergleichen Sie die Ergebnisse von Vor- und Nacheinschätzung, ehe Sie Ihre Bewertung vornehmen.

1 — Vollständige Verbesserung

2 — Große Verbesserung

3 — Verbesserung

4 — Leichte Verbesserung

5 — Keine Verbesserung

ANHANG

ENTSPANNUNGS-ÜBUNGEN

Um den Zustand der tiefen Muskelentspannung zu erreichen, können verschiedene Methoden eingesetzt werden, die von der Meditation und Hypnose bis zum Autogenen Training und Biofeedback reichen. In diesem Anhang wollen wir vier der bekanntesten Entspannungstechniken beschreiben und im Anschluß zwei ausführliche Übungstexte vorstellen, die Sie auf Kassette aufnehmen und für Ihre praktischen Übungen einsetzen können.

Progressive Muskelentspannung

Die progressive Muskelentspannung gehört zu den ältesten der „modernen" Entspannungsmethoden. Sie wurde 1908 von Edmund Jacobson entwickelt und beruht auf der Erkenntnis, daß sich ein Muskel um so gründlicher *ent*spannt, wenn er vorher *an*gespannt wurde. Die Methode der progressiven Muskelentspannung bedarf der regelmäßigen Übung; erwarten Sie daher anfangs nur einen begrenzten Erfolg. Nach einer gewissen Zeit können jedoch die meisten Menschen mit Hilfe dieser Technik sehr rasch willentlich einen tiefen Entspannungszustand herbeiführen.

1. Wählen Sie einen günstigen Zeitpunkt und einen Ort, an dem Sie nicht gestört werden, und liegen oder sitzen Sie in einer bequemen Position.
2. Schließen Sie die Augen und atmen Sie entspannt, während Sie in Gedanken eine Reise durch Ihren Körper machen und nachspüren, wie sich die verschiedenen Muskelgruppen und Gelenke anfühlen. Spüren Sie, welche Bereiche am stärksten angespannt sind.
3. Nun beginnt die eigentliche Übung: Jeweils eine Muskelgruppe wird zunächst angespannt und anschließend entspannt. Beginnen Sie mit den Füßen und arbeiten Sie sich langsam herauf bis zu Kopf und Ge-

sicht. Atmen Sie beim Übergang von der einen zur nächsten Muskelgruppe einmal tief ein und aus. Spannen Sie die einzelnen Muskeln vorsichtig an; besonders an den Nacken- und Rückenmuskeln, die häufig stark verspannt sind, kann es sonst zu Schmerzzuständen kommen, eine Überdehnung der Zehen oder Füße kann zu Muskelkrämpfen führen.

Je schwerer es Ihnen fällt, sich zu entspannen, desto mehr Zeit müssen Sie auf diese Übung verwenden und auch mit kleineren Muskelgruppen arbeiten. Spannen Sie z. B. zuerst die Zehen des linken Fußes und dann die Zehen des rechten Fußes an. Wenn Sie etwas mehr Übung haben, können Sie dann später die Zehen beider Füße gleichzeitig an- und entspannen.

4. Wenn Sie alle wichtigen Muskelgruppen nacheinander angespannt und entspannt haben, halten Sie einen Moment lang inne und spüren Sie, um wieviel entspannter Sie im Vergleich zum Beginn der Übung sind. Spüren Sie nach, in welchen Körperbereichen eine gewisse Anspannung zurückgeblieben ist. Wenn Sie möchten, können Sie nun eine der anderen Übungen anschließen, um die Entspannung noch zu vertiefen.

Atem-Zähl-Übung

Bei dieser Übung werden zwei bewährte Entspannungstechniken kombiniert: das bewußte Atmen und das Rückwärtszählen.

1. Wählen Sie einen günstigen Zeitpunkt und einen Ort, an dem Sie ungestört sind, und liegen oder sitzen Sie in einer bequemen Position.

2. Schließen Sie die Augen und beginnen Sie, von 50 an rückwärts zu zählen. Passen Sie den Zählvorgang an Ihre Atmung an. Zwischen zwei Atemzügen, also nach dem *Ausatmen*, entsteht eine kleine Pause, in der die Atmung ruht. Bei manchen Menschen dauert sie ein bis zwei Sekunden an, bei anderen kann sie bis zu zwanzig Sekunden dauern. Nutzen Sie diese Zeit der Atemruhe zum Zählen Ihrer Atemzüge. Es ist eine Phase, in der sich Ihr Körper in völliger Ruhe befindet. Beim Üben werden Sie öfter mal vergessen, bei welcher Zahl Sie gerade waren. Das ist völlig normal. Gehen Sie einfach zu der Zahl zurück, an die Sie sich noch erinnern können. Sollte dies z. B. die Nummer 37 sein, fahren Sie mit Ihrer Zählung bei 36 fort. Falls Sie die Übung gern ausdehnen möchten, fangen Sie mit einer höheren Zahl wie 75 oder gar 100 an. Mit etwas Erfahrung werden Sie leicht ab-

schätzen können, wie lange die Übung dauert, wenn Sie mit einer bestimmten Zahl beginnen.
3. Wenn Sie bei null angekommen sind, können Sie die Übung entweder
beenden oder zu einer anderen Übung übergehen, um die Entspannung noch zu vertiefen.

Wie bei der progressiven Muskelentspannung ist auch hier eine gewisse
Zeit der Übung nötig, ehe man erste Ergebnisse spürt. Hat man die
Methode jedoch erst einmal erlernt, ermöglicht sie eine rasche Entspan-
nungsreaktion.

Focal Point-Technik

Rund um den Erdball gibt es die verschiedensten Arten religiöser und
säkularer Meditation. Viele dieser Methoden können als effektive Entspannungsübungen genutzt werden. Die folgende Technik stellt eine
von Herbert Benson entwickelte Kombination verschiedener Medita-
tionstechniken dar.
1. Wählen Sie einen günstigen Zeitpunkt und einen Ort, an dem Sie ungestört sind, und liegen oder sitzen Sie in einer bequemen Position.
2. Schließen Sie die Augen und wählen Sie ein bestimmtes Wort, auf das
Sie sich konzentrieren wollen. Dieses Wort hilft Ihnen, Ihre Gedanken von äußeren Dingen auf einen inneren, passiven Ruhepol zu lenken und sich dadurch gründlich zu entspannen. Am häufigsten werden einfache Worte mit positivem Inhalt gewählt wie „Ruhe", „ruhig"
oder „entspannt". Auch ein kurzer Satz wie „Ich bin ruhig und friedlich" ist geeignet. Manche Menschen bevorzugen Sätze mit spirituel-
ler oder religiöser Bedeutung wie „Gott ist bei mir" oder „Gott hält
schützend seine Hand über mich".
Menschen, die eher visuell veranlagt sind, finden einen zweiten Konzentrationspunkt in Form einer bildlichen Vorstellung, die dem gewählten Wort als Hintergrund dient, meist sehr nützlich. Dabei kann
es sich um Bilder aus der Natur, etwa einen ruhigen See oder eine
Blumenwiese, aber auch um religiöse Bilder handeln.
3. Wiederholen Sie das Wort oder den kurzen Satz, für den Sie sich entschieden haben, bei jedem Ausatmen. Nehmen Sie dabei selbst eine
völlig passive Einstellung an. Das ist das Wichtigste an dieser Methode. Machen Sie sich keine Sorgen darüber, wie gut Sie die Technik
beherrschen, sondern warten Sie einfach ab und schauen Sie, was mit
Ihnen geschieht. Natürlich werden Ihre Gedanken gelegentlich ab-

schweifen. Das ist ganz normal und kein Grund zu verzweifeln oder aufzugeben. Lassen Sie die Gedanken einfach kommen und gehen und lenken Sie sie dann wieder zurück auf Ihren Atem und auf das einmal gewählte Wort, das Sie bei jedem Ausatmen wiederholen.

4. Üben Sie zehn bis zwanzig Minuten lang. Sie dürfen gelegentlich die Augen öffnen, um nach der Uhr zu sehen, sollten sich jedoch auf keinen Fall einen Wecker stellen.

Phantasiereise

Diese Methode zur Tiefenentspannung wird oft auch unter den Begriffen „Imagination" oder „Visualisation" geführt, was jedoch etwas irreführend ist, da beide Begriffe nahelegen, daß man „sehen" muß, was man sich in seiner Phantasie vorstellt. Dies ist insofern etwas unglücklich, da viele Menschen, die nicht visuell veranlagt sind, fälschlicherweise annehmen, diese Technik sei für sie nicht geeignet. In Wirklichkeit kann jeder, der Phantasie besitzt und sich in Gedanken Menschen, Orte und Geschehnisse vorstellen kann, die Methode der Phantasiereise zur Entspannung einsetzen. Sie kann sowohl allein als auch in Kombination mit der progressiven Muskelentspannung und der Atem-Zähl-Übung durchgeführt werden.

1. Wählen Sie einen günstigen Zeitpunkt und einen Ort, an dem Sie nicht gestört werden, und liegen oder sitzen Sie in einer bequemen Position.

2. Atmen Sie entspannt ein und aus, schließen Sie die Augen und stellen Sie sich etwas Friedliches und Erfreuliches vor. Ob Sie nun an eine Szene am Strand, einen stillen Bergsee, ein wogendes Weizenfeld oder einen üppigen Sommergarten denken – der möglichen Vielfalt sind nur durch Ihre eigene Vorstellungskraft Grenzen gesetzt. Seien Sie kreativ. Gehen Sie auf eine imaginäre Reise oder besuchen Sie wirkliche oder imaginäre Freunde. Rufen Sie eine angenehme Erinnerung wach oder versuchen Sie das Unmögliche und fliegen Sie auf einer Wolke geradewegs in den Himmel hinein. Es sind *Ihre* Phantasien, und *Sie allein* bestimmen, woran Sie denken möchten. Falls unangenehme Gedanken auftauchen oder Ihre Gedanken abschweifen, bleiben Sie ganz ruhig und lenken Sie Ihre Aufmerksamkeit wieder zurück zur Ihrer Phantasievorstellung.

Die Methode der Phantasiereise beruht auf einem einfachen Prinzip: Wenn Sie sich ein bestimmtes Ereignis lebhaft vorstellen, lösen Sie die physiologischen Reaktionen aus, die im wirklichen Leben mit diesem Ereignis verknüpft wären. Ein einfaches Beispiel hierfür ist die Spannung, die Sie verspüren, wenn Sie einen aufregenden Film sehen. Wie in die Handlung auf der Leinwand können Sie sich auch in eine vorgestellte Situation hineinversetzen. Wie diese Situation genau aussieht, ist völlig unwichtig, solange entspannende und erfreuliche Eindrücke damit verbunden sind, die Situation Ihr Interesse findet und möglichst detailliert ausgemalt werden kann. Je lebhafter die Vorstellung, desto stärker die physiologischen Reaktionen. Dies läßt sich am besten durch die Einbeziehung aller Sinne erreichen. Wenn Sie z. B. an einen einsamen Strand denken, spüren Sie die Wärme der Sonne auf Ihrer Haut, lauschen Sie auf das Geräusch der Brandung, riechen und schmecken Sie die salzige Luft, spüren Sie den Sand, auf dem Sie liegen – kurz, ergänzen Sie das Bild durch möglichst viele Einzelheiten.

3. Beenden Sie die Übung nach zehn bis zwanzig Minuten. Sie dürfen gelegentlich die Augen öffnen, um nach der Uhr zu sehen, sollten sich jedoch keinen Wecker stellen.

Übungstexte

Die folgenden beiden Texte bieten Ihnen anschauliche Beispiele für die Anwendung der in diesem Anhang beschriebenen Methoden zur Tiefenentspannung. Sie zeigen auch, wie die verschiedenen Techniken miteinander kombiniert und mit einer einfachen signalgeprägten Reaktion verbunden werden können. Beginnen Sie damit, den ersten Übungstext wörtlich auf eine 60-Minuten-Kassette zu sprechen. Wenn Ihnen dies lieber ist, können Sie auch jemand anderen bitten, den Text für Sie auf Band zu sprechen. Wichtig ist, daß die betreffende Person eine sanfte, beruhigende Stimme hat. Auf jeden Fall sollte der Text langsam und ruhig gelesen werden. An den Stellen, die mit ... gekennzeichnet sind, sollten Sie eine Pause lassen.

Nachdem Sie den ersten Text aufgenommen haben, wählen Sie einen günstigen Zeitpunkt und einen Ort, an dem sie ungestört sind, um sich die Kassette anzuhören. Nehmen Sie eine bequeme Sitzhaltung ein; kreuzen Sie nicht die Arme oder Beine, so daß das Blut frei zirkulieren kann. Fühlen Sie sich durch Schuhe oder Ihre Bekleidung eingeengt, ist es ratsam, die betreffenden Kleidungsstücke auszuziehen. Stellen Sie dann die Kassette ein und befolgen Sie die jeweiligen Anweisungen.

Später können Sie dann auf die Rückseite der Kassette den zweiten Text aufnehmen. Auf diese Weise können Sie bei Ihren Übungen zwischen beiden Texten wechseln, ohne die Kassette jedesmal zurückspulen zu müssen.

Mit großer Wahrscheinlichkeit werden Sie bemerken, daß Ihre Gedanken während des Abhörens der Kassette abschweifen. Dies wird besonders dann der Fall sein, wenn Sie die Texte schon mehrmals gehört haben und wissen, was auf Sie zukommt. Seien Sie unbesorgt; es ist ganz normal, daß Ihre Gedanken abschweifen. Ihr Ziel besteht darin, einen Zustand tiefer Entspannung zu erreichen. Ob Sie sich dabei voll und ganz auf den Text konzentrieren oder in Gedanken abschweifen, ist völlig unwichtig, solange Sie sich entspannt fühlen. Mit der Zeit werden Sie feststellen, daß allein die Erinnerung an bestimmte Textstellen bei Ihnen eine Entspannungsreaktion auslöst. Sie besitzen nun ein wirksames Mittel zur Entspannung, das Sie auch in problematischen, angstauslösenden Situationen wirksam einsetzen können.

Text 1: Progressive Muskelentspannung und Phantasiereise

In diesem Text wird die Methode der progressiven Muskelentspannung eingesetzt, um eine erste Entspannungsreaktion auszulösen. Zur Vertiefung der Entspannung und zur Schaffung eines „Zufluchtsorts" folgt dann die Phantasiereise. Einen imaginären Zufluchtsort zu besitzen, ist in vielen angstauslösenden Situationen äußerst nützlich. Sie erlangen dadurch nicht nur eine zusätzliche Möglichkeit zur Erzeugung einer Entspannungsreaktion, sondern auch eine wirksame Möglichkeit zur gedanklichen Ablenkung.

Übungstext

In Kürze werde ich mich mit Hilfe der Methode der progressiven Muskelentspannung in einen Zustand der Tiefenentspannung versetzen. Indem ich die ganze Zeit über Daumen, Zeige- und Mittelfinger beider Hände leicht gegeneinander drücke, werde ich ein einfaches Signal entwickeln, durch das ich eine Entspannungsreaktion auslösen kann, wenn ich mich angespannt oder ängstlich fühle.

Ich nehme mir Zeit, um mich bequem hinzusetzen oder hinzulegen und ein paarmal entspannt ein- und auszuatmen ... Ich schließe die Augen und spüre, wie die Atemluft durch meine Nase tief in die Lungen wandert ... Die Muskeln des Brustkorbs entspannen sich ... während das Zwerchfell die Atemluft willkommen heißt ... und sich der Bereich unterhalb des Bauchnabels sanft hebt und weitet ... Ich spüre, wie die

Atemluft den Körper mühelos wieder verläßt ... wie sich das Zwerchfell lockert und sich sanft zurücksenkt ... in eine weiche, entspannte, flache Position ... Ich spüre, wie sich nach einer kurzen Pause dieser gesamte Prozeß mühelos wiederholt ...

Ich atme ruhig weiter und lasse die Atemluft durch meinen Körper fließen ... Ich lenke meine Aufmerksamkeit nacheinander auf alle Stellen meines Körpers ... Ich nehme wahr, welche Stellen sich steif und angespannt anfühlen ... Ich nehme wahr, welche Stellen entspannt und locker sind ... Dann richte ich meine Aufmerksamkeit auf meinen linken Fuß ... Ich spanne beim Einatmen die Muskeln des linken Fußes an, halte dann den Atem an und spüre die Spannung ein paar Sekunden lang ... Beim Ausatmen löse ich die Spannung und lasse meinen Fuß ganz locker werden ... Nun lenke ich meine Aufmerksamkeit in den rechten Fuß ... Ich spanne beim Einatmen die Muskeln des rechten Fußes an, spüre die Spannung und löse sie dann beim Ausatmen wieder ...

Ich atme weiter entspannt ein ... und aus ... liege ganz ruhig da ... und lenke dann meine Aufmerksamkeit in mein linkes Bein ... Dann spanne ich mein linkes Bein an, halte einen Moment lang die Spannung und löse sie dann beim Ausatmen wieder ... Dann gehe ich zum rechten Bein über ... Ich spanne die Muskeln beim Einatmen an, spüre die Spannung und löse sie dann beim Ausatmen wieder ...

Ich liege ganz ruhig da ... atme entspannt ein ... und aus ... lasse die Atemluft tief in die Lungen dringen ... spüre, wie sich das Zwerchfell hebt und senkt ... und wie die Atemluft meinen Körper mühelos wieder verläßt ...

Nun lenke ich meine Aufmerksamkeit in mein Gesäß ... Ich spanne beim Einatmen die Muskeln des Gesäßes an, spüre die Spannung einige Sekunden lang und löse sie dann beim Ausatmen wieder ...

Ich atme ruhig ein ... und aus ... Ich spüre, wie ich langsam entspannter und ruhiger werde ... Das Gefühl ist sehr angenehm ... Es ist schön, so entspannt zu sein ...

Ich lenke meine Aufmerksamkeit nun auf meinen Bauch und meinen Unterleib ... Ich spanne die Bauchmuskeln beim Einatmen an, halte ein paar Sekunden lang die Spannung ... und löse sie dann beim Ausatmen wieder ... Ich spüre den angenehmen Unterschied ... Ich spüre, wie mein Körper beginnt, sich zu entspannen ... Ich atme weiter ruhig ein ... und aus ... ganz friedlich ... ruhig und entspannt ...

Nach einer Weile lenke ich meine Aufmerksamkeit in meine Brust und meine Schultern ... Ich spanne diese Muskeln an, in denen sich so viel Streß anstaut, spüre ein paar Sekunden lang die Spannung ... und löse sie dann beim Ausatmen wieder ... Ich spüre, wie mich mit der

Spannung auch der Streß verläßt ... Ich atme sanft und leicht ein ... und aus ...

Ich lenke meine Aufmerksamkeit in meine linke Hand und meinen linken Arm ... Ich mache mit der linken Hand eine Faust und spanne die Faust beim Einatmen an ... Ich halte die Faust einen Moment lang gespannt und löse dann beim Ausatmen die Spannung wieder ... Ich atme friedlich und ruhig ein ... und aus ... Dann wiederhole ich das Gleiche mit der rechten Hand und dem rechten Arm ... Ich mache mit der rechten Hand eine Faust, halte die Faust einen Moment lang gespannt ... und löse dann beim Ausatmen die Spannung wieder ... Die Faust löst sich, beide Hände und Arme sind ganz entspannt ... Alle Spannung ist aus den Muskeln gewichen ...

Ich liege ganz ruhig da und atme ein ... und aus ... Nach einer Weile richte ich meine Aufmerksamkeit auf meinen Nacken ... Auch hier baut sich manchmal viel Spannung auf ... Nach einem langen, entspannten Atemzug straffe ich meinen Nacken, spüre die Spannung und löse sie dann beim Ausatmen wieder ... Ich spüre, wie die Spannung diesen Teil meines Körpers verläßt ...

Ich ruhe mich aus und nehme ein paar entspannte Atemzüge ... Die Atemluft fließt leicht und mühelos durch meinen Körper ... Nach einer Weile lenke ich meine Aufmerksamkeit auf mein Gesicht und meinen Kopf ... Ich spanne die Gesichts- und Kopfmuskeln an, spüre einen Moment lang die Spannung und löse sie dann beim Ausatmen wieder ... Ich spüre, wie sich mein Kopf, meine Stirn und mein Gesicht entspannen ...

Ich atme weiter leicht und mühelos ... und nehme mir Zeit, meinen Körper wahrzunehmen ... Ich spüre, wie sehr ich mich seit Beginn der Übung entspannt habe ... Wenn ich noch einen Rest Spannung verspüre, atme ich sie mit dem nächsten Atemzug einfach fort ... Ich spüre, wie die Atemluft durch meinen Körper fließt und die verbleibende Spannung mit sich fortnimmt ... Ich atme die Spannung aus meinen Fingern hinaus ... aus meinen Zehen ... wie Sand, der durch meine Finger und Zehen rinnt ... Ich lasse ganz locker und erlaube meinem Körper, sich noch tiefer fallenzulassen ... Es ist, als ließe ich mich auf einer dicken, weißen Wolke nieder ... eine Wolke, die mich ganz angenehm trägt ... ganz friedlich ... ganz sicher ... Mein ganzer Körper ist locker, weich und entspannt ... In diesem Moment zählt nur mein eigenes Gefühl der Entspannung und des Friedens ... mein Gefühl der Behaglichkeit und Sicherheit ...

Während ich so ganz ruhig und entspannt daliege, schaffe ich mir in Gedanken einen geheimen Zufluchtsort ... einen Ort meiner eigenen Wahl ... einen Ort, an dem ich mich sicher und geborgen fühle ... an dem ich Erholung und Entspannung erfahre ... Es kann ein Ort sein, an dem ich früher schon einmal war oder an dem ich immer schon einmal gern gewesen wäre ... vielleicht ein Ort, von dem ich gelesen habe, den ich in einem Film gesehen habe oder von dem mir jemand erzählt hat ... Es kann aber auch ein Ort sein, der nur in meiner Vorstellung existiert ... Mein Zufluchtsort kann jeder beliebige Ort sein, den ich mir wünsche ... ein Ort, der genau richtig für mich ist ... ein Ort, an dem es nur Behaglichkeit und Zufriedenheit für mich gibt ...

Während ich meinen persönlichen Zufluchtsort finde ... einen Ort, der mir Sicherheit und Geborgenheit bietet ... und der mir ein Gefühl der Zufriedenheit vermittelt ... nehme ich alle Eindrücke, die diesr Ort vermittelt, in mich auf ... Ich spüre den kühlen, erfrischenden Wind oder die Wärme der Sonne ... Ich höre das Zwitschern der Vögel oder das Plätschern des Wassers ... Ich sehe die Wolken vorbeiziehen, sehe die Farben der Blumen und Pflanzen ... Ich sehe, höre, rieche und schmecke alles, was mit meinem geheimen Zufluchtsort zusammenhängt ...

Vielleicht möchte ich an diesem Zufluchtsort am liebsten allein sein ... Vielleicht möchte ich, daß ein Freund oder ein Verwandter da ist ... Vielleicht stelle ich mir aber auch eine Person vor, die nur in meiner Vorstellung existiert und mit mir an meinem geheimen Zufluchtsort weilt ... Wenn ich meinen Zufluchtsort verändern oder einen neuen Zufluchtsort wählen möchte, ist das jederzeit möglich ... Es ist *mein* Zufluchtsort ... Hier kann ich alles tun, was *ich* will ... Ich genieße das Gefühl der Geborgenheit, des Friedens und der Sicherheit, das mit meinem Zufluchtsort verbunden ist ... Ich lasse meine Gedanken schweifen und wandern, wohin sie wollen ...

(Legen Sie eine Ruhephase von zwei bis drei Minuten ein, ehe Sie mit dem Text fortfahren. Wenn Sie möchten, können Sie an dieser Stelle der Kassette auch etwas entspannende Musik aufnehmen.)

Die Zeit, die ich an meinem geheimen Zufluchtsort verbringe, schenkt mir inneren Frieden und neue Kraft, um für die Welt mit ihren alltäglichen Aufgaben besser gewappnet zu sein ... Ich kann jederzeit an meinen Zufluchtsort zurückkehren, indem ich einfach die Augen schließe, mich einen Moment lang entspanne und mir meinen Zufluchtsort vergegenwärtige ... Dann werde ich auch das Gefühl der Sicherheit und Geborgenheit spüren, das mit diesem Ort verbunden ist ... Durch die Gewißheit, diesen geheimen Zufluchtsort zu besitzen, kann ich die Welt auf neue, positive Art betrachten ...

Von jetzt an wird das Aneinanderlegen von Daumen, Zeige- und Mittelfinger meinem Körper als Signal dienen, sich zu entspannen ... Dieses Signal wird mich an das Gefühl der Tiefenentspannung, des Friedens und der Sicherheit, das ich jetzt empfinde, erinnern ... Ich werde mehr Sicherheit gewinnen und auch im täglichen Leben Ruhe bewahren können ...

Nun werde ich in Gedanken gleich langsam von eins bis fünf zählen. Mit jeder Zahl werde ich munterer und wacher. Bei der Zahl fünf werde ich ganz klar, hellwach und erfrischt sein. Ich werde im ganzen Körper ein Gefühl starken Wohlbehagens empfinden. Ich werde jetzt anfangen zu zählen ... eins ... Es wird ganz einfach sein, wieder in die Wirklichkeit zurückzufinden ... zwei ... Meine Muskeln beginnen sich zu bewegen ... drei ... Ich strecke wohlig Arme und Beine und werde langsam immer wacher ... vier ... Ich bin bereit, meine Augen zu öffnen ... fünf ... Ich öffne die Augen ... Ich fühle mich so wach und ausgeruht, als wäre ich gerade aus einem erfrischenden Schlaf erwacht.

Text 2: Atem-Zähl-Übung und Focal Point-Technik

Dieser Text kombiniert die Atem-Zähl-Übung mit der *Focal Point*-Technik. Da Ihre Atemzüge mit zunehmender Entspannung immer langsamer werde, muß die auf Kassette aufgenommene Zählgeschwindigkeit von der Atemgeschwindigkeit unabhängig sein. Die grundsätzliche Idee der Atem-Zähl-Übung bleibt jedoch erhalten. Der externe Konzentrationspunkt und das Wort bzw. die Redewendung, die Sie während der Übung wiederholen, sind Variationen der *Focal Point*-Technik. Beide haben sich in angstauslösenden Situationen als sehr nützlich erwiesen.

Übungstext

In Kürze werde ich damit beginnen, mich durch eine Kombination der *Focal Point*- und Atem-Zähl-Übung in einen Zustand tiefer Entspannung zu versetzen. In dem ich die ganze Zeit über Daumen, Zeige- und Mittelfinger beider Hände leicht gegeneinander drücke, werde ich ein einfaches Signal entwickeln, mit dessen Hilfe ich mich entspannen kann, wenn ich ängstlich bin oder mich angespannt fühle.

Ich nehme mir genug Zeit, um es mir dort, wo ich gerade sitze oder liege, bequem zu machen und atme entspannt ein ... und aus ... Ich fühle, wie die Atemluft durch meine Nase eindringt und tief in meine Lungen fließt ... Ich spüre, wie sich das Zwerchfell hebt und senkt und die Atemluft meinen Körper mühelos wieder verläßt ...

Ich suche mir einen Punkt oberhalb der Augenhöhe, auf den ich meine Aufmerksamkeit lenke ... Es kann jede Art von Punkt sein ... vielleicht ein interessanter Gegenstand... ein Umriß... ein bestimmter Bereich... eine Farbe... alles, was mich anspricht... Ich schaue weiter auf diesen Punkt und lasse meine Augen sich auf diesen Punkt konzentrieren... Dabei strenge ich mich nicht an, sondern nutze diesen Punkt als Zentrum einer sanften, entspannten Aufmerksamkeit... Ich atme tief durch die Nase ein und halte den Atem einen Moment lang an... Dann atme ich durch den Mund wieder aus...

Während ich einen zweiten tiefen Atemzug nehme, achte ich auf die Spannung in meiner Brust... und während ich wieder durch den Mund ausatme, spüre ich, wie sich meine Brust lockert und ich anfange, mich wirklich zu entspannen... Ich nehme einen dritten tiefen Atemzug.... halte den Atem einen Moment lang an... Dann atme ich aus und spüre, wie entspannt und locker sich mein Körper anfühlt...

Ich konzentriere weiter meine Aufmerksamkeit auf den Punkt, während ich ein-... und ausatme... gleichmäßig und regelmäßig... mich mehr und mehr entspanne... und während ich mich weiter auf den Punkt konzentriere, kann es sein, daß meine Augen möglicherweise anfangen, etwas zu tränen... Meine Augenlider flackern vielleicht ein bißchen und fühlen sich immer schwerer an... All dies sind gute Zeichen, sie sagen mir, daß ich bereit bin, mich vollkommen zu entspannen...

Während ich mich weiter auf den Punkt konzentriere, werden meine Augenlider schwerer und schwerer... so schwer, daß ich sie schließen möchte... und bei einem ganz angenehmen, entspannenden Ausatmen... erlaube ich meinen Augenlidern, sich zu schließen... Während ich die Augen nun geschlossen halte, erreiche ich eine tiefere... immer tiefere Entspannung... Ich atme ruhig und entspannt weiter und richte meine Aufmerksamkeit auf meine Hände... Ich atme ruhig und gleichmäßig aus dem Bauch heraus...

Ich konzentriere mich weiter auf meine Hände... Ich verspüre ein sehr angenehmes und interessantes Gefühl... Es beginnt vielleicht in der rechten Hand... vielleicht auch in der linken... vielleicht in beiden Händen gleichzeitig... Ich spüre es möglicherweise im Handrücken, vielleicht in den Fingern... ein Gefühl der Leichtigkeit...der zunehmenden Wärme... vielleicht auch der wohltuenden Kühle... oder ein Gefühl der Schwere... ein Gefühl des angenehmen Kribbelns... All dies sind gute Zeichen, sie sagen mir, daß sich meine Muskeln entspannen... daß ich innerlich loslasse... daß sich meine Blutgefäße erweitern und mehr Blut zur Haut fließen lassen, während sich mein Körper immer tiefer und tiefer entspannt...

Ich lasse zu, daß sich dieses angenehme Gefühl in meinem ganzen Körper ausbreitet... Ich atme ruhig und gleichmäßig... Mit jedem

Ausatmen werde ich entspannter ... Mir ist behaglich und friedlich zumute ... Mit jedem Ausatmen verläßt auch ein Stück Spannung meinen Körper ... Ruhige, angenehme Gefühle treten in den Vordergrund ... Ich brauche nichts weiter zu tun, als sie zuzulassen ...

Und nun entspanne ich mich sogar noch tiefer, indem ich langsam von zehn bis eins zähle ... Mit jeder einzelnen Zahl verdoppelt sich die Entspannung ... zehn ... Ein ganz natürlicher Prozeß der Tiefenentspannung ergreift mich ... Ich werde noch ruhiger und entspannter ... neun ... Ich fühle mich noch behaglicher und ruhiger ... acht ... ruhiger und ausgeglichener ... Ich lasse ganz los und werde lockerer und lockerer ... sieben ... Nichts ist jetzt noch wichtig außer dem zunehmenden Gefühl von Behaglichkeit und Ruhe ... sechs ... Die Entspannung wird noch tiefer ... fünf ... und mit jedem Ausatmen werde ich noch entspannter ... vier ... Ich lasse mich tiefer und tiefer fallen ... Ich lasse mich treiben ... drei ... so friedlich ... so angenehm ... so geborgen ... zwei ... Ich bin tief entspannt ... Es gibt nichts, worüber ich mir Sorgen machen müßte ... nichts, das mich stören könnte ... Die Tiefenentspannung wird von selbst immer größer ... bis ich vollkommen entspannt bin ... eins ...

Ich nehme mir Zeit, noch tiefer in diesen angenehmen Zustand der Entspannung einzutauchen, indem ich mich auf ein Wort oder eine Redewendung konzentriere ... Ich wähle ein Wort, das ich als entspannend und angenehm empfinde ... das Wort „ruhig" ... oder das Wort „entspannt" ... oder eine ganze Redewendung wie „Ich bin ruhig und entspannt" ... Ich wähle aus, was am besten zu mir paßt ...

Bei jedem Ausatmen wiederhole ich das Wort oder die Redewendung ... Ich atme ruhig und gleichmäßig ... und ich denke weiterhin an das Wort oder die Redewendung und konzentriere mich ganz darauf ... Mit jeder Wiederholung vertieft sich meine Entspannung ... Ich lasse mich tiefer und tiefer fallen ... und fahre fort, bei jedem Ausatmen mein Wort oder meine Redewendung zu wiederholen ...

(Lassen Sie sich nun ein bis drei Minuten Zeit, ehe Sie mit dem restlichen Text fortfahren. Wenn Sie wollen, können Sie an dieser Stelle der Kassette etwas entspannende Musik aufnehmen.)

Von nun an wird das Aneinanderlegen von Daumen, Zeige- und Mittelfinger meinem Körper als Signal dienen, ruhig und gleichmäßig zu atmen und sich zu entspannen ... Dieses Signal wird mich an das Gefühl der Tiefenentspannung, des Friedens und der Sicherheit, das ich jetzt empfinde, erinnern ... Auch wenn ich meine Augen dabei geöffnet habe und mit etwas ganz anderem beschäftigt bin, wird sich ein angenehmes Gefühl der Entspannung einstellen ...

Und jetzt ist es an der Zeit, in die äußere Welt zurückzukehren ... In Kürze werde ich damit beginnen, von eins bis fünf zu zählen. Mit jeder Zahl werde ich ein wenig wacher werden. Bei der Zahl fünf werde ich mich ganz munter und erfrischt fühlen, wie nach einen friedlichen Schlaf ... Ich fange nun an zu zählen ... eins ... Es wird ganz einfach sein, wieder in die Wirklichkeit zurückzukehren ... zwei ... Meine Muskeln beginnen sich zu bewegen ... drei ... Ich strecke wohlig Arme und Beine und werde langsam immer wacher ... vier ... Ich bin bereit, meine Augen zu öffnen ... fünf ... Ich öffne die Augen und fühle mich so wach und ausgeruht wie nach einem erfrischenden Schlaf.

Winfrid Huber

Probleme, Ängste, Depressionen

Beratung und Therapie bei psychischen Störungen

1992, 299 Seiten, 5 Abbildungen, 24 Tabellen, kartoniert Fr. 36.— / DM 39.80

Die Rede ist von der Vielfalt psychischen Leidens und von der Suche nach einer geeigneten Psychotherapie: Wer kommt, warum, zu wem, in welcher Absicht und mit welchen Erwartungen? Der Autor gibt im Lichte des heutigen klinischen Wissens Antworten auf diese Fragen. Das Buch bietet Entscheidungshilfen bei der Wahl einer geeigneten Therapie. Neu ist die Orientierung an den Problemen des Klienten: Es geht nicht um eine Beschreibung therapeutischer Methoden oder um die Darstellung einzelner Psychotherapie-Schulen, sondern um die Frage: Was hilft bei welchen Problemen und Störungen? So werden zuerst Wesen, Formen, Häufigkeit und Ursachen psychischer Störungen erläutert, es wird geklärt, was psychologische Hilfe und Therapie leistet, dann werden die Mittel psychologischer Behandlung wichtiger Störungen vermittelt. Im letzten Kapitel zeigt der Autor, wie man dieses Wissen anwendet, wie man sich also «seinen» Therapeuten «aussucht».

Hans S. Reinecker

Zwänge

Diagnose, Theorien und Behandlung

1991, 159 Seiten, 10 Abbildungen, 6 Tabellen, kartoniert Fr. 28.50 / DM 29.80

Das Buch bietet eine knappe und klare Darstellung von Diagnose, neueren Theorien und Behandlungsmöglichkeiten der Zwänge aus klinisch-psychologischer Perspektive. Zwänge stellen für den Betroffenen und seine soziale Umgebung eine schwere Beeinträchtigung dar. Als wichtigste Erscheinungsformen müssen Zwangshandlungen (Waschen, Kontrollieren) und Zwangsgedanken (Vorstellungen, Bilder) unterschieden werden. Für die Diagnose von Zwängen liegen klare Kriterien vor. Im Bereich der Behandlung von Zwängen gibt es aber noch große Probleme. Dies gilt in besonderem Maße für gedankliche Zwänge. Der Autor berichtet über verschiedene bewährte und neuere Strategien der Behandlung von Zwängen, berücksichtigt Ergebnisse von Therapiestudien und geht auch auf theoretische und praktische Probleme ein. Die Überlegungen werden durch Fallbeispiele und Graphiken illustriert. Im deutschsprachigen Raum ist dieses Buch die einzige Monographie über Zwänge und deshalb für Therapeuten aller Ausrichtungen unverzichtbar.

Verlag Hans Huber
Bern Göttingen Toronto Seattle